U0717343

新定三礼图

〔宋〕聂崇义 撰

丁鼎 孙蕴 校释

中華書局

图书在版编目(CIP)数据

新定三礼图/(宋)聂崇义撰;丁鼎,孙蕴校释. —北京:中华书局,2022.8(2024.5重印)
ISBN 978-7-101-15832-8

Ⅰ.新… Ⅱ.①聂…②丁…③孙… Ⅲ.礼仪-中国-古代
Ⅳ.K892.9

中国版本图书馆 CIP 数据核字(2022)第 133254 号

书　　名	新定三礼图
撰　　者	〔宋〕聂崇义
校 释 者	丁　鼎　孙　蕴
责任编辑	石　玉
责任印制	陈丽娜
出版发行	中华书局 (北京市丰台区太平桥西里 38 号　100073) http://www.zhbc.com.cn E-mail:zhbc@zhbc.com.cn
印　　刷	三河市中晟雅豪印务有限公司
版　　次	2022 年 8 月第 1 版 2024 年 5 月第 2 次印刷
规　　格	开本 880×1230 毫米　1/32 印张 21⅜　插页 2　字数 476 千字
印　　数	2001-2900 册
国际书号	ISBN 978-7-101-15832-8
定　　价	75.00 元

序

莱西丁鼎君，朴雅士也。历就曲阜、南京、长春诸校学，高材勤业，该博多方。后从金景芳先生游，专志三《礼》，卓然有成。尝撰《〈仪礼·丧服〉考论》，物御疏明，剀切得体要，有称于学林间。近复取宋聂氏《新定三礼图》为之校释。书成，示而征序，乃述之曰：

礼者，履也。履而行之为其体，习而化之为其教，体立而教寓焉，非直以款言为说也。故以章服以明分位，定仪则以律周旋，著于竹帛，以成文典。而人世进化，违野趣文。秦以降，经野则废井制阡，设官则罢侯置守，器物随其废易，动容简其委曲。居后世以究前典，经制紬文可得，器象循说难明。是以《郑志》赵商问“《司服》王后之六服之制，目不解，请图之”。郑君之图，今弗能辨知，然作会以解《礼》文，事则审矣。阮、梁、夏侯、张氏之伦，继起有作。宋初，聂氏参检旧图，比辑故说，成《新定三礼图》二十卷，传于世，而后三《礼》器物形制章明，繁辞以辨者，皆具象可睹。始则因经作图，终则就图明经，功自不细。其间佤邪玼哨、图貌未确者，时亦不免，故宋世若欧、沈、黄、林、洪、赵辈已多讥议之。清儒续有图作，益缜栗精切。然筑室有基，其椎轮荜路之绩，诚不可掩。就其失者言，亦非聂氏逞臆为之。若戈戟之制，于援胡内之形不明，乃从二郑孔疏之说；簠簋敦盖作龟形，实沿《少牢馈食》贾疏之误；冕旒前后皆具，则又因《夏官·弁师》郑、贾之谬也。举此数耑，可知其不失本据之真。名为礼图，实为先儒礼说之图。明乎此，则于聂氏之短，适可识其所长，要在善所用耳。矧汉唐遗说旧义，每存集注中，考礼者若榷酌异说，柬理歧脉，此亦渊薮也。

方今去古益远，蔀障尤丰，《礼》文不解，遑论器物之数度法式。读聂书者，苟非粗明三《礼》，研阅匪易。今丁鼎君料简群书，是正讹文，释词通义，就深出浅，以为学者梯引，亦沉潜笃实者之业也。念世风浮竞，或晻于旧文，苟有引证，摭碎取琐，骛乱无统纪；或肤采群说，又勿能洞彻融贯，驱合傅丽，凿枘不容，犹乔然自高贤。创获与否，非所敢知，而视丁鼎君之所为，当何如哉？君学年俱富，孟晋无已，异日有作，复当度越于此，是余之所望也，乃题其耑而归之。

刘晓东

2004年夏于山东大学

校释说明

《新定三礼图》二十卷，宋人聂崇义撰。聂氏生平，见本书附录一《宋史·聂崇义传》。聂氏善礼学，后汉乾祐中官至国子《礼记》博士，后周显德中官至太常博士，世宗诏其摹画郊庙祭器。北宋建隆中，聂氏根据世传六种三《礼》旧图，参互考订，撰成《新定三礼图》，表上之。宋太祖览而嘉之，诏颁行。据《直斋书录解题》卷二记载，本书最初图画于"宣圣殿后北轩之屋壁"，至道中方刊行。今传世最早的刊本是南宋淳熙二年（1175）镇江府学据蜀本重刻的《新定三礼图》。其后历代多有刻本和影抄本行世，但题名不一，或题作《新定三礼图》，或题作《三礼图集注》，或题作《三礼图》。本校释本依淳熙二年刊本题为《新定三礼图》。

本校释本以上海古籍出版社1985年6月影印宋淳熙二年刻本为底本，以《四部丛刊三编》影印蒙古定宗二年（1247）析城郑氏家塾重校《三礼图集注》和《四库全书》缮录钱曾也是园影宋抄本为参校本，择优而从。三者分别简称为"宋本"、"《丛刊》本"和"《四库》本"。

本书正文中原有双行夹注，本校释本予以保留，原注改为单行，并置于括号之中，以与正文相区别。

本校释本有校有释，校语与注释按先后顺序混合统一编排于各章节或各条目之后，分别以序号标示。为方便阅读，为一些生僻字注音，一般标于首次出注时。

本书第二十卷《目录》，不仅标示书中图画目录，而且以注文形式附载有关礼制沿革，有助于“原始以要终，体本以正末”，因而仍予以保留，并酌加校释。各卷卷首目录，悉依底本。本校释本另编全书目录弁于文前，以便读者阅读。

本校释本附录《宋史·聂崇义传》和《文渊阁四库全书总目提要》，以供研习者参考。

目录

卷三　冠冕图

卷四　宫室图

卷五　投壶图

卷六　射侯图上

卷七　射侯图下

卷八　弓矢图

卷九　旌旗图

卷十　玉瑞图

卷十一　祭玉图

卷十二　匏爵图

卷十三　鼎俎图

卷十四　尊彝图

卷十五　丧服图上

卷十六　丧服图下

卷十七　袭敛图

卷十八　丧器图上

卷十九　丧器图下

卷二十　原书目录

新定三礼图序

〔宋〕窦俨

昔者秦始皇之重法术，而天下贵刑名；魏文帝之恶方严，而人间尚通变，上之化下，下必从焉，是以双剑崇节[①]，飞白[②]成俗，挟琴饰容，赴曲增抃[③]，自然之道也。周世宗暨今皇帝恢尧舜之典则，总夏商之礼文，思隆大猷，崇正旧物，仪形作范，旁诏四方，常恨近代以来不能慕远，无所厘革，溺于因循，传积世之渐讹，为千载之绝轨，去圣辽敻[④]，名实谬乖，朱紫混淆，郑雅交杂，痛心疾首，求以正之。而名儒向风，适其所愿。

国子司业兼太常博士聂崇义垂髫之岁笃志于礼，礼经之内，游刃其间。每谓《春秋》不经，仲尼耻是；《关雎》既乱，师挚悯之。今吉凶之容，礼乐之器，制度舛错，失之甚焉。施之于家，犹曰不可，朝廷之大，宁容滥渎？义[⑤]欲正失于得，返邪于正，潜访同志，定其礼图，而所学有浅深，所见有差异，作舍道侧，三年不成，众口云云，何所不至。会国朝创制彝器，迨于车服，乃究其轨量，亲自规模，举之措之，或沿或革，从理以变，惟适其本。时之学者，晓然服义。于是博采三《礼》旧图，凡得大本。大同小异，其犹面焉，至当归一之言，岂容如是？吾谁适从之叹，盖起于斯。何以光隆于一时，垂裕于千古？遂钻研寻绎，推较详求，原始以要终，体本以正末，躬命缋素[6]，不差毫厘，率文而行恐迷其形范，以图为正则应若宫商。凡旧图之是者，则率由旧章，顺考古典；否者，则当理弹射[7]以实裁量；通者，则惠朔用其互闻，吕望存其两说[8]。非其学无以臻其极，非其明无以宣其象。遵其文，译其器，文象推合，略无差较，作程立制，昭示无穷。匪哲匪勤，理无攸济；既勤且哲，何滞不通？有以见临事尽心，当宫[9]御物，官不同事，人不同能，得其能则成，失其能则败。《礼》图至此能事尽焉。国之礼，事之体，既尽美矣；物之纪，文之理，又尽善矣。其新图凡二十卷，附于《古今通礼》之中。

是书纂述之初，诏俨总领其事[10]，故作序焉。

【注释】

①双剑崇节：指围绕着“干将”“莫邪”双剑所发生的复仇故事，能激励人们崇尚节义的精神。据晋干宝《搜神记》记载，楚人干将、莫邪夫妇为楚王作雌雄双剑，三年乃成。干将知必为楚王所杀，乃藏雄剑于家中，携雌剑献楚王，果为楚王所杀。后来干将之遗腹子赤比长大后，立志为父报仇，为楚王所通缉，携剑逃入山中。一位侠客得知赤比的处境和志向，便对赤比说：“闻王购子头千金，将子头与剑来，为子报之！”赤比即自刎，两手捧头及剑给侠客。侠客持赤比头往见楚王，取得楚王的信任，趁机刺杀楚王，然后自杀。阮籍《乐论》曰：“吴有双剑之节，赵有挟瑟之容。”其中所谓“双剑之节”即指此而言。

②飞白：后汉左中郎蔡邕见匠人用蘸着白粉土的扫帚粉刷墙壁，受到启发而创造出来的一种题署宫殿匾额的书体。这种字体的特点

是笔势遒劲，字形不满而丝丝露白，如同枯草写成，呈现苍劲浑朴的艺术效果。

③赴曲增抃：迎合着乐曲拍手鼓掌。抃（biàn），鼓掌。

④敻（xiòng）：长远，久远。

⑤义：宋本、《丛刊》本均因避宋太宗赵匡义名讳而作“御名”，兹据《四库》本回改。

⑥躬命缋素：指亲身实施“绘事后素”的圣训，努力学习，提高修养。“缋”，通“绘”。“缋素”，语本《论语·八佾》：“绘事后素。”意谓在洁白的布帛上绘出五彩的图画。

⑦弹射：批评，指责。

⑧惠朔用其互闻，吕望存其两说：本于干宝《搜神记·序》：“卫朔失国，二《传》互其所闻；吕望事周，子长存其两说。”“惠朔”即“卫朔”，指春秋时卫惠公（名朔）。《左传·桓公十六年》载：卫公子朔谗杀太子而继君位，是为惠公。左公子泄、右公子职激于义愤，便于本年十一月立公子黔牟而攻惠公。惠公因而失国奔齐。而《公羊传·桓公十六年》则载卫惠公之失国奔齐是由于“得罪于天子”。《公羊传·庄公三年》何休注亦曰：“卫朔背叛，出奔，天子新立卫公子留。”可见《左传》与《公羊传》所记卫惠公失国的原因有所不同，而且所记新立卫君之名也不同，故曰“二《传》互其所闻”。所谓“吕望事周，子长存其两说”，是指司马迁（字子长）在《史记·齐太公世家》中记载了齐太公吕尚归靠周文王的两种不同说法：其一，“吕尚盖尝穷困，年老矣，以渔钓奸（干）周西伯。西伯……与语大说……载与俱归，立为师”。其二，“吕尚处士，隐海滨。周西伯拘羑里，散宜生、闳夭素知而招吕尚。……三人者为西伯求美女奇物，献之于纣，以赎西伯。西伯得以出，反国”。

⑨“官”:《四库》本作“官”。

⑩诏俨总领其事:诏令窦俨全权负责《礼图》的编撰工作。窦俨(918—960),字望之,蓟州渔阳县(今天津市蓟州区)人,北宋时官至礼部侍郎。

卷一 冕服图

大裘冕
衮冕
（与后袆衣画细纽约明已下皆有）
鷩冕
毳冕
絺冕（絺[1]）
玄冕
韦弁服
皮弁服
冠弁服
玄端[2]
三公毳冕
上公衮冕
侯伯鷩冕
子男毳冕
卿大夫玄冕
爵弁
皮弁
诸侯朝服
士玄端[3]

周天子吉服[4]有九，冕服六，弁服三，凡九也。故《司服》云：王祀昊天上帝则服大裘而冕，祀五帝亦如之，享先王则衮冕，享先公飨射则鷩冕，祀四望山川则毳冕，祭社稷五祀则絺冕，祭群小祀则玄冕，兵事韦弁服，视朝[5]皮弁服，凡甸[6]冠弁服。又孔疏引《弁师》掌王之五冕，皆玄冕朱里，止言玄朱而已，不言所用之物。《论语》云："麻冕，礼也。"盖以布衣版上玄下纁，取天地之色。其长短广狭，则经传无文。《汉礼器制度》云："冕制皆长尺六寸，广八寸。天子已下皆同。"董巴《舆服志》云："广七寸，长尺二寸。"皇氏[7]、沈氏[8]以为诸侯之冕。应劭《汉官仪》云："广七寸，长八寸。"皇氏、沈氏以为卿大夫之冕。若依此言，岂董巴专记诸侯，应劭专记卿大夫？此盖随代变易，大小不同。今依汉礼制度为定，谓之冕。冕者，俛也。后高前下有俯俛之形，故因名焉。盖以在位者失于骄矜，欲令位弥高而志弥下，故制此冕，令贵者下贱者也。其服旧说云天子九章[9]，据大章而言，其章别分小章，章依命[10]数，则皆十二为节。上公亦九章，无升龙，有降龙。其小章，章别皆九而已。鷩冕、毳冕以下皆然。必知有小章者，若无小章，絺冕三章，则孤有四命六命；卿大夫玄冕一章，卿大夫中则有三命二命一命；天子之卿六命；大夫四命。明大章中有小章乃可得依命数。又司马彪《汉书·舆服志》云：明帝永平二年初，诏有司采《周官》《礼记》《尚书》之文制冕，皆前圆后方，朱里玄上，前垂四寸，后三寸。王用白玉珠十二旒，三公诸侯青玉七旒，卿大夫黑玉五旒，皆有前无后。此亦汉法耳。今案三《礼》经注、孔贾疏义并诸家礼图，逐冕下别各明其制度，则古今沿革事可知矣。

【校释】

①絺(chī):此字宋本与《丛刊》本均有,《四库》本无。据正文推断,其下疑脱“音黹”二字。

②玄端:宋本、《丛刊》本与《四库》本原脱此二字,兹据正文校补。

③士玄端:宋本、《丛刊》本与《四库》本原脱此三字,兹据正文校补。

④吉服:祭祀时所穿的服装。

⑤视朝:临朝听政。

⑥甸(tián):通“畋”。田猎。

⑦皇氏:南北朝时萧梁经学家皇侃。

⑧沈氏:南北朝时北周经学家沈重,字子厚。

⑨章:指古代礼服上绣的红白相间的图案花纹。

⑩命:指古代帝王按官爵等级赐予臣下玉圭及衣饰,因而用以指官爵的等级。命数越高,级别越高。

大裘冕[1]

大裘者，黑羔裘也。其冕无旒，亦玄表纁里。按《郑志》[2]，大裘之上，又有玄衣，与裘同色，但无文彩耳。裘下有裳，纁色，朱韨[3]，素带，朱里，朱绿[4]，终辟[5]，佩白玉而玄组[6]绶[7]。赤舄[8]，黑絇[9]繶[10]纯[11]。絇者，谓拘屦舄之头以为行戒。繶，缝中紃[12]也。纯，缘也。三者皆黑色。大裘已下，冕皆前圆后方。天子以球玉为笏。王祀昊天上帝、五帝、昆仑、神州皆服大裘。

【校释】

①大裘冕：原作“大裘”，兹据卷首目录补“冕”字。所谓“大裘冕”，即穿大裘而戴冕。下文凡曰“某冕”，皆谓穿某服而戴冕。

②《郑志》：郑玄之孙郑小同编订的一部记载郑玄与弟子答问“五经”的著作。本书在《后汉书》《隋书》《旧唐书》《新唐书》和

《通典》等史志文献中皆有著录。宋《崇文总目》始不著录，说明其时已经散佚。现有清人辑本多种。

③韨（fú）：冕服蔽膝之韠，又叫蔽膝，形似围裙。用韦（熟皮）制成，上窄下宽：长三尺，上宽一尺，下宽二尺。韨之形制似韠，但有有饰与无饰之别，祭服谓之韨，其他服谓之韠。

④朱绿：宋本、《丛刊》本原讹为“朱缘”，兹据《四库》本校改。按：《礼记·玉藻》：“杂带，君朱绿。”郑注曰：“杂，犹饰也，即上之‘裨’也。君裨带，上以朱，下以绿。”据此，则宋本与《丛刊》本作“朱缘”误，而《四库》本改“朱缘”为“朱绿”为是。

⑤终辟：辟，通“裨”，谓镶边。终辟，指从头到尾都镶边。

⑥组：宽而薄的丝带，多用以佩印或佩玉。

⑦绶：系佩玉或印玺的丝带。

⑧舄（xì）：以木为复底的鞋。

⑨絇（qú）：鞋头的装饰，以丝带做鼻形，有孔，可穿系带。

⑩繶（yì）：饰鞋的丝带，嵌于鞋帮与鞋底的接缝处。

⑪纯（zhǔn）：镶边，滚边。

⑫紃（xún）：圆形绦带。

衮冕

衮冕九章。《舜典》曰："予欲观古人之象，日、月、星辰、山、龙、华虫[①]，作缋；宗彝[②]、藻、火、粉米[③]、黼[④]、黻[⑤]，絺绣。"[⑥]此古天子冕服十二章。王者相变，至周而以日、月、星辰画于旌旂，所谓三辰旂旗，昭其明也。而冕服九章，初一曰龙，二曰山，三曰华虫，四曰火，五曰宗彝，皆画缋于衣；次六曰藻，七曰粉米，八曰黼，九曰黻，皆刺绣于裳。此九章。登龙于山，登火于宗彝，尊其神明也。以龙能变化，取其神；山取其人所仰也；火取其明也。宗彝，古宗庙彝尊名，以虎蜼[⑦]画于宗彝，因号虎蜼为宗彝。故并画虎蜼为一章。虎取其严猛；蜼取其智，遇雨以尾塞鼻是其智也。冕制广八寸，长尺六寸。以三十升[⑧]布染之。上以玄覆冕为延，下以朱衣之。又以纽缀于冕两傍垂之，与武[⑨]傍孔相当，以笄贯之，使得牢固。又以纮[⑩]一端先属于左边笄上，以一头绕于颐下向上，于右边笄上绕之。衮冕十二旒，以五采丝为之绳，贯五采玉。每旒各十二玉，垂于冕前后[11]，共二十四旒，计用玉二百八十八，五采绳十二就[12]。就，成也。每就间盖一寸。五冕服皆玄衣、纁裳、朱韨、素带、朱里，又以朱绿终裨[13]。（太子詹事尹拙议云："衮冕已下君臣合画充耳。天子黈[14]纩，诸臣青纩。"工部尚书窦仪议云："臣仪案《周礼》弁师掌王之五冕，皆玄冕朱里延纽[15]，五采缫十有二就，皆五采玉[16]十有二，玉笄朱纮。诸侯之缫斿[17]九就，珉玉三采。其余如王之事，缫斿皆就。玉瑱[18]玉笄。"注："侯"当为"公"字之误也。其余谓延纽，皆玄覆朱里，与王同也。玉瑱，塞耳者。疏云：王不言玉瑱，于此言之者，王与诸侯互见为义。是以王言玄冕朱里延纽及朱纮，明诸侯亦有之。诸公言玉瑱，明王亦有之。是其互有也。详此经注疏之文，则是本有充耳。今请令君臣衮冕已下并画充耳，以合正文。）

【校释】

①华虫：雉。

②宗彝：由于宗庙彝器上画有虎、蜼之形，因以"宗彝"指虎、蜼。

③粉米：郑玄认为是白色米形花纹。伪孔《传》则认为"粉"与"米"为二物："粉，若粟冰；米，若聚米。"

④黼：古代礼服上绣的黑白相间像斧形的花纹。

⑤黻：古代礼服上绣的黑青相间像两个"己"字相背的花纹。

⑥此段文字在今本《古文尚书》中属《益稷》篇，非为《舜典》之文。

⑦蜼（wěi）：一种仰鼻向上的长尾猴。

⑧升：古代以布幅中经线的多少表示织物的精粗，八十缕为一升。

⑨武：环绕于头部的冠圈。左右两边各有小孔，以组固冕。

⑩纮（hóng）：冠带。

⑪垂于冕前后：此是据郑玄、贾公彦之说而立论。郑、贾等人认为冕之前后皆有旒。而清儒江永、孙诒让等人则认为冕只有前旒，而无后旒。

⑫就：郑玄、贾公彦等学者认为"就"是每条旒绳上用以间隔玉的绳结，而孙诒让《周礼正义》则认为"就"即是旒。就是指冕延下垂的一串玉。

⑬终裨：亦作"终辟"，指从头到尾镶边。

⑭黈（tǒu）纩：黈，黄色。纩，丝绵絮。古代天子以黈纩（黄色绵球）塞耳，表示不旁听谗言。黈，《丛刊》本作"黊"。

⑮延纽：延，覆于冕板上之麻布，比冕板前后稍长，故名。纽，缀于延下，垂于两旁，有孔，与武旁之孔相当。

⑯玉：宋本与《丛刊》本均作"王"，兹据《四库》本校改。

⑰斿（liú）：同"旒"。帝王冠冕前后悬垂的玉串。

⑱瑱（tiàn）：也叫充耳。冠冕两侧下垂之饰物，用以塞耳。

鷩冕

鷩[①]冕七章，享先公飨射之服。郑注《弁师》云："鷩衣之冕，缫[②]九旒。"亦以五采缫绳贯五采玉，每旒各十二玉垂于冕前后，共一十八旒[③]，计用玉二百一十六。鷩，雉名，即华虫也。华虫，五色虫也。故一曰华虫，二曰火，三曰宗彝，皆画于衣；四曰藻，五曰粉米，六曰黼，七曰黻，皆刺于裳。韨带绶舄皆与衮冕同。

【校释】

①鷩（bì）：鸟名，即雉，锦鸡。鷩冕，指绣有鷩形图案的礼服。

②缫（zǎo）：冕绳。

③旒：宋本、《丛刊》本原脱此字，兹据《四库》本校补。

毳冕

毳[①]冕五章，祀四望山川之服。按郑义，毳冕七旒，亦合五采丝绳贯五采玉，每旒各十二玉，前后共十四旒，计用玉百六十八。毳，画虎、蜼，谓宗彝也。故此五章初曰宗彝，二曰藻，三曰粉米，皆画于衣；四曰黼，五曰黻，皆绣于裳。藻，水草也。取其文如华虫之义。粉米取其洁，又取其养人也。粉米不可画之物，故皆刺绣于衣与裳也。黼，诸文亦作斧。案《绘人职》据采色而言，白与黑谓之黼。若据绣于物上，即为金斧之文，近刃白，近銎[②]黑，则曰斧。取金斧断割之义也。青与黑为黻形，则两“己”相背，取臣民背恶向善，亦取君臣离合之义。

【校释】

①毳（cuì）：本指鸟兽的细毛，借指老虎。

②銎（qióng）：斧头上用以装柄的孔。

絺冕[①]

絺冕三章，祭社稷五祀之服。孔安国以絺为细葛上刺绣。后郑[②]读絺为紩，或作黹[③]。本有此二文，取紩为正。既读絺为紩。紩，刺也。絺之三章，粉米在衣是不可画之物，乃刺于衣上，故得絺名。则黼黻二章准绣于裳也。其冕五旒，亦五采藻绳十有二就。每旒各贯五采玉十二，用玉百二十。

【校释】

①絺冕：此为天子所服冕服，与下文所列孤卿所服“絺冕”不同，故分别解说。

②后郑：指东汉后期经学家郑玄。后人为了将其与东汉前期经学家郑兴、郑众父子相区别，因而称其为后郑。

③黹（zhǐ）：或作“紩”，刺绣。

玄冕

玄冕一章，祭群小祀之服。贾疏云：上四衣皆玄而有画，此衣不画而无文。其衣本是一玄，故独得玄名。一章，唯裳刺黻而已。其冕三旒，五采藻十二就，每旒亦贯五采玉十二，计用玉七十二。群小祀，谓林泽坟[①]衍[②]四方百物之属。

【校释】

①坟：高地。

②衍：低而平坦之地。

韦弁服[1]

韦弁服者，王及诸侯卿大夫之兵服。后郑云："韦弁以韎韦[2]为弁，又以为衣裳。《春秋传》曰：'晋郤至衣韎韦之跗[3]注。'是也。"今时伍伯缇[4]衣，古兵服之遗色矣。其"跗注"，贾、服[5]等以"跗"为足跗，"注"为注袴而属于跗。后郑读"跗"为幅，"注"为属。以韎韦如布帛之幅，而连属以为衣而表裳。贾疏云："伍，行也。伯，长也。"谓郑见汉时宿卫者之行长服此重赤之衣，是古兵服赤色之遗象也。天子亦以五采玉十二饰弁之缝。诸侯已下各依命数玉饰之，皮弁玉饰亦然。

【校释】

①韦弁服：众本原讹为"韦弁"，兹据本卷卷首目录与正文校补。

②韎（mèi）：赤黄色。韦：熟牛皮。

③跗：脚背。

④缇（tí）：橘红色的丝织品。

⑤贾、服：指汉代经学家贾逵、服虔。

皮弁服[①]

《士冠礼》："皮弁服素积[②]，缁[③]带，素韠[④]。"注云："以白鹿皮为冠，象上古也。"此明上古未有布帛，衣其羽皮也。又云："积犹辟也。以素为裳，辟蹙其要中也。亦用十五升布为衣，以象弁色。"盖天子素带，素韠，朱里，朱绿，终辟，佩白玉，白舄，青絇繶纯。又《弁师》云："王之皮弁，会[⑤]五采玉璂[⑥]，象邸玉笄。"注云：会，缝中也。璂，读为綦。綦，结也。邸谓下柢。梁正、张镒《图》[⑦]云："弁缝十二。"贾疏引《诗》"会弁如星"[⑧]，谓于弁十二缝中结五采玉，落落而处，状似星也。又于弁内顶上以象骨为柢。至三王重质不[⑨]变，故王服之以日视朝，燕[⑩]诸公、甥舅，视学，祭菜[⑪]，皆服焉。贾疏云："皮弁、韦弁同，但色异耳。"

【校释】

①皮弁服：众本原讹为“皮弁”，兹据本卷卷首目录与正文校补。

②积：服饰之“褶”。既可单称“积”或“辟”，也可连称“辟积”。这里指裳的腰部之褶。

③缁（zī）：黑色，黑色的帛。

④韠（bì）：又叫“蔽膝”，裳外遮蔽腰部以下及膝部之衣，形似围裙。长三尺，上宽一尺，下宽二尺，以韦（熟皮）为之。祭服之韠称“韨”，韨之制似韠，但有有饰与无饰之别。

⑤会：弁由数块皮革合成，接缝处称为会。

⑥璂（qí）：弁上接缝处的玉饰。郑玄以为“璂”为綦、结之义。宋本、《丛刊》本作“琪”，今据《周礼·弁师》与《四库》本校改。下同。

⑦梁正、张镒《图》：梁正，生平不详，大约为隋唐间人；张镒，唐亳州刺史。二人分别有《三礼图》之作。

⑧会弁如星：此诗句其实并非贾疏所引，而是郑注所引，聂氏之说不确。

⑨不：《丛刊》本作“丕”。

⑩燕：通“宴”，饮宴。

⑪祭菜：亦称释菜。古代学生入学时，以蘋蘩之属奠祭先生。

冠弁服[①]

田猎则冠弁服。后郑云：冠弁，委貌[②]也。委，安也。服之所以安正容体也。若以色言之，则曰玄冠。故《士冠礼》云："主人玄冠、朝服、缁带、素韠。"其注云："玄冠，委貌也。"朝服，则十五升缁布衣，素裳，白舄。养老、燕群臣亦服之。其诸侯不限畿内畿外视朝行道皆服之。天子诸侯之卿大夫祭其庙亦皆同服之，但白屦为别。然则周之委貌，殷之章甫，夏之毋追，并用缁布为之，故有玄冠之名。三代诸侯各为朝服以行道。

【校释】

①冠弁服：众本原讹为"冠弁"，兹据本卷卷首目录与正文校补。

②委貌：即玄冠，黑缯冠。殷称章甫，夏称毋追。

玄端

端，取其正也。士之玄端，衣身长二尺二寸，袂[①]亦长二尺二寸。今以两边袂各属一幅于身，则广袤[②]同也。其袪[③]尺二寸，大夫已上侈之，盖半而益一。然则其袂三尺三寸，袪尺八寸。《司服》云："齐[④]有玄端。"张镒《图》云："天子齐，玄衣、玄冠、玄裳、黑韠、素带、朱绿、终辟、佩白玉、黑舄、赤絇繶纯。诸侯唯佩山玄玉，为别燕居[⑤]，朱裳、朱韠、赤舄、黑絇繶纯。卿大夫素裳。上士玄裳。中士黄裳。下士杂裳，前玄后黄。大夫已上朝夕[⑥]服之，唯士夕服之。"夕者，若今晡上视事耳。

【校释】

①袂：衣袖。

②袤：纵长。

③袪（qū）：袖口。

④齐（zhāi）：通“斋”，斋戒。

⑤燕居：退朝而处，闲居。

⑥朝夕：早晨朝见君王曰“朝”，傍晚朝见君王曰“夕”。

三公毳冕

三公八命而下服毳冕者。案“射人”[①]职掌三公、孤[②]、卿之位，三公北面，孤东面，卿大夫西面。以三公臣中最尊，故屈使北面荅君也。其挚[③]执璧与子男同制，故服毳冕与子男同也。虽从毳冕五章，其旒与小章皆依命数。此所谓屈而伸者也。玉缫亦皆三采，每缫八成则八旒，每旒八玉，计用琘玉百二十八。诸家《礼图》皆不载三公之冕。臣崇义按：《弁师》注于命爵之中独著孤缫四就，用玉三十二。仰推王之三孤六命，上极三公，缫玉形制、彩绘章数，触类可知。故特图于“上公衮冕”之右，亦内外之次也。

【校释】

①射人：《周礼》夏官大司马之属官。

②孤：古官职名，位于三公之下，卿之上。

③挚：通“贽”。见面礼，亦泛指礼物。

上公衮冕

《司服》云："公之服自衮冕而下。"注云："自公衮冕至卿大夫之玄冕，皆朝聘天子及助祭之服。诸侯非二王后，其余皆玄冕而祭。"又《弁师》云："诸公之缫斿九就，瑉玉三[①]采，其余如王之事，缫斿皆就，玉瑱玉笄。"注云：三采，朱、白、苍。其余延纽皆玄覆，朱里，与王同。缫斿就，皆三采，每缫九成，则九斿。每斿九玉，计用玉百六十二。其五冕之版亦广八寸，长尺六寸，前圆后方。又[②]《觐礼》注云：公衮有降龙，"无升龙"。又《明堂位》注：韨画山火而无龙。《祭义》云："诸侯冕而青纮。"《玉藻》[③]云："笏，诸侯以象。"[④]又曰："荼，前屈后直。"[⑤]张镒《图》云："其服玄衣、纁裳、朱韨、素带、朱绿、终辟、佩山玄玉、朱组绶、赤舄、黑絇繶纯。"其方伯及王之子弟出封侯伯，皆得服之，朝王助祭焉。

【校释】

①三：《丛刊》本作“五”。

②又：宋本、《丛刊》本原讹为“入”，兹据《四库》本校改。

③玉藻：宋本原讹为“玉缫”，兹据《礼记》与《四库》本校改。

④“笏，诸侯以象”：诸侯的笏是用象骨做成的。

⑤“荼，前屈后直”：荼，诸侯笏名。前屈后直，指“荼”形前圆后直。

侯伯鷩冕

《司服》云：“侯伯之服自鷩冕而下。”《弁师》注云：侯伯缫七就，缫玉皆三采，每缫七成，则七斿。每斿亦贯七珉玉，计用玉九十八。韨、带、绶、舄皆与上公同。王祀昊天上帝，助祭及朝王皆服之。王者之后、方伯、王之子弟封为侯伯者，皆服之，以助王祭先公及飨[①]、射[②]。

【校释】

①飨：大飨，天子设宴招待诸侯来朝者。

②射：大射礼。天子、诸侯将有祭祀之事或进行燕饮之礼时，举行大射礼。《礼记·射义》孔颖达疏曰：“凡天子、诸侯及卿大夫礼射有三：一为大射，是将祭择士之射；二为宾射，诸侯来朝，天子入而与之射也，或诸侯相朝而与之射也；三为燕射，谓息燕而与之射。”

子男毳冕

《司服》云："子男之服自毳冕而下。"又《弁师》注云：子男缫五就，缫玉皆三采，每缫五成，则五斿。每斿亦贯五珉玉，计用五十。韨、带、绶、舄皆与侯伯同。若朝王及助王祀昊天上帝、祭先王先公、飨射、祭四望[①]山川及自祭四望山川皆服之。王者之后、方伯、王之子弟封为侯伯者皆服之，以助王祭四望山川。

【校释】

①四望：古代祭山川叫望。向四方遥祭山川叫四望。

絺冕①

《典命》云："公之孤四命以皮帛，视②小国之君。"又《司服》云："孤之服自絺冕而下。"郑注《弁师》云：孤缫四就，缫玉皆朱绿，用玉三十二。其服三章，玄衣、纁裳、朱韨、素带、玄华裨垂③、佩水苍玉、缁组绶、赤舄、黑絇繶纯。服以助祭社稷。又张镒《图》云："天子孤及卿皆六命，则同絺冕之服三章，小章则画六。上公及王之三公、二王之后、二伯、九州之牧、侯伯、王之同姓封为侯伯者服之，以助王祭社。"又《玉藻》云："笏，大夫鱼须文竹④。"孤亦同焉。

【校释】

①絺冕：此为孤卿所服之礼服，与前文所列天子六冕之"絺冕"不同，故分别解说。

②视：比拟，比照，仿照。

③裨垂：裨，亦作"辟"，谓以缯镶边。垂，指带下垂以为饰的部分。裨垂，即指带下垂的部分用彩缯镶边。

④鱼须文竹：鱼须，王引之《经义述闻》卷十五《鱼须文竹》以为鱼为鲛鱼，"须"为"颁"之误，"颁"与"班"古字通，鲛鱼皮有班（斑）可以为饰，故大夫用之以饰笏也。文，纹饰，装饰。鱼须文竹，意谓大夫的笏是用竹子做成而用有斑纹的鲛鱼皮做装饰。

卿大夫玄冕

《司服》云："卿大夫之服自玄冕而下。"注云："朝聘天子及助祭之服，诸侯非二王之后，其余皆玄冕而祭。"又《弁师》注云：三命之卿缫三就，缫玉亦[①]朱绿，用玉十八。再命之大夫缫再就，缫玉亦朱绿，用玉八。若王朝之大夫、上公之卿得用三就之缫玉，公之大夫、子男之卿再命者得同再就之缫玉，其服皆玄冕一章，小章各依命数，玄衣、纁裳、朱韨、素带、玄华裨垂、佩水苍玉、缁组绶、赤舄、黑絇繶纯。二伯、九州之牧、王之同姓封为侯伯者，助王祭群小祀、视朔[②]朝日皆服之。

【校释】

①亦：宋本、《丛刊》本原讹为"赤"，兹据《四库》本校改。

②视朔：天子、诸侯每月朔日（初一）杀牲祭告祖庙，叫"告朔"。告朔后，在太庙听政，叫"听朔"，也叫"视朔"。

爵弁

爵弁制如冕，但无旒为异。《士冠礼》注云："爵弁者，冕之次。"谓尊卑次冕也。张镒退于韦弁之下，亦非宜也。其弁板亦广八寸，长尺六寸，前圆后方。弁上覆大冕，俱用三十升布。其色赤而微黑，如爵头[①]，然里亦纁色。一命大夫之冕亦无旒，其制与爵弁不殊。得名冕者，一命大夫之冕虽无旒，亦前低一寸二分，故得冕称。其爵弁则前后平，故不得冕名。又《士冠礼》云："爵弁服，纁裳、纯衣、缁带、韎韐[②]。"注云："此与君祭之服。"如自祭庙则服玄冠、玄端。纯衣，丝衣也。衣皆用布，唯冕与爵弁服用丝耳。韎韐，缊韨[③]也。士缊韨、幽衡[④]，合韦为之。士染以茅蒐[⑤]，因以名焉。又士佩瓀[⑥]玟[⑦]玉，而缊组绶、纁屦、黑絇繶纯。

【校释】

①爵头：爵，通“雀”。如爵头，指像雀头一样的赤而微黑之色。

②缁带、韎韐：宋本、《丛刊》本原讹为“缁韎带韐”，兹据《仪礼·士冠礼》与《四库》本校改。韎：赤黄色，茅蒐（茜草）所染之色。韐（gé）：蔽膝，亦称“韍”或“韠”，形似围裙，上窄下宽，用韦（熟皮）制成。

③缊韍：缊，赤黄色。缊韍，即韎韐，亦即赤黄色的蔽膝。

④幽衡：幽，黝黑色。衡，佩玉之衡，亦作“珩”，即佩玉上部的横梁，用以系绶带之处。

⑤茅蒐（sōu）：草名，即茜草，可以染赤黄色。

⑥瑌（ruǎn）：似玉的美石。

⑦玟（mín）：似玉的美石。

皮弁

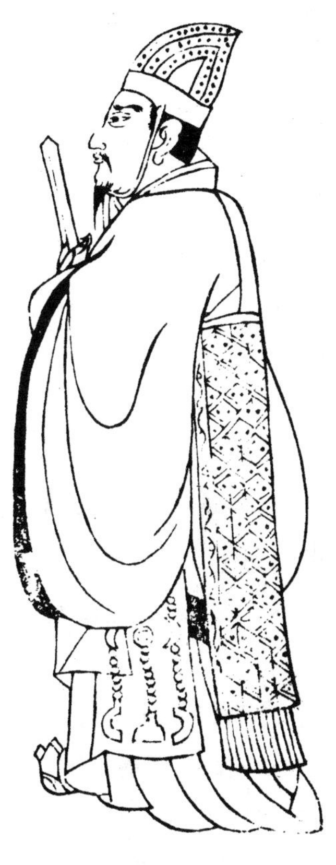

《司服》云："士之服自皮弁而下。"又《弁师》注云："韦弁、皮弁之会无结饰。"《士冠礼》云："皮弁服：素积、缁带、素韠。"与君视朔之服同。《玉藻》云："佩瓀玟玉而缊组绶。"又云："士笏[①]，竹本，象可也。"若上公韦弁、皮弁，璂饰九玉，侯伯七玉，子男五玉，皆三采。孤四命，璂饰四；三命之卿，璂饰三；再命之大夫，璂饰二，皆二采。诸侯皮弁、白布衣、素裳、白韠、素带、朱绿、终裨、佩山玄玉、白舄、青絇繶纯。卿大夫则白屦。诸侯朝王及自相朝、视朔则服之。王朝之臣亦服以[②]朝王。其韦弁服既为军容，君臣同服。制度已见于上，更不别图。

【校释】

①笏：《礼记·玉藻》原无此字，这是聂氏据文意而补。

②以：宋本、《丛刊》本原脱此字，兹据《四库》本校补。

诸侯朝服

《玉藻》云："朝服[①]以日视朝于内朝[②]。"郑云："朝服冠，玄端、素裳也。"又《王制》云："周人玄衣而养老。"注云：天子燕服，为诸侯朝服。彼云玄衣即此玄端也。张镒《图》云："缁、玄二服，素韠、素带、朱绿、终裨、佩山玄玉、白舄、青絇繶纯。天子之卿服以从燕诸侯，诸侯之孤、卿大夫服以朝君。"

【校释】

①朝服：天子、诸侯与群臣平日在朝堂上所穿着的服装。

②内朝：即路寝门外之正朝，也叫治朝。相对于库门外的外朝，亦可称为内朝。

士玄端

《士冠礼》云："玄端、玄裳、黄裳、杂裳、缁带、爵韠[①]。"注云："此暮夕[②]于朝之服。"贾疏云谓："向暮之时夕君之服也。"玄端，即朝服，十五升布衣也。不言朝服而言玄端者，欲见色而取其正也。上云"主人玄冠朝服"，此唯云"玄端"不言"玄冠"者，但冠者三加冠，始加缁布，次皮弁，次爵弁，不加玄冠，故不言也。又说诸侯之士有三等之裳：上士玄裳；中士黄裳；下士杂裳，前玄后黄。但玄是天色，黄是地色，天尊地卑，故上士玄裳，中士黄裳，下士杂裳。还用玄黄者，以前阳后阴，故知前玄后黄也。

【校释】

①爵韠：赤而微黑色的蔽膝。"爵"，通"雀"，指如雀头一样赤而微黑之色。

②夕：傍晚时臣子朝见君主。

卷二　后服图

袆衣（音翚）

褕[1]狄（音摇翟）

阙狄（音翟）

鞠衣

展衣（展又作襢）

褖衣

纯衣[2]（纁袡）

宵衣（音绡）

墨车

厌翟车（金饰诸末）

笄

桥

内司服[3]掌王后之六服：袆[4]衣、褕[5]狄、阙狄、鞠衣、展衣、褖衣。此上六服皆以素沙[6]为里，使之张显。但妇人之服不殊裳，上下连，则此素沙亦上下连也。王之吉服有九，韦弁、皮弁、玄端三等，裳服与后鞠衣已下三服同。但王祭服有六，后祭服唯有三翟耳。何者？天地、山川、社稷之等，后、夫人皆不与，故三服而已。必知外神后、夫人不与者，按《内宰》云：祭祀祼[7]献，则赞。天地无祼[8]，唯宗庙有内宗、外宗，佐后皆云宗庙，不云外神，故知后于外神不与，以其妇人无外事故也。若然，《哀公问》[9]：孔子云以为天地社稷主者，彼见夫妇一体而言也[10]。又按后郑云"六服备于此"者，以诸经传言妇人之服多矣，文皆不备，其六服唯此文为备。郑言此者，亦欲推次六服之色故也。是以下[11]云阙翟赤、褕翟青、袆衣玄者，以王后六服其色无文，故须推次其色。言推次以鞠衣象鞠尘[12]，其色黄；褖衣与男子褖衣同，其色黑。二者为本，以五行之色从下向上以次推之，水色既黑，褖衣象之黑矣。水生于金，褖衣上有襢衣，则襢衣象之金色白。金生于土，土色黄，鞠衣象之黄矣。土生于火，火色赤，鞠衣上有阙翟，则阙翟象之赤矣。火生于木，木色青，阙翟上有褕翟，象之青矣。五行之色已尽，六色唯有天色玄，袆衣最在上，象天色玄。是自下推次其色然也。三翟唯袆言衣者[13]，袆衣是六服之首，故以衣目之也。案《汉志》[14]："皇后谒庙服，绀[15]上皂下，蚕，上青下缥[16]，皆深衣制，（徐广曰："即单衣也。"）隐领袖，缘以绦。假结，步摇，簪珥。（上太皇太后、皇太后首饰云："翦牦蔮结[17]，簪珥[18]。耳当垂珠也。簪以瑇瑁为擿[19]，长一尺，端为华胜[20]，上为凤皇爵，以翡翠为毛羽，下有白珠，垂黄金镊[21]。左右一横簪之，以安蔮[22]结。诸簪珥皆同制。其擿有等级焉。"下云"夫人鱼须擿"，《鄘风》[23]以象骨为擿，是其等级与？

“擿”又作“摘”，音竹革反。）步摇[24]以黄金为山题[25]，贯白珠为桂枝相缪，一爵九华，熊、虎、赤罴、天禄[26]、辟邪[27]、南山丰大特[28]六兽，《诗》所谓‘副笄六珈’[29]者也。”（爵、兽皆以翡翠为毛羽，金题白珠，珰绕以翡翠为华云。副若今步摇。《释名》曰：“皇后副其上，有垂珠，步则摇也。”）《续汉志》云：“乘舆[30]黄赤绶，四采，黄赤缥绀，淳黄圭，长二丈九尺九寸五分[31]，五百首。太皇太后、皇太后其绶皆与乘舆同。”蔡邕《独断》曰：“皇后赤绶。”后汉邓皇后赐冯贵人赤绶，又加赐步摇、环佩各一具。（凡先合单纺为一丝，四丝为一扶，五扶为一首，五首成文。文采淳为一圭。首多者丝细，少者丝粗，广尺六寸。）案《周礼》：“追师掌后首服，为副、编、次[32]。”名制有三等，虽代有沿革，稽诸典礼，参于旧图，以意求之，则古今之法，仿佛而见矣。其委貌形制、古屦舄各于六服之下图而解之。

【校释】

①褕（yú）：《四库》本作“揄”。

②纯衣：宋本与《丛刊》本原讹为“褕狄”，兹据《四库》本校改。

③内司服：《周礼·天官》所属官名。掌后妃之服，以阉人充当。

④袆（huī）：王后的祭服。

⑤褕：《四库》本作“揄”。

⑥沙：通“纱”，细绢。宋本原作“纱”，兹据《周礼·内司服》与《四库》本、《丛刊》本校改。

⑦祼（guàn）：酌酒灌地以祭。

⑧天地无祼：祭天地不行祼礼。按，只有宗庙之祭方行祼礼。

⑨《哀公问》：《礼记》篇名。

⑩“孔子”至“一体而言也”：此为约取《礼记·哀公问》之文。意谓举行婚礼也应“冕而亲迎”，因为夫妇一体，关系到天地宗庙之重。

⑪下：《四库》本作“一”。

⑫鞠尘：酒曲所生的霉菌，色淡黄，如尘。鞠，通“麴”（曲）。

⑬者：宋本“者”后有一墨钉，《丛刊》本“者”后有一字空。

⑭《汉志》：此指《后汉书·舆服志》。聂氏在本书中往往将所引《后汉书·舆服志》之文标为《汉志》或《续汉志》。

⑮绀（gàn）：深青带红的颜色。

⑯缥（piǎo）：青白色。“上青下缥”，今本《后汉书·舆服志》作“青上缥下”。

⑰蔮结：蔮（guó），通“帼”。女子盖头发的巾。今本《后汉书·舆服志》无“结”字。

⑱簪珥：今本《后汉书·舆服志》“簪珥”后衍一“珥”字。

⑲揥（tì）：绾发用的簪子。

⑳华胜：也作“花胜”，古代妇女的花形发饰。

㉑镊：簪子上的垂饰。

㉒蔮：《丛刊》本作“国”。

㉓鄘风：宋本、《丛刊》本原讹为“诗风”，兹据《四库》本校改。

㉔步摇：古代妇女的一种头饰。《释名·释首饰》：“步摇，上有垂珠，步则摇动也。”

㉕山题：古代妇女首饰步摇的底座。因其形像山，着于额前，故名。题，额头。

㉖天禄：古代传说中的一种神兽。欧阳修《集古录》卷一：“今邓州南阳县北有宗资墓，前碑旁有两石兽，一曰天禄，一曰辟邪。”

㉗辟邪：古代传说中的一种神兽，似狮而带翼。

㉘南山丰大特：传说中的神牛。特，公牛。按《史记·秦本纪》载：“（秦文公）二十七年，伐南山大梓，丰大特。”《集解》引徐广注云：“今武都故道有怒特祠，图大牛，上生树本，有牛从木中出，后见于丰水之中。”《艺文类聚》卷九四引《列异传》：“梓树化为牛，文公遣骑击之……牛畏之，入水不出，没丰水中，秦乃立怒特祠。”

㉙副笄六珈（jiā）：此为《诗·鄘风·君子偕老》之诗句。“副”为古代贵族妇女发饰。毛传曰：“副者，后夫人之首饰，编发为之。笄，衡笄也。珈，笄饰之最盛者，所以别尊卑。”

㉚乘舆：王与诸侯所乘坐的车子，后用作帝王的代称。

㉛五分：今本《后汉书·舆服志》无“五分”二字。

㉜副、编、次：三种发式或发饰。副，以发编为假髻，饰以衡笄等饰物；编，亦编发为假髻，覆于真髻之上，唯无衡笄等饰物；次，则是以假发与己发合编为髻。

袆衣

袆衣[①]，翚[②]雉衣也。其色玄。后郑以为素质五采，刻为翚雉之形。五色画之缀衣上，以为文章。后从王祭先王[③]则服，上公二王后、鲁夫人助君祭宗庙皆服之。首饰亦副。《周礼》："追师掌王后之首服，为副。"注[④]云："副者，后夫人之首饰，编发为之。"笄，衡笄也。珈，笄饰之[⑤]最盛者，所以别尊卑也。后郑云：副之言覆也，所以覆首为之饰。珈之言加也，今步摇上饰也。古之制所有未闻。孔疏云：王后之衡笄皆以玉为之，唯祭服有衡，垂于副之两傍，当耳。其下以五色紞[⑥]悬玉瑱。若编、次则无衡。其笄言珈者，以玉饰笄，后夫人首服[⑦]尤尊者。此别及衡笄以珈，唯后夫人有之，卿大夫已下则无，故云别尊卑也。又云：珈之言加者，以珈字从玉，由副既笄而加此饰，故谓之珈。汉之步摇如周副之象，故可以相类也。古今之制不必尽同，故古制得有未闻者。以言六珈，必饰之有六。但所施不可言[8]据。此言六，则侯伯夫人为六。王后虽多少无文，以侯伯夫人推之，宜十二。今但图六，则余法可知。又《屦人》注云："玄舄为上，袆衣之舄也。"凡舄与裳同色。此与衣同色者，以妇人尚专一，德无所兼，故连衣裳，不异其色。故云"玄舄为上，袆衣之舄也"。既玄舄配袆衣，则青舄配揄[9]翟，赤舄配阙翟。又云"鞠衣以下皆屦"者，六服之三翟[10]既以三舄配之，则下文命夫命妇唯言屦不言舄，故知鞠衣已下皆屦也。又云"舄屦有絇有繶有纯饰也"者，言繶是牙底相接之缝，缀黄绦于其中。絇谓屦头，以黄绦为鼻。絇，拘也。取拘持为行戒，使人低目不妄视也。纯谓以黄绦为口缘。凡舄之饰如缋次，玄舄、黄絇繶纯者，玄黄天地色相对，为缋次之饰也。赤絇繶纯者，王黑舄之饰也。赤黑南北相对，亦缋次之饰也。黑絇繶纯者，王赤舄之饰也。青絇繶纯者，王白舄之饰也。青白东西对方，亦缋次之饰也。后之赤舄亦黑饰，后之青舄亦白饰也。若然，爵弁纁屦黑絇繶纯，黑与纁南北相对，用缋次为屦饰者，尊祭服也。凡屦之饰如绣次，此约皮弁、白屦、黑絇繶纯为饰，白与黑西北次方，为绣次之饰。又后黄屦白絇繶纯[11]、白屦黑[12]絇繶纯、黑屦青絇繶纯，此三者鞠衣已下之屦也。然则屦舄，王有三等、后有六等也。上公已下夫人得服袆衣者，亦玄舄也。

【校释】

①袆衣：王后六服之首。王后从王祭先王服之。

②翚（huī）：五彩的野鸡。

③先王：宋本、《丛刊》本原讹为"先公王"，兹据《周礼·内司服》郑玄注与《四库》本校改。

④注：宋本、《丛刊》本原讹为“诗”，兹据《周礼注疏》与《四库》本校改。

⑤笄饰之：宋本与《丛刊》本下均衍一“冕”字，兹据《毛诗注疏》与《四库》本校删。

⑥紞（dǎn）：垂在冠冕两侧用以悬瑱的带子。

⑦服：《丛刊》本作“饰”。

⑧言：《四库》本作“考”。

⑨揄：宋本、《丛刊》本作“摇”，兹据《四库》本校改。

⑩三翟：古代后妃的三种祭服：袆衣、褕狄、阙狄。由于袆衣以“翚”（野鸡）图形为饰，褕狄与阙狄也均以“翟”（野鸡）图形为饰，故称为“三翟”。

⑪纯：宋本、《丛刊》本原脱此字，兹据《四库》本校补。

⑫黑：宋本、《丛刊》本原脱此字，兹据《四库》本校补。

褕翟[1]

后郑读“褕狄”为摇翟，雉[2]名，青质五采。故刻缯为褕翟之形，而五采画之，缀于衣上以为文章。然则褕翟之衣其色青。后从王祭先公则服之，首饰珮绶与袆衣同，青舄、白絇、繶、纯。侯伯夫人助君祭宗庙亦服之，首饰亦副[3]。

【校释】

①褕翟：也作“褕狄”、“揄狄”。王后六服之一。王后祭先公服之。《四库》本据《周礼·天官·内司服》原文改作“揄翟”。

②雉：鸟名，俗称野鸡。

③副：古代贵族妇女的一种发饰，以发编为假髻，饰以衡笄等饰物。

阙翟

案袆、褕二翟皆刻缯[①]为雉形，又以五采画之，缀于衣。此亦刻缯为雉形，不以五色画之，故云阙翟[②]。其衣色赤，俱刻赤色之缯为雉形，间以文缀于衣上。后郑云："今世有圭衣，盖三翟之遗俗也[③]。"郑君见汉时有圭衣[④]，刻为圭形缀于衣上，是由周礼有三翟，别刻缯为雉形，缀于衣上，汉俗尚有，故云三翟之遗俗也。首饰珮绶一如二翟，赤舄、黑絇繶纯。其子男夫人从君祭宗庙亦皆服之。

【校释】

①缯：布帛之总名。

②阙翟：王后六服之一。祭群小祀服之。

③也：宋本、《丛刊》本原讹为"者"，兹据《四库》本校改。

④圭衣：汉代一种服装的名称，衣前缀有刻为圭形的布片。"圭"为古代帝王、诸侯朝会、祭祀时所用的一种玉制礼器。

鞠衣

鞠衣[①]者，后告桑[②]之服也。按后郑云：鞠衣，黄桑之服，色如鞠尘[③]，象桑叶始生。《月令》："三月荐鞠衣于先帝，告桑事。"又彼注云：先帝，太昊之属。知非天帝者，以其言先不言上，故知非天。春时唯祭太昊之属，荐鞠衣于神坐，为蚕求福也。以蚕功既大，总祭五方帝于明堂，故云"之属"以该之。又孔、贾疏云以季春将蚕，后服之，告先帝养蚕之服。鞠者，草名，华色黄，故季秋之月云菊有黄华。是鞠衣黄也。又云鞠尘，不为麴者，古字通用也。又云"象桑叶始生"者，以其桑叶始生则养蚕，故服色象之。其首服用编，后郑云"谓编列发为之"，其遗象若今假紒[④]矣。其珮绶如三翟，黄屦、白絇繶纯。屦之与舄，形制大同，惟禪[⑤]底为异耳。故《屦人》注云："复下曰舄，禪下曰屦。"复，重也。下谓底也。然则禪底者名屦，重底者名舄。孤之妻从夫助君祭宗庙亦皆服之。但紞用三采、瑱用美石为异。三采，素、青、黄也。知然者，

《齐风·著（直居切）》诗云："俟我于著乎而，充耳以素乎而。"后郑云："我，嫁者自谓也。待我于著[⑥]，谓从君子出至于著。我视君子则以素为充耳。"谓悬瑱之紞为素色。下又云"充耳以青"、"充耳以黄"，据人臣三色，妻亦然也。又云"尚之以琼华"，尚，饰也。琼，美石。华，石色。故知人臣用美石也。彼毛以"素"为"象瑱"[⑦]，郑不从者，必若[⑧]素是象瑱，下文何得更云琼英之事乎？故郑以素、青、黄皆为紞色也。或曰鞠衣已下，后紞亦三采。

【校释】

①鞠衣：王后六服之一。王后参加桑事服之。

②告桑：王后在春三月向先王祈求采桑养蚕顺利的礼仪。

③鞠尘：酒曲所生的霉菌。色淡黄，如尘。鞠，通"麴"（曲）。

④紒（jì）：束发为髻。

⑤禪（dān）：衣饰单层谓之禪。

⑥著：门屏之间曰著。

⑦象瑱：以象牙所做的"瑱"（充耳）。

⑧若：宋本、《丛刊》本原讹为"君"，兹据《四库》本校改。

展衣

展衣[①]色白。后以礼见王及宾客之服，珮绶如上。上首服亦编[②]，白屦、黑絇繶纯。后郑云"展"当为"襢"者，按《丧大记》云："世妇[③]襢衣。"襢之言亶也。亶，诚也。按《诗·鄘风·君子偕老》及此文皆作"展"，并是正经。郑必读为"襢"者，以"襢"从衣而有衣义。《尔雅》"亶"、"展"虽同训为诚，展者言之诚，亶者行之诚，贵行贱言。"襢"字以"亶"为声，有行诚之义，故从"襢"也。此亦卿大夫之妻从夫助君祭宗庙得服之。按《祭义》曰："君牵牲，夫人奠盎[④]，君献尸[⑤]，夫人荐豆[⑥]，卿大夫相[⑦]君，命妇相夫人。"是也。

【校释】

①展衣：王后六服之一。王后见王及宾客服之。

②编：古代贵族妇女发饰之一种，编发为假髻覆于真髻之上。

③世妇：王之妃妾或命妇（卿大夫士之妻）。

④奠盎：奠，放置。盎，盎齐，一种白色的酒。

⑤献尸：尸，是指祭祀时替死者受祭的人。献尸，是指向尸献酒进行祭祀。

⑥荐豆：荐，进献，上供。豆，古代一种容器名，祭祀时用以盛醢（肉酱），这里是以豆代称醢。

⑦相：辅助，佐助。

褖衣

褖衣[①]色黑。后接御[②]见王之时则服褖衣及次[③]。按《追师》注云："次者，次第发长短为之，所谓髲髢[④]也。"贾疏云："所谓《少牢》[⑤]'主妇髲鬄'，即此'次'也。"鬄、髢同音"地"。彼注云："古者或剔贱者、刑者之发而为之。"按鲁哀公十七年说卫庄公"自城上见己氏之妻发美，使髡[⑥]之，以为吕姜髢"[⑦]。杜云："吕姜，庄公夫人。髢，髲也。"以此言之，是取他发为髢也。则有不用他发为髢自成紒者。故《鄘风·君子偕老》诗曰："鬒[⑧]发如云，不屑髢也。"传云："鬒，黑发也。如云，言长美。屑，絜也。"笺云："髢，髲也。不絜髲者，不用髲为善也。"是不用他发为髲同合己发絜为紒者也。《汉志》说"大手紒"，盖谓此也。其珮绶如上而黑屦、白絇繶纯[⑨]。士妻从夫助祭亦服之。妇人褖衣之黑始因男子之玄端，亦名褖衣。知者，按《士冠礼》："陈服于房，爵弁服、皮弁服、玄端服。"至于《士丧礼》“陈袭事[⑩]于房”，亦云“爵弁服、皮弁服、褖衣”。此褖衣当玄端处，所以变言之者，冠时玄端，衣裳别，及死而袭，玄端连衣裳，与妇人褖衣同，故虽男子玄端亦名褖衣也。又见子羔[⑪]袭用褖衣纁[⑫]袡[⑬]。郑注《士昏礼》云：“袡亦缘也。”褖衣纁缘是妇人嫁时之服，亦非常[⑭]衣也。今子羔袭之，故讥用妇服。但纁袡与玄衣相对之物，则男子褖衣黑矣。男子褖衣既黑，则妇人褖衣黑可知矣。

【校释】

①褖（tuàn）衣：王后六服之一。王后燕居及与王同房时服之。“褖衣”，《周礼·天官·内司服》经文原作“缘衣”，郑玄注以为是“褖衣”之误。

②接御：指后妃与帝王同房。

③次：古代贵族妇女发式之一种，以假发（他人之发）与己发合编为髻，也称为“髲髢”。

④髲髢（bì dí）：编次他人之发，装衬于己发以成髻，也叫做“次”。

⑤《少牢》：指《少牢馈食礼》，《仪礼》篇名。

⑥髡（kūn）：剃去头发。

⑦“自城上”至“以为吕姜髢”：本段文字引自《左传·哀公十七年》。

⑧鬒（zhěn）：头发黑而密；黑发。

⑨白絇繶纯：宋本、《丛刊》本原倒作“白繶絇纯”，兹据《四库》本校乙。

⑩陈袭事：袭，加衣，特指为死者穿衣。陈袭事，指为死者陈列

服装，准备殓尸。

⑪子羔：孔子学生，亦作“子皋”。“子羔袭用褖衣纁衻”事见于《礼记·杂记上》。

⑫纁（xūn）：浅绛色。

⑬衻（rán）：裳的下缘。

⑭常：宋本、《丛刊》本原讹为“裳”，兹据《四库》本校改。

纯衣①（纁袡）

纁袡，当嫁之女所服也。《士昏礼》云："女次，纯衣纁袡，立于房中，南面。"注云："次，首饰，今之髲也。"《周礼》追师②掌为副、编、次、纯衣、丝衣也。此衣亦玄色。袡，缘也。袡之为言任也。以纁缘其丝衣，象阴气上注③于阳也。取交接有依之义。凡妇人不常施④袡之衣，盛⑤昏礼为此服耳。《丧大记》曰："复⑥不以袡。"明非常衣也。《诗》武王女下嫁齐侯之子⑦，车服不系其夫⑧，下王后一等，乘厌翟⑨，服褕翟，加纁袡，首饰亦副。

【校释】

①纯衣：宋本、《丛刊》本原讹为"褕衣"，兹据《四库》本校改。

②追师：《周礼》天官冢宰之属官，职掌王后之首服。

③注：《四库》本作“任”。

④施：宋本、《丛刊》本原讹为“於”，兹据《四库》本校改。

⑤盛：宋本、《丛刊》本原讹为“成”，兹据《四库》本校改。

⑥复：为死者招魂。

⑦武王女下嫁齐侯之子：此事出于《诗·召南·何彼襛矣》诗文及小序。但诗中所咏“王姬”为“平王之孙”，非为“武王女”。

⑧车服不系其夫：意谓王女下嫁诸侯时，所乘之车与所衣之服不以夫之尊卑为转移。

⑨厌翟：王后五路（车）之一，以雉（翟）羽蔽车之两旁，雉羽编排较密，故称厌翟。

宵衣

此师姆[①]母所著之衣也。《士昏礼》云："姆纚[②]笄宵衣，在其右。"注云："姆，妇人年五十，无子而出，不复嫁，能[③]以妇道教人者，若今时乳母矣。纚，韬发[④]。笄，今时簪也。纚，亦广终幅[⑤]，长六尺。宵，读为'素衣朱绡'之'绡'。鲁《诗》以'绡'为绮属。姆，亦玄衣。（即褖衣也。）以绡为领，因以为名，且相别耳。姆在女右，当诏以妇礼。"贾公彦释曰："妇人年五十阴道绝，无子，出之。（此七出之一也。）然就七出[⑥]之中余六出是无德行不堪教人者，故取无子而出、不复嫁、能以妇道教人者，留以为姆。既使教女，因从女向夫家也。纚亦如冠，韬发又纚以缯，广终幅，长六尺，以韬发而紒之。姆所异于女，有纚有次；姆则有纚无次。宵读为《诗》'素衣朱绡'之'绡'。按《诗·唐风》[⑦]云：'素衣朱绣。'郑笺破'绣'为'绡'。此注据彼笺破[⑧]字之义，故直[⑨]云'素衣朱绡'以为证也。姆亦玄衣，以绡为领，因以为名者，此衣虽言绡衣，以亦与纯衣同是褖衣、用绡为领故，因得名绡衣也，且相别耳。（谓上文女曰纯衣，此姆曰宵衣，虽同是褖衣，而纯衣、宵衣名相别也。）姆在女右，当诏以妇礼者，按《礼记·少仪》云：'赞币自左，诏辞自右。'地道尊右之义，故姆在女右也。"

【校释】

①师姆：教育未婚女子的女老师。

②纚（xǐ）：系，束发。也指束发的布帛。

③能：宋本、《丛刊》本原讹为"或"，兹据《仪礼注疏》与《四库》本校改。

④"韬发"后，众本均衍"纚也"，兹据郑注校删。

⑤广终幅：意谓纚的宽度与布幅的宽度一样。按，古代布幅的宽度为二尺二寸。

⑥七出：也叫做"七去"。古代礼教中的七种条款，妇人有其中之一者，即可被丈夫遗弃。《大戴礼记·本命》："妇有七去，不顺父母去，无子去，淫去，妒去，有恶疾去，多言去，窃盗去。"

⑦唐风：宋本、《丛刊》本原讹为"晋风"，兹据《仪礼注疏》与《四库》本校改。

⑧破：也叫"破字"。训诂学术语，用本字来改读和理解古书中的假借字。

⑨直：宋本、《丛刊》本原讹为"真"，兹据《仪礼注疏》与《四库》本校改。

墨车

古驾四马，

辀[①]上曲，句衡[②]。

辀，辕也。衡，軛[③]也。辕从轸[④]已前稍曲而上，至衡。辀居衡上，向下句之。衡居辀下，如屋之梁然，《诗》所谓“梁辀”也。先以骖马[⑤]内辔[⑥]系于轼[⑦]，又有游环贯骖马之外辔，游移前却在服马之背，以止骖马之外[⑧]出。又服马之外各以一条皮上系于衡后，系于轸，在服马胁，谓之“胁驱”，以止骖马之内入。二服夹辕，其颈负軛。两骖在旁施靷[⑨]助之。是于阴版[⑩]之前，（阴版，揜轨也。）以皮为靷前约骖马之胸，内系于阴版，外系于轴，以引之。然则此车衡长六尺六寸，止容二服而已，两骖颈不当衡，故别为二靷，以约马胸引车轴也。又以韅[⑪]在马背拘持二靷。按《士昏礼》婿“乘墨车”。（士栈车，大夫墨车。婿是士子，得乘墨车者，摄盛[⑫]故也。大夫已上革鞔[⑬]而漆之。士栈车亦漆之，但无革鞔，与大夫为异耳。鞔音莫干反。）《考工记》曰：“栈车欲弇[⑭]，（音掩。）饰车欲侈。”然则大夫以上皆革鞔以饰其舆。又有漆饰，故得饰车之名。士卑，车虽有漆，无革饰，不得名墨车及饰车也，故唯以栈车为名耳。若然，自卿已上更有异饰，而名玉、金、象。以五采画毂[15]而篆[16]约谓之夏篆，唯用五采画毂无篆者谓之夏缦。又有此五等之车。按《巾车》云："玉路[17]以祀，金路同姓以封，象路异姓以封，革路以封四卫，木路以封蕃国。孤夏篆，卿夏缦，大夫墨车，士栈车，庶人役车。"（木路有革鞔，无漆饰，故名木路；役[18]车谓方箱可载任器，以[19]供役者也。）今士乘大夫墨车为摄盛，则大夫当乘卿之夏缦，卿乘孤之夏篆。已上木路质而无饰，不可使孤乘之。但礼穷则同，故孤还乘夏篆，亦尊之义也。若然，庶人当乘士之栈车与？则诸侯天子之尊，不假摄盛。依《巾车》，自乘本车矣。玉[20]路，非祭祀不可乘，以亲迎当乘金路矣。以摄盛言之，士冠与父同，则昏礼亦同。是尊適[21]子皆与父同。庶子宜降一等也。（下设辔执御皆同此，然新《图》此画墨车二乘，一是今法[22]，一是古法。太子詹事尹拙议今车云："当是目验所见，不堪垂法，删去可也。"工部尚书窦仪议云："臣仪详新《图》所画皆约三《礼》正文，且于诸制之中不画历代沿革，唯此驾部车之法遍见今世所宜，以兹不伦，致其异议，未若惜画蛇之余力，明驭马之古规。"今已删去今车，乃从仪议[23]。）

【校释】

①辀（zhōu）：车辕，车前驾牲畜的长木。古代车辕为独木，与后世双辕不同。

②句（gōu）衡：以钩状物钩住"衡"并牵引。衡，为辕前横木，架在牲口颈部之上，以引车前行。

③轭（è）：驾车时架在牲口颈部的曲木（或铜、铁制品），用以增加受力面积。按，聂氏在此以"轭"释"衡"当是本于《论语·卫灵公》何晏《集解》引包氏之说。然而无论从文献记载还是从考古发现

来看，以“轭”释“衡”都是不确切的。《周礼·考工记·舆人》：“轮崇、车广、衡长，参如一，谓之参称。”郑玄注曰：“称，犹等也。车，舆也。衡亦长容两服。”按，“两服”指两匹驾车的马。《庄子·马蹄》曰：“加之以衡扼（轭）。”陆德明《经典释文》曰：“衡，辕前横木，缚轭者也。扼（轭），义（叉）马颈者也。”而现代考古也证明殷周时期的车子“辕前端横置车衡，在衡上缚轭，用来驾辕马”（杨泓《古代兵器论丛》，第81页，文物出版社，1985年）。综上所述，可知古代车子辕、衡非为一物，辕前横木为衡，衡下缚有两轭以驾马。

④轸（zhěn）：车箱底部后面的横木。

⑤骖马：驾车四马中位于两侧的马。

⑥辔：马缰绳。

⑦轼：车箱前的横木。

⑧“外”后，宋本、《丛刊》本均衍“辔”字，兹据《四库》本校删。

⑨靷（yǐn）：套在驾车牲口胸前的皮带。

⑩阴版：又名“揜（yǎn）轨”，也单称“阴”。横侧于车前之木板，用以掩蔽车轨。

⑪䩳（xiǎn）：驾车时系在牲口背部（或曰腋下）的革带。

⑫摄盛：古代举行婚礼时，可根据车服常制超越一等，以示贵盛。

⑬鞔（mán）：用皮革蒙鼓或蒙车。

⑭弇（yǎn）：狭隘，狭小。宋本、《丛刊》本作“揜”，兹据《四库》本校改。

⑮毂（gǔ）：车轮中心插轴承辐的圆木。

⑯篆：雕刻。

⑰路：天子所乘之车。

⑱役：宋本、《丛刊》本原讹为“投”，兹据《四库》本校改。

⑲以：宋本、《丛刊》本原讹为“似”，兹据《四库》本校改。

⑳玉：宋本、《丛刊》本原讹为“五”，兹据《四库》本校改。

㉑適（dí）：通“嫡”。

㉒法：《丛刊》本作“注”。

㉓乃从仪议：意为乃遵从窦仪的意见。宋本讹为“乃徙驭议”，《丛刊》本讹为“乃从驭议”，兹据《四库》本校改。

厌翟车（金饰诸末[1]）

男子立乘，其车有盖，无帷裳。妇人坐乘，有盖，有帷裳。按《士昏礼》说婿“乘墨车”，下云“妇车亦如之，有裧[2]”。注云：亦如之者，车同等。裧，车裳帷[3]。（帷、帏通。）《周礼》谓之“容”。车有容，则有盖。《卫·氓》诗云：“淇水汤汤，渐车帷裳。”童容也。孔《义》[4]云：“帷裳一名童容。”故《巾车》云：“重翟[5]、厌翟、安车皆有容盖。”先郑[6]云：“容谓幨车。（裧与幨同，又或作襜，皆昌廉反。）山东谓之帷裳。或曰[7]童容即《氓》诗云‘渐车帷裳’。”是山东名帷裳也。以其帷障车之傍，如裳以为容饰，故谓之帷裳。或谓之童容者，其上有盖，四傍垂而下谓之裧。故《杂记》云：“其輤[8]有裧。”注云“裧谓鳖甲边缘”是也。然则“童容”与“裧”别，而先郑云“容谓幨车”者，以其有“童容”者必有“幨”，故谓之为幨车也。惟妇人之车为然也。王后始乘重翟。王女下嫁诸侯乘厌翟，服则褕翟。后郑云：“重翟，重翟雉之羽；厌翟，次其羽使相迫也。”谓相次厌其本以蔽车也。皆有容盖。旧《图》以下著合匳，破匏[9]为之，以线连柄端。其制一同匏爵[10]，故不重出。（太子詹事尹拙议云：“今新《图》不以金饰诸末，乃引《通典》云：‘自两汉晋宋齐皇后唯乘重翟，金涂五末，辕一，毂二，箱二。至后魏始说厌翟亦金饰诸末。'又云：'不画八轡者。'"工部尚书窦仪议云："臣仪今详新《图》，缋总、鞶、带、车末之饰，皆已正矣。其帷裳所画翟雉，但云以类求之，臣亦检寻，未见本义。所阙八轡，请令画之。"）

【校释】

①金饰诸末：意谓车子的辕、毂、箱等部件的端头均以金装饰。

②裧（chān）：车帷，张挂在车箱周围的布幔、帐幕。

③帷：宋本、《丛刊》本原脱此字，兹据《仪礼注疏》与《四库》本校补。

④孔《义》：这里指孔颖达《毛诗正义》。

⑤重翟：王后五路之一，以雉羽饰车之两旁。

⑥先郑：指东汉早期经学家郑兴、郑众父子。由于东汉后期又有著名经学家郑玄，后人为了将其与郑兴、郑众父子相区别，因而称郑兴、郑众父子为先郑，称郑玄为后郑。

⑦曰：《四库》本作"云"。

⑧輤（qiàn）：柩车，灵柩。也指柩车上用以装饰的覆盖物。

⑨匏（páo）：葫芦的一种，剖开可做舀水或舀酒的瓢。

⑩匏爵：爵，古代酒器，青铜制，三足。古时祭天，以匏为爵，称匏爵。

笲

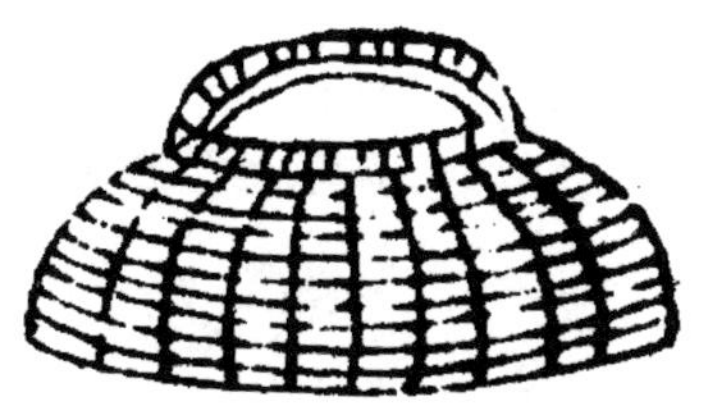

《士昏礼》："质明[①]，赞[②]见妇于舅姑。妇执笲[③]枣栗，自门入。升自西阶，进拜，奠于舅席。"又"降阶[④]，受笲腶脩[⑤]。升，进，北面拜，奠于姑席下"。《记》云："笲，缁被纁里。"注云："被，表也。笲有表者，妇见舅姑以饰为敬。"贾又释上注云：笲，竹器而衣者。以字从竹，故知是竹器也。其形盖如今之筥[⑥]、箧芦[⑦]矣。（音墟卢。）汉时有筥、箧芦，故举之以况笲也。但汉法去今远，其状无以知之。或见《图》中如筥状，其口微弇而稍浅，今取以为法。笲音烦。又旧《图》读如皮弁之"弁"。以缯衣之，容一斗。

【校释】

①质明：早晨，平明时分。

②赞：相礼之人，司仪。

③笲（fán）：古代盛干果的竹器。

④降阶：宋本、《丛刊》本原讹为"阶降"，兹据《仪礼·士昏礼》与《四库》本校乙。

⑤腶（duàn）脩：加姜桂等调味品捶治而成的干肉。

⑥筥（jǔ）：古代的一种圆形盛食品的竹器。

⑦篖芦：古代的一种盛饭的竹器。

桥

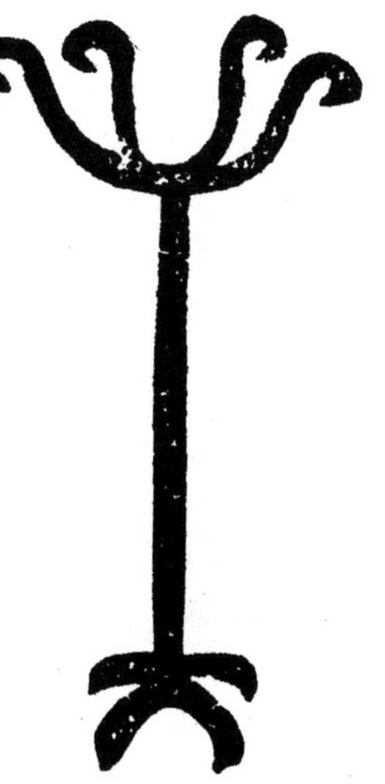

《昏礼·记》云："笄，缁被、纁里加于桥。"注云："桥所以庋[①]笄。其制未闻。"（庋，居委反。）旧《图》云："读如桥举之桥。以木为之，似今之步。按，高五寸，下跗[②]午[③]贯，举笄处亦午为之。"此则汉法也。既周制无闻，今亦依用。

【校释】

①庋（guǐ）：放，置，存藏。

②跗（fū）：脚背。物体下部像脚的东西，足架。

③午：纵横交叉。

卷二 冠冕图

童子服（将冠者）
缁布冠（三制）
太古冠（新增）
缁布冠（新增）
周制[①]
頍项（上音丘委[②]反）
青组缨
纚
皮弁
爵弁
笄
纮
簁
箪
匴
委貌（如进贤冠）
委貌（如皮弁者）
委貌（张镒《图》制）
委貌（梁正法）
毋追（音牟[③]堆）
章甫
周弁
通天冠
远游冠
高山冠
长冠（一名齐冠）
法冠
建华冠
武弁大冠
术氏冠
方山冠
巧士[④]冠
却非冠
樊哙冠
却敌冠
章甫冠（别一法）
四冕（叔孙通稽周法）
三冠（皆进贤冠）

梁正修阮、郑等《图》[⑤]，以童子之服系冕弁之末，不连缁布、皮弁等服。张镒《图》以童子服连缁布冠下，尽殷冔[⑥]、夏收[⑦]，以通天、远游已下为不出三《礼》经义，别编于下卷。今按《士冠礼》云："将冠者采衣，紒。"其将冠者，即童子二十者也。将行冠礼，始加缁布，次加皮弁，次加爵弁。若本其行事，叙将冠之服，列于缁布之上，于理为当。今依而次之，仍升童子之服为卷首。下梁之古冠，庶得两从，知礼之自也。

【校释】

①周制：此指周代形制的缁布冠。原卷首目录无此，兹据正文内容校补。

②委：宋本原讹为"絜"，兹据《丛刊》本、《四库》本校改。

③牟：宋本原讹为"弁"，兹据《丛刊》本、《四库》本校改。

④士：宋本原讹为"上"，兹据《丛刊》本、《四库》本校改。

⑤阮、郑等图：指东汉侍中阮谌与郑玄等所撰写的《三礼图》。

⑥殷冔（xū）：殷代称冠为"冔"。

⑦夏收：夏代称冠为"收"。

童子服

童子采衣，紒。故《士冠礼》云："将冠者采衣，紒。"注云："采衣，未冠者所服。"《玉藻》云："童子之节也，缁布衣，锦缘，锦绅[①]，并纽，锦束发，皆朱锦也。"紒，结发也。贾疏云：将冠者，即童子二十者也。以其冠事未至，故言将冠。童子既不帛襦[②]袴、不裘裳，故以锦为缁布衣，缘饰。又以锦为大带及结绅之纽，故云锦绅并纽也。纽长与绅齐。又以锦为之束发，总此释[③]。紒谓结发也，《诗》云"总角丱兮[④]"是也。皆用朱锦饰者，以童子尚华，示将成人有文德，故皆用锦，示一文一质之义。衣襦袴并缁布是质也。黑屦、无絇、青繶纯。又卢植云："童子紒似刀环。"

【校释】

①绅：束腰的大带。

②襦（rú）：短衣，短袄。

③释：《四库》本作“紒”。

④总角丱（guàn）兮：宋本、《丛刊》本原讹为“总角之丱”，兹据《诗经·齐风·甫田》与《四库》本校改。丱：儿童束发成两角的样子。

缁布冠（三制）

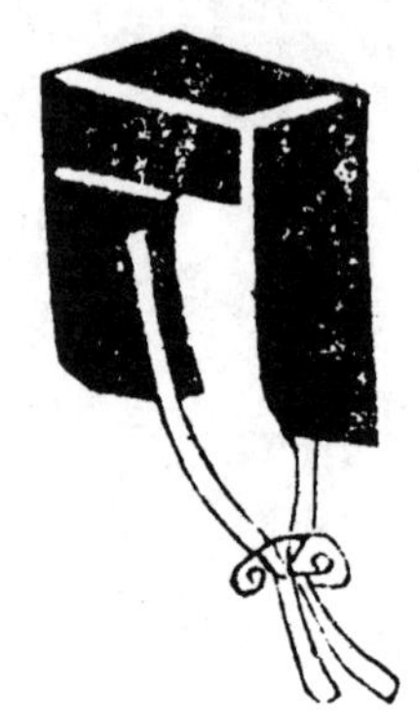

旧《图》云：始冠，缁布。今武士冠[1]，则其遗象也。大小之制未闻。

【校释】

①武士冠：武士、军人所戴之冠。

太古冠（新增）

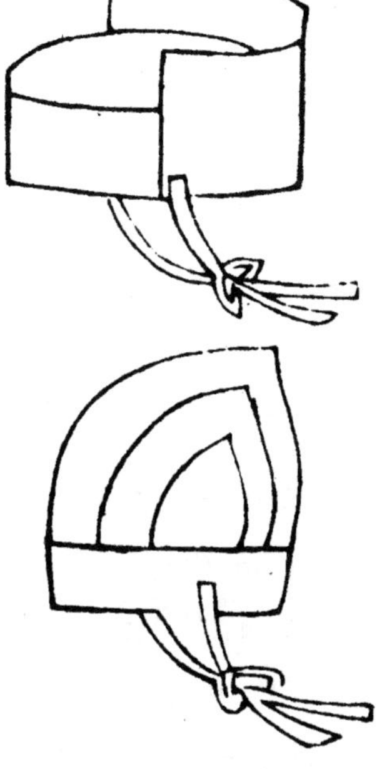

梁正又云："师说不同，今《传》《疏》二冠之象，又下有'进贤'[①]，皆云古之缁布冠之遗象。"其张镒重修亦云："旧《图》有此三象。其本状及制之大小未闻。"此皆不本经义，务在相沿，疾速就事。今别图于左，庶典法不坠。

【校释】

①进贤：汉代三公诸侯之冠名。

缁布冠（太古缩缝[①]者）

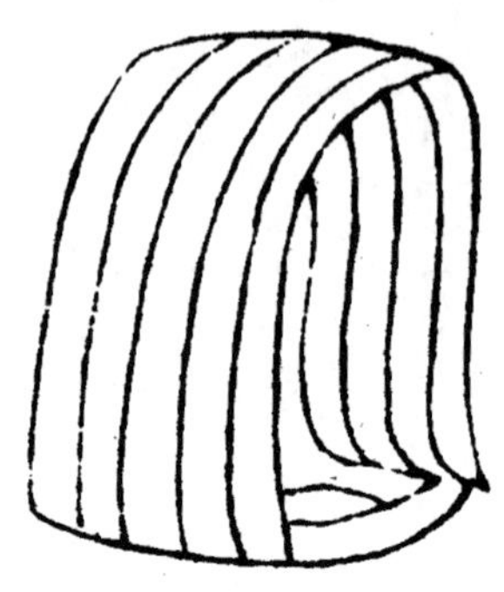

缁布冠，始冠之冠也。《记》曰："太古冠布，齐[②]则缁之。其緌[③]也，孔子曰：'吾未之闻也。'"此主谓大夫士无緌耳。诸侯始加缁布冠，缋[④]緌，其頍[⑤]项青组缨，则与士同。其士以青组缨结于颐[⑥]下，无緌。自士已上，冠讫则弊去之，不复著也。然庶人犹著之。故《诗》云："彼都人士，台笠缁撮。"谓彼都邑人有士行者，以缁布为冠，撮持其发。

【校释】

①缩缝：纵向缝制。缩，直，纵向。

②齐（zhāi）：通"斋"，斋戒。

③緌（ruí）：缨饰，冠带结的下垂部分，缀于冠缨两端，系冠后，垂于颔下以为饰。

④缋（huì）：绘画。

⑤頍（kuǐ）项：也叫"缺项"，也单称"頍"。用以聚发、固冠之发饰。頍项如阔带，先绕于额上，于后项做结。頍项四角有绳，用以系冠。又有缨，结于颔下。

⑥颐：面颊，下巴。

周制（横缝者）[①]

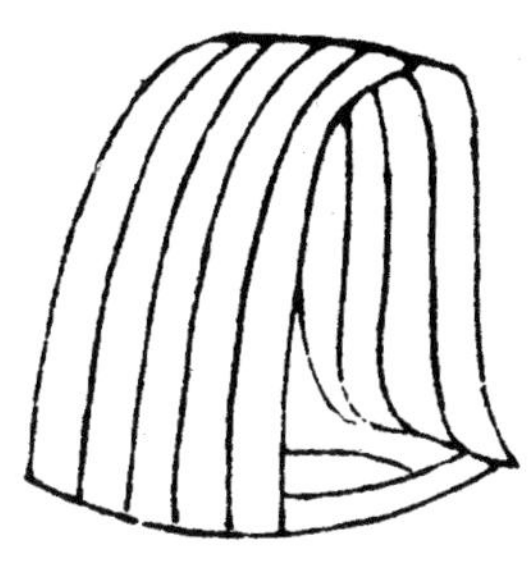

《檀弓》曰："古者冠缩缝，今也衡缝。"注云："缩，从[②]也。衡，读为横。"孔疏云："缩，直也。古，谓殷已上质，吉凶冠皆直缝。直缝者辟积[③]少，故一一[④]前后直缝之。"其冠广三寸，落顶前后，两头皆在武[⑤]下，向外出反屈之，缝[⑥]于武，辟积三。皆厌[⑦]伏。今即周也。周尚文，多辟积，不复一一直缝。但多作襵[⑧]，（音辄。）并横缝之。故周吉冠多辟襵而横缝。又以冠两头皆在武上，向内反屈缝之。既吉凶相变，其丧冠质犹疏辟襵，而右直缝之。以两头皆在武下，向外反屈缝于武，故得厌伏之名。其吉冠则左辟襵，而横缝之。详此文义，法式显然。梁正言大小之制未闻，一何[⑨]固也。张镒弃古今之顺说，斯焉舍诸。今依经疏述而图之。

【校释】

①周制（横缝者）：本条指周代形制（冠古横向缝制）的缁布冠而言。宋本将本条与上条"缁布冠（太古缩缝者）"图文并列在一起解说，兹据《四库》本分别解说。

②从：纵。

③辟积：服饰之“褶”。也可单称“积”或“辟”。

④一一：宋本、《丛刊》本作“二”字，即两个“一”字合占一格。

⑤武：冠上围绕头部的冠圈，两旁有小孔，以组固冠。

⑥缝：宋本原作墨钉，兹据《礼记正义》与《丛刊》本、《四库》本校改。

⑦厌：压，压住。

⑧䙘：原讹作“褔”。下同。衣裳之游缝。

⑨一何：何其，多么。

頍项

（上[1]丘委切）

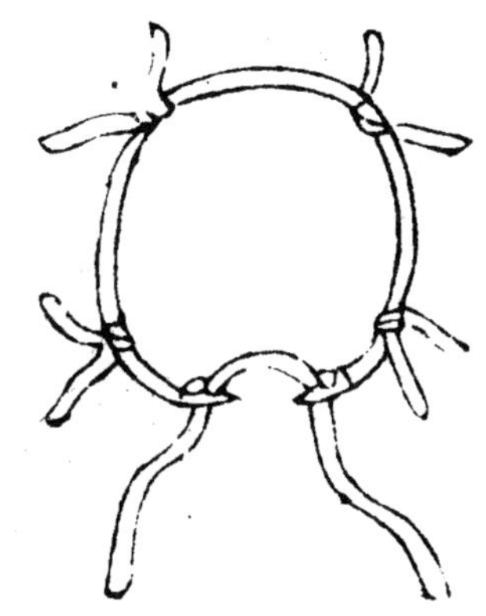

頍，经作“缺”[2]。注：“读如‘有頍者弁’之‘頍’。缁布冠，无笄，著頍，围发际，结项中，隅[3]为四缀，以固冠也。项中有䌰[4]，亦由固頍为之。”贾[5]释曰：“頍项者，谓于頍两头皆有䌰，别以绳穿于䌰中。”于项上结之，因名頍项。既结頍于项，则頍上四[6]缀当首之四隅，以四缀上属于冠武，然后得冠頍之安稳。谓别以绳穿项中之䌰，结之，因得頍之牢固，故云“亦由固頍为之”。

【校释】

①“上”后，《丛刊》本有“音”字。

②经作缺：“经”指《仪礼·士冠礼》经文。由于頍项在《仪礼·士冠礼》中作“缺项”，故曰“经作‘缺’”。

③隅：角。

④䌰：结。

⑤贾：指《仪礼注疏》的作者贾公彦。

⑥四：宋本、《丛刊》本原讹为“曰”，兹据《四库》本校改。

青组缨

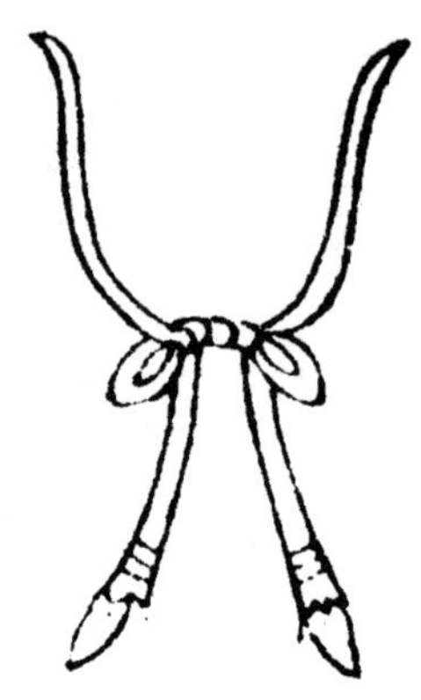

《士冠礼》云："青组缨，属[①]于頍。"此谓缁布冠无笄，乃以二绦[②]之组两相[③]属于頍。既属讫，则以所垂绦[④]者于颐下结之。故注云："无笄者缨而结其绦[⑤]也。"

【校释】

①属（zhǔ）：连结，连接。

②绦：丝带。宋本、《丛刊》本与《四库》本原讹为"条"，兹据《仪礼·士冠礼》校改。

③相：宋本、《丛刊》本原讹为"厢"，兹据《四库》本校改。

④绦：宋本、《丛刊》本原讹为"条"，兹据《四库》本校改。

⑤绦：宋本、《丛刊》本原讹为"条"，兹据《四库》本校改。

纚

《士冠礼》曰："缁纚[①]，广终幅[②]，长六尺。"注云："纚一幅长六尺，足以韬发而结之。"此谓用纚韬发讫，乃为紒矣。

【校释】

①纚：束发的布帛。

②广终幅：与布幅的宽度一样宽。按，古代布幅宽二尺二寸。

皮弁

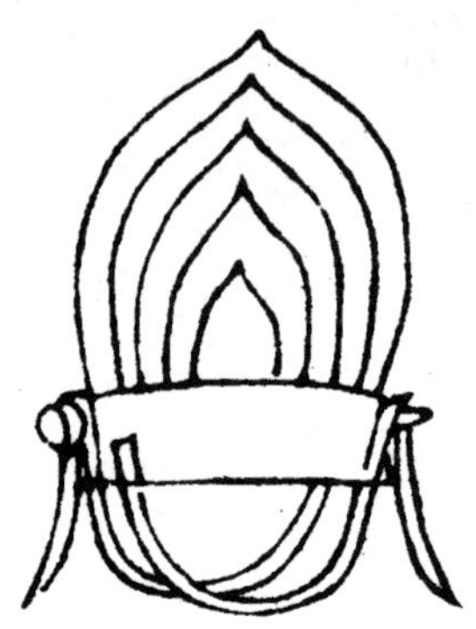

《士冠礼》注云："皮弁以白鹿皮为之，象太古。"又旧《图》云："以鹿皮浅毛黄白者为之。高尺二寸。"《周礼》：王及诸侯、孤、卿、大夫之皮弁，会[①]上有五采、三采、二采，玉璂[②]象邸。唯不言士之皮弁有此等之饰。凡于《图》中重见者，以其本旨不同也。此解《士冠礼》三加[③]，次加皮弁，是以重出。他皆类此。

【校释】

①会：弁由数块皮革缝合而成，接缝处称为会。

②璂：宋本、《丛刊》本原讹为"琪"，兹据《四库》本校改。

③三加：指古代行冠礼时先后加缁布冠、皮弁、爵弁。

爵弁

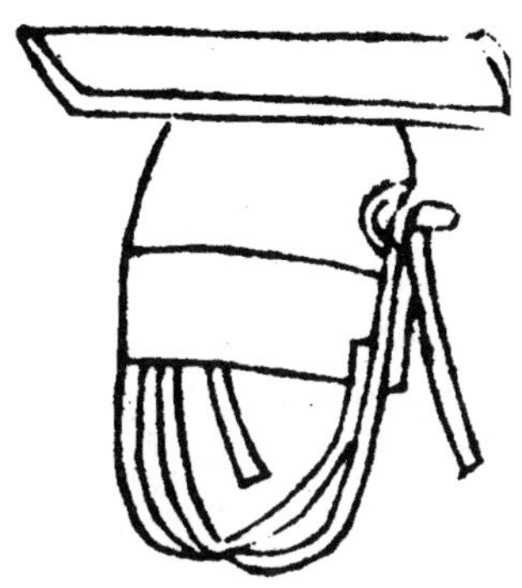

爵弁。郑云："冕之次也。其色赤而微黑，如爵头[①]然。"用三十升[②]布为之，亦长尺六寸，广八寸。前圆后方，无旒而前后平。

【校释】

①爵头："爵"通"雀"。雀头，指像雀头一样赤而微黑的颜色。

②升：古代以麻、线的缕数表示织物的精粗，八十缕为一升。

笄

《士冠礼》云："皮弁，笄。爵弁，笄。"注云："笄，今之簪也。"梁正、阮氏[①]《图》云："士以骨，大夫以象[②]。"

【校释】

①阮氏：指东汉侍中阮谌，撰有《三礼图》。

②士以骨，大夫以象：士所用的笄是以一般的兽骨做成，大夫所用的笄是用象牙或象骨做成。

纮

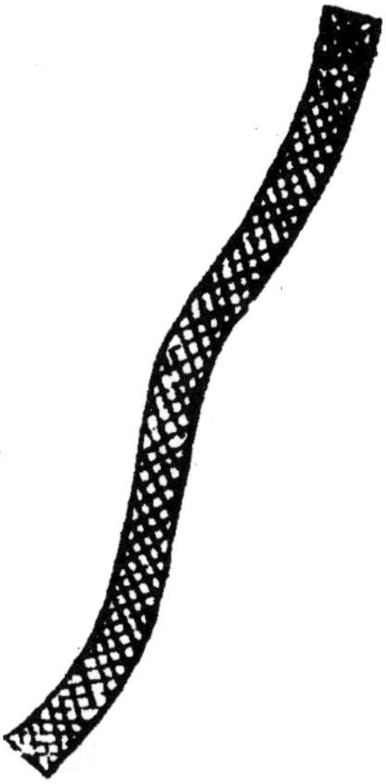

《士冠礼》云："缁组纮[①]，纁边。"此谓皮弁、爵弁皆有笄，故设此纮也。先以组一头于左笄上系定，乃绕颐下，右相[②]向上属于笄，屈系之，垂余为饰。纁边者，以缁为中，以纁为边，侧而织之也。旧《图》纮两头别出细带，甚[③]误。

【校释】

①组：丝带。纮：冠带。

②相：宋本、《丛刊》本原讹为"厢"，兹据《四库》本校改。

③甚：宋本、《丛刊》本原讹为"深"，兹据《四库》本校改。

箧

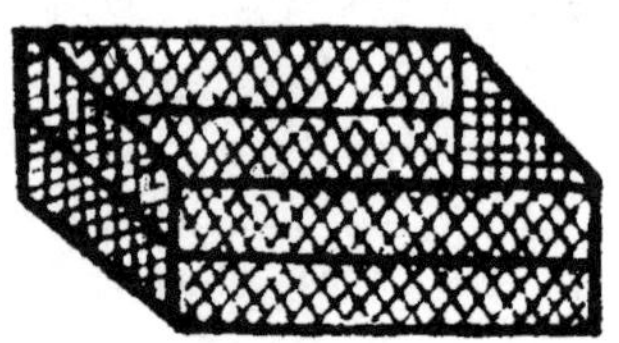

《士冠礼》注云："隋方曰箧[①]。"谓方而杀其角也。又经云："同箧。"郑以缁布冠已下凡六物同箧。故贾释云：缁布冠属于頍，共为一物；缁纚长六尺，二物也；皮弁笄三物也；爵弁笄四物也；其缁组纮纁边，皮弁、爵弁各有一，则为二物。通四为六物也。

【校释】

①隋方曰箧：箧为方形圆角的竹箱。今本《仪礼·士冠礼》郑注作"随方曰箧"。"隋"、"随"均通"椭"，椭圆之义。意谓箧的四角不是方形的，而是圆形的（杀其角）。

箪

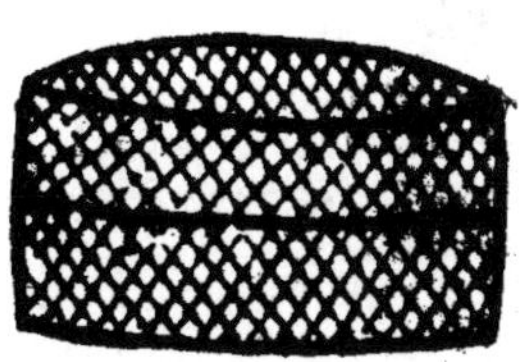

《士冠礼》云："栉[①]实于箪[②]。"注云："箪，笥[③]也。"又《曲礼》注云："圆曰箪，方曰笥。"笥与箪方圆有异。此云"箪，笥也"，共为一物者，郑举其类也。

【校释】

①栉（zhì）：梳篦的总称。

②箪（dān）：有盖的圆形竹器，用以盛衣物或饭食。

③笥（sì）：方形竹箱，用以盛衣物或饭食。

匴

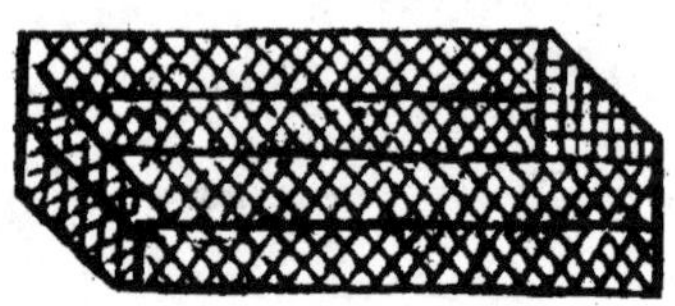

《士冠礼》云："爵弁、皮弁、缁布冠各一匴[①]，执以待于西坫[②]南。"注云："匴，竹[③]器名。今之冠箱也。"旧《图》画而圆，梁正改而方。旧匴在爵弁之下，今依经次于箪后。

【校释】

①匴（suǎn）：古代行冠礼时用以盛帽子的竹器。

②坫（diàn）：古代设于堂内以置藏器物的土台。

③竹：宋本、《丛刊》本原脱此字，兹据《仪礼注疏》与《四库》本校补。

委貌

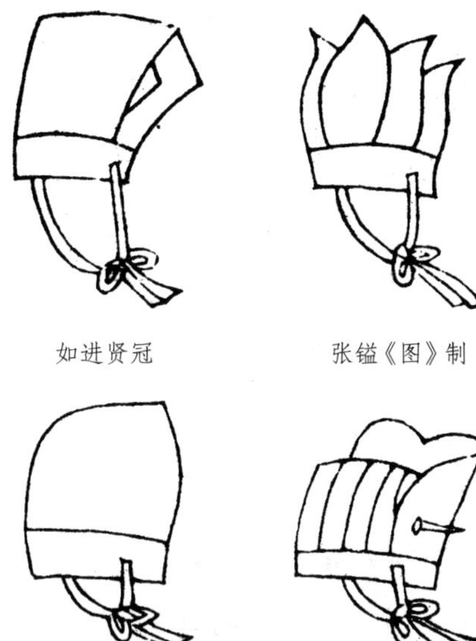

如进贤冠　　张镒《图》制

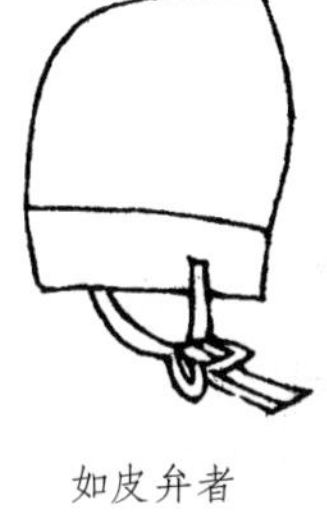

如皮弁者

梁正法

委貌一名玄冠。故《士冠礼》云："主人玄冠、朝服。"注云："玄冠，委貌也。"旧《图》云："委貌，进贤冠其遗象也。"《汉志》[①]云："委貌与皮弁冠同制。"案张镒《图》诸侯朝服之玄冠，士之玄端之玄冠，诸侯之冠弁，此三冠与周天子委貌形制相同。则与进贤之遗象，皮弁之同制者，远相异也。其梁正因阮氏之本，而图委貌与前三法形制又殊。臣崇义详此委貌之四状，盖后代变乱法度，随时造作，古今之制或见乎文。张氏仅[②]得之矣。今并图之于右，冀来哲所择。

【校释】

①《汉志》：此指《后汉书·舆服志》。聂氏在本书中或称之为"《汉志》"，或称之为"《续汉志》"。

②仅：接近，差不多。

毋追　章甫

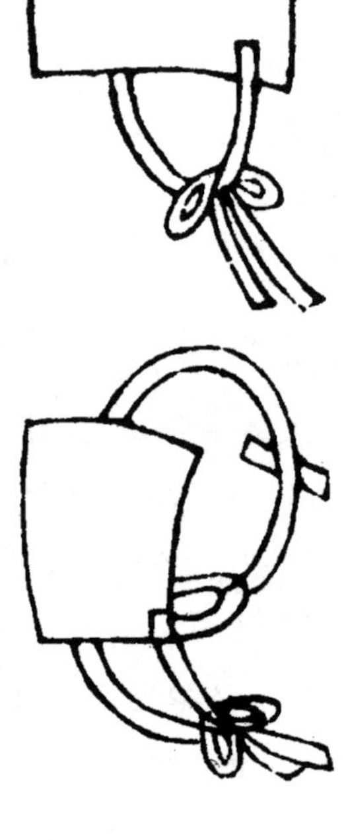

旧《图》云：“夏曰毋追，（音牟堆。）殷曰章甫，周曰委貌。（委貌制已见上。）后代转以巧意改新而易其名耳。其制相比，皆以漆布为壳，以缁缝其上，前广四寸，高五寸；后广四寸，高三寸。章甫，委[①]大章其身也。毋追，制与周委貌同。殷冠委大临前，夏冠委前小损。”臣崇义按《郊特牲》曰：“委貌，周道也。章甫，殷道也。毋追，夏后氏之道也。”孔疏云：三代恒服行道之冠，俱用缁布，其形自别。既言俱用缁布为之，则缁布冠是委貌等矣。盖布有麄缛[②]，各为一名。又《汉志》云：“长七寸，高四寸，制如覆杯，前高广，后卑锐，所谓夏之毋追、殷之章甫者也。”（毋追有覆杯之状。）但古法难识，依文[③]观象，备图于右，庶合遗制。他皆类此。

【校释】

①委：冠檐。

②麄缛（rù）：麄，同“粗”。缛，本义繁密，细密。

③文：宋本原讹为“又”，兹据《丛刊》本、《四库》本校改。

周弁

案《王制》疏与旧《图》云：周曰弁，殷曰冔，夏曰收。三冠之制相似而微异，俱以二十升漆布[①]为之，皆广八寸，长尺六寸，前圆后方，无旒，色赤而微黑，如爵头然，前小后大。殷冔黑而微白，前小后大。收纯黑，亦前小后大。三冠下皆有收，如东道笠下收矣。又《后汉志》云："爵弁，一名冕，广八寸，长尺二寸[②]，如爵形，前小后大。绘其上似爵头色，有收持笄[③]。所谓夏收、殷冔者也。祠天地、五郊、明堂，云翘[④]舞，乐人服之。《礼》曰：'朱干[⑤]玉戚[⑥]，冕而舞大夏。'此之谓[⑦]也。"又案《士冠礼》云："周弁、殷冔、夏收。"注云："其制之异未闻。"谓夏殷礼亡，其制与周异同未闻，故下不图夏殷二冠之象，张镒亦略而不取。

【校释】

①漆布：宋本、《丛刊》本倒为"布漆"，兹据《四库》本校乙。

②尺二寸：宋本、《丛刊》本原讹为"六寸"，兹据《后汉书·舆服志》与《四库》本校改。

③绘其上似爵头色，有收持笄："绘"，宋本、《丛刊》本作

“缯”，兹据《四库》本校改。“其上似爵头色有收持笄”十字，宋本原为双行夹注，兹据《后汉书·舆服志》与《四库》本改为正文。《丛刊》本无“上似爵”三字。

④云翘：古代乐舞名。

⑤干：盾牌。

⑥戚：斧。

⑦此之谓：宋本原倒作“此谓之”，兹据《后汉书·舆服志》与《丛刊》本、《四库》本校乙。

通天冠

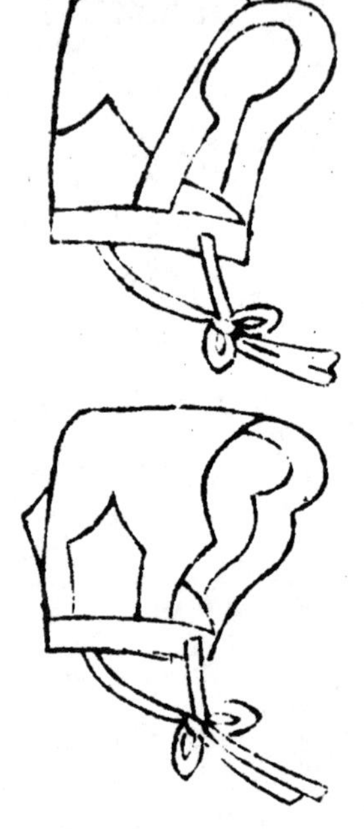

《后汉志》云："通天冠高[①]九寸，正竖，顶少斜却，乃直下为铁卷梁，前有山[②]，有展筩[③]。乘舆[④]常服。服衣[⑤]，深衣制，有[⑥]袍随五时色[⑦]。（汉受于秦，《礼》无文。[⑧]）或曰周公抱[⑨]成王燕居[⑩]，故施袍。"两存者，图制或殊，更存一法，他皆类此。

【校释】

①高：《丛刊》本"高"字下有一字空。

②山：绘制在冠前的山形装饰物。

③有展筩：古代"通天冠"、"法冠"等礼冠上的饰物。今本《后汉书·舆服志》作"展筩为述"。

④乘舆：天子所乘之车，借指天子。

⑤衣：众本均脱此"衣"字，兹据《后汉书·舆服志》校补。

⑥有：《后汉书·舆服志》作"有"，《丛刊》本、《四库》本作"如"。

⑦五时色：《丛刊》本、《四库》本作“五时五色”。宋本“五时”后有一字空。

⑧汉受于秦，《礼》无文：本为《后汉书·舆服志》注所引蔡邕《独断》之文。聂氏《三礼图集注》误作《后汉书》正文，此据今本《后汉书》校改作注文。

⑨抱：宋本原讹为“袍”，兹据《后汉书·舆服志》与《丛刊》本、《四库》本校改。

⑩燕居：闲居。

远游冠

远游冠，《后汉志》云："如通天冠，有展筩，无山述[①]。"又案《唐典》云："远游三梁冠，黑介帻[②]，青绥[③]，诸王服之。若太子及亲王即加金附蝉[④]九首，施珠翠，缨翠緌，犀簪导[⑤]。"

【校释】

①述：《四库》本作"题"。按，"山题"为汉代妇人首饰的底座，"山述"是汉代通天冠上的一种装饰，当以"山述"为是。

②帻（zé）：包头巾。

③绥：冠带结的下垂部分。

④金附蝉：附于冠上的蝉形饰物。

⑤簪导：古代冠饰名，用以束发。

高山冠

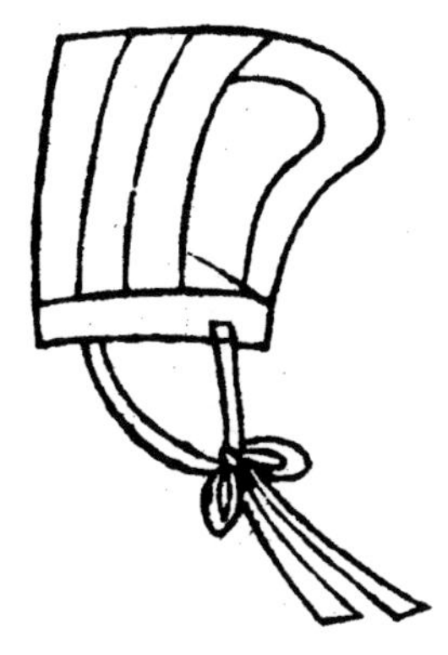

《汉志》[①]曰："高山冠一曰侧注冠，制如通天，顶不斜却，直竖，无山述[②]展筩。"蔡邕《独断》曰："铁为卷梁，高九寸。"胡广曰："高山冠，盖齐王冠也。秦灭齐，以其君冠赐近臣。谒者[③]服之。"又《史记》郦生谒高祖，其冠侧注。《汉旧仪》曰："乘舆冠高山冠，帻耳赤，丹纨里。"（丹色之缨。）

【校释】

①《汉志》：此下所引为司马彪《后汉书·舆服志》之文。

②述：《四库》本作"题"。

③谒者：迎接宾客的近侍之官。

长冠

《后汉志》云："长冠，一曰齐冠。前[①]高七寸，广三寸，而后[②]促。漆纚[③]为之。制如版，以竹为里。初，高帝[④]微时[⑤]以竹皮为之，谓之刘氏冠。楚冠制也。祀宗庙诸祀则冠之。皆袀[⑥]玄。"（袀，音[⑦]居匀反。《独断》曰："绀缯也。"《吴都赋》注云："袀，皂服也。"）

【校释】

①前：今本《后汉书·舆服志》无此字。

②而后：今本《后汉书·舆服志》无此二字。

③纚：宋本、《丛刊》本原讹为"缨"，兹据《后汉书·舆服志》与《四库》本校改。

④高帝：汉高祖刘邦。

⑤微时：微，卑贱。微时，指未发迹之时。

⑥袀（jūn）：黑色。

⑦音：《丛刊》本、《四库》本无此字。

法冠

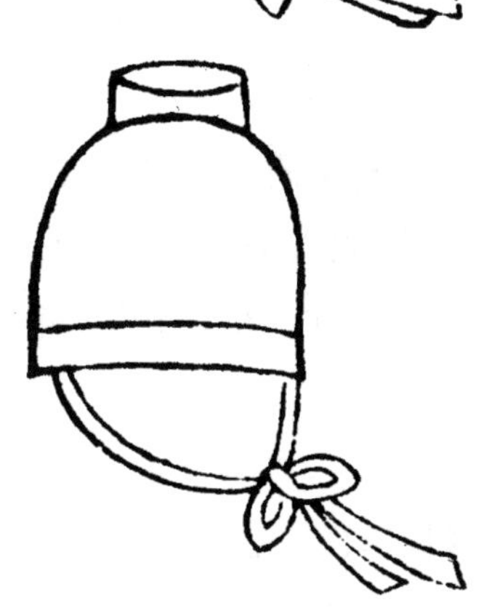

法冠，《后汉志》：“一曰柱后冠。高五寸，以纚为之[①]展筩，以铁为卷柱。”取其直而不桡也。又《唐志》[②]云：“法冠，一名獬豸[③]冠。以铁为柱，上施珠二枚。”或曰：獬豸，神羊，取别曲直，楚王获之，故以为冠[④]。秦灭楚，以其君服赐执法者。侍御史、廷尉、正监平皆服之。

【校释】

①为之：今本《后汉书·舆服志》无“之”字。

②《唐志》：指《旧唐书·舆服志》。

③獬豸（xiè zhì）：传说中的祥兽，能辨是非曲直。

④冠：宋本、《丛刊》本原脱此字，兹据《四库》本校补。

建华冠

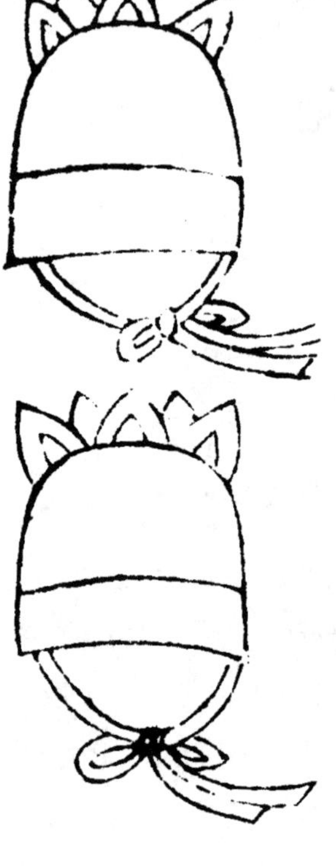

建华冠，《后汉志》云："以铁为柱卷，贯大铜珠九枚，前圆。"又饰以鹬[①]羽于顶。祀天地、五郊、八佾[②]，舞人服之。

【校释】

①鹬（yù）：水鸟名。天将雨则鸣。

②八佾（yì）：佾，古代乐舞的行列。一行八人称一佾。八佾，八行人的乐舞，此为古代天子专用之乐舞。

武弁大冠[①]

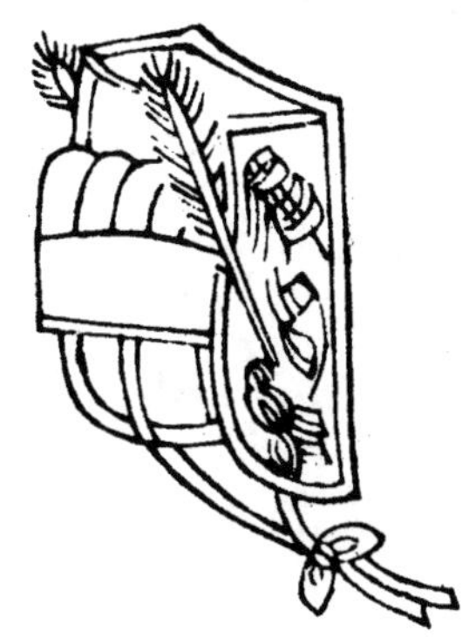

武冠，《后汉志》云："一曰武弁大冠，武官冠之。"其制古缁布[②]之象也。"侍中、中常侍加黄金珰[③]，附蝉为文，貂尾为饰。胡广曰：'赵武灵王效胡服，以金珰饰首，前插貂尾，为贵职。秦灭赵，以其冠赐近臣。'"以金蝉貂尾饰者，金取坚刚，百炼而不耗；蝉取居高，饮露而不食；貂取内劲捍而外温润，毛采紫蔚[④]而不彰[⑤]灼。

【校释】

①武弁大冠：宋本、《丛刊》本原讹为"武弁大冕"，兹据《四库》本校改。

②古缁布：指古代的缁布冠。

③珰：汉代宦官充武职的冠饰。

④蔚：宋本原讹为"得"，兹据《丛刊》本、《四库》本校改。

⑤彰：宋本、《丛刊》本原讹为"就"，兹据《四库》本校改。

术氏冠

术氏冠，即鹬冠也。《前汉书·五行志》注云："鹬知天将雨之鸟也，故司天文者冠鹬冠。"吴制差池四重，高下有行[①]，画鹬羽为饰，绀色[②]。又注云："此术氏冠，即鹬冠也。"新《图》误题为术士冠。太子詹事尹拙议云："旧《图》皆为术氏冠。仍案颜师古《刊谬正俗》[③]云：'郑子华之弟子臧出[④]奔宋，好聚鹬冠。'""刊"字本与御名同，不欲斥[⑤]之，故改焉。又云："鹬，水鸟，天将雨则鸣。古人以知天时，乃为冠，象此鸟形，使掌天文者冠之，故《逸礼记》曰'知天文者冠鹬冠'，此其证也。鹬，音聿，亦音[⑥]术。蔡邕《独断》谓为术氏冠，亦因鹬音转为术耳，非道术之谓也。今谓于术士冠下添云，亦谓之术士冠。"工部尚书窦仪议曰："臣仪今详术士冠，已依旧《图》改为术氏冠。"

【校释】

①有行：宋本、《丛刊》本原讹为"取术"，兹据《四库》本校改。

②绀色：深青带红的颜色。

③《刊谬正俗》：唐颜师古所作《匡谬正俗》，因避宋太祖赵匡胤

讳而改称《刊谬正俗》。

④出：宋本原脱此字，兹据《匡谬正俗》与《丛刊》本、《四库》本校补。

⑤斥：明指，直接称呼。

⑥音：宋本、《丛刊》本原脱此字，兹据《四库》本校补。

方山冠

方山冠，《后汉志》云：“制似进贤[①]。前高七寸，后高三寸，缨长八寸，似进贤冠，五采縠[②]为之。祠宗庙、大予[③]、八佾、四时、五行，乐人服之。冠衣各如其行方之色。”又《景帝纪》云：“高庙奏武德、文始、五行之舞。”《礼乐志》[④]曰：“武德，高帝所作也。文始，舜舞也。五行，周舞也。武德者，舞人执干戚舞也。文始者，舞人执羽籥[⑤]舞也。五行舞者，舞人冠冕衣服法五行色也。”

【校释】

①进贤：冠名，详后。

②縠（hú）：绉纱。

③大予：众本均讹为“天子”，兹据《后汉书·舆服志》校改。大予，乐名。《后汉书·明帝纪》：“（永平三年）秋八月戊辰，改大乐为大予乐。”

④《礼乐志》：指班固《汉书·礼乐志》。

⑤籥（yuè）：古代管乐器，似笛，三孔或六孔。

巧士冠

巧士冠，《后汉志》云：“前高七寸，（本或作五寸。）要[①]后相通，直竖。不常服，唯郊天，黄门[②]从官四人冠之。在卤簿[③]中，次乘舆前，以备宦者四星[④]也。”

【校释】

①要：《四库》本作“绕”。

②黄门：本为汉代官署名，东汉时给事内廷的黄门令皆以宦官充任，后世遂以黄门称宦官。

③卤簿：帝王出行时扈从的仪仗队。

④宦者四星：指天上与宦官相应的四颗星。《后汉书·宦者列传》：“《易》曰：‘天垂象，圣人则之。’宦者四星在皇位之侧，故《周礼》置官亦备此数。”

却非冠

却非冠，《后汉志》云："制似长冠，下促[①]。宫殿门吏、仆射[②]冠之。"旧《图》云高五寸。

【校释】

①下促：谓冠之下部较小。促，紧促，狭小，紧缩。

②仆射：官名。仆射之职始于秦朝。汉建始元年置尚书五人，以一人为仆射；汉末分置左右仆射。唐宋左右仆射为宰相之职。

樊哙冠

樊哙冠，《后汉志》云："樊哙造次[①]所冠，以入项羽军[②]。广九[③]寸，高七寸[④]，前后各出[⑤]四寸，制似冕。司马、殿门卫士服之。或曰樊哙常持铁楯，闻项羽有意杀汉王，哙裂裳裹楯，冠之，入羽军，立汉王侧，视项羽。"旧《图》如巧士冠，既违《汉志》，不敢依从。

【校释】

①造次：仓促，鲁莽之行为。

②"军"字后，宋本、《丛刊》本衍"之冠也"三字，兹据《后汉书·舆服志》与《四库》本校删。

③九：宋本、《丛刊》本原讹为"八"，兹据《后汉书·舆服志》与《四库》本校改。

④高七寸：宋本、《丛刊》本原脱此三字，兹据《后汉书·舆服志》与《四库》本校补。

⑤出：宋本、《丛刊》本原脱此字，兹据《后汉书·舆服志》与《四库》本校补。

却敌冠

却敌冠，《后汉志》云："前高四寸，后高三寸[①]，通长四寸。（注：旧《图》"通"作"缨"。）[②]制似进贤，卫士服之。"《礼》无明文。

【校释】

①三寸：宋本原讹为"二寸"，兹据《后汉书·舆服志》与《丛刊》本、《四库》本校改。

②括号中的文字并非《后汉志》之正文或注文，当是聂氏注文。原书将其以大字单行的形式与《后汉书》正文排在一起，今改为注文。

章甫冠

旧《图》云："章甫，殷冠，亦名冔。纻[1]中冒上，黑屋[2]。十月行礼，服之。"臣崇义案《王制》云："夏后氏收而祭，殷人冔而祭，周人冕而祭。"又《郊特牲》云："委貌，周道也；章甫，殷道也；毋追，夏后氏之道也。"然则章甫是殷之行道之冠，冔是殷之祭冕。朝祭异服，显有明文。而梁正等皆云"章甫"亦名"冔"，误之甚也。（言行道及朝皆冠章甫，不可更名为冔也。）今依"纻中冒上"以"黑屋"之制，别存章甫之一法，不可更有冔名。兼诸状杂乱，亦不重出。

【校释】

①纻：苎麻布。

②屋：古代帽子顶部突起的部分。

四冕

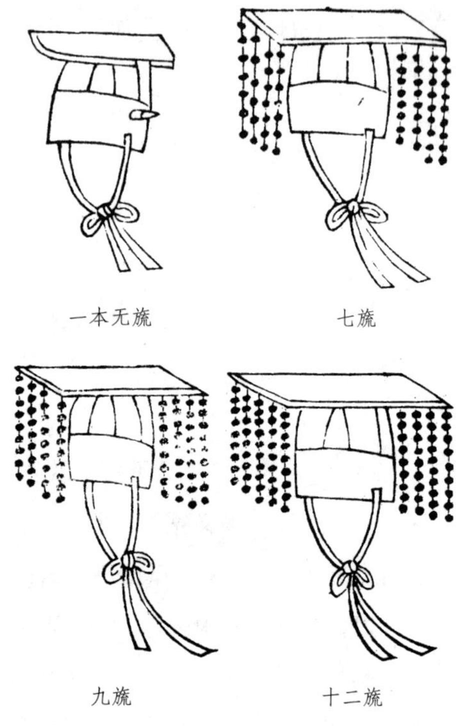

《世本》云："黄帝造冕。"《王制》云："有虞氏皇[①]冕。"《论语》云："禹致美乎黻冕。"孔子曰："服周之冕。"此明至周冕始加旒。藻[②]玉皆五采，前后各十二。叔孙通[③]制礼多依周法。又汉制度古今之冕略等，俱广八寸，长尺六寸，前圆后方。汉用白玉珠各十二。三[④]公九旒，青珠。中二千石七旒，黑珠。然冕服之饰，周最为备，故孔子有"服周之冕"云。

【校释】

①有虞氏：指虞舜。皇：一种画羽饰的冠冕之名。

②藻：冕上系玉的五彩丝绳。

③叔孙通：汉初名臣，鲁人，曾为汉代创制礼仪制度。

④三：宋本原讹为"二"，兹据《丛刊》本、《四库》本校改。

进贤冠

旧《图》云："古三冠梁数虽异，俱曰进贤。前高七寸，缨长八寸，后高三寸。一梁，下大夫一命所服。两梁，再命大夫二千石所服。三梁，三命上大夫公侯所服。《礼》不记。"今按《唐典》，三品已上三梁，五品已上两梁，九品已上一梁。臣崇义按：汉明帝永平二年春正月辛未，宗祀光武皇帝于明堂，帝及公卿列侯始服冠冕衣裳玉佩絇屦以行事。又《汉官仪》曰："天子冠通天，诸王冠远游，三公诸侯冠进贤，三梁。卿大夫、尚书、二千石、博士冠两梁。千石以下至小吏冠一梁。天子、公、卿、特进、诸侯祀天地、明堂皆冠平冕，天子十二旒，三公九旒，卿大夫、诸侯七旒[①]。其缨各如绶色，玄衣，纁裳。"董巴[②]《舆服志》曰："显宗[③]初服冕旒衣裳以祀天地，上玄下纁，乘舆备文日月星辰十二章，三公、诸侯用山龙已下九章，卿已下用华虫七章，皆五[④]采。乘舆刺绣，公卿已下皆织成，陈留襄邑献之[⑤]。"徐广《车服注》云："汉明帝按古礼备其服章。天子郊庙衣，皂上绛下，前三幅，后四幅，衣画而裳绣。”

【校释】

①七旒：宋本原脱“七旒”二字，且衍一“士”字，兹据《丛刊》本、《四库》本校改。

②董巴：东汉末期人，曾任散骑常侍，撰有《舆服志》。

③显宗：东汉明帝庙号。

④五：宋本原讹为“王”，兹据《丛刊》本、《四库》本校改。

⑤陈留襄邑献之：意谓上述这些与进贤冠相配套的刺绣和纺织而成的衣裳，都是由陈留郡襄邑县（今河南睢县）进献的。按，汉代在陈留郡襄邑县设有三服官，专门负责为朝廷制作服装。

卷四　宫室图

【校释】

①沟洫：正文题为“遂”，下有小字“沟洫同”。

明堂

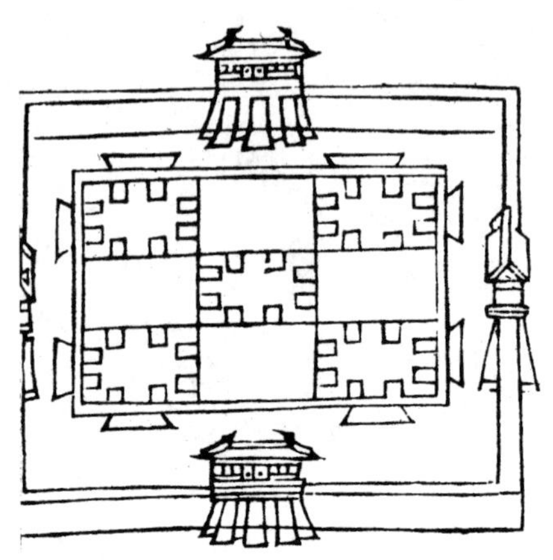

周人明堂①，度九尺之筵②，东西九筵，南北七筵，堂崇③一筵。五室，凡室二筵。贾释注云：明堂者，明政教之堂。又夏度以步④，殷度以寻⑤，周度以筵，是王者相改也。周堂高九尺，殷三尺，以相参之数。而禹卑宫室，则夏堂高一尺。又上注云：堂上为五室，象五行，以宗庙制如明堂。明堂中有五天帝、五人神之坐，皆法五行。以五行先起于东方，故东北之室为木，其实兼水矣。东南火室，兼木。西南金室，兼火。西北水室，兼金矣。以中央太室有四堂，四角之室亦皆有堂，乃知义然也。故贾释《太史》⑥“闰月”下《义》云：“明堂、路寝及宗庙皆有五室、十二堂、四门⑦。”是也。既四角之堂皆于太室外接四角为之，则五室南北止有二筵，东西各二筵，有六尺，乃得其度。若听朔⑧，皆于时之堂⑨，不于木火等室。若闰月，则阖门左扉，立其中而听朔焉。故郑云“于文王在门谓之闰”。（法夏制，凡阶南面三，三面⑩各二。）

【校释】

①明堂：古代帝王祭祀、朝见诸侯、处理朝政之处所，亦为明堂

南堂之专称。

②筵：古代坐席中垫在最底层的竹席，亦泛指垫席。

③堂崇：堂的高度。崇，高。

④步：古代长度单位。其制不一。《礼记·王制》："古者以周尺八尺为步，今以周尺六尺四寸为步。"《史记·秦始皇本纪》："六尺为步。"

⑤寻：古代长度单位。八尺为寻。

⑥贾释《太史》：指唐贾公彦《周礼注疏》对《周礼·春官·太史》的疏释。

⑦四门：宋本原脱"四"字，兹据《周礼·春官·太史》贾公彦疏与《丛刊》本、《四库》本校补。

⑧听朔：天子、诸侯每月朔日（初一）杀牲祭告祖庙，叫"告朔"。告朔后，在太庙或明堂听政，叫"听朔"，也叫"视朔"。

⑨于时之堂：明堂共有十二堂，帝王听朔，每月根据不同的时令居于不同的堂。

⑩三面：宋本、《丛刊》本原讹为"二面"，兹据《四库》本校改。

宫寝制

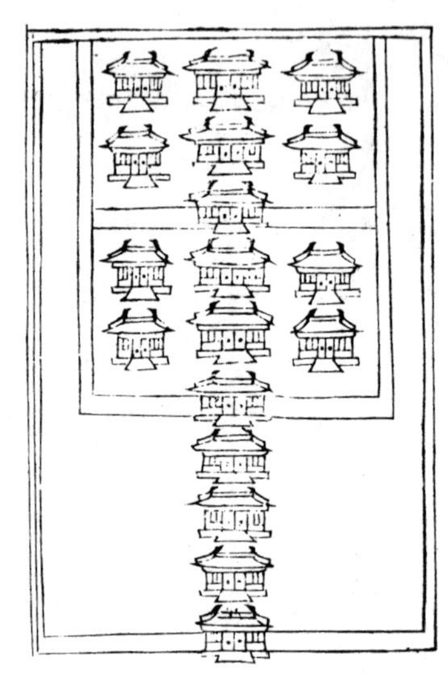

旧《图》以此为王宫五门及王与后六寝之制。今亦就改而定之。

孔《义》[①]依《周礼》解王六寝：路寝[②]在前，是为正寝。五在后，通名燕寝[③]。其一在东北，王春居之；一在西南，王秋居之；一在东南，王夏居之；一在西北，王冬居之；一在中央，王季夏居之。凡后妃已下更与次序，而上御于王之五寝。又案“内命妇”注云：“三夫人已下分居后之六宫。”其实三夫人如三公，从容论妇礼，不分居。除三夫人外，已下分居。九嫔，每宫各一人，余有三人在；二十七世妇，每宫各三人，余有九人在；八十一御女，每宫各九人，余有二十七人在。从后唯其所燕息焉。以后不专居一宫，须往即停，故知从后所在而燕息也。“其次又上十五日而遍”者，此谓九嫔已下分居六宫，皆三分之，一分从后，两分居宫，五日一番[④]。假令月一日一[⑤]分从后，至月五日从后者日满，则右边三宫之中旧居宫者来替此从后者[⑥]，日满者却入在右边三宫。从后者至十日又满，则左边三宫旧居宫者来替从后者[⑦]，日满者亦却居左边三宫。又至十五日，即三番总遍矣。先郑云：“后正寝在前，五小寝在后。”若如此说，可与左三宫、右三宫之义互相发明，如王六寝，其制自显。

天子五门：曰皋，曰库，曰雉，曰应，曰路。（旧本只图此五门曰王宫五门，而无名目。今特添释之。）⑧

【校释】

① 孔《义》：指孔颖达《礼记正义》。

② 路寝：天子、诸侯之正寝，即听政治事之处。路有大、正之义。

③ 燕寝：天子、诸侯燕息之处，也叫做小寝。

④ 番：轮流，更替。

⑤ 众本均脱“一”字，兹据《周礼·天官·内宰》贾公彦疏校补。

⑥⑦ 众本均脱“者”字，兹据《周礼·天官·内宰》贾公彦疏校补。

⑧“天子五门”以下迄括号内注文这段文字，在宋本与《四库本》中为本节文字的末段，而在《丛刊》本中为首段。

王城

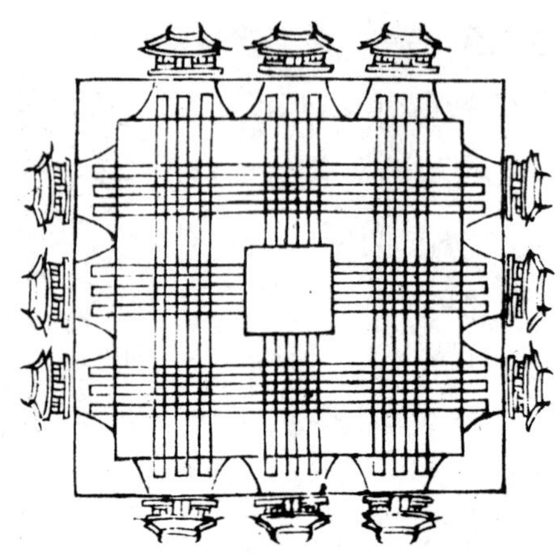

《匠人》："营国[1]方九里，旁三门。国中九经九纬，经涂[2]九轨，左祖右社[3]，面朝后市[4]。"贾释注云："营谓丈尺其大小。天子十二门，通十二子。"谓以甲乙丙丁等十日为母，子丑寅卯等十二辰为子。国中，地中也。城内经纬之涂，皆容方九轨。轨谓辙广也。乘车六尺六寸，傍如七寸，凡八尺。九轨七十二尺。则此加十二步矣。王城面有三门，门[5]有三涂。男子由右，女子由左，车从中央。南北之道为经，东西之道为纬。王宫当中经[6]。

【校释】

①国：都城。

②涂：通"途"，道路。

③左祖右社：左边是祖庙，右边是祭土地神之坛。祖谓祖庙。社，土地神，亦指祭土地神之坛。

④面朝后市：路寝的前面是三朝：外朝、治朝、燕朝；北宫（王后所居）的后面是三市：朝市、大市、夕市。

⑤门：宋本、《丛刊》本原脱此字，兹据《四库》本校补。

⑥王宫当中经：王宫地当经路之中。

九服

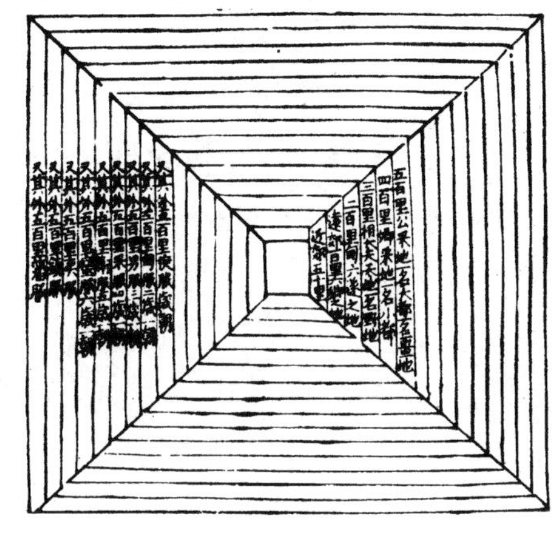

周之王畿[①]与九服[②]共方万里，故此九服除王畿之外每服而言，又方以别之。畿者，限也。树之封疆而限千里，故曰王畿。其外方五百里曰侯服。侯者，候也，为王斥候[③]。服者，服事于王。又其外方五百里曰甸服。甸，田也，为王治田出税。又其外方五百里曰男服。男者，任也，为王任其职理。又其外方五百里曰采服。采，事也，为王事民以供其上。又其外方五百里曰蛮服。蛮者，縻[④]也，以政教縻之。又蛮服，大司马谓之要服。要者，以政要束[⑤]为义。于四要之内方七千里。故《王制》注云：周公复唐虞旧域，分其五服为九，其要服之内七千里。又其外方五百里曰夷服，谓此一服在夷狄之中，故以夷言之。又其外方五百里曰镇服，此一服入夷狄又深，故须镇守之。又其外方五百里曰藩服，以其最在外，为藩篱也。

【校释】

①王畿：古代帝王直接管辖的国都周围地区。

②九服：指王畿外服事于天子的九级区域。此为《周礼·夏官·职方氏》之说。而《尚书·禹贡》又有“五服”之说：王畿外每五百里为一

服。由近及远，有侯服、甸服、绥服、要服、荒服。

③斥候：侦察，放哨，警戒。

④縻：系结，束缚，笼络。

⑤要束：约束，治理。

律吕相生之图

《太师》注云：黄钟初九下生林钟之初六。贾释云：黄钟在子，一阳爻[1]生，为初九[2]；林钟在未，二阴爻生，得为初六[3]者，以阴故退位在未。故曰乾贞[4]于十一月子，坤贞于六月未也。林钟又上生太蔟之九二，太蔟又下生南吕之六二，南吕又上生姑洗之九三，姑洗又下生应钟之六三，应钟又上生蕤宾之九四，蕤宾又上生大吕之六四，大吕又下生夷则之九五，夷则又上生夹钟之六五，夹钟又下生无射之上九，无射又上[5]生仲[6]吕之上六。同位者象夫妇，异位者象子母，所谓律娶妻而吕生子也。同位谓若黄钟之初九下生林钟之初六，俱是初之第一，夫妇一体，是象夫妇也。异位谓若林钟上生太蔟之九二，二于第一为异位，是象母子也。但律所[7]生者为夫妇，吕所生者为母子。十二律吕[8]，律所生者常同位，吕所生者常异位[9]，故云律娶妻而吕生子也。

【校释】

①爻：组成《周易》卦的横画，分阳爻（—）、阴爻（--）两种，六爻组成一卦。

②九：指八卦的阳爻。

③六：指八卦的阴爻。

④贞：正。

⑤上：宋本原讹为“止”，兹据《丛刊》本、《四库》本校改。

⑥仲，《丛刊》本作“中”。

⑦所：宋本、《丛刊》本原讹为“初”，兹据《四库》本校改。

⑧十二律吕：也称十二律。我国古代音乐中所规定的十二个高度不同的标准音。这十二个标准音分阴阳两类。阳声类：黄钟、大蔟、姑洗、蕤宾、夷则、无射，谓之六律。阴声类：大吕、夹钟、中吕、林钟、南吕、应钟，谓之六同，或谓之六吕。六律与六吕总称为“十二律吕”或“十二律”。

⑨位：宋本、《丛刊》本原讹为“之”，兹据《四库》本校改。

圆丘乐

天神

[《周礼·春官·大司乐》:][1]“凡乐,圜钟[2]为宫[3],黄钟为角,太蔟为徵,姑洗[4]为羽。靁鼓靁鼗[5],孤竹之管[6],云和之琴瑟[7],云门之舞[8],冬至日于地上之圜丘[9]奏之。若乐六变,则天神皆降。”注云:天神则主北辰[10],先奏是乐以降其神,礼之以苍璧。周人禘[11]喾而郊[12]稷。谓此祭天圜丘,以喾配之。圜钟,夹钟也。夹钟生于房心[13]之气。房心为大辰[14],天帝之明堂。疏引石氏《星经》“天宫”之注云:房心为天帝之明堂,布政之所出。大火[15]为大辰,夹钟在卯位,生于房心之气为大辰,天出日之处为明堂,故以夹钟为天之宫。又注云:以此三者为宫[16],用声类求之。谓以天、地、人三宫,各用声类求之。若十二律相生终于六十,即以黄钟为首,终于南吕。今此三[17]者为宫,各于本宫上相生为角、徵、羽。粗细殊[18]品,或先生后用、后生先用,故云声类求[19]之也。注又云“天宫夹钟阴声,其相生从阳数”者,其夹钟与无射相配合之物,夹钟是吕,阴也;无射是律,阳也。天是阳,故宫后历八相生,还从阳数,是从无射数也。故下云“其阳无射”。无射上生仲吕,仲吕[20]与地宫同位,而不用地宫林钟也。林

钟自与蕤宾合，但仲吕与林钟同在南方，故云同位。以天尊地卑，故嫌同位而不用也。仲吕上生黄钟，黄钟为宫[21]也。黄钟下生林钟，林钟地宫，又嫌不用。林钟上生太蔟，太蔟为徵也。太蔟下生南吕，南吕与无射同位，又不用。南吕上生姑[22]洗，姑[23]洗为羽。祭天四声足矣。靁鼓、靁鼗[24]各[25]八面。孤竹，特生者。（云和，山名。）

【校释】

①本书中多处引用三《礼》经文或注文而未标明出处。本校释尽可能在方括号内标明出处，以便阅读。下不一一注明。

②圜钟：郑注云："夹钟也。"即十二律之一"夹钟"的异名。《丛刊》本"圜"字下有一字墨钉。

③宫：五声之一。五声，宫、商、角、徵、羽。

④姑洗：古乐分为十二律，阴阳各六，第五为姑洗。众本皆作"沽洗"，兹据《周礼·春官·大司乐》校改。

⑤靁鼓靁鼗（táo）：靁，古"雷"字。鼗，小鼓。靁鼓靁鼗，八面的大鼓和八面的小鼓。"靁鼗"，宋本、《丛刊》本原讹为"鼗鼓"，兹据《周礼·春官·大司乐》与《四库》本校改。

⑥孤竹之管：管，竹制管状乐器。孤竹之管，以单生之竹所制之管。

⑦云和之琴瑟：以云和山所产之木所制之琴瑟。云和，传说中的山名。郑玄注曰："云和、空桑、龙门，皆山名。"

⑧云门之舞：传说黄帝时之乐舞名称，与黄钟大吕之乐相配，祀五帝及日月星辰，也称"云门大卷"。

⑨圜丘：圜，通"圆"。圜丘为圆形之高丘，天子祭天之处。

⑩主：《丛刊》本“主”下有一字空。北辰：北极星。

⑪禘：古代祭祀名，有三义：(1)祀天地于郊，以其始祖配之，谓之禘，此为大禘。(2)夏商称四时享祭先王为禘，周改称为“礿”（yuè）。(3)四时之祭外，祭于群庙亦谓之禘。周礼五年一禘。此处禘为第(1)义。

⑫郊：祭天地于郊，皆得称郊。郊礼中，祭天之礼最尊者，为冬至于圜丘祭昊天和启蛰时于南郊祭上帝祈谷；祭地之礼最尊者，为夏至日的方丘之祭和北郊祀地。

⑬房心：房、心均为星宿名。房为二十八宿东方苍龙之第四宿，心为二十八宿东方苍龙之第五宿。

⑭大辰：东方苍龙七宿中房、心、尾三宿的总称。

⑮大火：即心宿，二十八宿东方苍龙之第五宿。

⑯众本均脱“为宫”二字，兹据《周礼·春官·大司乐》郑注校补。

⑰三：宋本原讹为“二”，兹据《丛刊》本、《四库》本校改。

⑱殊：宋本、《丛刊》本原讹为“湏”，兹据《四库》本校改。

⑲求：宋本原脱，据上下文补。

⑳仲吕，仲吕：《丛刊》本此四字为双行小字，且改“仲吕”为“中吕”。

㉑宫：《四库》本作“角”。

㉒㉓姑：宋本原讹为“沽”，兹据《丛刊》本、《四库》本校改。

㉔靁鼗：宋本、《丛刊》本原讹为“鼗鼓”，兹据《四库》本校改。

㉕各：宋本、《丛刊》本原脱此字，兹据《四库》本校补。

方丘乐

地祇

[《周礼·春官·大司乐》：]“凡乐，函钟[1]为宫，太蔟为角，姑[2]洗为徵，南吕为羽，灵鼓灵鼗[3]，孙竹[4]之管，空桑之琴瑟，咸池[5]之舞。夏至日于泽中之方丘奏之。若乐八变，则地祇[6]皆出。”注云：地祇则主崑峇，先奏是乐以致其神，礼以黄琮[7]。函钟，林钟也。林钟生于未之气。未，坤之位。或曰天社[8]在东井[9]舆鬼[10]之外。天社，地神也。疏引《星经》“天社六星，舆鬼之南”，是其舆鬼外也。天社坤位，皆是地神，故以林钟为地宫也。林钟上生太蔟，太蔟为角。太蔟下生南吕，南吕为羽。先生后用也。南吕上生姑[11]洗，姑[12]洗为徵。后生先用。祭地四声足矣。灵鼓灵鼗，六面。孙竹，竹枝根之末生者。案毛《传》云：“枝，干也。”干即身也。以其言孙若子孙然，故知枝根末生者也。空桑亦山名，上言天神六变，此地祇言八变，下人鬼言九变者，皆据灵异而言。但灵异大者易感、小者难致故也。

【校释】

①函钟：十二律之一林钟的异名。

②姑：宋本、《丛刊》本原讹为“沽”，兹据《周礼·春官·大司乐》和《四库》本校改。

③灵鼓灵鼗：六面的鼓与鼗。

④孙竹：竹根旁出所长出的竹子。

⑤咸池：古乐名。《周礼·春官·大司乐》贾疏认为是黄帝之乐，尧增修沿用。

⑥地祇（qí）：也作“地示”，地神。

⑦琮（cóng）：方柱形（或说八角形）玉器，中有圆孔，用作礼器。

⑧天社：星名。《晋书·天文志》：“弧南六星为天社，昔共工氏之子句龙能平水土，故祀以配社，其精为星。”

⑨东井：星宿名，即井宿，二十八宿南方朱雀之第一宿。

⑩舆鬼：星宿名，即鬼宿，二十八宿南方朱雀之第二宿。

⑪姑：宋本原讹为“沽”，兹据《四库》本、《丛刊》本校改。

⑫姑：宋本原讹为“沽”，兹据《四库》本、《丛刊》本校改。

禘祫乐

人鬼

[《周礼·春官·大司乐》:]“凡乐,黄钟为宫,大吕为角,太蔟为徵,应钟为羽,路鼓路鼗[①],阴竹[②]之管,龙门之琴瑟,九德之歌[③],大磬[④](音韶。)之舞,于宗庙之中奏之。若乐九变,则人鬼可得而礼矣。”注云:人鬼则主后稷,先奏是乐以致其神,而以珪瓒[⑤]祼[⑥]神也。此谓秋祫[⑦]。知者,但殷人祫以三时,周礼唯用孟秋之月为之。黄钟生于虚[⑧]危[⑨]之气,虚危为宗庙。贾释云:黄钟在子,子上有虚危,是生于虚危之气也。又《星经》云:“虚主宗庙。”是虚危为宗庙也。故黄钟为人宫。黄钟下生林钟,林钟犯地宫,避之不取也。林钟上生太蔟,太蔟为徵,先生后用也。太蔟下生南吕,南吕与天宫之阳同位,又避之,亦不取也。南吕上生姑[⑩]洗,姑[⑪]洗南吕之合,又避之。姑[⑫]洗下生应钟,应钟为羽。应钟上生蕤宾,蕤宾地宫之阳,以林钟是地宫与蕤宾相配合,故又避之。蕤宾上生大吕,大吕为角,以丝[⑬]多,后生先用也。祭人鬼,四声足矣。路鼓路鼗,四面鼓。阴竹,生于山北者。龙门,亦山名。

【校释】

①路鼓路鼗：四面蒙革的鼓与鼗（小鼓）。

②阴竹：生于山北之竹。

③九德之歌：宗庙祭祀时颂扬祖宗功德的乐歌。据先郑所说，水、火、金、木、土、谷、正德、利用、厚生为九功，九功之德皆可歌颂。

④大磬：即大韶，传说为舜时的乐舞。

⑤珪瓒（zàn）：古代祭祀用以盛鬯酒之勺谓之“瓒”。用珪为柄者谓之“珪瓒”。如用璋为柄则谓之“璋瓒”。

⑥祼：酌酒灌地以祭。

⑦祫（xiá）：天子或诸侯合祭远近祖先，毁庙之主与未毁庙之主皆合祭于始祖庙。《后汉书·祭祀志》：“《礼》：三年一祫，五年一禘。”“祫”与“禘”的区别主要是“祫”为合祭，“禘”为分祭；“祫”为三年一祭，“禘”为五年一祭。

⑧虚：星宿名，二十八宿北方玄武之第四宿。

⑨危：星宿名，二十八宿北方玄武之第五宿。

⑩⑪⑫姑：宋本原讹为“沽”，兹据《丛刊》本、《四库》本校改。

⑬丝：八音之一，指丝弦弹奏类的音乐。《周礼·春官·大师》：“宫、商、角、徵、羽皆播之以八音：金、石、土、革、丝、木、匏、竹。”郑玄注：“丝，琴瑟也。”

大宗子

别子爲祖

继别爲宗

大宗

大宗

“别子为祖”[①]，此谓诸侯適子之弟，别于正適，故称别子。为祖者，谓此别子子孙为卿大夫者，立此别子为始祖也。注云：“谓之别子者，公子不得祢先君[②]也。”此决上庶子王，今诸侯庶子乃谓之别子，是别为始祖。若其世子不立，庶子公子得有祢先君之义。今云别子，明適子在。故谓之别子者，公子不得祢先君也。又云：“继别为大宗[③]。”此谓别子之世长子[④]恒继别子，与族人为百世不迁之大宗。

【校释】

①别子为祖：此乃《礼记·丧服小记》之经文（又见于《礼记·大传》）。别子，指诸侯（或王）世子以外的诸公子（或王子）。之所以称“别”，就是表明他同君统相区别，自立宗统。“别子”则为这一宗的始祖。

②祢（nǐ）先君：父死，在宗庙立主曰“祢”。为了使别子，即诸公子（或王子），与君统相区别，周代宗法制度规定：别子须另立宗

统，而且不能为死去的父亲（君或王）立祢庙。

③继别为大宗：此乃《礼记·丧服小记》之经文（又见于《礼记·大传》），经文原作“继别为宗”，聂氏在此根据经义增“大”字。

④世长子：嫡长子。

小宗子

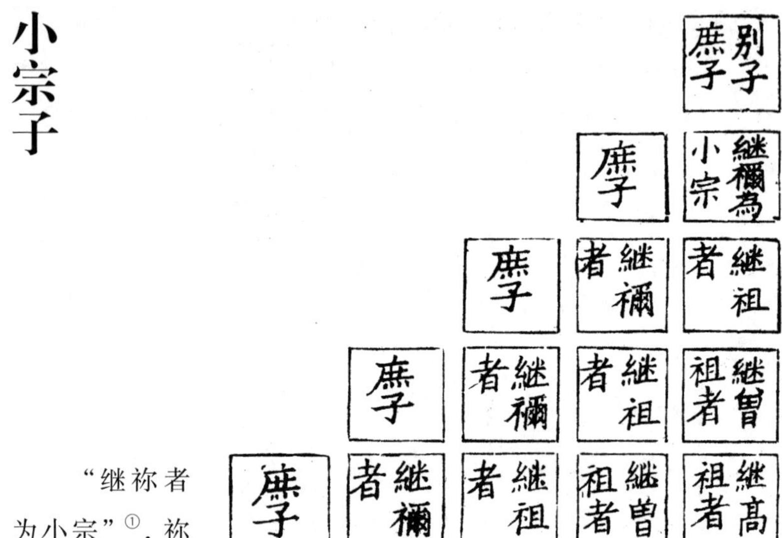

“继祢者为小宗”[①]，称谓别子之庶子。其庶子所生长子，继此庶子，与兄弟为小宗，故云继祢为小宗也。谓之小宗者，以其五世则迁，比大宗为小也，即下云“有五世而[②]迁之宗，其继高祖者也”。五世谓上从高祖下至玄孙之子即合迁徙，不得与族人为宗也。知此五世则迁之宗是继高祖之子者，以其继高祖者之身未满五世，而犹为宗。《记》文略，唯云“继高祖者”，其实是继高祖者之子也。

【校释】

①继祢者为小宗：此乃《礼记·丧服小记》之经文（又见于《礼记·大传》）。“祢”是先父之称。别子的世子（嫡长子）以外的诸子是不能继别的，诸子之子就更不能继别，只能继祢，即继诸子，叫小宗。为了与继别的大宗相区别，便称诸子之子继祢者为小宗。

②而：《丛刊》本作“合”，《四库》本作“则”。

四等附庸

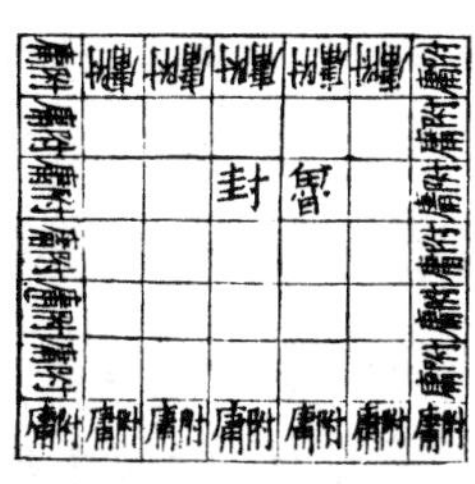

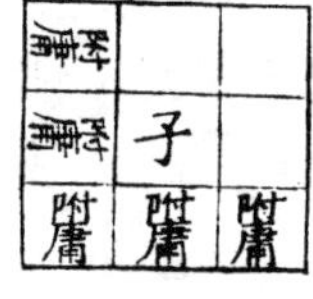

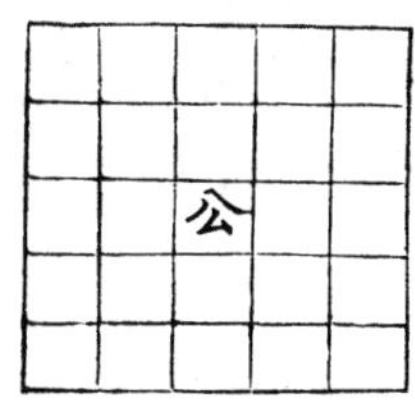

《大司徒职》注云："凡诸侯为牧正[①]帅长及有德者，乃有附庸[②]，为其有[③]禄者当取焉。"然则牧正帅长皆是诸侯有功者，得有附庸为禄。又诸侯有德者，虽不为牧正帅长，亦得取闲田[④]为附庸，以为禄[⑤]也。又注云："公无附庸，侯附庸九同[⑥]，伯附庸七同，子附庸五同，男附庸三同。进则取焉，退则归焉。"以天子畿方千里，上公方五百里，地极大[⑦]，故公无附庸。侯附庸九同者，谓侯有功，进受公地。但公五百里，开方之，百里者，五五二十五。侯四百里，开方之，四四十六，加九同则为二十五同，与公等，故知侯附庸九同也。伯附庸七同者，伯地三百里，三三而九，加七同则为十六，与侯等。子本地四同，有功，进受伯地五同，与伯等。男有功，进受子地，男本一同，加三同，与子等。进则取闲田为附庸，退则归之闲田，故云"进则取焉，退则归焉"。鲁虽侯爵，以其是王子母弟，得如上公受五百里之地，与上公等。又成王以周公之勋，赐鲁以侯伯子男四等附庸。下注“附庸二十四”，是此四等附庸之数也。

【校释】

①牧正：掌畜牧的职官。

②附庸：周代附属于诸侯的小国。

③有：《丛刊》本无此字。

④闲田：古代实行分封制度，以土地分封诸侯，分封后余下的土地叫做闲田。

⑤禄：宋本、《丛刊》本均无此字，兹据《四库》本校补。

⑥同：方百里的土地面积。

⑦大：宋本、《丛刊》本原脱此字，兹据《四库》本校补。

井田

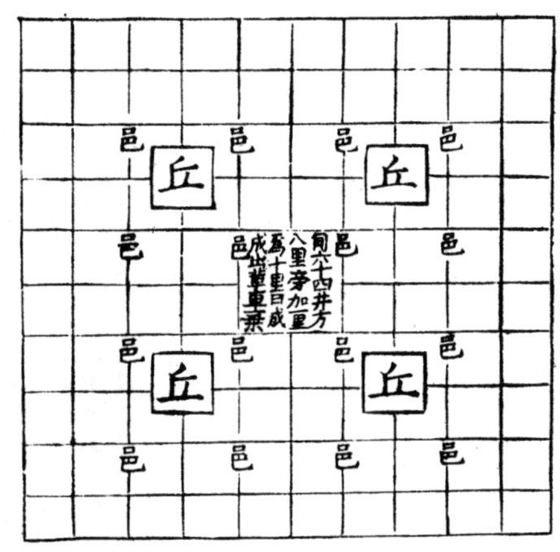

小司徒佐大司徒掌[①]都鄙[②]三等之采地[③]，而为井田。故经云：“九夫为井，四井为邑，四邑为丘，四丘为甸，四甸为县，四县为都。”[④]以任役万民，使营地事而贡军赋，出车役。又采地之中每一井之田[⑤]出一夫之税，以入于官。但此都鄙是畿内之地，小司徒并营其境界。故孟子曰：“夫仁政必自经界始。经界不正，井地不均，穀禄不平，是故暴君污吏必慢其经界。经界既正，分田制禄可坐而定也。”[⑥]此图一甸之田，则县都之法亦可见矣。

【校释】

①掌：宋本、《丛刊》本原讹为“当”，兹据《四库》本校改。

②都鄙：京都和边邑。指王畿内王子弟和公卿大夫的采邑。

③采地：也叫采邑。国君封赐给卿大夫作为世禄的封地。卿大夫取其地之租税，可世袭，由嫡长子继承。其地之大小按爵位等级而定。

④这段字文出于《周礼·地官·小司徒》。

⑤之田：宋本、《丛刊》本原倒作“田之”，兹据《四库》本校乙。

⑥这段文字出于《孟子·滕文公上》。

遂

（沟洫同）

遂	遂	遂	遂	遂	遂	遂	遂	遂	遂
洫									溝
洫									溝
洫									溝
洫									溝
洫									溝
洫									溝
洫									溝
洫									溝
洫	遂	遂	遂	遂	遂	遂	遂	遂	溝

《遂人职》："凡治野，夫[①]间有遂[②]，遂上有径[③]；十夫有沟[④]，沟上有畛[⑤]；百夫有洫[⑥]，洫上有涂[⑦]；千夫有浍[⑧]，浍上有道；万夫有川，川上有路，以达于畿。"注云："十夫，二邻之田；百夫，一酂之田；千夫，二鄙之田；万夫，四县之田。遂、沟、洫、浍，皆所以通水于川也。遂广深各二尺，沟倍之，洫倍沟[⑨]，浍广二寻，深二仞。径、畛、涂、道、路，皆所以通车徒于国都也。径容牛马，畛容大车，涂容乘车一轨，道容二轨，路容三轨。都之野涂与环涂同可也。（《匠人》："环涂七轨。"[⑩]）万夫者，方三十三里少半里。九而方一同。以南亩[⑪]图之，则遂从，沟横，洫从，浍横。九浍而川周其外焉。"贾释："遂，从者，南北细分，是一行[⑫]隔为一夫。十夫则于首为横沟，十沟即百夫，于东畔为南北之洫。十洫则于南畔为横浍，九浍则于四畔为大川。此川亦人造，虽无丈尺之数，盖亦倍[⑬]浍耳。此川与《匠人》浍水所注川者异[⑮]。彼百里之间一川，谓大川也。"案梁正计九而方一同，积是一同，则九万夫之[⑯]田也。图施于六遂，则六乡之制亦明矣。

【校释】

①夫：面积单位。方百步为夫，即一百亩。《周礼·地官·小司徒》郑玄注引《司马法》曰："六尺为步，步百为亩，亩百为夫。"

②遂：田间水沟，宽二尺，深二尺。

③径：田间小路。

④沟：田间水道，宽四尺，深四尺。

⑤畛（zhěn）：沟旁之路。

⑥洫：方十里之间的沟洫，宽八尺，深八尺。

⑦涂：田间洫旁之路，可容一乘车。

⑧浍：方百里之间的沟渠，宽二寻（一丈六尺），深二仞（一丈六尺）。此为人工所挖最深广之沟渠。

⑨沟倍之，洫倍沟：宋本、《丛刊》本原作"沟洫"，脱"倍之"、"倍沟"四字，兹据《周礼注疏》与《四库》本校补。

⑩以上七字非郑玄注文，当是聂氏引《周礼·考工记·匠人》之文以释郑注所谓"环涂"。众本均误植于郑注之中，兹校改为注文。

⑪南亩：指南向的土地，亦即垅为南北向的土地。

⑫是一行：宋本、《丛刊》本原脱此三字，兹据《周礼注疏》与《四库》本校补。

⑬倍：宋本、《丛刊》本原讹为"傍"，兹据《周礼注疏》与《四库》本校改。

⑭此川与《匠人》浍水所注川者异：意谓这里所说的"川"与《周礼·考工记·匠人》所记述的浍水所注之"川"不同。按，《周礼·考工记·匠人》载："方百里为同。同间广二寻，深二仞，谓之浍，专达于川。"

⑮夫之：宋本、《丛刊》本原倒作"之夫"，兹据《四库》本校乙。

明堂

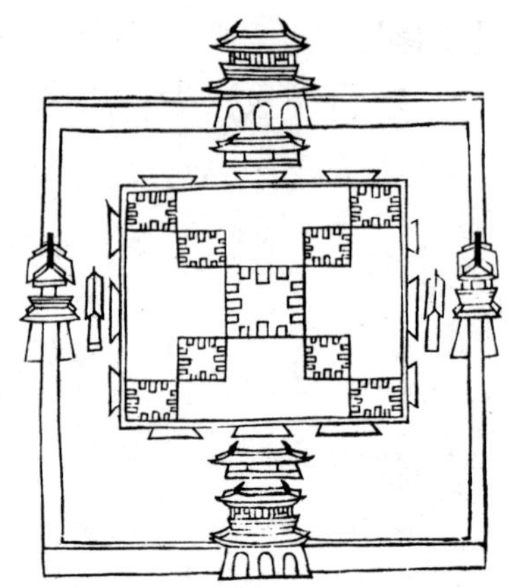

此秦制改周法，为九室、三十六户、七十二牖[①]、十二阶。今以《月令》[②]是秦法，故存其制，图之于后。

【校释】

①牖（yǒu）：窗户。

②《月令》：《礼记》篇名。关于《月令》的作者，有多种说法，或曰采自《吕氏春秋·十二纪》，或曰出于战国齐人邹衍学派之手。

卷五　投壶图

投壶者，大夫士与客燕饮、讲论才艺之礼。故《记》[①]云："主人奉矢，司射奉中[②]，使人执壶。"注云："士则鹿中也。"明此投壶是大夫士之礼也。大夫得用兕[③]中。不言者，略之也。《左传》说晋侯与齐侯燕，设投壶。此必言大夫士礼。知非诸侯者，按《燕礼》、《大射》[④]每事云"请于公"，此《记》言"主人请宾"，故知非诸侯也。每人四矢、四筭[⑤]，亦三番[⑥]而止。数筭如数射筭，告请之，令听乐之节，先饮不胜[⑦]，后庆多马[⑧]，一如射礼。其所用乐，亦[⑨]与射乐相兼乃备。

【校释】

①《记》：这里是指《礼记·投壶》篇。

②中：古代投壶时盛筹码的器皿。

③兕（sì）：兽名，似犀牛。一说即雌犀。

④《燕礼》、《大射》：二者均为《仪礼》篇名。

⑤筭（suàn）：计数的筹码。

⑥三番：指投壶礼以三次决胜负。

⑦先饮不胜：胜者先让射箭不胜的人饮酒，亦即罚不胜者喝酒。"饮"（yìn），使饮。按，"不胜"，宋本与《丛刊》本均讹为"不射"，兹据《仪礼·乡射》郑玄注与《四库》本校改。

⑧后庆多马：然后由司射向胜者表示庆贺。按，古代进行投壶礼时，由司射将马（筹码）置于胜者之前。马，举行投壶礼时记录获胜轮数的筹码。"多马"指获胜次数多者。

⑨亦：宋本原讹为"示"，兹据《丛刊》本、《四库》本校改。

壶

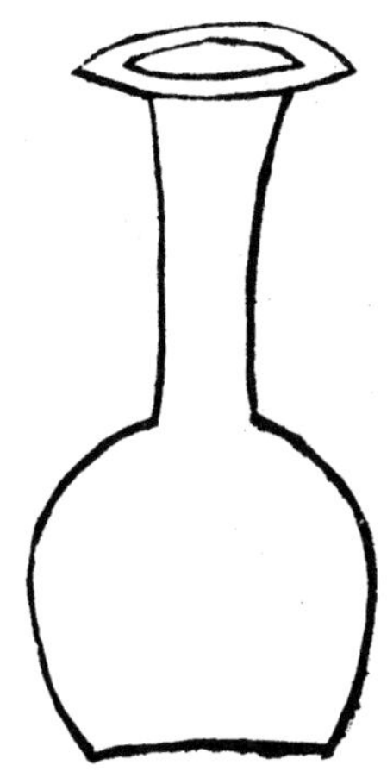

壶颈修[①]七寸，腹修五寸，口径二寸半，容斗五升。壶中实[②]小豆焉，为其矢之跃而出也。壶去席二矢半。

【校释】

①修：长。

②实：充实，装。

矢

（有三等）

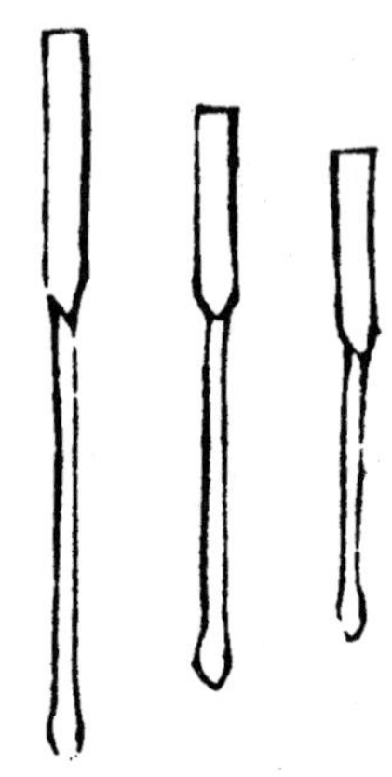

矢以柘若棘[①]，毋去皮，取其坚且重也。旧说云矢大七分[②]，或言去其皮节。其壶置于宾主筵前，邪行[③]各去席二矢半。投壶有三处：日中[④]则于室，日晚则于堂，太晚则于庭[⑤]，各随光明也。矢有五扶[⑥]、七扶、九扶[⑦]。长短之数，各随广狭行用。室中最狭，矢长五扶。堂上差[⑧]宽，矢长七扶。庭中弥[⑨]宽，矢长九扶。四指曰扶，广四寸。五扶则二尺，七扶[⑩]则二尺八寸，九扶则三尺六寸。虽矢有长短，而度壶皆使去宾主之席各二矢半[⑪]也。然则室中则去席五尺，堂上则去席七尺，庭中则去席九尺。

【校释】

①柘（zhè）若棘：柘，树名，桑属，叶可喂蚕，木质致密坚韧。若，和，与，连词。棘，木名，酸枣树，枝有刺，木质坚硬。

②矢大七分：宋本、《丛刊》本原讹为"矢十七分"，《四库》本讹为"矢大小分"，兹据《礼记·投壶》郑玄注校改。

③邪行：斜前方。邪，斜。

④日中：太阳在天中的时间，中午。

⑤庭：堂阶前的空地。

⑥扶：长度单位，一扶为四寸。

⑦九扶：宋本、《丛刊》本原脱此二字，兹据《四库》本校补。

⑧差：稍，略微。

⑨弥：益，更加。

⑩七扶：《丛刊》本后有二字空。

⑪度壶皆使去宾主之席各二矢半：因室中、堂上、庭中所用矢的长度各不相同，故所设壶的位置与宾主之席的距离虽然各不相同，但均为二矢半。

三马

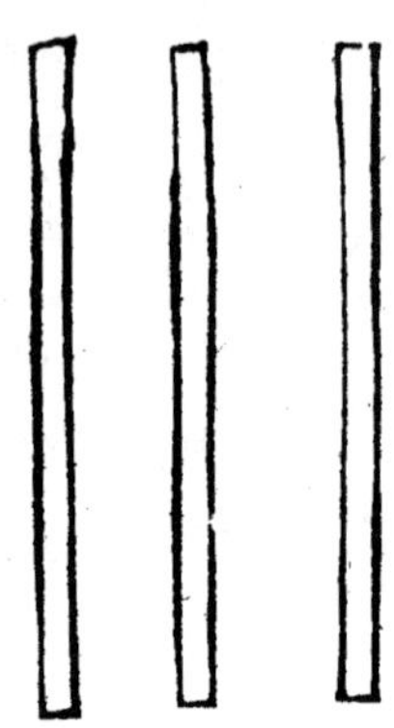

饮不胜者毕，司射请为胜者立马，当其所释筭之前。一马从二马[①]。必三马者，投壶如射，亦三马止也。三者一党，不必三胜。其一胜者，并马于再胜者。三马即胜筭也。别出此三筭以纪胜。筭谓之马者，若云技艺如此，任为将帅得乘马也。射与投壶皆所以习武，因合[②]乐乡射[③]。筭长尺四寸，此云筭长尺二寸，或者投壶射之细，故筭差短[④]。

【校释】

①一马从二马：投壶时，每次胜者得一马，得三马为胜。如一方得一马，另一方得二马，则得一马者应将一马交与得二马者所有，亦即得二马者为胜。

②合：宋本、《丛刊》本原讹为"令"，兹据《四库》本校改。

③乡射：古代每年春秋两季，乡大夫集合士及弟子在乡学中习射之礼。乡射礼在习射之前，均先行乡饮酒礼。

④差短：稍微短一些。差，略微，比较。

特县钟

此特县[①]钟，谓黄钟[②]律倍半而为之者也。“凫氏[③]为钟，两栾[④]谓之铣[⑤]。”（栾铣一[⑥]物，俱谓钟口两角。古之乐器，应律之钟，状如今之铃，不圜[⑦]。）铣间谓之于[⑧]，于上谓之鼓[⑨]，鼓上谓之钲[⑩]，钲上谓之舞[⑪]。（此四[⑫]者，钟之体。对下[⑬]甬、衡非钟体也。于，钟唇之上袪也。钟唇，厚褰[⑭]袪然也。鼓，所击处。）舞上谓之甬[⑮]，甬上谓之衡[⑯]。（此二名者，钟柄。）钟县[⑰]谓之旋，旋虫[⑱]谓之干，（旋属钟柄，所以县之也。旋虫者，旋以虫为饰也。汉法，钟旋之上以铜篆作蹲熊及盘龙、辟邪。古法亦当然。三分甬衡之长，二在上，一在下，以旋当甬之中央，是其正也。旋即环也。形如璧羡[⑲]，随钟取称，此钟旋内径一寸。）钟带[⑳]谓之篆，篆间谓之枚[㉑]，枚谓之景，（带所以介其间[㉒]也。介在于、鼓、钲、舞、甬、衡[㉓]之间，凡四介间也。凡四者，则中贰通上下[㉔]畔为四处也。汉时钟乳侠鼓与舞每处有九钟，有两面，面皆三十六。）于上之攠[㉕]谓之隧。（攠所击之处。攠，弊也。隧在鼓中六分，其厚以其一为之。深而圜之，室而生光，有似夫隧。司烜氏[㉖]夫隧若镜，此室圜击久而有光，故云似夫隧。室音携。）《律历志》云：“以律各倍半而为钟。黄钟管长九寸。其为钟也，高二尺二寸半，厚八分。（注意厚十[27]分强。）两栾之间径一尺四寸十六分分之十。钲之下带横径一尺一寸二分十六分分之八。（谓十分其铣间，去二以为钲者也。）鼓间方八寸四分十六分分之六。（此谓以其钲为之铣间，又去[28]二分以为之鼓间者也。）舞间方舞之四[29]，横径八寸四分十六分分之六。（此谓以其鼓间为之舞修者也。此谓舞上下促，以横径为修，舞从[30]为广也。）舞广径五寸六分十六分分之四。（此谓铣间之六分，又去二分，以为舞广者也。）钟乳谓之枚，亦谓之景，一物而三名。侠[31]鼓与舞皆在带篆之间，每处有九。（其篆间鼓外，二钲与舞外各一。凡言“间”者，亦为纵篆以介之，所[32]图者是也。）甬长五寸六分余，博三寸，厚一寸六分余。衡[33]长二寸八分余，博一寸八分，厚与甬同。其甬衡[34]共长八寸四分十六分分之六。（即经云“以其钲之长为甬之长”，注云“并衡数”是也。）

【校释】

①特县：特，一个，单独。县通“悬”，悬挂。特县，指一排悬系于架子上的钟磬类乐器。《周礼·春官·小胥》郑注引郑司农曰：“宫县，四面县；轩县，去其一面；判县，又去其一面；特县，又去其一面。”

②黄钟：十二律之一，为阳声类之第一音。参见第四卷“律吕相生之图”注释。

③凫氏：《周礼·考工记》所记古官名，掌管制钟之事。

④栾：钟口的两角，也叫做“铣”。

⑤凫氏为钟，两栾谓之铣：此为《周礼·考工记·凫氏》之经文。

⑥一：宋本原讹为“二”，兹据《丛刊》本、《四库》本校改。

⑦圜（yuán）：通“圆”，圆形。

⑧于：即钟唇，两铣之间钟体之下缘。

⑨鼓：钟体“于”上受击之处。

⑩钲：钟体“鼓”之上的部位，正方形，有钟带（纵横隆起的线条）以纵三横四的方式分为十二格。程瑶田《考工创物小记》：“钲体正方，中有界，纵三横四，为钟带篆起，故谓之篆。”

⑪舞：钟体顶部。

⑫四：宋本原讹为“口”，兹据《丛刊》本、《四库》本校改。

⑬下：宋本原讹为“上”，兹据《丛刊》本、《四库》本校改。

⑭褰（qiān）：本义为“套裤”，这里用以比喻加厚的钟下缘。

⑮甬：钟柄，在钟顶之上。

⑯衡：钟柄上端之平面。

⑰钟县：用以悬钟的环，贯于钟柄之“干”（旋虫），也叫旋。

⑱旋虫：也叫“干”，附于钟柄刻为蹲熊、盘龙、辟邪等形的环形部件，用以衔“钟县”（旋），亦即钟纽，位于钟柄下部三分之一处。

⑲璧羡：椭圆形的璧。璧为正圆形，径九寸。璧羡的宽度减一寸，长度延长一寸，即纵一尺，横八寸，呈椭圆形。

⑳钟带：也称为“篆”，为钲体上纵横隆起之线条，以构成方格。

㉑枚：也叫“钟乳”，又叫“景”，篆间方格中隆起呈乳形之钲体。

㉒间：宋本、《丛刊》本原讹为“名”，兹据《四库》本校改。

㉓衡：《丛刊》本作“行”。

㉔上下：宋本原讹为“二下”，兹据《丛刊》本、《四库》本校改。

㉕擵：钟之敲击磨损发光处。以其光滑如镜，故又叫做“隧”。

按，“隧”通“遂”，即凹镜。

㉖司烜氏：《周礼》秋官司寇所属之职官名称，负责以隧（遂）取火于日。

㉗十：《丛刊》本作“五”。

㉘去：宋本原讹为“云”，兹据《丛刊》本、《四库》本校改。

㉙四：《丛刊》本作“中”。

㉚从：宋本原讹为“徙”，兹据《丛刊》本、《四库》本校改。按，“从”通“纵”，纵向。

㉛侠：通“夹”。

㉜所：宋本、《丛刊》本原讹为“川”，兹据《四库》本校改。

㉝㉞衡：《丛刊》本作“行”。

特县磬

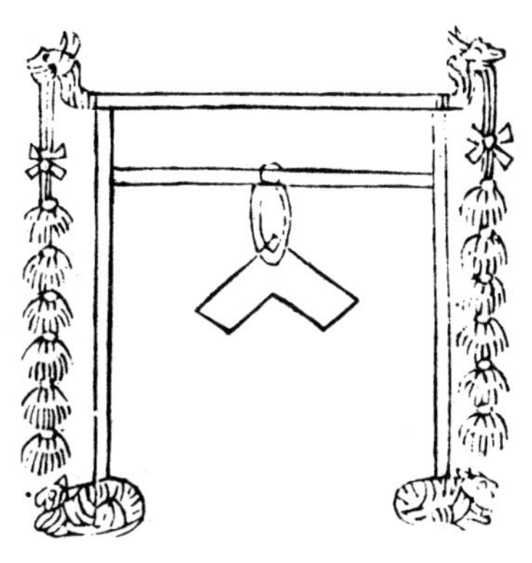

旧《图》引《乐经》云："黄钟磬[①]前长三律[②]，二尺七寸；后长二律，一尺八寸。"此谓特县大磬配镈[③]钟者也。案《周礼·磬氏》[④]云"股[⑤]为二"，后长二律者也；"鼓[⑥]为三"，前长三律者也。又曰"其博[⑦]为一"，谓股博一律也。下云："参[⑧]分其股博，去一以为鼓博。参分其鼓博，以其一为之厚。"又："磬氏为磬，倨句一矩有半[⑨]。"郑云："必先度一矩为句，一矩为股，以求其弦。既而以一矩有半触其弦，则磬之倨句也。"然则黄钟之磬股长一尺八寸，博九寸，厚二寸；鼓长二尺七寸，博六寸，厚二寸。两弦之间三尺三寸七分半[⑩]。又曰："已上[⑪]，则摩其旁[⑫]。已下，则摩其耑[⑬]。"（音端。）后郑云："太上，声清也。薄[⑭]而广则浊。太下[⑮]，声[⑯]浊也。短而厚则清也。"诸侯之大夫特县磬。天子之大夫兼有钟，及孔子在卫所击皆谓编磬，非此大磬也。

【校释】

①磬：古代打击乐器，形如曲尺，用玉石制成。

②律：古代用来定音的一套管子，以管长确定音阶。

③镈（bó）：古代乐器名，似钟而大。

④磬氏：宋本、《丛刊》本原讹为“磬人”，兹据《周礼·考工记·磬氏》与《四库》本校改。

⑤股：磬之形如矩，博而短之一端为股。又，不等腰直角三角形的短边为句，长边为股，斜边为弦。

⑥鼓：磬之狭而长之一端，以当敲击之处。

⑦博：宽。

⑧参：《丛刊》本改作“三”。

⑨倨句（gōu）一矩有半：谓股鼓之曲折的度数。一矩为直角，即90度。半矩为45度。一矩有半，即135度。倨句，器物曲折的形状。钝角形的叫“倨”，锐角形的叫“句”。

⑩七分半：宋本原讹为“十分十”，兹据《丛刊》本、《四库》本校改。

⑪已上：谓声太上，音过清。下文“已下”，谓声太下，音过浊。已，太，过。

⑫摩其旁：意谓在磬所发出的声音过清的时候，刮磨磬的两旁以调节其声音。

⑬摩其耑：意谓在磬所发出的声音过浊的时候，刮磨磬的两端以调节其声音。“耑”，同“端”。

⑭薄：宋本、《丛刊》本原讹为“博”，兹据《四库》本校改。

⑮下：宋本原讹为“面”，兹据《丛刊》本、《四库》本校改。

⑯声：宋本原讹为“广”，兹据《丛刊》本、四库》本校改。

编钟

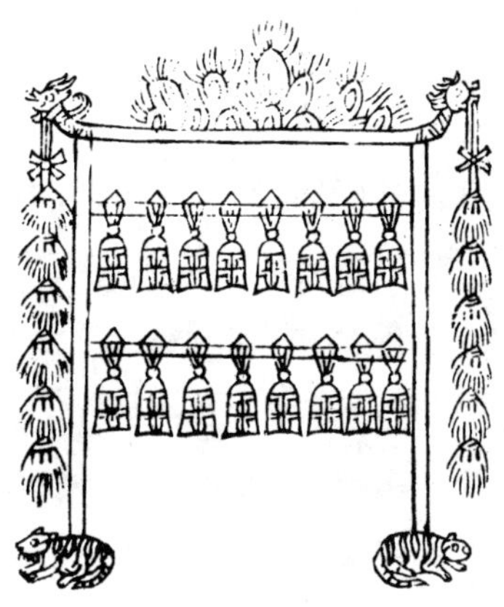

编钟十六枚，同在一簨[①]簴[②]，饰[③]。《梓人[④]职》云："厚唇，弇[⑤]口，出目，短耳，大胸，燿后[⑥]，（燿[⑦]本又作曜，皆音哨[⑧]。）大体，短脰[⑨]。若是者谓之羸属。恒有力而不能走，其声大而宏。有力而不能走，则于任重宜。大声而宏，则于钟宜。若是者以为钟簴。是故击其县而由其簴鸣。"郑注《明堂位》云："横者簨，饰之以鳞属[⑩]。植[⑪]曰簴，饰之以羸属[⑫]、羽属[⑬]。"

【校释】

①簨（sǔn）：古代悬挂钟磬架子的横杆，又作"笋"或"筍"。

②簴（jù）：古代悬挂钟磬架子的立柱。

③饰：《丛刊》本无此字。

④梓人：《周礼·考工记》所载职官名。

⑤弇：器物口小而腹大。

⑥燿后：郑注读"燿"为"哨"，稍微减小之义。燿后，意谓后身稍小。

⑦燿：宋本原讹为"曜"，兹据《周礼·考工记·梓人》与《丛刊》

本、《四库》本校改。

⑧皆音哨：宋本原讹为“音备”，兹据《周礼·考工记·梓人》郑玄注与《丛刊》本、《四库》本校改。

⑨脰（dòu）：颈，脖子。

⑩鳞属：指有鳞甲蔽体的动物，鱼龙之类。

⑪植：直立，树立。

⑫嬴属：指无羽毛、鳞甲蔽体的动物，如麒麟、麋鹿、虎豹之类。

⑬羽属：指有羽毛蔽体的动物，禽鸟之类。

编磬

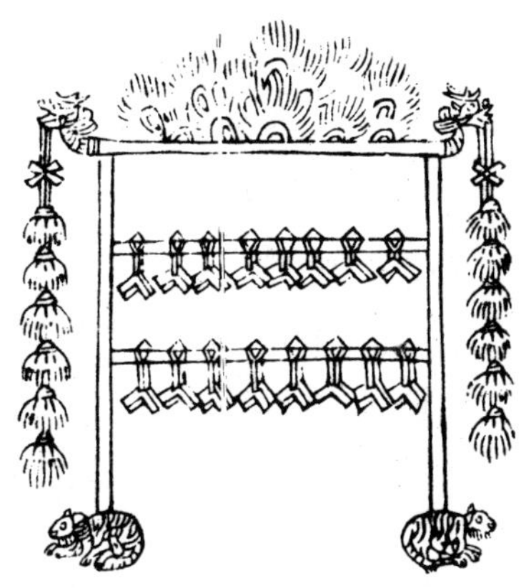

《小胥[①]职》云："凡县钟磬，半为堵，全为肆。"注云："钟磬编县之，二八十六枚。而在一簨簴，谓之堵。钟一堵，磬一堵，谓之肆。"十六枚之数起于八音，倍而设之，故十六也。簨者，下横者也。簨上板曰业，其边植者为簴。《梓人[②]职》云："锐喙[③]，决吻[④]，数目[⑤]，顅脰[⑥]，小体，骞腹[⑦]，若是者谓之羽属。恒无力而轻，则于任轻宜。其声清阳[⑧]而远闻，于磬宜。若是者以为磬簴，故击其所县，而由其簴鸣。小首而长[⑨]，抟身而鸿[⑩]，若是者谓之鳞属，以为簨。"凡磬[⑪]在东曰笙。笙，生也，言生养之始也。在西曰颂，或作[⑫]庸。庸，功也，功成可颂也。天子宫县，诸侯轩县，卿[⑬]大夫判县，士特县。《制度》曰："为龙头反顾[⑭]衔璧。璧下有旄牛尾饰簨簴。鸟兽皆开动颊顉[⑯]。"《诗》云："设业设簴[⑰]，崇牙树羽[⑱]。"

【校释】

①小胥：《周礼》春官宗伯之属官，职掌佐大胥征召诸子学舞者。

②梓人：《周礼·考工记》所载职官名，职掌制作木器。

③喙（huì）：鸟兽的嘴。

④决吻：裂开、开张的嘴唇。吻，嘴唇。

⑤数目：细小的眼睛。数，细小。

⑥顅（qiān）脰：长颈。顅，脖子长。脰，颈。

⑦骞（qiān）腹：腹部低陷。骞，亏缺，凹陷。

⑧阳：《四库》本作“扬”。

⑨小首而长：指禽鸟类头小身体长。

⑩抟（tuán）身而鸿：郑玄注曰：“抟，圜也。鸿，佣也。”据此可知，抟为圜、圆之义；鸿，通“佣”，有公平、均等之义。抟身而鸿，指鳞类动物身体呈圆形，前后差不多。

⑪磬：宋本、《丛刊》本原讹为“悬”，兹据《四库》本校改。

⑫曰颂或作：宋本脱此四字，《丛刊》本脱“颂或作”三字，兹据《四库》本校补。

⑬卿：宋本、《丛刊》本原脱此字，兹据《四库》本校补。

⑭反顾：众本原均作“及顅”，兹据《玉海》卷一〇九校改。

⑮頍（kū）：颊高出貌。《丛刊》本作“顽”。

⑯设业设簴：此为《诗经·小雅·有瞽》诗句。业，古代乐器架子横木上的大板，用以悬挂钟磬等乐器。

⑱崇牙树羽：崇犹“重”。崇牙，指“业”上刻饰的锯齿状的饰物，可以用来悬挂乐器。树羽，在“崇牙”之上插以鸟羽作为装饰。

瑟

《世本》云："庖羲氏[①]作五十弦。黄帝使素女[②]鼓瑟，哀不自胜，乃破为二十五弦，具二均[③]声。"《尔雅》云："大瑟谓之洒。"郭云[④]："长八尺一寸，广一尺八寸，二十七弦。"旧《图》云："雅瑟[⑤]长八尺一寸，广一尺八寸，二十三弦。其常用者十九弦。其余四弦谓之沓[⑥]。沓，赢[⑦]也。颂瑟[⑧]长七尺二寸，广尺八寸，二十五弦，尽用。"《乐记》云："《清庙》[⑨]之瑟，朱弦[⑩]疏越[⑪]。"谓歌《清庙》之诗所弹之瑟，练朱丝为弦。不练则体劲声清，练则丝熟声浊。越，瑟[⑫]底孔。熊氏[⑬]以为瑟本两头，有孔，通疏相连，使声迟也。以瑟孔小则声急，大则声迟，故疏之。

【校释】

①庖羲氏：又作伏羲氏，中国古代传说中人类的始祖，教民结网，从事渔猎畜牧。

②素女：传说中的神女名，善于音乐。

③均：通"韵"，音调，音韵。

④郭云：指晋代郭璞《尔雅注》所说。

⑤雅瑟：古代弦乐器名，也叫大瑟。古代琴瑟必伴以歌《诗》，诗分《雅》、《颂》，故琴瑟也有雅、颂之别。

⑥畨：古同“番”。《太平御览》卷五七六引《三礼图》作“蕃”。

⑦羸：《四库》本作“羸”。考《太平御览》引《三礼图》作“羸”，宋陈祥道《礼书》作“羸”，章如愚《群书考索》作“羸”，清陈元龙《格致镜原》、秦蕙田《五礼通考》作“羸”。诸书或作“羸”，或作“羸”，或作“羸”，未详孰是，待考。

⑧颂瑟：也叫筝。参见“雅瑟”注。

⑨《清庙》：《诗经·周颂》中的一篇，是周人祭祀文王演奏的乐章。

⑩朱弦：郑注认为“朱弦”即是“练朱弦”。按，丝或布用水煮叫做练。练朱弦就是用经过水煮并染成红色的熟丝做成的瑟弦，这样的弦弹奏出来的声音较低沉。

⑪疏越：“越”是指瑟底面上的小孔，孔稀疏则发声迟缓。

⑫瑟：宋本、《丛刊》本“瑟”后衍“比”字，兹据《四库》本校删。

⑬熊氏：指北周经学家熊安生。熊氏为长乐阜城（今河北阜城）人，精通三《礼》。

琴

《琴操》[①]曰："伏羲造。"《广雅》云："琴长三尺六寸六分，象三百六十六日；广六寸，象六合[②]。"又《风俗通》曰："七弦法[③]七星[④]。"《礼·乐记》曰："舜作五弦之琴以歌《南风》[⑤]。"旧《图》云："周文王又加二弦，曰少宫、少商。蔡伯喈[⑥]复增二弦，故有九弦者。二弦大，次三弦小，次四弦尤小。"蔡邕本传无文，未知旧《图》据何为说。又桓谭《新论》云："今琴四尺五寸，法四时五行。"（亦练朱丝为弦。）

【校释】

①《琴操》：书名，东汉蔡邕撰，主要记述各种琴曲之作者及其创作缘由。

②六合：天地四方。

③法：效法。

④七星：星宿名。南方朱雀七宿中第四宿的七星。

⑤《南风》：古诗歌名。

⑥蔡伯喈（jiē）：东汉蔡邕，字伯喈，精音乐，善鼓琴。

竽

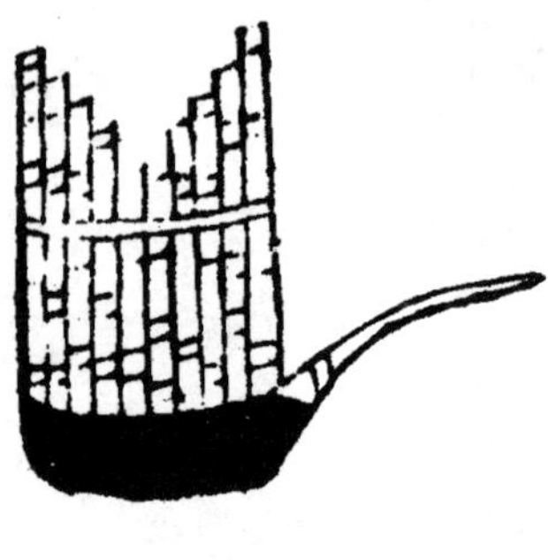

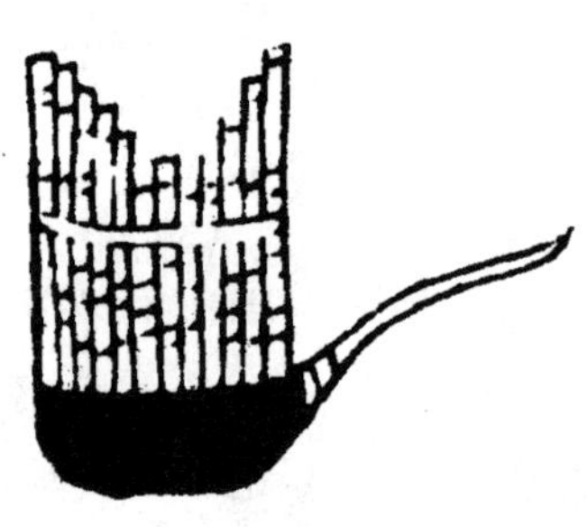

《周礼·笙师》："掌教歛[①]（音吹。）竽、笙。"先郑云："竽，三十六簧。"贾疏引《通卦验》[②]云："竽长四尺二寸。"注云："竽，管类，用竹为之。形参差[③]，象鸟翼。鸟，火禽[④]，火数七。冬至之时吹之。冬水用事，水数六，六七四十二，竽之长取数于此也。"竽象笙，三十六管，宫管[⑤]在中央。

【校释】

①歛（chuī）：同"吹"。

②《通卦验》：纬书名。

③参差：不齐，错落。

④火禽：按阴阳五行之说，鸟属"火"，故称火禽。

⑤宫管："宫"为古代五音之一。《礼记·月令》云："中央土，其音宫。"宫管，指能吹奏宫音的竽管。

笙

旧《图》云："笙长四尺。诸管参差，亦如鸟翼。"《礼记》[①]云："女娲[②]之笙簧。"《尔雅》云："大笙谓之巢，小者谓之和。"郭注云："列管匏[③]中，施簧[④]管端。大者十九簧，小者十三簧。"梁正意疑古之竽笙与今世笙竽不同，恐误，故皆图古今之法。

【校释】

①礼记：《丛刊》本作"礼志"。

②女娲：中国神话传说中人类的始祖。传说人类是由她与伏羲兄妹相婚而产生。

③匏：葫芦的一种。古人常用以制造乐器。剖开可做舀水的瓢。

④簧：吹奏乐器中用以振动发声的薄片。

埙

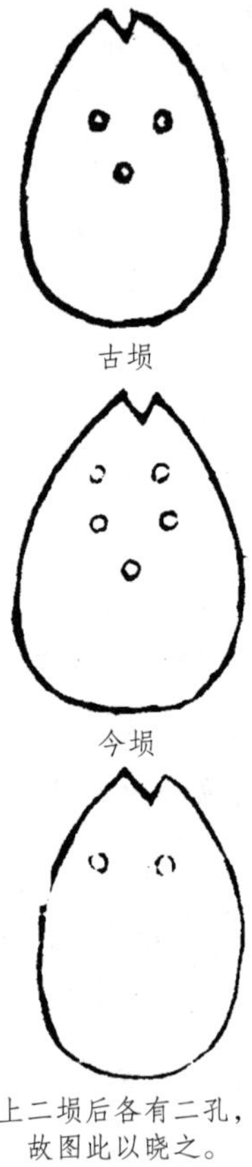
古埙

今埙

上二埙后各有二孔，故图此以晓之。

《周礼·小师》："掌教埙[①]。"注云："埙，烧土为之，大如雁卵，谓之雅埙。"郭璞《尔雅注》云："大如鹅子[②]，锐上平底，形如称锤[③]，六孔。小者如鸡子，谓之颂埙。凡六孔：上一，前三，后二。"又《笙师》："掌吹埙。"《世本》云："暴辛公[④]作埙，围五寸半，长三寸四分。"

【校释】

①埙（xūn）：一种陶制吹奏乐器。此题原无，据本卷原目录加。

②鹅子：鹅卵，鹅蛋。

③称锤：秤砣。

④暴辛公：传说中造埙之人，生卒年代不可考。西周畿内有暴国，暴辛公可能即是暴国之人。

篪

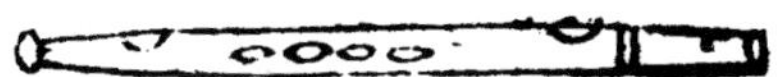

旧《图》云："雅篪[①]长尺四寸，围四[②]寸，翘[③]长一寸三分，围自称，九孔。颂篪尺二寸。"郭璞《尔雅注》云："篪以竹为之，长尺四寸，围三寸。一孔上出寸三分，名翘。横吹之。小者尺二寸。"《广雅》云"八孔"。先郑云"七孔"。贾疏云：九、七皆误，当云八孔。

【校释】

①篪（chí）：古代一种用竹管制成像笛子一样的乐器，八孔（另有六、七、九、十等不同说法），横吹。

②四：《四库》本作"三"。

③翘：吹孔之上翘部分。

（音笛）

《周礼·笙师》："掌教[1]吹篴[2]。"杜子春[3]云："今时所吹五孔竹篴。"又汉丘仲[4]作笛，长二尺四寸，六孔。笛者，涤也，所以涤荡邪秽也。

【校释】

①教：众本均脱"教"字，兹据《周礼·春官·笙师》校补。

②篴（dí）：同"笛"。古代管乐器，有五孔、六孔等多种样式。

③杜子春：两汉之际经学家，曾传授《周礼》于郑众、贾逵等人，其所注《周礼》曾为郑玄所采用。聂氏此处所引杜氏之言，即为郑玄《周礼注》所引。

④丘仲：汉武帝时人。据应劭《风俗通义》记载，丘仲曾作六孔笛。

籥

《周礼·笙师》："掌教吹籥[①]。"后郑云："籥如篴，三孔。"

【校释】

①籥：古代管乐器，似笛，三孔。

箫

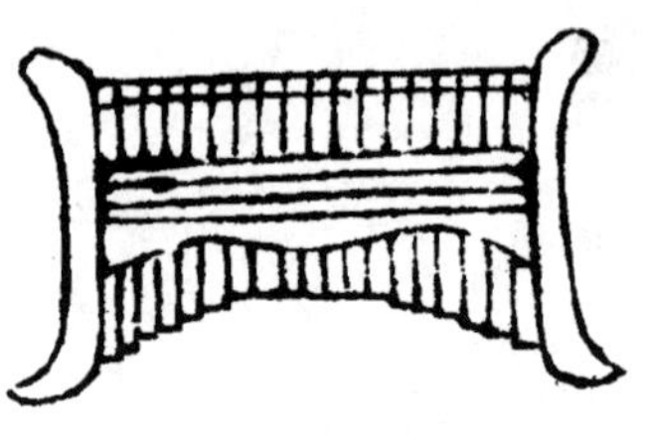

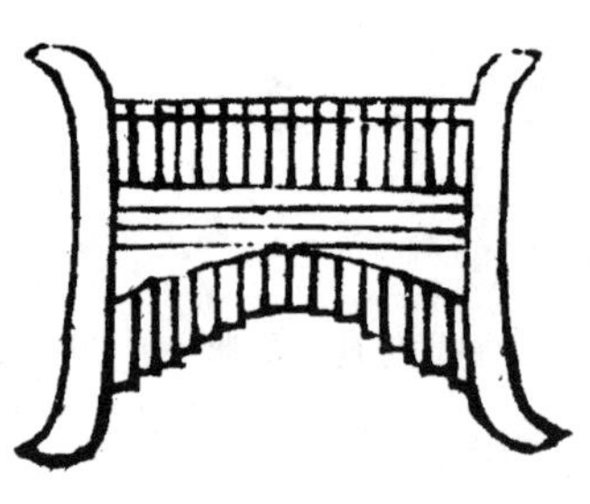

旧《图》云："雅箫长尺四寸，二十四管。"郭璞《尔雅注》："二十三管。"颂箫尺二寸[①]，十六管。贾疏引《通卦验》云："箫长尺四寸。"注云："箫管形象鸟翼。鸟为火[②]，火成数七，生数二，二七一十四，箫之长由此也。"又《风俗通》云："舜作竹箫以象凤翼。"（汉时卖饴饧[③]者亦吹之。）

【校释】

①寸：宋本、《丛刊》本原脱此字，兹据《四库》本校补。

②鸟为火：按阴阳五行理论，鸟属火。

③饴饧（yí xíng）：用米、麦芽熬成的糖浆。

柷

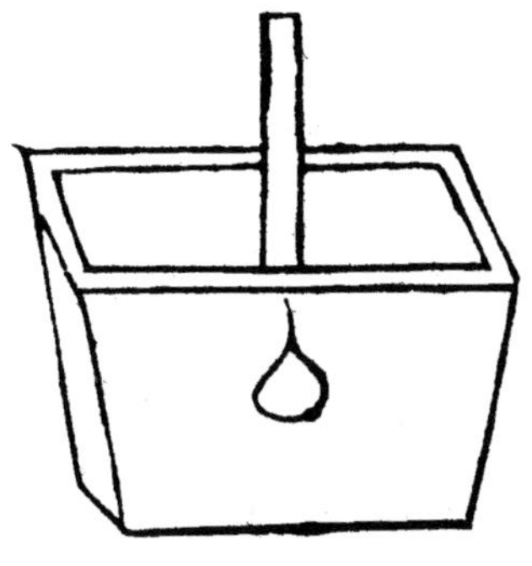

《尔雅》云:“鼓柷[1]谓之止[2]。”郭璞注云:“柷如漆桶,(音动。)方二尺四寸,深一尺八寸。中有椎[3]柄连底,挏[4]之令左右击。止者,椎名。”《书》曰:“合止[5]柷敔[6]。”郑[7]注云:“柷状如漆筩,而有椎。合乐之时投椎其中而撞之。”宜从郑注。今太常乐亦人执其椎,投而击之。

【校释】

①鼓柷(zhù):鼓,敲击,弹奏。柷,古乐器名,木制,形方如斗,始奏乐时击之。

②止:用以击柷之椎。

③椎(chuí):敲击的器具。

④挏(dòng):推引,撞击,来回猛烈地摇动或拌动。

⑤合止:合乐与止乐,亦即乐曲开始与结束。

⑥敔(yǔ):古乐器名,又名楬(jié)。状如伏虎。奏乐将终,击之使演奏停止。

⑦《四库》本“郑”后有“氏”字。

敔

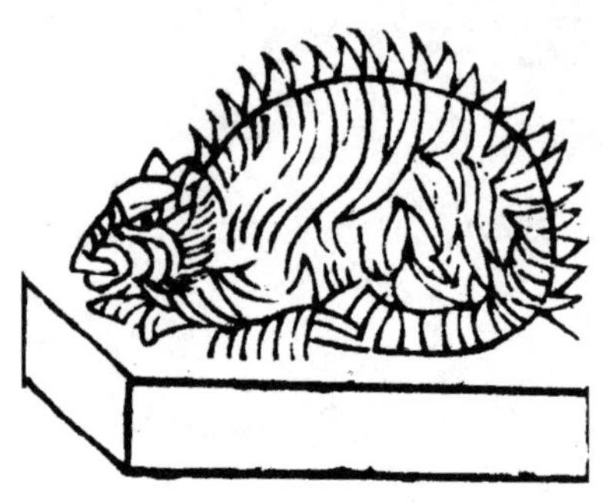

《尔雅》云："鼓敔谓之籈[1]。"郭注云："敔如伏虎，背上有二十七鉏鋙[2]刻，以木长尺栎[3]之。籈者，其名也。"今唐礼用竹长二尺四寸破为十茎，于敔背横栎之。又郑注云："敔，木虎也。背有刻，所以鼓之，以止乐。"

【校释】

①籈（zhēn）：用以敲敔的木板或竹片。

②鉏鋙：同"龃龉"，本义为上下牙齿不齐，引申指不齐如牙齿、锯齿之状。

③栎（lì）：搏击。

牍

《周礼·笙师》："教其舂[①]牍[②]。"先郑云："牍以竹，大五六寸，长七尺，短者一二尺。其端有两空，髤[③]（音休。）画，以两手筑[④]地。"

【校释】

①舂：撞，击。

②牍：古竹制乐器，撞地作声以为乐。

③髤（xiū）：赤黑色的漆。也用作动词，用赤黑色的漆涂饰。

④筑：捣，撞，击。

应

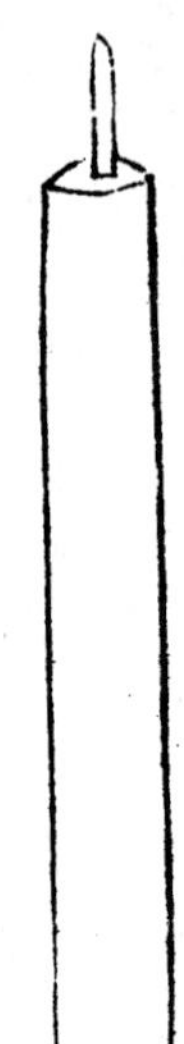

《笙师》："教其舂应[①]。"先郑云："应长六尺五寸，其中有椎。"

【校释】

①应：古代打击乐器。长筒形，其中有椎，打击作声。

雅

《笙师》："掌教舂雅。"先郑云："雅状如漆筩而弇[①]口，大二围，长五尺六寸，以羊韦[②]鞔[③]之。有两纽[④]，疏画。"又后郑谓："牍、应、雅，教其舂者，谓以筑地。笙师教之，则三器在庭[⑤]可知也。宾醉而出奏《祴夏》[⑥]，以此三器筑地为之行节，明不失礼也。"（祴[⑦]音垓。）又《乐记》云："讯疾[⑧]以雅。"孔疏云：雅，乐器名。舞者讯疾，奏此雅器以节之也。

【校释】

①弇：指器物口部收缩，狭小。

②韦：皮革。

③鞔（mán）：本义为用布蒙鞋帮，或以皮革蒙鞋头，引申指用皮蒙车箱、鼓或其他器物。

④纽：器物上用以提携或系绳的部件。"纽"，宋本原讹为"经"，兹据《周礼·春官·笙师》郑玄注与《丛刊》本、《四库》本校改。

⑤庭：堂阶前的空地。

⑥《祴（gāi）夏》：古代乐章名，为《九夏》之一。

⑦祴：众本原误入正文，兹据文意改为注文。

⑧讯疾：指节奏快速、急促。讯，通“迅”。

相

《乐记》云:“治乱以相[①]。”注云:“相,即拊也,亦节乐[②]。拊者,以韦为表,装之以糠。糠,一[③]名相。因以为名焉。”孔疏云:“乱[④],理也。言理,奏乐之时击拊而辅相于乐也。”

【校释】

①相:古代的一种打击乐器。似鼓,外表蒙皮,内实糠,也叫做“拊”。

②节乐:调节、协调音乐节奏。

③一:宋本原脱此字,兹据《丛刊》本、《四库》本校补。

④乱:治理。此为反训之词。

卷六　射侯图上

虎侯
熊侯
豹侯
熊侯（畿内诸侯）
麋侯（畿内有采地[①]卿大夫所射）
大侯（畿外诸侯所射）
糁侯
豻侯
五正侯
三正侯
二正侯

射之所起，在于黄帝，故《易·系》黄帝九事[②]云："古者弦木为弧，剡[③]木为矢，弧矢之利以威天下。"又《世本》以黄帝臣挥作弓，夷牟作矢，是弓矢起于此矣。《虞书》[④]曰："侯以明之。"《传》云："当行射侯之礼，以明善恶之教。"则射侯见于尧舜。夏殷无文，至周大备，故《礼》有天子、诸侯、卿大夫大射、宾射、燕射之文，各张其侯。《乡射·记》曰："君，国中射。"注云："国中，城中，谓燕射也。于郊，谓大射也。于竟，（音境[⑤]。）谓与邻国君射，即宾射也。"《天官·司裘》："王大射，则共（音供。）虎侯、熊侯、豹侯，设其鹄。"（古毒反。）此所谓皮侯也。皮侯者，谓用虎熊豹之皮各饰侯侧，亦方制其鹄。王将祀天地、祭宗庙以射，选诸侯、卿、大夫、士所射之侯也。又《夏官·射人》"王以六耦[⑥]，射五正[⑦]、三正、二正之三侯"者，谓来朝诸侯宾射之侯也。又《乡射·记》云："凡侯，天子熊侯，白质；诸侯麋侯，赤质；大夫布侯，画以虎豹；士布侯，画以鹿豕。"此兽侯者，燕射所张之侯也。凡侯，以向堂为面。侯道九十弓者，用布三丈六尺。（此谓大侯也。）大侯上个[⑧]、（读为撸公干[⑨]之干。）下个各三[⑩]丈六[⑪]尺；（上个，最上幅；下个，最下幅也。三丈六尺，各除左右出舌而言也。）中丈八尺。（《大射》："量人量侯道以狸步[⑫]。"注云："狸之伺物，每举足者，止[⑬]视远近，为发必中也，是以量侯道取象焉[⑭]。"又《乡射·记》云"侯道五十弓，弓二寸以为侯中"者，以《考工记》弓之下制六尺，与步相应。弓者，侯之所取数，宜于射器，故侯道取于弓也。古者布幅广二尺二寸，以二寸为缝，诸幅皆以二尺计之。此侯九十弓，弓二寸以为侯中。二九十八，故中丈有八尺也。）侯中用布九幅，幅有丈八尺。（总十六丈二尺。）倍中以为躬[⑮]。躬，身也。上躬上接上个，下接中；下躬上接中，下接下个，皆三丈六尺。（与上个、下个总十四丈四尺。）倍躬[16]以为左右舌。（此谓最上幅。通数七丈二尺者也。左右舌，即上两个也。在躬两傍谓之个，左右出谓之舌。躬外两厢各出丈八尺。）下舌半上舌[17]。（左右各出九尺，上舌则半者[18]于躬下舌。上下舌共五丈四尺五寸三[19]。总共用布三十六丈也。）上纲与下纲出舌寻。縜[20]，寸。（音筠。）纲者所以系侯于植[21]者也。上下各出舌[22]一寻[23]者，亦人张手之节也。縜者，笼纲维持侯者也，亦谓之维，故郑云"其邪[24]制躬、舌之角者为维，亦曰维"耳。旧《图》唯著三侯，取法不尽，虽繁解说，难辨指归。今于三侯之外更增十二件，通前十五侯分为上下卷，所以尽正[25]鹄之差，见皮首之状。依经申义，焕然可观。又旧《图》云："上纽皆十二，下纽皆十。而[26]三侯数同。"此说亦失。知者，九十、七十、五十弓之侯，丈尺广狭不同，縜纽笼系宜异。今三侯一揆，何所据乎？且以大侯上舌七丈二尺，以十二纽所说计之，上舌两端共使四纽，余有八纽。布在七丈二尺之间，每九尺一纽，则侯之缓纵上下不停，既非正文，今亦不取。其縜纽之数，但依侯大小取称为是。其于乐之节奏、鹄之等衰、正之采缋[27]、兽之毛物，各随侯图而解之。

【校释】

①采地：宋本原讹为"采外"，兹据《丛刊》本、《四库》本校改。

②黄帝九事：指《周易·系辞传下》所述黄帝与尧、舜所为"垂衣裳而天下治"、"刳木为舟"、"服牛乘马"、"重门击柝"、"断木为杵"、"弦木为弧"、造"宫室"、制"棺椁"和作"书契"等九事。

③剡（yǎn）：削。

④《虞书》：此指《尚书·虞书·益稷》篇。

⑤音境：宋本原讹为"音也"，兹据《丛刊》本、《四库》本校改。

⑥六耦："耦"，同"偶"。古代举行射礼时，必两人升阶同射，相对为耦。六耦，指六对射手。

⑦五正：凡射侯之中有鹄（gǔ），鹄中有正。"五正"指以五种颜色（朱、白、青、黄、黑）描绘的侯正。

⑧个（gàn）：侯中（箭靶）上下各有布幅维持，上、下两块布幅左右两旁超出侯的部分分别叫做上、下左右"个"，也叫作"舌"。

⑨搚（lā）公干：搚，拉折，撕裂。公，指鲁桓公。干，胁骨。据《公羊传·庄公元年》记载：齐襄公与其妹（鲁桓公之夫人）私通，被鲁桓公发觉。齐襄公便使公子彭生"搚干而杀"鲁桓公。搚，宋本与《丛刊》本原讹为"扭"，兹据《四库》本与《春秋公羊传·庄公元年》校改。

⑩三：宋本、《丛刊》本原讹为"二"，兹据《四库》本校改。

⑪六：《丛刊》本作"八"。

⑫狸步：度量侯道之长度单位，亦称弓，长六尺。

⑬止：宋本作"以"，《四库》本作"正"，兹据《丛刊》本与贾公彦《仪礼注疏》（阮元校刻《十三经注疏》本）校改。

⑭焉：宋本原讹为"马"，兹据《丛刊》本、《四库》本校改。

⑮倍中以为躬：中，指侯中，即侯的主体部分。中上下各接一幅叫做"躬"。倍中以为躬，意谓躬的长度是中的二倍。

⑯倍躬：宋本、《丛刊》本原讹为"倍射"，兹据《周礼·夏官·梓人》郑玄注与《四库》本校改。

⑰下舌半上舌：意谓侯的下边左右舌的长度相当于上边左右舌

的长度的一半。

⑱者：《丛刊》本作“出”。

⑲五寸三：《丛刊》本作“通上二”。

⑳縜（yún）：侯的上下左右舌均有纽以贯绳，用以将侯固定于两旁所植之木。舌上用以贯绳之纽叫做縜。

㉑植：此处指侯两旁树立的木柱，用以固定侯。

㉒出舌：宋本原讹为“以舌”，兹据《丛刊》本、《四库》本校改。

㉓寻：古代长度单位，八尺。

㉔邪：斜。

㉕正：射侯之中间部分为鹄，鹄中有正，正中有质（亦称“的”）。《周礼·天官·司裘》：“王大射，则共虎侯、熊侯、豹侯，设其鹄。”郑注引郑司农云：“方十尺曰侯，四尺曰鹄，二尺曰正，四寸曰质。”

㉖而：宋本原讹为“匠”，兹据《丛刊》本、《四库》本校改。

㉗缋：同“绘”。

虎侯

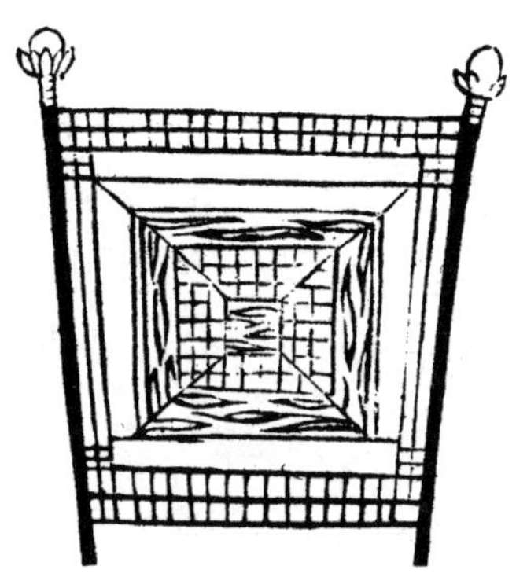

《司裘》："王大射，则供虎侯[①]。"言王大射者，谓王将祀五帝于四郊，昊天于圆丘[②]，及享先王选助祭者。故于四郊小学之中，王与诸侯及群臣等行大射之法也。虎侯者，谓以虎皮饰其布侯之侧。其鹄亦以虎皮方制之[③]，著于侯中。其侯道[④]九十弓，弓二寸以为侯中[⑤]。中亦身也。侯身广丈八尺，三分其侯而鹄居一[⑥]焉，则鹄方六尺矣。此王之所射之侯也。与《梓人》"张皮侯而栖鹄"共为一事。侯制上广下狭，差取象于人张臂八尺，张足六尺。是取象率焉。乐以[⑦]《驺虞》[⑧]九节。

【校释】

①供：疑当作"共"。下几篇同。侯：箭靶。以布为之，其侧饰以虎熊豹麋之皮。侯的主体部分谓之侯中，也单称"中"。侯中的中心部分谓之"鹄"。

②圆丘：亦作"圜丘"，古代设置的用以祭祀的圆形高丘，天子祭天之处。

③其鹄亦以虎皮方制之：意谓侯之鹄用虎皮制成方形。

④侯道：射者与侯之间的距离，亦即箭所运行的通道。

⑤弓二寸以为侯中：侯中之大小取数于侯道之距离。其比例为凡侯道一弓（六尺），则侯中方二寸。故九十弓之侯道，其侯中为广丈八尺；七十弓之侯道，其侯中为广丈四尺；五十弓之侯道，其侯中为广一丈。

⑥三分其侯而鹄居一：意谓鹄的宽度占据侯中的三分之一。

⑦以：宋本原脱此字，兹据《周礼·夏官·射人》经文与《丛刊》本、《四库》本校补。

⑧驺虞：本为古代传说中的圣兽名，白虎黑文，不食生物，有至德至信则应之。《诗经·召南》有《驺虞》之诗，歌颂王者有驺虞不忍伤生之仁心。这里是指王举行大射之礼时，以《驺虞》之音乐伴奏。

熊侯

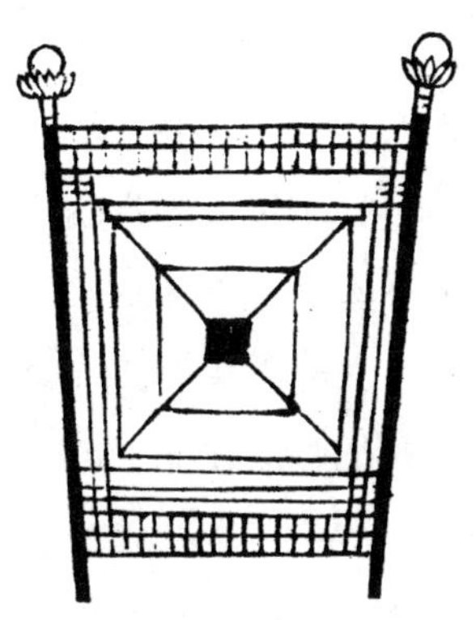

王大射[①]，司裘亦供熊侯。此助祭诸侯所射之侯也。亦以熊皮饰侯侧，兼方制其鹄。侯道七十弓，弓二寸以为侯中，广丈四尺，亦三分其侯而鹄居其一，则鹄方四尺六寸大半寸[②]者。贾释云：以侯广丈四取丈二，三分之，得四尺；又于二尺[③]之内取尺八寸，得六寸，有二寸在。寸为三分。二寸，总六分，取二分，二分于三分为三分寸之二也。三分寸之二，即是大半寸也，故云“鹄方四尺六寸大半寸”。又《梓人》：“为侯广与[④]崇方。”崇，高也。上下为崇，横度为广。则虎侯中丈八尺，熊侯中丈四尺，豹麋侯中一丈，皆方，故云“广与崇方”也。又射之诸侯，乐以《狸首》[⑤]七节。

【校释】

①大射：大射礼。天子在举行祭祀或燕饮之礼时，举行射箭之礼。《礼记·射义》孔颖达疏曰：“凡天子、诸侯及卿大夫礼射有三：一为大射，是将祭择士之射；二为宾射，诸侯来朝，天子入而与之射也，或诸侯相朝而与之射也；三为燕射，谓息燕而与之射。”

②大半寸：指三分之二寸。因为鹄的宽度是侯的宽度的三分之

一，如侯的宽度是一丈四尺，则鹄的宽度当是四十六又三分之二寸，亦即“四尺六寸大半寸”。

③二尺：众本原均误作“四尺”。按，此段文字为聂氏引《周礼·天官·司裘》贾公彦疏之大意。贾疏原文云：“侯中丈四尺者，鹄方四尺六寸大半寸者，以其侯中丈四尺，取丈二尺，三四十二，得四尺。有二尺在，又取尺八寸，三六十八，又得六寸。有二寸在，寸各为三分，二寸并为六分，取二分，名为三分寸之二，即是大半寸也，故云鹄方四尺六寸大半寸。”准此可知，聂氏此处所引“四尺”当为“二尺”之误。

④与：宋本、《丛刊》本原讹为“朝”，兹据《四库》本与《周礼·考工记·梓人》校正。

⑤《狸首》：逸《诗》篇名，共二章。古代诸侯行射礼时，以《狸首》之乐伴奏。

豹侯

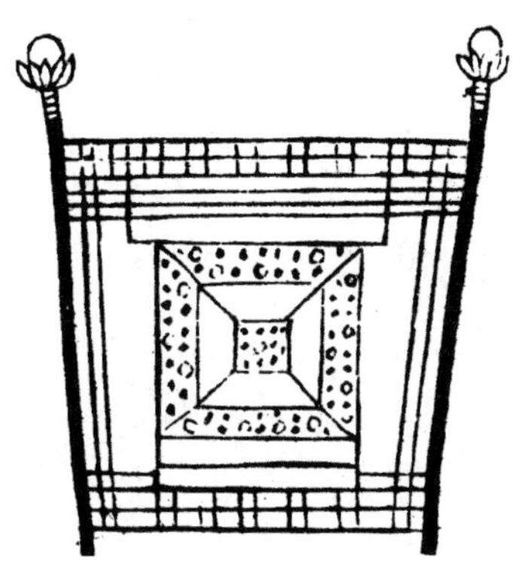

王大射，司裘亦供豹侯。此助祭卿大夫并士所射之侯也。亦以豹皮饰侯侧，兼以豹皮方制其鹄。侯道五十弓，弓二寸以为侯中，广一丈，亦三分其侯而鹄居其一，则鹄方三尺三寸少半寸[①]者。贾释[②]云："以侯广一丈内取九尺，得三尺。一尺取九寸，得三寸。一寸分为三分，取一分，则一[③]分于二分为三分寸之三分寸之一，则是少半寸，故云鹄方三尺三寸少半寸也。谓之鹄者，取名于鳱鹄。（上古寒切，下古沃切。）鳱鹄，小鸟，捷黠难中[④]，是以中之为隽[⑤]，而取鹄之言较[⑥]。较者，直也。射所以直己志。虎熊豹示伏猛，言能伏得猛厉诸侯也。麋者，迷也。以麋皮为侯，示能讨击迷惑之诸侯也。射者大礼，故于三侯之上取义众多。"又侯道九十、七十、五十弓远近三等者，以人有尊卑，分为三节，尊者射远，卑者射近故也。《射人》云："孤卿大夫，乐以《采蘋》[⑦]五节；士，乐以《采蘩》[⑧]五节。"（士无大射，而有宾射、燕射之礼。以士无臣可择，故无大射之礼。）

【校释】

①少半寸：即三分之一寸，亦即0.333寸。

②贾释：指唐贾公彦《周礼注疏》。不过，此下这段文字是《周礼·天官·司裘》郑注之文，而并非“贾释”之文。

③一：《四库》本无此字。

④捷黠难中：指鳱鹄这种小鸟行动迅捷，性情狡猾，难以射中。

⑤隽：通“俊”，指才能出众的优秀人才。

⑥鹄之言较（jué）：较，古有“直”意。鹄之言较，是以声训的方式说明侯的中心称为“鹄”是取义于“直”。此“较”字，众本均脱，兹据《周礼·天官·司裘》郑注校补。

⑦《采蘋》：《诗经·召南》篇名，共三章。古代孤、卿、大夫行射礼时，以《采蘋》之乐伴奏。

⑧《采蘩》：《诗经·召南》篇名，共三章。古代士行射礼时，以《采蘩》之乐伴奏。

熊侯（畿内诸侯[①]）

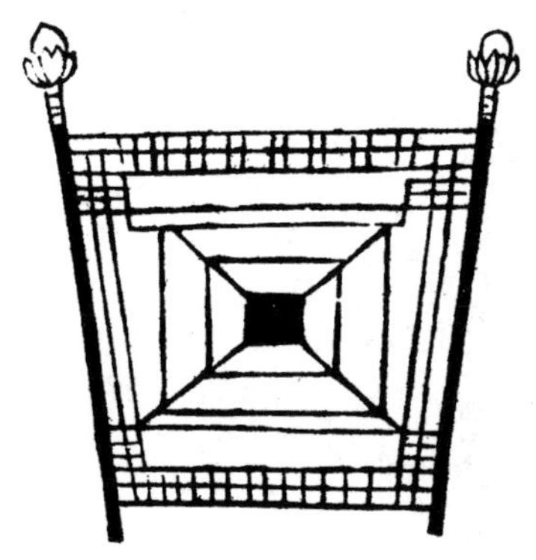

《司裘》云："诸侯则供熊侯、豹侯。"此谓畿内诸侯大射，将祀先祖，亦与群臣射，以择士。熊侯，则诸侯自射者也。豹侯，所选助祭臣下所射者也。亦以熊、豹皮各饰其侯侧，方为之鹄[②]。其侯道、鹄居皆与王之熊侯、豹侯同。

【校释】

①畿内诸侯："诸侯"为周天子所分封各国国君的统称，有公、侯、伯、子、男五等爵位。畿内诸侯，指周天子在畿内（周王直接统治的以国都为中心的方千里之地）所分封的诸侯或王朝卿士。

②方为之鹄：意谓将侯中之鹄做成方形。

麋侯

（畿内有采地卿大夫所射）

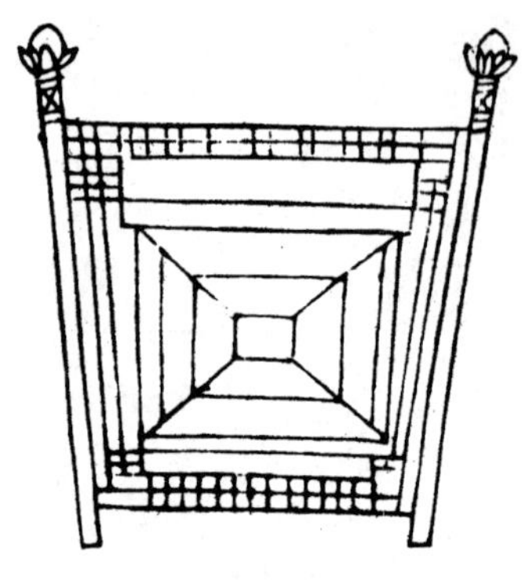

《司裘》云："卿大夫则供麋侯。"此谓王朝卿大夫畿内有采地者，将祭先祖，亦行大射之礼。张[①]麋侯，君臣共射焉。亦以麋皮饰侯侧，又以皮方制其鹄，著于侯中。其侯道亦五十弓。侯广鹄方丈尺之数，亦与王之豹侯同。

【校释】

①张：张挂，悬挂。

大侯（畿外①诸侯所射）

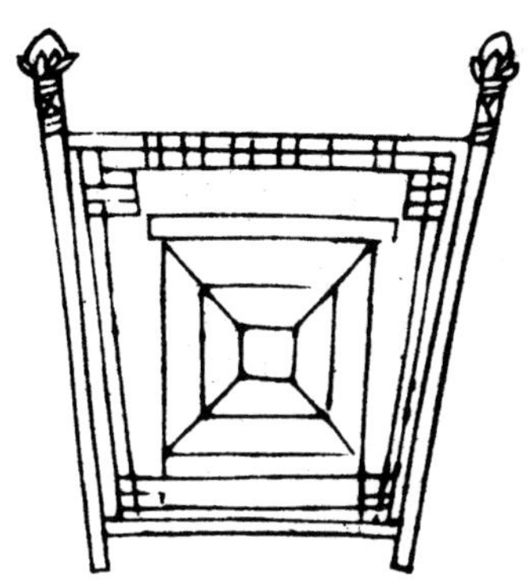

畿外诸侯将祭先祖，亦行大射而射三侯，与天子同。畿内诸侯近尊，不得同于天子三侯，但射二侯而已。畿外诸侯远尊，故得申也。三侯虽同，而用皮别耳，即《大射》②“大侯九十，参侯③七十，干侯④五十”是也。《大射》直言九十、七十、五十，不云弓者，案《乡射·记》注云：“大侯九十弓，糁侯七十弓，豻侯五十弓。”是有弓可知也。又《大射》注云：“参读曰糁。糁，杂也。干，读曰豻。豻，胡犬也。”畿外诸侯自射大侯，即熊侯也。云大侯者，与天子大侯同九十弓也。其糁侯，助祭者所射也。大侯与天子虽同，其糁、豻二侯用皮为别。

【校释】

①外：宋本、《丛刊》本原讹为“内”，兹据《四库》本校改。

②《大射》：《仪礼》篇名，又作《大射仪》。

③参侯：又作“糁侯”，大夫所用的箭靶。参，通“糁”。《四库》本作“糁侯”。

④干侯：又作“豻（àn）侯”，士所用的箭靶。干，通“豻”，北方胡地的一种野狗。《四库》本作“豻侯”。

糁侯

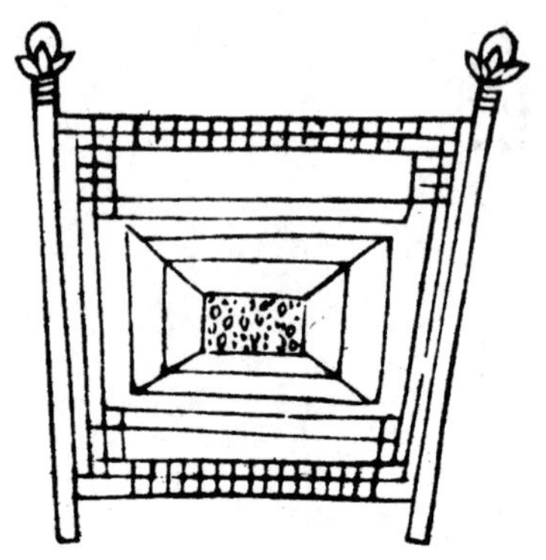

此谓畿外诸侯卿大夫助祭于君，所射之糁侯[①]也。糁，杂也。杂侯者，以豹尊于麋，明以豹为鹄，以麋为饰[②]耳。不纯用豹、麋者，下天子卿大夫[③]故也。其侯道七十弓。侯广鹄方丈尺之数，并与天子熊侯同。

【校释】

①糁侯：也作“参侯”。糁，杂。由于其鹄以豹皮为之，而以麋皮为饰，不单用一种兽皮，故名。

②饰：宋本、《丛刊》本原讹为“饵”，兹据《四库》本校改。

③下天子卿大夫：意谓比王朝卿大夫降低规格。因为天子卿大夫助祭于王时所射之侯为豹侯或麋侯，故畿外诸侯卿大夫助祭于君时便降低规格，用豹皮为鹄、麋皮为饰之糁侯。

豻侯

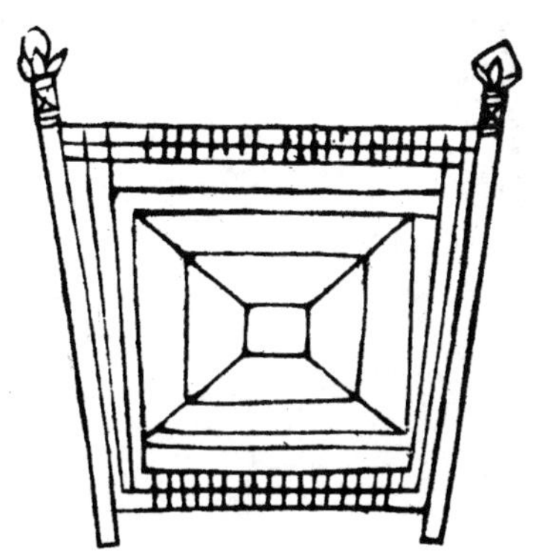

豻侯[①]者，外诸侯之士[②]助君祭所射之侯也。豻，胡地野犬。以豻皮饰侯，亦方制为鹄。其侯道五十弓。侯鹄方广并与天子豹侯同。

【校释】

①豻侯：也作“干侯”，指用豻皮装饰的侯。

②外诸侯之士：指畿外诸侯国的士。

五正侯

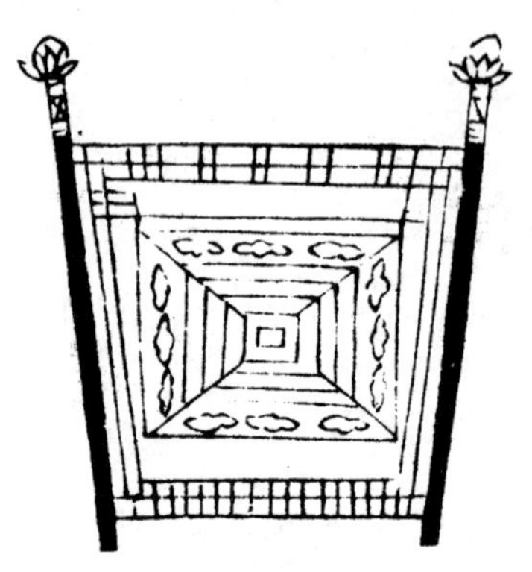

天子宾射[①]，射五正[②]、三正、二正之侯。若诸侯朝会于王，张此三侯与之共射，谓之宾射。五正之侯九十弓，亦三分其侯，正居一焉。凡画正，五正五采，三正三采，二正二采。五采者，先从中画[③]朱，方二尺，次白，次苍，次黄，次黑，皆充尺寸，使大如鹄。苍即青也。以射者是相克[④]相伐之事，故还以南方为本，其外白青等皆相克[⑤]为次也。又画此五色云气，以饰其侧。乐以《驺虞》九节。

【校释】

①宾射：王与诸侯宴宾之礼。《周礼·春官·大宗伯》："以宾射之礼亲故旧朋友。"

②五正：凡射侯之中有鹄，鹄中有正。五正指以五种颜色（朱、白、青、黄、黑）描绘的侯正。

③从中画：宋本、《丛刊》本原讹为"从东"，兹据《周礼·考工记·梓人》郑注、贾疏与《四库》本校改。

④⑤克：宋本、《丛刊》本原讹为"刻"，兹据《四库》本校改。

三正侯

此三正七十弓之侯[1]。亦三分其侯，正居一焉。三正之侯去玄黄，余同五正[2]。还以朱白青三色画云气，以饰其侧。此是诸侯朝王为宾所射之侯也。凡画云气，用丹为地，以丹浅于赤也。故于丹上得见赤色之云。诸侯于己国射三正、二正之侯。乐以《狸首》七节。

【校释】

①七十弓之侯：指侯道为七十弓长的侯。

②三正之侯去玄黄，余同五正：意谓三正之侯与五正之侯相比，去掉黑、黄二色，只绘以朱、白、青三色。

二正侯

此二正五十弓之侯。亦三分其侯，正居其一。二正之侯又去白青，直用朱绿[①]而已。还用朱绿二色画云气，以饰其侧。此卿大夫聘会[②]于王共射之侯也。

【校释】

①直用朱绿：意谓二正侯只用朱、绿两色绘制。直，副词，只，仅。

②聘会：指天子与诸侯或诸侯之间派使者访问。

卷七　射侯图下

兽侯（熊首）
兽侯（麋首）
兽侯（虎豹首）
兽侯（鹿豕首）
鼓足
建鼓
鼖鼓
雷鼓
灵鼓
路鼓
鼗鼓
鼛鼓（音皋[①]）
晋鼓
金錞
金镯
金铙
金铎
兵舞（赤楯玉戚）
帗舞
羽舞
皇舞

【校释】

①音皋：宋本原讹为“皋音”，兹据《丛刊》本、《四库》本校乙。

兽侯（熊首）

《梓人》云："张兽侯，则王以息燕[①]。"注云："兽侯，画兽为侯。"《乡射·记》曰："凡侯，天子熊侯白质[②]，诸侯麋侯赤质。"白质者，谓以蜃[③]灰涂之，使白为地，正面画其熊之头状[④]。亦象正鹄，三分其侯而处其一。亦各画云气饰其侧。燕，谓王劳使臣[⑤]，与群臣饮酒而射也。息，谓王休农息老物[⑥]之后，亦行此燕射之礼，王自射。此五十弓，熊首之侯也。

【校释】

①息燕：息，谓停止农业生产活动，使万物休养生息。燕，通"宴"，谓设宴慰劳臣下。

②白质：白底色。质，底子，质地，底色。

③蜃（shèn）：大蛤。

④正面画其熊之头状：侯中有鹄，鹄中有正。这里的"正面"之"正"不是反正之"正"，而是指鹄中之"正"。

⑤劳使臣：设宴慰劳使者。

⑥息老物：使万物休养生息。老物，古代蜡祭的对象，亦即万物。《周礼·春官·籥章》："国祭蜡，则吹《豳》颂，击土鼓，以息万物。"

兽侯（麋首）

诸侯麋侯赤质，谓以赤涂之，使赤为地[①]。正面画其麋之头状。必知然者，案《狸首》者，射不来者之首也[②]。其[③]熊、麋已下皆正面画其头也。王燕劳之时，诸侯射此五十弓麋首之侯也。亦画云气饰其侧。

【校释】

①使赤为地：谓以赤色涂绘麋侯，使之以赤为底色。地，底色。

②《狸首》者，射不来者之首也：《狸首》，逸《诗》篇名。由于"狸"又名"不来"，而"不来"又与"不来朝"者（亦即不归附者）语义双关，故以《狸首》之乐伴奏射礼。

③其：《丛刊》本、《四库》本作"明"。

兽侯（虎豹首）

卿大夫布侯，画以虎豹。言布侯者，谓不采其地[1]，直于布上正面画虎豹头状，亦画云气饰其侧。王燕射，则卿大夫射此五十弓虎豹首之侯也。燕射必射此熊虎豹之首者，不忘上下相犯也。言此三兽皆猛，不苟相下。若君臣之道献可者、替否者[2]，不苟相从，辄当犯颜而谏，似此兽也，故用之。

【校释】

①不采其地：不以彩色为底色。采，通“彩”。地，即底色。

②献可者、替否者：进献可行的意见，废除不可行的主张。替，废弃，除去。《左传·昭公二十年》：“君所谓可，而有否焉，臣献其否，以成其可；君所谓否，而有可焉，臣献其可，以去其否。”

兽侯（鹿豕首）

王燕射，士射五十弓鹿豕之布侯者，亦谓不采其地，直于布上面画鹿豕头状，及画云气以饰其侧。诸侯必射麋、士必射鹿豕者，志在君臣相养也。案《内则》[①]云“麋鹿豕皆有轩”[②]，并是可食之物，故知相养也。天子诸侯特射[③]熊麋之首，卿大夫士兼射虎豹鹿豕之首。所谓君画一、臣画二，阳奇阴偶之数也。此燕射，自天子已下尊卑皆用一侯，其侯道又皆五十弓，弓二寸以为侯中[④]，同方一丈者，降尊就卑之义，以燕礼主于欢心故也。

【校释】

①《内则》：《礼记》篇名。

②麋鹿豕皆有轩：按《内则》原文作“麋鹿田豕麕皆有轩”。意谓麋鹿和田豕（野猪）等野兽的肉皆可切成大片而食。轩，指切成大片的生肉。《礼记·内则》云：“肉腥，细者为脍，大者为轩。”

③特射：特，只，单独。特射，单射。

④弓二寸以为侯中：侯中的大小与侯道的比例为：凡侯道一弓（六尺），则侯中方二寸，故九十弓之侯道，其侯中为广丈八尺；七十弓之侯道，其侯中为广丈四尺；五十弓之侯道，其侯中为广一丈。

鼓足

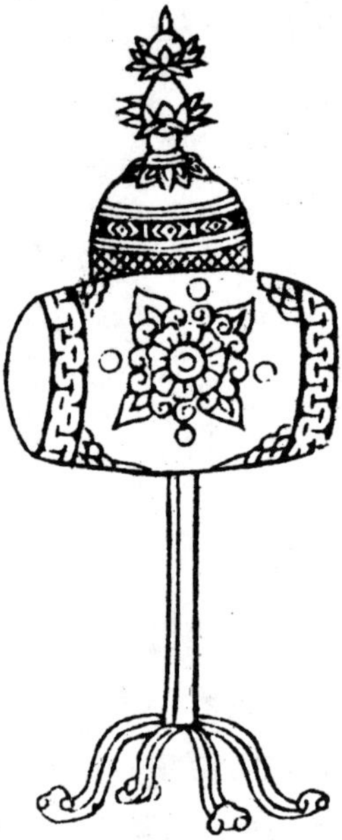

夏后氏谓之鼓足[①]。郑注云："足谓四足。"

【校释】

①夏后氏谓之鼓足：此为聂氏引《礼记·明堂位》之文意。《明堂位》原文为："夏后氏之鼓足，殷楹鼓，周县鼓。"按：聂氏根据郑注将《明堂位》中的"鼓足"解为鼓之足。不过，据《明堂位》之文意，"鼓足"似当为与"殷楹鼓，周县鼓"相类之鼓名，而不当解为鼓之足。又《诗经·商颂·那》："猗与那与，置我鼗鼓。"毛传云："鼗鼓，乐之所成也。夏后氏足鼓，殷人置鼓，周人县鼓。"据此，则《明堂位》之"鼓足"似当为"足鼓"之倒文。足鼓，当是指有足的鼓。

建鼓

《大射》云："建鼓在阼阶[①]西，南鼓[②]。"注云："建犹树也。以木贯而载之，树之跗[③]也。南鼓，谓所伐[④]面也。"贾释云："周人县鼓[⑤]，今言建鼓，用殷法也。"主于射，略于乐，故用先代鼓。此亦诸侯卿大夫射之所用也。

【校释】

①阼阶：大堂前东面的台阶。

②南鼓：敲击的鼓面朝南。

③跗：本义为脚背或脚，引申指物体下部像脚的部位。此处指鼓架之足。

④伐：敲击。

⑤县鼓：县，通"悬"。县鼓，即悬鼓。由于"建鼓"以独木架于空中，故周人名为"县鼓"。

鼗鼓

《小师职》："掌教鼓鼗[①]。"注云："出音曰鼓。鼗如鼓而小。持其柄摇之，旁耳还自击。"又《大射》注云："鼗如鼓而小，有柄。宾至，摇之奏乐也。"又《视瞭》[②]："掌凡乐事播鼗，击颂磬[③]、笙磬[④]。"磬言击，鼗言播。播即摇之，可知也。鼗所以节乐。宾至乃乐作，故知宾至摇之，以奏乐也。又鼗，导也，所以导鼓声或节一唱之终也。

【校释】

①鼗：小鼓。一种长柄的摇鼓。

②视瞭：《周礼》春官所属官职名，职掌扶持瞽师，兼掌播（摇）鼗、击磬等。

③颂磬：悬于西方之编磬。郑注云："（磬）在西方曰颂。颂或作庸。庸，功也。"贾疏曰："西方是成功之方，故云庸。庸，功也。谓之颂者，颂者，美盛德之形容，以其成功告于神明，故云颂。"

④笙磬：悬于东方之编磬。郑注曰："磬在东方曰笙。笙，生也。"贾疏云："以东方是生长之方，故云笙。"

雷鼓

《大司徒·鼓人[①]职》曰："雷鼓鼓神祀[②]。"后郑云："雷鼓，八面鼓也。神祀，祀天神也。"贾释云："但是天神皆用雷鼓。"

【校释】

①鼓人：《周礼》所载大司徒之属官，职掌教导六鼓、四金等敲击乐器。

②雷鼓鼓神祀：意谓祭祀天神时要鼓（敲击）八面的雷鼓。

灵鼓

“灵鼓鼓社祭[①]。”后郑云：“灵鼓，六面鼓也。社祭，祭地祇[②]也。”贾释云：“但是地祇皆用灵鼓。”

【校释】

①灵鼓鼓社祭：此亦为《周礼·地官·鼓人》之文。意谓祭祀地神（社）的时候要敲击六面的灵鼓。

②地祇：土地神，也叫做“社”。

路鼓

“路鼓鼓鬼享[①]。”后郑云：“路鼓，四面鼓也。鬼享，享宗庙[②]也。”

【校释】

①路鼓鼓鬼享：此亦为《周礼·地官·鼓人》之文。意谓祭祀祖先的时候要敲击四面的路鼓。第二个“鼓”字为动词，击（鼓）之义。

②享宗庙：祭祀祖庙。享，供物以祭祀鬼神。宗庙，供奉祖先神主的祖庙。宋本原脱“享”字，兹据《周礼注疏》与《丛刊》本、《四库》本校补。

鼖鼓

鼖鼓[①]，两面鼓。《鼓人职》曰："鼖鼓鼓军事。"注云："大鼓曰鼖，长八尺。"案《韗人》[②]云："鼓长八尺，鼓四尺[③]，（谓鼓面也。）中围加三之一，谓之鼖鼓。"注云："中围加三之一[④]者，加于面之围以三分之一也。面四尺，其围十二尺[⑤]，加以三分之一，四尺，则中围十六尺；径五尺三寸三分寸之一也。今亦合十二板，穹[⑥]六寸三分寸之二耳。"即《镈师》[⑦]云："凡军之夜三鼜[⑧]，皆鼓之。守鼜亦如之。"即此鼖鼓也。故注云："守鼜，备守鼓也。鼓之以鼖。杜子春[⑨]云[⑩]：'一夜三击，备守鼜也。'"又《瞽蒙》注："杜读鼜为忧戚之戚。谓夜戒[⑪]守鼓也。击鼓声疾数，故曰戚。"又《鼓人》曰："凡军旅夜鼓鼜。"《司马法》[⑫]曰："昏鼓四通，为大鼜。夜半三通，为晨戒。旦明五通，为发昫[⑬]。军动则鼓其众。"注云："动且行，俱谓鼓鼖鼓也。"

【校释】

①鼖（fén）鼓：军队用的大鼓。

②韗（yùn）人：《周礼·考工记》所记工匠之一。职掌制造皋陶

（鼓木）。

③鼓四尺：鼓面直径四尺。

④中围加三之一：中部的围径在鼓面直径四尺的基础上，再加三分之一，即4尺+4尺×$\frac{1}{3}$=5$\frac{1}{3}$尺。

⑤面四尺，其围十二尺：鼓面四尺，则其中部周长十二尺。按，此为古人以不太精确的圆周率（围长=直径×3）计算的结果。

⑥穹：鼓木两端狭，中间阔，以为鼓体穹隆之形。此所谓“穹”，是指鼓中部较鼓面之穹隆高出的高度。

⑦镈师：《周礼》春官大宗伯之属官。职掌金奏之鼓乐。镈，古代乐器名，似钟而大。

⑧鼜：击鼓巡夜警戒守备。

⑨杜子春：河南缑氏（今河南偃师）人，两汉之际著名经学家。

⑩云：《丛刊》本、《四库》本作“曰”。

⑪戒：宋本原讹为“戚”，兹据《丛刊》本、《四库》本校改。

⑫《司马法》：先秦兵书名，据说为齐人穰苴等所撰。

⑬发昫（xù）：意谓太阳发光。昫，日光。

鼛鼓（音皋）

《鼓人职》曰："鼛鼓[①]鼓役事。"注："鼓长丈二尺。"案《韗人》云："为皋鼓，长寻[②]有四尺，鼓四尺[③]，倨句磬折[④]。"注："以皋鼓鼓役事。磬折中曲之不参正[⑤]也。"中围与鼖鼓同，以磬折为异。

【校释】

①鼛（gāo）鼓：一种大鼓。亦作"皋鼓"。

②寻：长度单位，八尺。

③鼓四尺：鼓面直径四尺。

④倨句（gōu）磬折：矩之直者为"倨"，折而衡者为"句"，故"倨句"亦即角度。磬折，指如磬背之钝角形。

⑤不参正：参，三。正，直。按，"晋鼓"之鼓腹为"三正"状：三折平分鼓木之长为穹及两端，鼓木板面为三段平直而不弧曲之形。不参正，即"不三正"，谓鼛鼓鼓腹自两端至中围渐大，中围处为钝角，与晋鼓"三正"之形不同。

晋鼓

《鼓人职》曰："晋鼓鼓金奏。"注云："晋鼓长六尺六寸，金奏谓乐作击编钟也。"三鼓皆革面四尺，围丈二。案《韗人》云："长六尺有六寸，左右端广六寸，中尺，厚三寸①。穹者三之一，上三正。"注云："穹隆者，居鼓面三分之一，则鼓面四尺者，版穹一尺三寸三分寸之一也。倍之为二尺六寸三分寸之二，加鼓四尺，穹径六尺六寸三分寸之二。此鼓合二十板。板上三正者：正，直也。三直者，穹上一直，两端又直，各居二尺二寸，不弧曲也。"

【校释】

①长六尺有六寸，左右端广六寸，中尺，厚三寸：此为鼓木的规格。中尺，谓鼓木的中部为一尺宽。

金錞

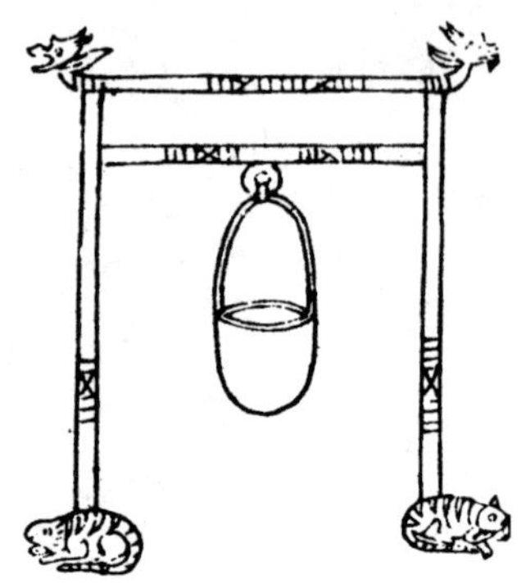

《鼓人》:"以金錞[①]和鼓。"注云:"錞,錞于也。圆如碓[②]头,大上小下[③],乐作鸣之,与鼓相和。"

【校释】

①錞(chún):也叫"錞于",古代青铜乐器,圆筒形,上大下小,多与鼓配合,击奏以指挥军队进退。

②碓(duì):碓臼,舂米器。按,"碓",宋本、《丛刊》本原讹为"椎",今据《周礼·地官·鼓人》与《四库》本校改。

③大上小下:上部大,下部小。

金镯

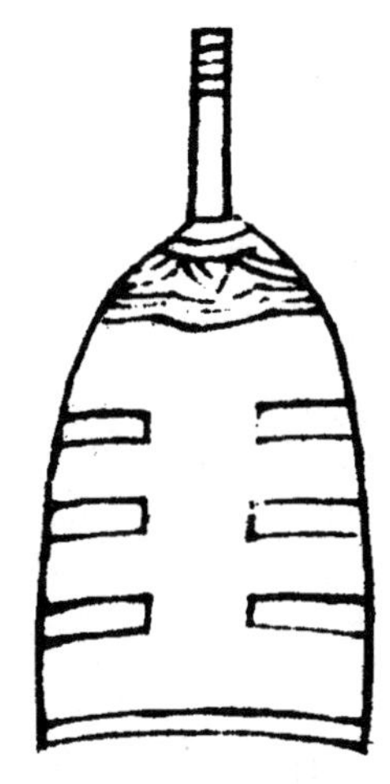

《鼓人职》曰："以金镯节鼓[①]。"注云："镯，钲[②]也。形如小钟，军行则鸣之，以为鼓节。"公司马[③]执之。（公司马，伍长也。）

【校释】

①以金镯节鼓：敲击金镯以调节鼓点。

②钲（zhēng）：古代乐器名。形似钟而狭长，有柄，行军时敲击。

③公司马：职官名，即军中之伍长。《周礼·春官·大司马》："公司马执镯。"郑注引杜子春曰："公司马，谓五人为伍，伍之司马也。"

金铙

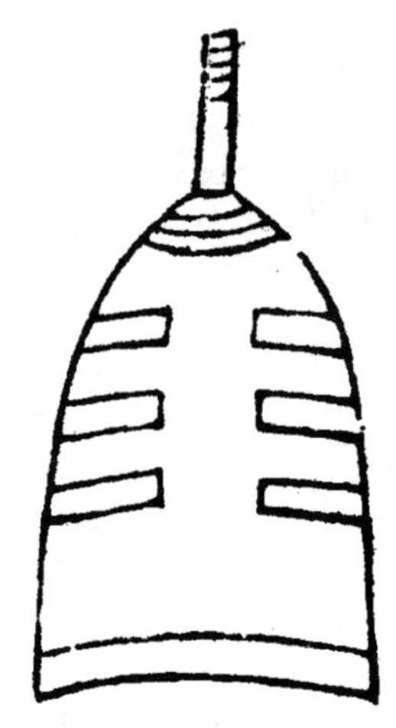

《鼓人》："以金铙[1]止鼓。"注云："铙如铃，无舌，有秉[2]，执而鸣之，以止击鼓。"《司马职》[3]曰：鸣铙且却，卒长执之。（百夫长[4]也。）《乐记》曰："复乱以武。"复，谓反复也。乱，理也。武，谓金铙也。谓舞毕之时，舞人必反复鸣此金铙，而治理之。欲退之时，亦击此金铙以限之。

【校释】

①铙：古代乐器名。体短阔，口向上，有柄，以槌敲击发声。

②秉：柄。

③司马职：此指《周礼》夏官大司马之职。以下两句为约取《大司马》之文意。

④百夫长：统领百人的卒长。宋本原讹为"百人长"，兹据《丛刊》本、《四库》本校改。

金铎

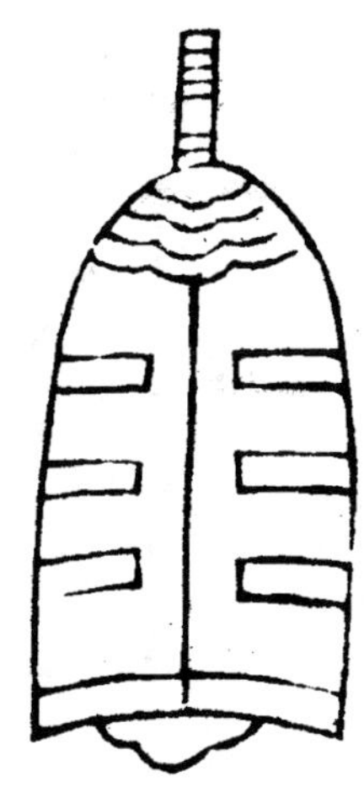

《鼓人》："以金铎[①]通鼓[②]。"注："铎，大铃也。振之以通鼓。《夏官》'司马执铎'。"谓两司马执振之，以通鼓。两司马者，二十五人之长也。《乐记》[③]曰："天子夹，振之。"注云："王与大将夹舞者，振铎以为节也。"

【校释】

①铎（duó）：古代乐器名，一种大铃，宣布教令或有战事时用之。

②通鼓：在军击鼓，必先振铎，而后诸鼓齐鸣，故称"通鼓"。

③《乐记》：《礼记》篇名，据说是孔子弟子（或曰再传弟子）公孙尼子所作。

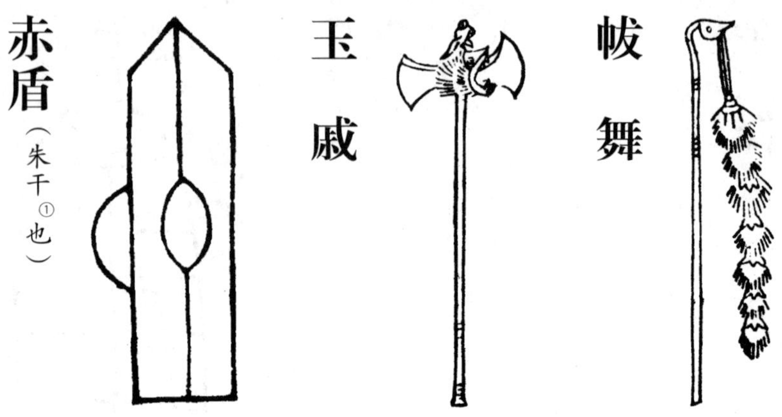

“兵舞”、“帗[②]舞”。后郑[③]云：“兵，谓干戚[④]也。帗，列五采缯[⑤]为之，有秉。（音柄。）皆舞者所执。”《大司徒·鼓人》曰：“凡祭祀百物之神，鼓兵舞、帗舞。”又《舞师[⑥]职》：“掌教兵舞，帅[⑦]而舞山川之祭祀；教之帗舞，帅而舞社稷之祭祀。”

【校释】

①干：盾牌。

②帗（fú）：五色缯制成的舞具。

③后郑：指东汉经学家郑玄。为了与郑玄之前的东汉著名经学家郑兴、郑众父子相区别，故称郑玄为后郑。

④戚：古代斧属兵器。

⑤缯（zēng）：丝织物的总称。

⑥舞师：《周礼》春官大司徒属下之官职。

⑦帅：率领。

羽舞

皇舞

"羽舞"、"皇舞"。案《舞师》注云:"羽,析白羽为之,形如帗。"《陈·宛丘》诗曰:"无冬无夏,值其鹭羽。"值者,持也。鹭羽,即鹭翿[①]。翿,翳也。谓舞者所持,以指麾[②],又蔽翳其身也。《乐师》注云:"皇,谓杂五采羽,如凤皇色,持以舞。"《籥师[③]》:"掌教国子舞羽、吹籥。祭祀则鼓羽、籥之舞。"注云:鼓之者,恒为之节也。又《舞师》:"掌教羽舞,帅而舞四方之祭祀;教皇舞,帅而舞旱暵[④]之事。"注云:四方祭,谓四望。旱暵,谓雩[⑤]也。暵,谓热气。(音汉。)

【校释】

①翿(dào):古代舞者所用的以羽毛装饰的旗子,也叫"翳"。

②指麾:指挥。

③籥(yuè)师:《周礼》春官大宗伯之属官,负责教国子"舞羽、吹籥"。籥,为"钥"(yuè)的本字,古代管乐器,似后世之排箫。

④暵(hàn):干旱。《周礼·春官·女巫》:"旱暵则舞雩。"

⑤雩(yú):古代为求雨而举行的祭祀。

卷八

弓矢图

乏
并夹
彤弓
玈弓
彤矢
玈矢
楅
韦当
鹿中
兕中
皮树中
间中
虎中
筭
扑
射物
朱极三
遂
次
扆
几
筵
龟
燋（音雀）
楚焞（焞即焌，俱音鐏）
蓍
画爻木
卦板
佩玉
韨
大带
笏
舄

乏

旧《图》云："乏[①]，一名容。似今之屏风。其制从广七尺[②]。以牛革鞔[③]，漆之。"今案《大射礼》谓之乏。《射人职》谓之容。郑之两注[④]谓："唱获者[⑤]所蔽，以御矢也。"贾释云："以容蔽其身，故得御矢。言乏者，矢至于此乏匮不去也。"又下文云："凡乏用革。"即大射、宾射等乏皆用革也。

【校释】

①乏：古代行射礼时报靶人用以蔽身的器具。

②从广七尺：意谓"乏"的纵向和横向都为七尺，亦即高与宽均为七尺。"从"，同"纵"。广，指宽度。

③鞔：以皮革蒙鼓或其他器物。

④郑之两注：指郑玄为《仪礼·大射仪》与《周礼·夏官·射人》所作的注文。

⑤唱获者：举行射礼时的报靶人。宋本、《丛刊》本原脱"唱"字，兹据《四库》本校补。

并夹

《司弓矢》[①]云："大射、燕射共[②]弓矢、并夹[③]。"注云："并夹，矢籋[④]。"（音聂。）贾释云："矢籋之言出于汉时。若王射，则射鸟氏[⑤]主取矢。其矢著侯高，人手不能及，则以并夹取之。"

【校释】

①司弓矢：《周礼》夏官大司马属下之职官，掌管弓矢。宋本、《丛刊》本原脱"矢"字，兹据《四库》本校补。

②共：供，供给。

③并夹：从侯上拔箭的钳子。

④籋（niè）：通"镊"，镊子，夹取东西的工具。

⑤射鸟氏：《周礼》夏官大司马属下之官职，掌管射猎凫雁鸨鹑之事。

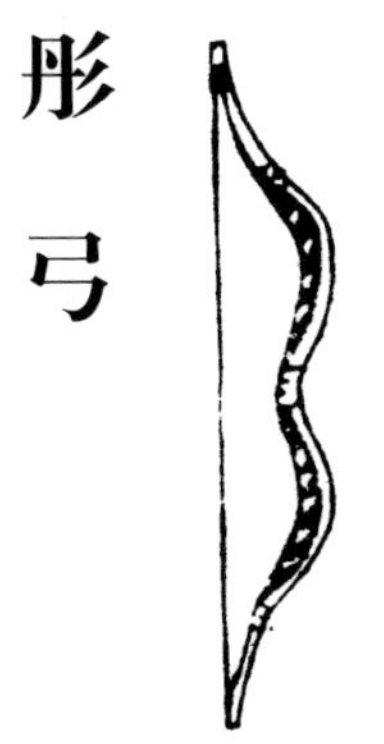

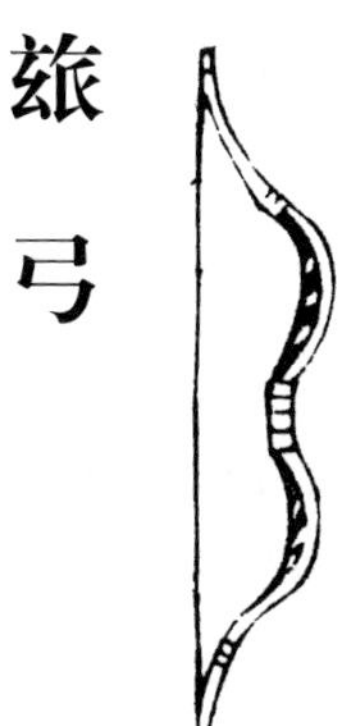

司弓矢掌王、弧、夹、庾、唐、大六等之弓①。孔《义》②以晋文公受王弓矢之赐，以此唐、大当彼彤、玈③。以往、来之体若一④，谓之唐、大。然则唐、大是强、弱之名，彤、玈⑤是弓所漆之色。又《弓人职》云："弓长六尺有六寸，谓之上制，上士服之。弓长六尺有三寸，谓之中制，中士服之。弓长六尺，谓之下制，下士服之。"此取人形貌长短与弓相称，为上中下三等，各服其弓也。又："往体寡，来体多，谓之王、弧。"当天子之弓，合九而成规⑥者也。"往、来之体若一，谓之唐、大。"当诸侯之弓，合七而成规者也。"往体多，来体寡，谓之夹、庾。"当大夫之弓，合五而成规者也。六弓各有其名，但赤漆者曰彤弓，黑漆者曰玈弓。

【校释】

①掌王、弧、夹、庾、唐、大六等之弓：据《周礼·夏官·司弓矢》记载，司弓矢一职掌管王弓、弧弓、夹弓、庾弓、唐弓、大弓等六种弓。

②孔《义》：此指唐孔颖达《春秋左传正义》。以下文字是聂氏

约取《左传·僖公二十八年》孔氏《正义》之文意。

③玈(lú)：黑色。玈弓，漆成黑色的弓。

④往、来之体若一：意谓弓体的外挠部分与内向部分相当。《周礼·考工记·弓人》："往体多，来体寡，谓之夹、臾(庾)之属。"孙诒让《正义》曰："往体，谓弓体外挠；来体，谓弓体内向。凡弓必兼往来两体，而后有张弛之用。"

⑤玈：宋本原讹为"卢"，兹据《四库》本、《丛刊》本校改。

⑥合九而成规：合弓长九倍以为圆周之长而计其弧度。所合倍数越多，弧度越小，其力越大。所合倍数越少，弧度越大，其力越小。

彤矢

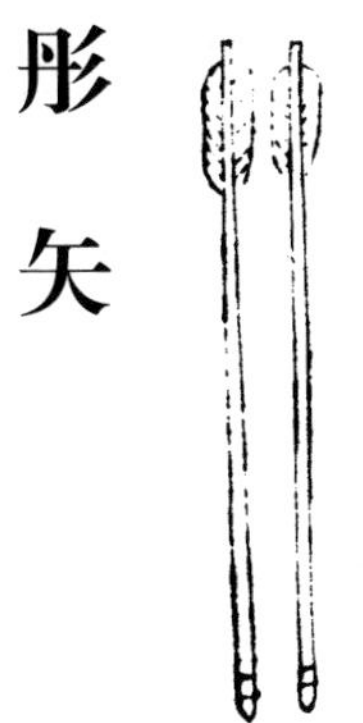

旅矢

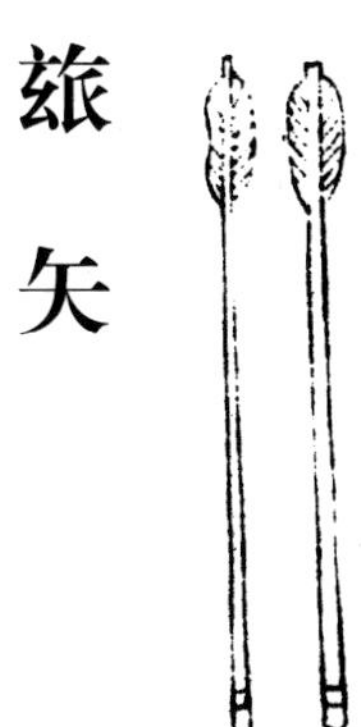

彤矢、旅矢各随弓漆色为名。射用矢，矢象有事于四方也。其笴[①]皆长三尺，羽六寸，刃二寸。又《司弓矢》有“枉矢”、“絜矢”[②]。五分，二在前，三在后[③]。利火射[④]，用诸守城车战。其“恒矢”、“庳矢”，轩輖中[⑤]，用[⑥]诸散射。注云：“散射，谓礼射及习射。”孔《义》[⑦]云：“但弓矢相配，强弓用重矢，弱弓用轻矢。既唐、大强弱中，恒矢轩輖中，则彤、旅二矢当恒矢，若用之于战，则当枉矢[⑧]矣。”

【校释】

①笴（gǎn）：箭杆。

②枉矢、絜（xié）矢：古代两种能进行火攻的箭名。《周礼·夏官·司弓矢》：“凡矢，枉矢、絜矢利火射，用诸守城、车战。”郑注曰：“枉矢者，取名变星，飞行有光，今之飞矛是也。或谓之‘兵矢’。絜矢象焉。二者皆可结火以射敌。”

③五分二在前，三在后：谓五分箭杆，前五分之二与后五分之三重量相等。

④火射：结火而射。宋本、《丛刊》本原讹为“大射”，兹据《周礼·夏官·司弓矢》经文与《四库》本校改。

⑤轩輖中：意谓箭杆前后两部分之轻重相当。轩輖，犹言轻重。《说文·车部》：“輖，重也。”段玉裁注曰：“轩言车轻，輖言车重，引申为凡物之轻重。”

⑥用：宋本、《丛刊》本原讹为“利”，兹据《周礼·夏官·司弓矢》与《四库》本校改。

⑦孔《义》：此下所引为《春秋左传·僖公二十八年》孔颖达《正义》之文。

⑧枉矢：宋本、《丛刊》本原讹为“恒矢”，兹据孔颖达《春秋左传正义》与《四库》本校改。

楅

《乡射礼》："司马命弟子设楅[①]。"贾释注云："楅犹幅也，所以承笴齐矢[②]也。以楅为幅者，义取若布帛有边幅整齐之意，故云承笴齐矢也。"下《记》云："楅，长如笴，博三寸，厚寸有半，龙首，其中蛇交。楅，髹[③]。"注云："两端为龙首，中央为蛇身相交。龙蛇，君子之类。交者，象君子取矢于楅上。髹，赤黑漆。"贾疏引郑注《易》"龙战于野"云："圣人喻龙，君子喻蛇。"是龙蛇总为君子之类也。旧《图》云："楅长三尺，有足，置韦当[④]于背。"

【校释】

①楅（bī）：插箭的器具。

②承笴齐矢：意谓用以盛箭，并使箭整齐。笴，箭杆。承，宋本、《丛刊》本原作"扬"，兹据《仪礼注疏》与《四库》本校改。

③髹：赤黑色的漆。

④韦当：古代射礼所用器具。以红色熟皮制成，形如今之背心，设于楅上以"承笴齐矢"。

韦当

旧《图》云："韦当[①]长二尺，广一尺，置楅之背上，以藉箭[②]。"《乡射·记》注云："直心背之衣曰当，以丹韦[③]为之。司马左右抚矢而乘[④]之，分委于当[⑤]。"贾释云："直者，通身之言。其楅两头为龙首，于背通身著当。言直者，当心中央也。知丹韦为之者，周尚赤[⑥]故也。"

【校释】

①当：通"裆"，背心。

②藉箭：承箭，将箭插于其上。

③丹韦：红色的熟皮革。丹，朱红色。韦，熟皮。

④乘：计算，筹划。

⑤分委于当：分别置于韦当之两旁。委，放置。

⑥周尚赤：周代崇尚赤色。

鹿中

郑注《乡射礼》："射于榭[1]，用鹿中[2]。"有堂无室曰榭。榭即州序[3]也。旧《图》云："士之中，长尺二寸，首高七寸，背上四寸。穿之容筭，长尺二寸。"《乡射·记》曰："鹿中，髤[4]，前足跪，凿其背容八筭。"注云："前足跪者，象教扰[5]之兽受负也。"贾释云："服不氏[6]教扰猛兽有堪受负，有不合受负者。若今驼受负，则四足俱屈。"又《投壶礼》孔《义》云："其中之形，克木为之。状如鹿兕而伏，凿背盛筭。"

【校释】

①榭：建筑在高台上无室的堂屋，多作讲武习射或教学宣教之用。

②鹿中：鹿形的盛筭器具。筭为举行射礼或投壶时用以计数的竹筹。中之形制不一，有鹿中、兕中、皮树中、闾中、虎中等。

③州序：州学。州，古代户籍编制单位，五家为比，五比为闾，四闾为族，五族为党，五党（二千五百家）为州。

④髤：宋本原讹为"形"，兹据《仪礼·乡射·记》与《丛刊》本、

《四库》本校改。

⑤教扰：驯化、训练猛兽。

⑥服不氏：《周礼》夏官大司马属下之官，掌驯养猛兽。

兕中

大夫射于庠[①]，用兕中[②]。《乡射礼》注云："庠之制，有堂有室也。"旧《图》云："兕似牛，一角。大小之制如鹿中。"

【校释】

①庠（xiáng）：古代地方学校名，亦泛指学校。《礼记·学记》："党有庠。"

②兕中：兕形的盛筭器具。兕，古代兽名，似犀牛，毛青色，皮坚厚，独角。

皮树中

《乡射·记》云："君国中射，则皮树[①]中。"注云："国中，城中也。谓燕射也。皮树，兽名。"贾释云："知城中是燕射者，以下有宾射、大射，不在国，故知城中是燕射也。"张镒《图》云："皮树，人面兽形。今文树作竖[②]。"

【校释】

①皮树：人面兽，古代传说中的兽名。

②今文树作竖：意谓古文经作"皮树"，而今文经作"皮竖"。

闾中

诸侯立大学于郊，若行大射于此大学，则闾[①]中。《乡射·记》注云："闾，兽名，如驴，一角。或曰如驴，歧蹄。"

【校释】

①闾：传说中的兽名。如驴，头生一角而蹄子分叉（歧蹄）如牛蹄。

虎中

诸侯与邻国君射于境[①]，则虎中。贾释云："与邻国君射，则宾射也。以其主君有送宾之事，因送则射。"

【校释】

①射于境：指两国诸侯于边境上举行射礼，即宾射。

筭

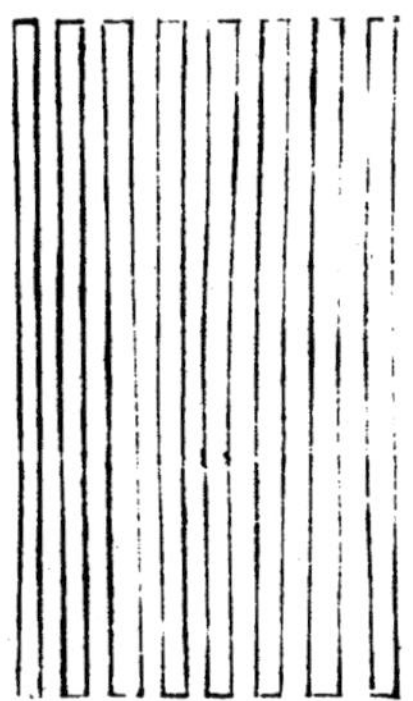

旧《图》云："筭长尺二寸，以实于中[①]。人四筭，一偶八筭。其数无常，随偶多少。"若《乡射·记》云"筹八十"，谓十偶[②]，而言是数无常也。又此云"筭长尺二寸"，与《投壶礼》同。其《乡射·记》"筭长尺有握"。握，四指也，一指一寸，是尺四寸也。

【校释】

①实于中：放置于"中"中。实，盛放，放置。

②十偶："偶"也作"耦"。古代举行射礼时，必两人升阶同射，相对为耦。十偶，指十对射手。

扑

《乡射·记》曰："楚扑[①]长如笴[②]。刊本尺[③]。"又曰："射者有过，则挞之。"注云："刊其可持处。扑，刑器。司射[④]常佩之。过，谓矢扬中人也。凡射时矢中人，当刑之。今乡会众贤，以礼乐劝[⑤]民，而射者中人。本意[⑥]在侯，去伤害之心远，是以轻之。扑，挞于中庭而已。《书》曰：'扑作教刑[⑦]。'"

【校释】

①楚扑：荆条制成的刑杖。楚，木名，落叶灌木或小乔木，亦名牡荆，枝干可做杖。

②笴：箭杆。

③刊本尺：将荆条的根部一尺处砍削光滑，以便手握。刊，砍，削。本，根部。

④司射：举行射礼时的司仪。

⑤劝：宋本原讹为"欢"，《丛刊》本讹为"权"，兹据《四库》本校改。

⑥意：宋本、《丛刊》本原讹为“志”，兹据《仪礼·乡射·记》郑玄注与《四库》本校改。

⑦扑作教刑：此为《尚书·尧典》之文，意谓对于在教学中出现过失的学生进行扑挞之刑。

射物

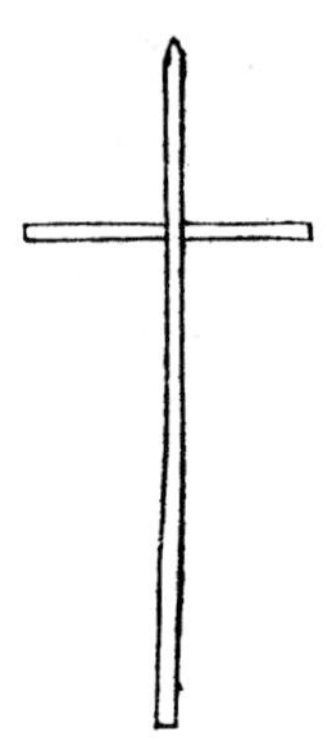

案《乡射》、《大射》之义，其射物[①]在庠之楹间，若丹、若黑而午画之[②]。从者长三尺[③]，横者曰“距随”，长尺二寸。言距随者，谓先以左足履射物东头为距，后以右足来合，而南面并立曰随。

【校释】

①射物：举行射礼时画于堂上楹间的“十”字形，用以限定射者的位置。

②午画之：纵横交叉画成“十”字形。午，纵横交叉。

③从者长三尺：“十”字形的纵线长三尺。从，同“纵”，纵向，亦即南北向的线。

朱极三

旧《图》云："决[①]亦以朱韦[②]为之。"案《大射礼》云："设决、朱极三[③]。"注云："犹闿[④]，（音开。）以象骨为之。著右三指，所以钩弦，而闿之。极犹放也，所以韬指[⑤]，利放弦也。以朱韦为之。三者，食指、将指、无名指。"若无决、极，放弦契[⑥]于此指，多则痛。小指短，不用极。

【校释】

①决：通"抉"，射箭时戴于右手大拇指上用以钩弦的扳指，用象骨制成，用以保护大拇手指。也叫做"闿"。

②朱韦：红色的熟皮革。

③朱极三：红色熟皮制成的三指手套。古代射箭时，套于右手食指、中指、无名指上以便于引放弓弦、保护手指。

④闿：开，放。这里指松弦放箭。

⑤韬指：包裹手指。韬，本义为藏弓于袋，引申为掩蔽、包裹。

⑥契：本义为刻，引申为勒。

遂

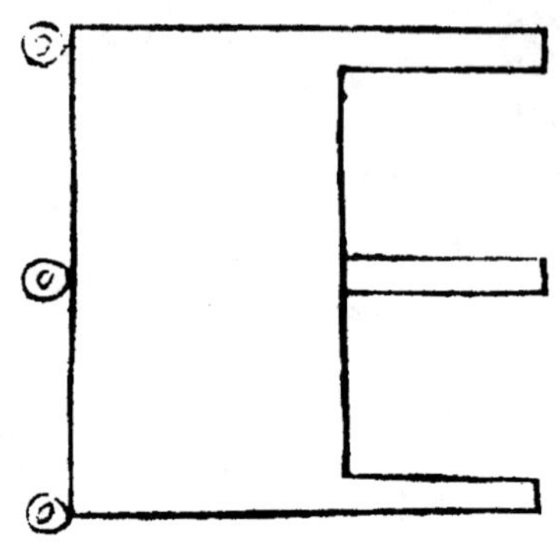

旧《图》云："遂[①]，臂捍[②]。以朱韦为之。"案《乡射礼》注云："遂，射鞲[③]也。以韦为之，所以遂弦[④]也。其非射时，则谓之拾。拾，敛也，所以蔽肤、敛衣也。"又《大射》注云："遂著左臂，裹以遂弦也。"

【校释】

①遂：也叫做"拾"。皮制套袖。射箭时套于左臂，用以护肤及敛衣。

②臂捍：套袖。也叫臂鞲、射鞲。

③鞲（gōu）：皮制的臂套。缚在臂上束住衣袖，以便射箭或其他动作。

④遂弦：意谓戴上"遂"（皮套袖）后，使宽大的衣袖收束起来，从而使弓弦活动自如。

次

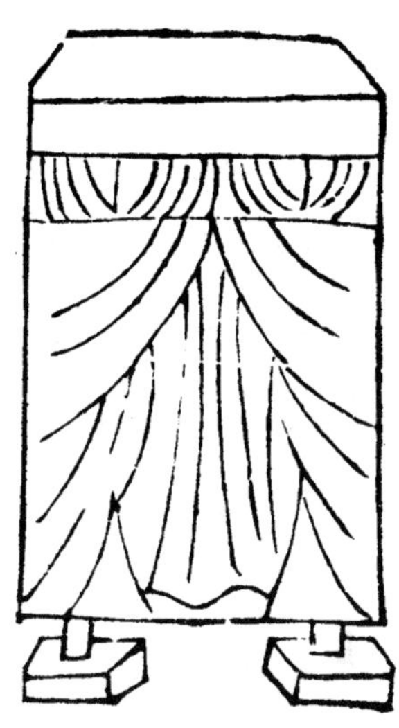

《大射礼》注云："次，若今更衣处。"即所设之[①]帷幄也。故幕人[②]掌帷、幕、幄、帟[③]，以供掌次。若王朝日祀五帝，则掌次。张大次、小次。凡祭祀，张旅幕[④]，张尸次[⑤]。射，则张耦次[⑥]。后郑以耦次在洗东[⑦]。大次，大幄也，初往所止居也。小次，小幄也，既接祭，退俟之处。今又射，有三位。若王射设耦次，亦宜有大次、小次也。又《幕人职》注云："在傍曰帷，在上曰幕，或在地展陈于上。帷幕皆以布为之，四合象宫室曰幄，即王所居之帐也。帟，王在幕若幄中坐，上承尘也。幄、帟皆以缯为之。"贾释云："帷在下，幕在上，共为室幄。"帟，又在帷幕室内设之也。

【校释】

①之：宋本、《丛刊》本原讹为"者"，兹据《四库》本校改。

②幕人：《周礼》天官冢宰之属官，职掌王宫帷幕等事。

③帟（yì）：承尘的小帐，亦泛指帐幕。

④旅幕：众人共享的大型帐篷。旅，众也。

⑤尸次：古代祭祀活动中代死者受祭之人叫做“尸”。供“尸”临时居住之帐篷叫做尸次。

⑥耦次：参加射礼者所居之帐篷。古代举行射礼，必两人同射，相对为耦（偶），故称射者所居之“次”为耦次。

⑦洗东：洗为古代承接盥洗弃水的器皿，形似浅盆。洗东，位于洗的东面。

扆[1]

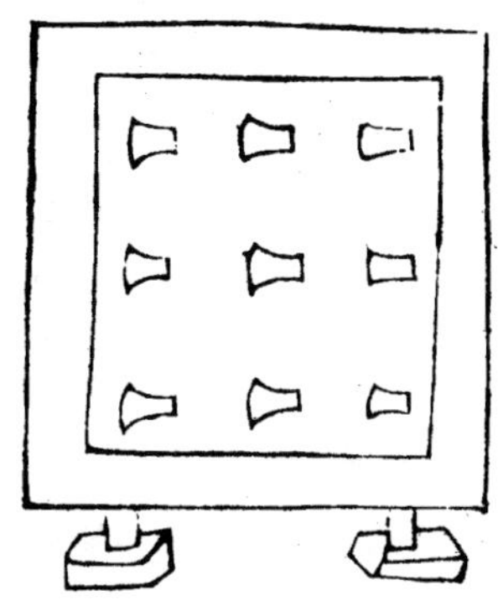

《司几筵》云："凡大朝觐、大飨射[2]，凡封国、命诸侯，王[3]位设黼依[4]。"注云："斧谓之黼，其绣白黑采[5]，以绛帛为质。依，（音扆。）其制如屏风。"贾释云："诸文多作斧字。若据采色而言，即《缋人[6]职》'白与黑谓之黼'；若据绣于物上，即为金斧之文。近刃白，近銎[7]黑，则曰斧。（銎，曲恭切[8]。）取金斧断割之义。屏风之名，出于汉世，故引为况。"旧《图》云："从广八尺[9]，画斧无柄，设而不用之义。"

【校释】

①扆（yǐ）：宫室中设于门窗之间有斧形纹饰的屏风。

②大飨射：指大飨礼与大射礼。王与诸侯行飨礼于庙，谓之大飨。王将祭祀，择士而射于大学辟雍，谓之大射。

③王：宋本原讹为"正"，兹据《周礼·春官·司几筵》与《丛刊》本、《四库》本校改。

④黼依：即绘有斧形花纹的屏风。黼，指斧形纹饰。仪，通"扆"。

⑤采：宋本原讹为“文”，兹据《周礼·春官·司几筵》与《丛刊》本、《四库》本校改。

⑥缋人：《周礼》职官名，职掌绘画之事。缋，绘画。

⑦銎：斧头上装柄的孔。

⑧曲恭切：宋本原讹为“音恭引”，《丛刊》本作“音曲恭切”，兹据《四库》本校改。

⑨从广八尺：高与宽均为八尺。从，通“纵”，纵向长度。

几

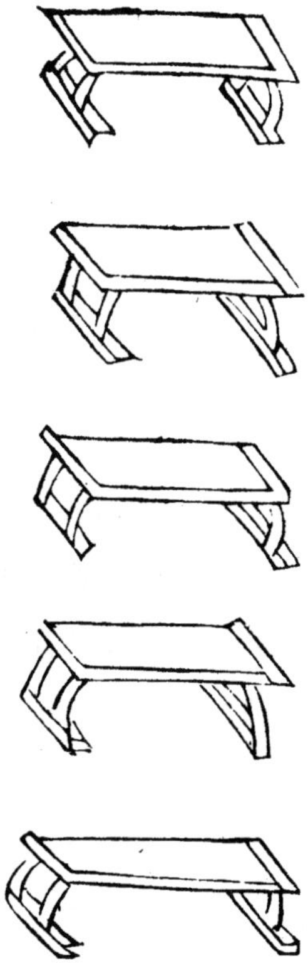

阮氏《图》："几[①]长五尺，高尺二寸，广二尺，两端赤，中央黑漆。"马融以为长三尺。案《司几筵》："掌五几：左右玉、雕、彤、漆、素。"详五几之名，是无两端赤、中央黑漆矣，盖取彤、漆类而髹之也。下云"左右五几"，此经所云"王皆立不坐，设左右几"者，优至尊也。祀先王唯言昨席[②]，不言几。左者，王冯之[③]；右者，神所依。详此经义，则似生人几在左，鬼神几在右。即下云"右雕几、右漆几、右素几"，俱为神设也。又云"筵国宾[④]，左彤几"，为生者设也。

【校释】

①几：供人倚靠或放置物品的小桌子。

②昨席：帝王受酢的席位。昨，通"酢"。客人以酒回敬主人谓之"酢"。

③左者，王冯之：意谓左边的几是王用来倚靠的。冯，通"凭"，倚靠。

④筵国宾：设宴招待国宾。筵，同"宴"。

筵

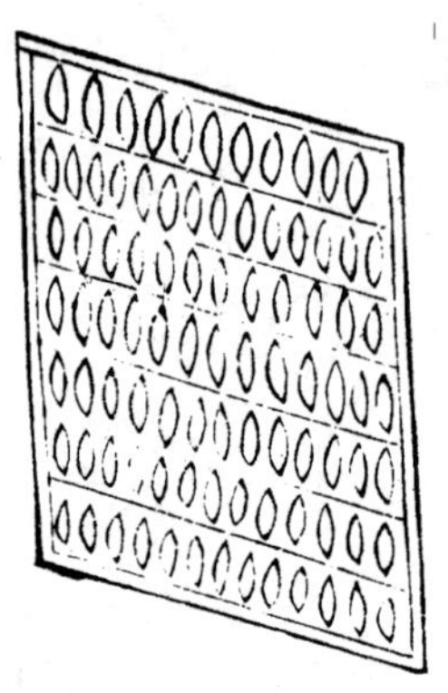

旧《图》云："士蒲筵[①]，长七尺，广三尺三寸，无纯[②]。"其《司几筵》祀先王设莞缫次三种之席[③]皆有纯也。又《乡射·记》："蒲筵，用缁布纯。"又《公食大夫[④]·记》云："蒲筵常[⑤]。"注云："丈六曰常。"又《文王世子》[⑥]注云："席之制广三尺三寸三分。"

【校释】

①士蒲筵：士阶层用蒲草纺织的席子。筵，古代坐席中垫在最底层的席子，用竹或蒲苇等纺织而成。

②纯（zhǔn）：镶边。

③莞缫次三种之席：莞席、缫席、次席。莞席是以莞草编成的席，缫席是以蒲蒻（一种较细弱的蒲草）编成的席，次席是以桃枝竹编列而成的席。

④《公食大夫》：《礼记》篇名。

⑤蒲筵常：蒲筵的长度为一常（一丈六尺）。

⑥《文王世子》：《礼记》篇名。

龟

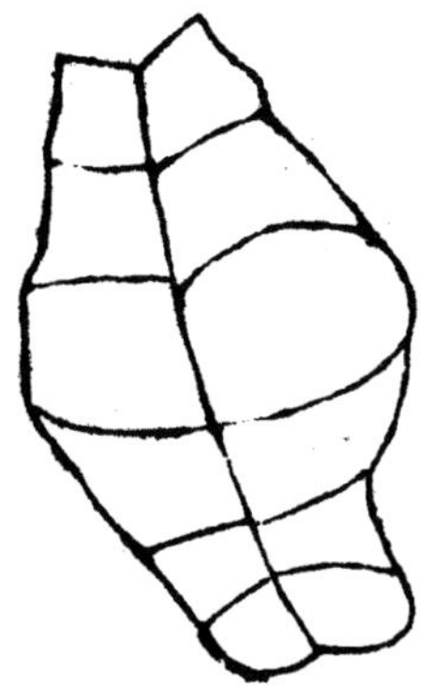

《龟人》[1]云："取龟用秋时，攻龟[2]用春时。上春衅龟[3]，祭祀先卜。"郑以[4]秋万物成，故取龟。攻，治也。治龟骨以春者，是时干解不发伤也。上春，谓夏正[5]也。衅之以卜[6]，神之也。其卜即春灼后左，夏灼前左，秋灼前右，冬灼后右。

【校释】

①龟人：《周礼》春官大宗伯之属官，职掌龟卜之事。

②攻龟：指加工处理龟甲。

③衅龟：以牲血涂在龟甲骨上进行祭祀。衅，血祭。

④郑以：郑玄注以为。郑，指东汉经学家郑玄。

⑤夏正：此处指夏历正月（建寅之月）。

⑥衅之以卜：在龟甲骨上涂血祭祀以便龟卜。

燋

（音雀）

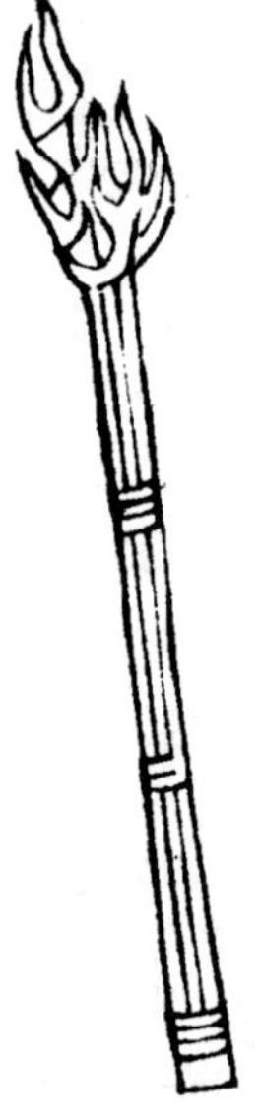

燋[1]，存火之炬。当灼龟之时，用然楚焞[2]也。贾释云：燋，郑音“雀”者，取《庄子》“爝火”之义[3]，荧荧然不绝。

【校释】

①燋（jiāo）：用以引火的火炬。

②然楚焞（tūn）：以燋点燃荆木条，以烧灼龟甲。然，同“燃”，点燃。楚焞，荆木条之火。《仪礼·士丧礼》：“楚焞置于燋，在龟东。”郑注：“楚，荆也。荆焞所以钻灼龟者。”

③《庄子》“爝火”之义：《庄子·逍遥游》：“尧让天下于许由曰：‘日月出矣，而爝火不息，其于光也，不亦难乎！’”

楚焞

（焞即焌，俱音鐏）

《菙氏》[①]：（音时髓反。）“掌供燋、契。凡卜以明火爇[②]燋，遂龡其焌契[③]。”然则焞、焌契三字二名俱是一物，皆用楚为之。楚，荆也。当灼龟之时，其菙氏以荆之焞契柱燋火之炬[④]，吹之，其契既然[⑤]，乃授卜师[⑥]灼龟开兆也。明火[⑦]，以阳燧[⑧]于日所取之火也。

【校释】

①菙（chuí）氏：《周礼》春官大宗伯之属官，负责为龟卜供给燋、楚焞等。菙，木名，荆属。古人占卜时用以烧炙龟壳。

②爇（ruò）：烧，点燃。

③焌（jùn）契：点燃的楚焞。焌，燃火。契，用以灼龟之荆（菙）木条。以其端尖锐，故名。

④柱燋火之炬：架于燋火之炬上。柱，动词，支，架。

⑤然：同“燃”，燃烧。

⑥卜师：《周礼》春官大宗伯之属官，负责龟卜时钻灼龟骨以开兆。

⑧明火：利用日光热度所取之火。

⑨阳燧：以阳光取火的凹面铜镜。

蓍韇[①]

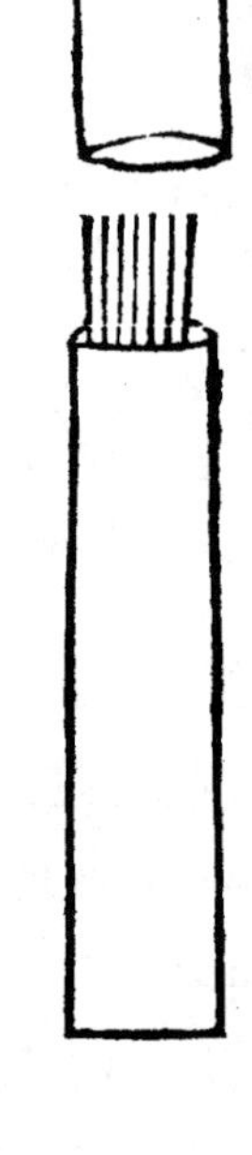

《易》曰："蓍之德圆而神。"《少牢礼》[②]："史西面于门西[③]，抽下韇，左执筮，右兼执韇以击筮。"注云："将问吉凶，故击之以动其神。"韇，藏簭[④]之器。贾释云：韇有二，亦用皮为之：其一从上向下韬之，其一[⑤]从下向上韬之。

【校释】

①蓍韇（dú）：古代占卜时用以盛蓍草的皮筒，有上、下两部分，亦即有底有盖。

②《少牢礼》：《仪礼·少牢馈食礼》的简称。本篇所记为诸侯之卿大夫祭其祖祢于庙之礼。

③史西面于门西："史"面向西立于门西。史，此处指家臣，主筮事者。

④簭：同"筮"，以蓍草占卜。

⑤一：《丛刊》本作"二"。

画爻木

《士冠礼》注云："卦者，有司所以画地记爻也。"贾释云：古者用木画地，今则钱[①]。故《少牢》[②]云："卦者在左坐[③]，卦以木[④]。"故知古者画卦以木也。

【校释】

①今则钱：指贾公彦所处的唐代用铜钱的阴、阳面（即铜钱的"字"与"背"面）推卦。

②《少牢》：《仪礼·少牢馈食礼》的简称。本篇所记为诸侯之卿大夫祭其祖祢于庙之礼。

③卦者在左坐："史"的助手（卦者）坐于左边。众本皆脱"在"字，兹据《仪礼·少牢馈食礼》校补。

④卦以木：用木条在地上画卦。宋本、《丛刊》本原脱"卦"字，兹据《仪礼·少牢馈食礼》与《四库》本校补。

卦版

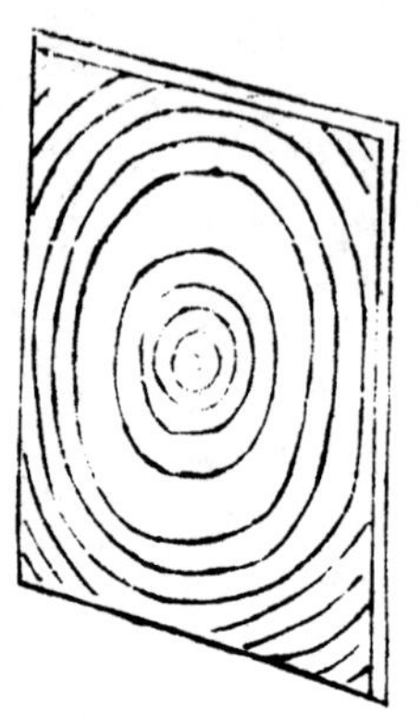

《士冠礼》云："卒筮[①]，画卦执以示主人。"注云："画卦者，筮人以方写所得卦[②]。"贾释云："言所筮六爻俱了，卦体得成，更以方版画卦体，示主人也。"

【校释】

①卒筮：用蓍草占卦完毕。卒，完毕。筮，同"筮"。

②以方写所得卦：用方形卦版书写推算出的卦体。方，指方形木板，即卦版。

佩玉

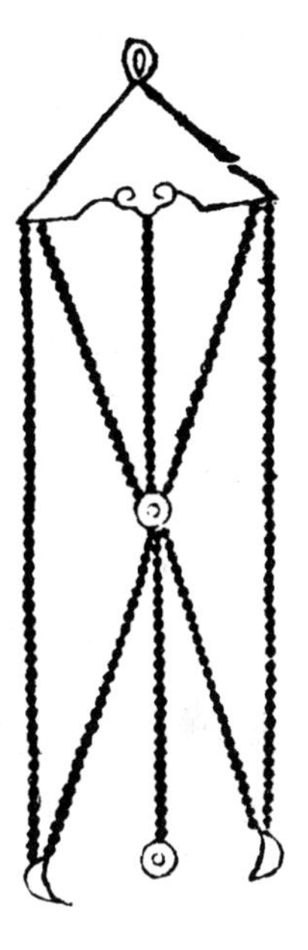

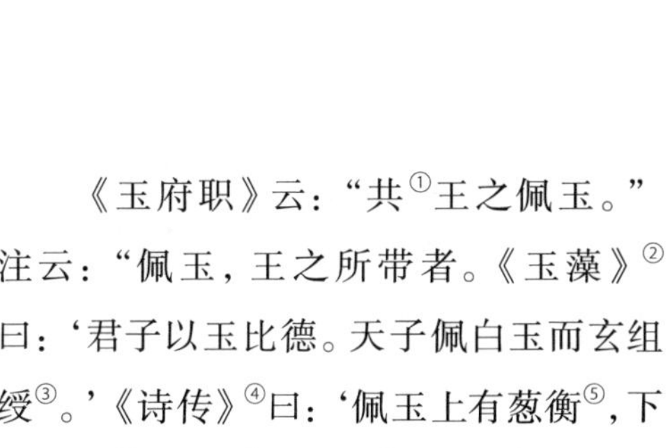

《玉府职》云："共[1]王之佩玉。"注云："佩玉，王之所带者。《玉藻》[2]曰：'君子以玉比德。天子佩白玉而玄组绶[3]。'《诗传》[4]曰：'佩玉上有葱衡[5]，下有双璜[6]，冲牙[7]、蠙珠[8]，以纳其间。'"贾释云："佩玉，王所带玉。谓佩于革带[9]之上者也。""所佩白玉谓冲、璜、琚[10]、瑀[11]也。玄组绶者，用玄组绦穿连衡璜等，使相承受。所引《韩诗传》佩玉上有琮衡者，衡，横也，谓葱玉为横梁。'下有双璜、冲牙'者，谓以组县于衡之两头。两组之末，皆有半璧之璜，故曰双璜。又以一组县于衡之中央，于末系玉。其状如牙，使前后冲突双璜，故曰冲牙。案《毛传》云'衡璜'之外别有琚瑀。其琚瑀所置当于[12]县冲牙组之中央。又以二组穿于琚瑀之内角，斜系于衡之两头，于组末系于璜。云[13]'蠙珠以纳其间'，蠙，蚌也。珠出于蚌，故言蠙珠。纳于其间者，组绳有五，皆穿蠙珠于其间，故云'以纳其间'。"旧《图》[14]云："佩上有双冲，长五寸，博一寸。下有双璜，径二寸，冲牙长三寸。"

【校释】

①共：同“供”，供给。

②《玉藻》：《礼记》篇名。

③组绶：用宽而薄的丝带做成的佩玉之带。组，宽而薄的丝带。

④《诗传》：指西汉经学家韩婴所作《韩诗外传》。下文又称其为《韩诗传》。

⑤葱衡：葱，青绿色。衡，佩玉之衡，亦作“珩”，即佩玉上部的横梁，用以系绶带之处。

⑥璜（huáng）：形似半璧的玉制饰物。

⑦冲牙：佩玉之端有冲牙，位于双璜之间。行步时冲牙撞击双璜作声。

⑧蠙（pín）珠：珍珠，蚌珠。蠙，蚌。

⑨革带：束腰带，以革为之。凡带有二：一为革带，在内，用以系韠韨及其他佩物；一为大带，以丝为之，在革带之外。

⑩琚（jū）：佩玉。

⑪瑀（yǔ）：似玉的美石，用作杂佩。

⑫其琚瑀所置当于：宋本原脱“所”字，《丛刊》本作双行小字，亦脱“所”字，兹据《周礼·天官·玉府》贾公彦疏与《四库》本校补。

⑬云：宋本、《丛刊》本原脱此字，兹据《周礼注疏》与《四库》本校补。

⑭图：宋本原讹为“谓”，《丛刊》本讹为“说”，兹据《四库》本校改。

韨

韨[1]，天子已下皆用朱韦为之。《明堂位》曰："有虞氏服韨，夏后氏山，殷火，周龙章。"注云："韨，冕服之韠也。舜始作之，以尊祭服。禹汤至周，增以画文，后王弥饰也。山，取其仁[2]可仰也。火，取其明也。龙，取其变化也。天子备焉[3]。诸侯火[4]，而下卿大夫山，士韎韦[5]而已。其制下广二尺，上广一尺，长三尺；其颈[6]五寸，肩、革带博二寸[7]。"天子四角直；公侯杀四角，使之方；大夫前方，后挫角；士前后正。韠制同。随裳色，无山、火、龙之饰。（凡韠韨以下为前，以上为后。）

【校释】

①韨：古代贵族服饰，形似围裙，用熟皮制成，呈长方形，上窄下宽。又叫蔽膝，也叫做"韠"。

②仁：宋本原讹为"人"，兹据《礼记·明堂位》郑玄注与《丛刊》本、《四库》本校改。

③天子备焉：天子之韨上，山、火、龙几种图案都有。

④诸侯火：诸侯之韨上绘有“火”的图案。

⑤士韎韦：士之韨只是一块赤黄色的熟皮革，不绘图案。韎，赤黄色。

⑥颈：指韨上部用系革带的部分。

⑦肩、革带博二寸：意谓肩与革带同宽，均为二寸。肩，指韨上端之两角，皆上系于革带。

大带

《玉藻》[①]云：天子素带[②]，朱里[③]、朱绿、终辟[④]。大夫已上用素。皆广四寸。诸侯不朱里，合素为之，亦朱绿、终辟。大夫饰以玄华[⑤]辟。纽及垂[⑥]终之。士练带，广二寸，綷[⑦]，下辟[⑧]，并纽约用组[⑨]，广三寸，长齐于带。其绅[⑩]、韠、纽俱三尺。

【校释】

①《玉藻》：《礼记》之篇名。按，以下文字是约取文意。

②素带：白色生绢大带。素，本色生绢，亦即白色生绢。

③朱里：大带的里子是红色的。

④终辟：辟，通“裨”，谓镶边。终辟，指从头到尾都镶边。

⑤玄华：黑中带黄的颜色。华，指黄色。

⑥垂：指大带交结后余下以为饰的部分，也即“绅”。

⑦綷(lǜ)：本义为绳、辫，此处指将带之两边编为辫状。

⑧下辟：指带的下端镶边。辟，通“裨”，谓镶边。

⑨并纽约用组：并，是说从天子到士皆如此。纽，指带相交之结。约用组，指用组拴系。约，捆缚，缠束。组，宽而薄的丝带。

⑩绅：大带下垂以为饰的部分。

笏

《玉藻》云："笏度二尺有六寸，其中博三寸，其杀六分而去一。"注云："杀犹杼也。天子杼上终葵首[①]，诸侯不终葵首，大夫士又杼其下首。广二[②]寸半。"孔《义》云：诸侯不终葵首，即上云"诸侯荼前诎后直，让于天子[③]"是也。大夫士又杼其下者，以经特云其中博三寸，明笏上下二首，不得博三寸。诸侯南面之君同杀其上，大夫士北面之臣宜俱更杀其下，即"大夫前诎后诎，无所不让[④]"是也。此二尺六寸之笏，唯诸侯已下。

【校释】

①天子杼（zhù）上终葵首：意谓天子所执之笏（即大圭）上部的宽度逐渐削减，头呈椎首之形。杼，织布的梭子，两头尖。此处为使动用法，意为使其如杼之尖形，亦即削尖、削薄之意。终葵首，椎头之形。古代齐地人呼椎为"终葵"，实为"椎"字的切音。

②二：宋本原讹为"三"，兹据《仪礼·王藻》郑玄注与《丛刊》本、《四库》本校改。

③诸侯荼前诎后直，让于天子：荼，诸侯笏名。郑注："荼，读为舒迟之舒。舒懦者，所畏在前也。"即表示上有天子，有所畏惧之义。诎，通"屈"，谓"荼"首削为圆形，不为椎头之形。

④大夫前诎后诎，无所不让：此亦为《礼记·玉藻》之经文。意为大夫的笏前后两端都作圆形，表示对天子、诸侯无所不让。

舄

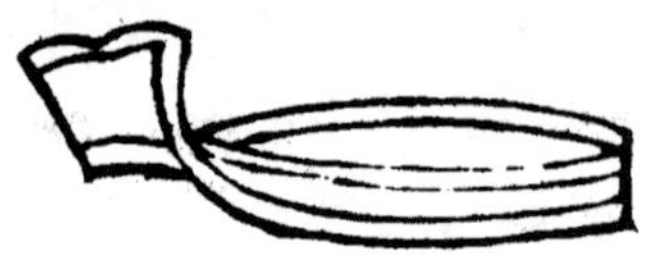

《屦人》[①]:"掌王及后之服屦,为赤舄[②]、黑舄,赤繶[③]、黄繶,青句[④]。"注云:"复下曰舄,单下曰屦。舄、屦有絇、有繶、有纯[⑤]者,饰也。"贾释云:"下谓底也。复下,重底也。重底者名舄。单底者名屦。繶者,是采底相接之缝[⑥],缀绦于其中。"后用黄繶。句,读曰絇。絇之言拘,状如刀衣鼻[⑦]拘著舄屦之头,取自拘持为行,戒使常低目不妄顾视也。纯谓以绦为口缘。屦、舄各象裳色[⑧]。王舄有三:冕服则赤舄,韦弁、皮弁则白舄,冠弁之服则黑舄。王后亦三:舄配袆衣[⑨],青舄配褕翟[⑩],赤舄配阙翟[⑪],鞠衣[⑫]已下皆屦。

【校释】

①屦人:《周礼》天官冢宰之属官,职掌王、后之屦。

②舄:复底鞋。鞋帮为赤色者为赤舄,最尊。

③繶:饰鞋的丝带,缀于鞋帮与鞋底相接处。

④句:通"絇",鞋头的装饰,以丝带做鼻形,有孔,可穿系带。

⑤纯(zhǔn):镶边,滚边。

⑥采底相接之缝:鞋帮与鞋底相接处。

⑦刀衣鼻：汉代衣饰名称，有孔，可穿系带。

⑧屦、舄各象裳色：意谓屦与舄颜色各与其裳的颜色一致。

⑨袆衣：王后六服之首。玄色，绘五彩野鸡（翚）之形。王后从王祭先王服之。

⑩褕翟：也作“褕狄”、“揄翟”。王后六服之一。王后祭先公服之。

⑪阙翟：王后六服之一。王后祭群小祀服之。

⑫鞠衣：王后六衣之一。王后参加桑事服之。

卷九 旌旗图

【校释】

①又：《丛刊》本作“取”。

②翿：《丛刊》本作“寿”。

③辂：宋本、《丛刊》本原讹为“路”，兹据本书正文与《四库》本校改。按，“路”通“辂”，指天子、诸侯所乘之车。

太常

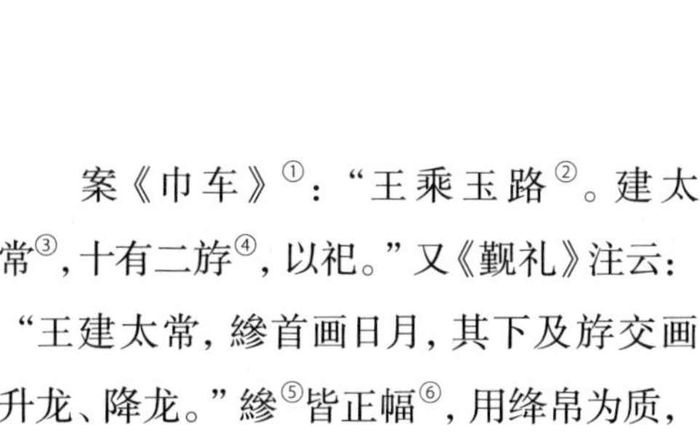

案《巾车》[1]："王乘玉路[2]。建太常[3]，十有二斿[4]，以祀。"又《觐礼》注云："王建太常，縿首画日月，其下及斿交画升龙、降龙。"縿[5]皆正幅[6]，用绛帛为质，斿则属焉。又用弧[7]张縿之幅，又画枉矢[8]于縿之上，故《辀人》[9]云"弧旌枉矢"是也。凡旌旗之杠[10]，皆注旄与羽于竿首。故《夏采》[11]注云："緌[12]以旄牛尾为之，缀于橦[13]上，其杠长九仞，其斿曳地。"又《左传》云："三辰旂旗，昭其明也。"据杜、郑二注皆以"三辰"为日月星，盖太常之上，又画星也。阮氏、梁正等《图》，旂首为金龙头。案《唐志》[14]云："金龙头衔结绶及铃緌[15]。"则古"注旄及羽于竿首"之遗制也。

【校释】

①巾车：《周礼》春官大宗伯之属官，职掌车、旗等。

②玉路："路"，通"辂"。天子、诸侯所乘之车。"玉路"为王五路之一，也称"大路"。以玉饰辕、衡、轭、毂之端，为五路中最尊

贵者。

③太常：天子之旗，为九旗之首，画日月及交龙，以绛帛为之。

④斿：同“旒”，旌旗的下垂饰物。

⑤縿（shān）：旌旗的主体部分，斿（旒）附着于其下。

⑥正幅：直幅。谓旌旗主体部分的布幅是上下垂直的。

⑦弧：弓。

⑧枉矢：一种能进行火攻的箭名。

⑨辀人：《周礼·考工记》所载之职官名，职掌造辀。辀，车辕。大车谓之辕，小车谓之辀。

⑩杠：《丛刊》本作“上”。

⑪夏采：《周礼》天官冢宰之属官，职掌于大丧时行招魂礼。

⑫緌：旌旗上的下垂饰物，即旒。

⑬橦（chuáng）：直杆。这里指旗杆。宋本、《丛刊》本原讹为“幢”，兹据《周礼·天官·夏采》和《四库》本校改。

⑭《唐志》：指《旧唐书·舆服志》。

⑮绥：“绥”通“緌”，以牦牛尾饰于竿首。《四库》本、《丛刊》本作“緌”。

旂

《司常》[①]云："交龙为旂[②]。"注云："一象其升朝，一象其下复。""亦谓交画升龙、降龙也。"此诸侯所建，杠长七仞，而上公九斿，以象大火[③]。故《辀人》注云："大火，苍龙[④]宿之心，其属有尾[⑤]，尾九星。"若侯伯则七斿，子男五斿，上得兼下，下不得僭上。其斿长短，诸侯齐轸[⑥]，卿大夫齐较[⑦]，士齐肩。若天王所建，其斿与杠长短一如太常。

【校释】

①司常：《周礼》春官大宗伯之属官，负责管理旗帜。

②旂：九旗中五种正旗之一，旂上画有交龙，青色。诸侯所建。王五路之金路也建之。

③大火：心宿之第二星。

④苍龙：也叫"青龙"，二十八宿中东方七宿（角、亢、氐、房、心、尾、箕）的合称。

⑤尾：星宿名。东方苍龙七宿的第六宿。

⑥诸侯齐轸：诸侯旗旒的长度与轸取齐。轸为车箱底部后面的横木。

⑦较（jué）：车箱两旁板上扶手的横木。

旜

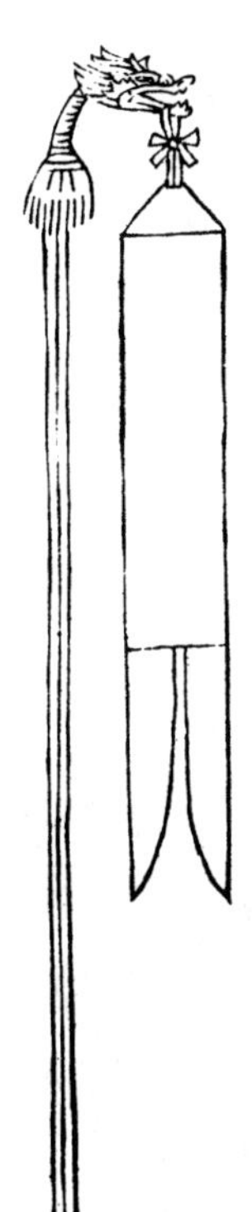

《司常》云："通帛为旜[①]。"注云："通帛，谓大赤，从周正色[②]，无饰。"长寻[③]，正幅。贾释云："以周建子为正[④]，物萌，色赤。今[⑤]旌旂通体尽用绛之赤帛，是用周之正色，无他物之饰也。"然仍注旄羽于杠首，亦系旆[⑥]于末，若[⑦]燕尾也。

【校释】

①旜（zhān）：同"旃"。古代九旗之一，通幅无饰，縿与斿同为赤色。

②从周正色：意谓旜之所以用大赤色的帛制成，是由周王朝所尚之色决定的。按照汉代流行的"三统说"与"五德终始说"，周为赤统、火德，色尚赤。

③长寻：长八尺。寻为古代长度单位，八尺。

④以周建子为正：周历以建子之月（夏历十一月）为正月。

⑤今：宋本、《丛刊》本原讹为"令"，兹据《四库》本校改。

⑥旆：旗帜末端状如燕尾的飘带。

⑦《丛刊》本"若"前有"盖"字。

物

《司常》云："杂帛为物[1]。"大夫士之所建。注云："杂帛以帛[2]素饰其侧。白，殷之正色[3]。以先王正道佐职也。"贾释云："杂帛者，谓中央赤，傍边白。白者，殷之正色，而在傍，故云以先王正道佐职也。"

【校释】

①物：古代九旗之一，縿与斿异色，亦即杂色旗。

②帛：宋本、《丛刊》本原脱此字，兹据《周礼·司常》郑玄注与《四库》本校补。

③白，殷之正色：按照汉代流行的"三统说"与"五德终始说"，殷代为白统、金德，色尚白。

旟

《辀人》云："鸟旟[1]七斿，以象鹑火[2]。"注云："鸟隼为旟。鹑火，朱鸟[3]宿之柳[4]，其属有星，星七星[5]。"故七斿。此亦王者所建。又案《司常》云："州里建旟。"且乡之州长是中大夫，四命[6]；遂之里宰是下士，一命，皆不得建此七斿之旟。又后郑云"鸟隼"，象其勇捷也。贾释云：以熊虎龟蛇既各为两物，则隼当谓鹰隼，是勇者也。鸟，谓鸟之捷疾者也。

【校释】

①旟：九旗中五种正旗之一。上画鸟隼之形。

②鹑火：南方朱雀七宿中，井、鬼二宿称"鹑首"，柳、星、张三宿称"鹑火"，翼、轸二宿称"鹑尾"。

③朱鸟：也叫"朱雀"。二十八宿中南方七宿（井、鬼、柳、星、张、翼、轸）的合称。

④柳：二十八宿南方朱雀之第三宿。

⑤星七星：前一"星"字，特指南方朱鸟七宿中的第四宿。后一

“星”字，泛指一般的星辰。

⑥四命：周代的官爵分为九个等级，称九命。命为封赐、任命之意。四命为王之大夫和公之孤。

熊旗

《辀人》云："熊旗六斿，以象伐[①]。"注云："熊虎为旗。伐，属白虎宿。与参连体而六星[②]。"故六斿。此王者所建也。其斿与杠长短亦如太常。若臣[③]下，则各依命数。然则遂大夫[④]四命，四斿；乡大夫六命，则[⑤]为六斿。斿之与杠长短，则不得如王者之数。

【校释】

①伐：西方白虎参宿中一字斜排的三颗小星。《史记·天官书》："参为白虎……下有三星，兑，曰罚。"《正义》曰："罚，亦作伐。"

②与参连体而六星：参宿中有三颗有代表性的亮星，这三颗亮星之旁还有一字斜排的三颗小星谓之"伐"。伐与参宿三星合数则有六星。

③臣：《丛刊》本作"目"。

④遂大夫：遂为周代都城一百里外、二百里内的行政单位，共有

六遂。遂下有邻、里、酂、鄙、县等单位。遂大夫为天子所命以掌管各遂的行政长官。

⑤则：《丛刊》本作“虽”。

旐

《司常》云："龟蛇为旐[1]。"又《辀人》云："龟蛇四斿，以象营室[2]。"注云："营室，玄武宿。与东壁连体而四星。"故四斿。此亦王者所建也。又鄙师[3]是上士，三命。虽得建旐，而三斿。其县正是下大夫，四命。旐虽四斿，其斿与杠长短亦不得与王者同。又案《司常》九旗之数又有"全羽为旞[4]，析羽为旌[5]"。注云："全羽、析羽皆五采，系之于旞、旌之上，所谓注旄于竿首也。凡九旗之帛皆用绛。"贾释云："全羽、析羽直有羽而无帛[6]。郑云'九旂之帛'者，据众有者而言也。"又《左传》襄十四年"范宣子假羽毛于齐"，定四年"晋人假羽旄于郑"，虽毛、旄二字不同，杜注皆以析羽为旌。孔《义》以全羽、析羽之下皆有其帛。

【校释】

①旐（zhào）：古代九旗之一。上画龟蛇图案。

②营室：亦称定星，二十八宿北方玄武之第六宿。

③鄙师：周代职官名，掌一鄙之政务。一县五鄙，每鄙五百家。

④全羽为旞：旞，古代九旗之一。旞上饰有完整的五彩鸟羽，故称“全羽”。

⑤旌：古代九旗之一。旗杆顶部饰以牦牛尾和不同颜色的鸟羽。

⑥直有羽而无帛：只有羽毛而无帛。直，只，止。

龙旃

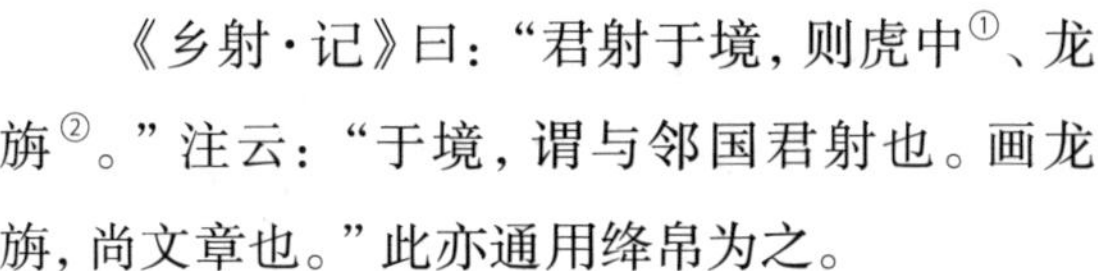

《乡射·记》曰："君射于境，则虎中[①]、龙旃[②]。"注云："于境，谓与邻国君射也。画龙旃，尚文章也。"此亦通用绛帛为之。

【校释】

①虎中：举行射礼时所用虎形盛计数竹筹之器具。

②龙旃（zhān）：以通幅无饰之红帛制成的旗帜，绘有龙形。诸侯与邻国之君于国境上举行射礼时用之。

翿旌

翿旌[①]者，杂用白羽、朱羽以为之。案《乡射·记》国君行燕射于城中，命获者[②]执旌于乏南[③]，东面，偃旌而立。候射中者，则举旌而大声言“获”。获，得也。射者讲武田之类，是以中为获也。又上文云：“旌各以其物[④]。无物，则以白羽与朱羽糅[⑤]。杠长三仞，以鸿脰[⑥]韬上，二寻。”注云：“杂帛为物，大夫士之所建也。”不命之士无物。此旌即翿旌也。糅，杂也。杠，橦也。鸿，鸟之长脰者。且国君自有其旌，而用不命之士旌者，以其燕主欢心，故用之也。必以翿为旌者，尚文德也。贾释云：“以文德者，舞文舞，羽舞也。以武德者，舞武舞，干舞[⑦]也。此翿旌既用羽为之，故取尚文德也。”

【校释】

①翿旌：一种以羽毛装饰的旗子，古代舞者所用，亦用于行射礼时获者唱获（报靶）。

②获者：行射礼时，扬旗报靶者。

③乏南：乏的南面。乏，古代行射礼时报靶人用以蔽身的器具。

④旌各以其物：物是大夫、士所建之旌旗。此谓获者执旌，各用其平常所建之物（旗）。

⑤无物，则以白羽与朱羽糅：无物，指小国之州长为不命之士，不命之士无物（旗）。此谓无物者则以白羽与朱羽杂缀为旌。

⑥鸿脰：鸿鸟的脖子。脰，头颈。

⑦干舞：手持盾牌及其他武器进行的歌舞。干，盾牌。

玉辂序

《巾车》:“掌王之五辂[①]。”玉、金、象、革四辂,其饰虽异,其制则同。今特图玉辂之一,兼太常之旂,以备祭祀所乘。其余车式,皆具《考工记》,别录于下,则轮轵[②]之崇,轛輢[③]之状,辐内辐外之制,大穿小穿[④]之殊,盖[⑤]之所居,鈘[⑥]之所在,若诚心观之,则诸辂皆可知矣。(鈘音乞。)[⑦]

【校释】

①五辂(lù):也作“五路”,王所乘的五种车:玉辂、金辂、象辂、革辂、木辂。

②轵(zhǐ):车箱两侧的栏木。

③轛(duì):车轼下横直交接的栏木。輢(yǐ):车旁人所凭倚之木。

④大穿小穿:毂中空以贯轴。毂之在内近舆一端内径大,称大穿;在外一端内径小,称小穿。

⑤盖:古代车上像伞一样的篷。

⑥鈘(xì):设于车辕两边防止马冲突的器具。

⑦鈘音乞:宋本、《丛刊》本均作“音迄”二字,但宋本位于本段大字正文之后,而《丛刊》本位于本段正文“鈘”字之后,兹据《四库》本校改。

玉辂

节服氏[①]六人与王同服衮冕，掌祭祀朝觐，维[②]王之太常。

《考工记》云："乘车之轮六尺有六寸。"注云："乘车，玉路、金路、象路也。"轵崇三尺有三寸，加轸[③]与轐[④]七寸，共四尺。人长八尺，登下之以为节也。轐，舆下伏兔[⑤]也。牙[⑥]围一尺一寸，不漆其践地者。毂[⑦]长三尺二寸，围径一尺三分寸之二。车薮[⑧]空径三寸九分寸之五，大穿空径四寸五分寸之二，小穿空径二寸十五分寸之四。辐[⑨]广三寸半，毂辐内九寸半，辐外一尺九寸。辐近罔处[⑩]广二寸六分寸之二。毂凿[⑪]受辐深三寸半。又《舆人》[⑫]云：轮崇、车广、衡[⑬]长俱六尺六寸，舆长四尺四寸，式[⑭]深一尺四寸参分寸之二，式之高三尺[⑮]三寸，较[⑯]高五尺五寸。（贾疏云："较，今之平鬲[⑰]也。"孔疏云："式上二尺二寸，别横一木，谓之较。"）舆后横木谓之轸，围尺一[⑱]寸，式围七寸参分寸之一，较围四寸九分寸之八，轵围参寸二十七分寸之七，轛围二寸八十一分寸之十四，毂、舆皆以革鞔[⑲]，漆之。玉路以玉饰诸末。辀深[⑳]四尺有七寸，辀之长丈四尺四寸，辀围一尺四寸五分寸之二，辀之颈[㉑]围九寸十五分寸之九，（颈当持衡之处。）辀之踵[㉒]围七寸七十五分寸之五十一。（踵承舆横轸者。）衡任[23]围一尺三寸五分寸之一，任正[24]围尺四寸五分寸之二。任正者，舆下三面材也。

【校释】

①节服氏：《周礼》夏官大司马之属官，职掌祭祀、朝觐之冠冕。

②维：持，维持。按，王之太常旗有十二旒，节服氏六人捧持太常旗之旒，使不曳地。

③轸：车箱底部后面的横木。其他三边之木称为任正，也可称为轸。宋本原讹为“舆”，兹据《考工记》与《丛刊》本、《四库》本校改。

④轐（bú）：车箱底板下固定轮轴的装置。

⑤舆下伏兔：车箱下用以固定轮轴的轐，以其形如卧伏之兔，故名“伏兔”。

⑥牙：轮之外框，又名“辋”。牙合数块揉曲之木以成圆形。由于木与木相合之处必有凹凸之牡齿以相交固，如牙相交错，固谓之“牙”。宋本作“周”，《丛刊》本作“罔”，兹据《四库》本校改。

⑦毂：车轮中心插轴承辐的圆木。

⑧车薮：车毂的空洞，用以穿辐。

⑨辐：连接车辋和车毂的直木条。

⑩辐近罔处：车辐靠近车轮外框之处。罔，通“辋”，即车牙。

⑪毂凿（záo，旧读zuò）：毂上的孔穴、榫眼，用以承辐。

⑫舆人：《周礼·考工记》所载职官名，职掌制造车箱。此下所引并非《舆人》原文，而是文意。

⑬衡：车辕前端的横木，下有两軛，以扼两服马。

⑭式：通“轼”，车前扶手的横木。

⑮三尺：宋本、《丛刊》本原讹为“二尺”，兹据《考工记·舆人》郑玄注与《四库》本校改。

⑯较（jué）：车箱两旁扶手的横木。

⑰平鬲：唐代对“较”的俗称。“鬲”，宋本、《丛刊》本原讹为“隔”，兹据《考工记·舆人》贾公彦疏与《四库》本校改。

⑱一：《丛刊》本作“二”。

⑲鞔：用皮革蒙覆、包裹。

⑳辀深：指车辕前端翘起之尺寸。

㉑辀之颈：指车辕前端当“衡”之处。

㉒踵：指车辕后部承“轸”之处。

㉓衡任：车衡两轭之间的部分。

㉔任正：车箱之下左右及前边的横木。按，后边的横木称为轸。

节服氏

《节服氏》:“郊祀裘冕,二人执戈,送逆尸[①],从车。”今图一以晓之。又《太驭》[②]:“掌驭玉路以祀。凡驭路仪,以鸾、和为节[③]。”注云:“鸾在衡,和在轼[④]。”又《斋右》[⑤]:“有祭祀之事,兼玉路之右[⑥],王乘则持马,行则陪乘。凡有牲事,则前马。”注云:此谓王见牲则拱而式[⑦],斋右居马前却行[⑧],备惊奔也。《曲礼》曰:“国君下宗庙,式斋牛[⑨]。”

【校释】

①逆:迎,迎接。宋本、《丛刊》本原讹为“迎”,兹据《周礼·夏官·节服氏》与《四库》本校改。尸:祭祀时替死者受祭的人。

②太驭:《周礼》夏官大司马之属官,职掌为王驾驭玉辂。

③以鸾、和为节:鸾、和均为车铃。系于车衡者谓“鸾”,系于车轼者谓“和”。车行马动则鸾鸣、和应以为节奏。

④轼:宋本、《丛刊》本原讹为“式”,兹据《周礼·夏官·太驭》

郑玄注与《四库》本校改。

⑤斋右：《周礼》夏官大司马之属官，职掌于祭祀、会同活动中为王骖乘。

⑥右：车右，也叫骖乘，古代在车的右边陪乘的武士。

⑦拱而式：拱手、扶轼而致敬意。式，通“轼”。

⑧却行：倒行。

⑨下宗庙，式斋牛：意谓国君经过宗庙要下车，看到祭牛要行轼礼。式，通“轼”。斋牛，用于祭祀的牛。

车盖[1]

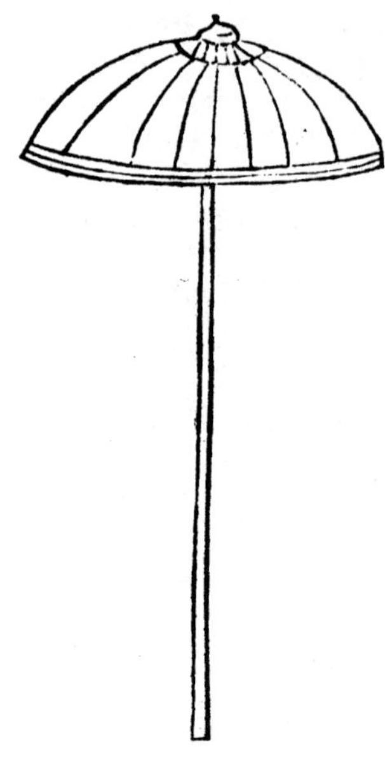

轮人[2]为盖。盖斗[3]曰部，部径六寸，厚一寸，上隆一分。斗下达常[4]长二尺，径一寸。达常下入杠，杠长八尺，径二寸，足以含达常也。用弓二十有八，每弓长六尺，广四[5]分。先凿部为二十八空，乃置弓于其空内端[6]，即大一分。其弓近部二尺稍平[7]，外四尺即挠之渐渐下曲，而爪末低二尺。所以低二尺者，谓杠与达常共高一丈，人高八尺，故四面宇曲下低二尺也。盖之宽狭，唯可覆轵[8]，不及于辖[9]。

【校释】

①车盖：车箱之上用以御雨蔽日的设备，形如伞。

②轮人：《周礼·考工记》所载职官名，职掌制造车轮、车盖等。

③盖斗：也叫做“部”。盖顶部木块，四周凿二十八孔以纳二十八弓（盖骨架）。

④达常：盖斗之下延部分，亦即盖柄之上部。盖柄实为二节，其连盖斗而径较细者为达常，下径较粗者为桯，也叫做“杠”。

⑤四:《丛刊》本作“一”。

⑥端:宋本原讹为“瑞”,兹据《丛刊》本、《四库》本校改。

⑦稍平:《丛刊》本作“五寸”。

⑧轵(zhǐ):车箱两侧栏木。

⑨辖:插在车轴两端孔中的键,用以固定车轮,使其不致向外脱落。

戈

［《周礼·考工记·冶氏》：］“戈广二寸。内[①]倍之，胡[②]三之，援[③]四之。”注云：“戈，今之‘句孑戟’[④]，或谓之‘鸡鸣’[⑤]，或谓之‘拥颈’[⑥]。内谓胡以内，接柲[⑦]者也，长四寸。胡六寸。援八寸。援，直刃也。胡，其孑也。”广二寸，谓胡也。其实援亦广二寸。疏云：“胡孑横插[⑧]，微邪向上，不倨不句，似磬之折杀也。”重三锊，锊重六两大半两[⑨]。三锊重一斤四两。柲长六尺六寸。

【校释】

①内：戈头援后之短横柄，有孔以贯绳缚于戈柄上端。按，聂氏所绘戈图有误，缺少援后之“内”。

②胡：戈头直下之部分，用以贯绳，缚于戈柄。

③援：戈横出之刃，用以钩啄。

④句孑戟：汉代戈之俗名。以戈之胡似钩曲之戟头，故名。句，同“钩”。孑，指戈之胡。

⑤鸡鸣：汉代戈之俗名。以戈胡如鸡鸣状，故名。

⑥拥颈：汉代戈之俗名。以戈胡如曲颈，故名。

⑦柲（bì）：兵器的柄。

⑧插：《周礼·考工记·冶人》贾疏作“捷”。

⑨锊（lüè）重六两大半两：锊为古代重量单位。一锊为六又三分之二两。大半两为三分之二两。三锊为二十两。由于古代每斤为十六两，故下文云“三锊生一斤四两”。

戟

[《周礼·考工记·冶氏》:]“戟[①]广寸半。内三之,胡四之,援五之,倨句中矩[②],与刺重三锊[③]。”注云:戟,今三锋戟也。内长四寸半,胡长六寸,援长七寸半。三锋者,胡直中矩,言正方也;刺者,著柲直前,如鐏[④]者也。戟胡横贯之。胡中矩,则援之外句磬折[⑤],与柲长一丈六尺。

【校释】

①戟:古代兵器。合戈矛为一体,可以直刺和横击。戟头分四部分:“刺”为戟之上部之直刃;“援”为横出之刃;“胡”直下部分,有孔,以贯于戟柄;“内”为援后短柄,有孔,以缚于柄。按,聂氏据郑注,将戟绘为“三锋”之状,与出土实物不符。

②倨句中矩:谓“援”与“胡”纵横成直角。倨句,角度。矩,绘制直角或方形用的曲尺。

③与刺重三锊:意谓戟头与前面的尖刺共重三锊。

④鐏(zūn):戈戟柄末端锥形金属套,尖头可插入地。

⑤援之外句磬折:意谓援的外钩的弯度如磬背的角度。

卷十　玉瑞图

大圭

冒圭[①]

镇圭

桓圭

信圭

躬圭

谷璧

蒲璧

牙璋

谷圭

大璋

驵琮（音组）

大琮

琬圭

琰圭

圭缫（音藻）

璧缫

【校释】

①冒圭：《四库》本单作“冒”。

大圭

《玉人[①]职》云："大圭[②]长三尺，杼上终葵首[③]，天子服之。"注云："王所搢[④]大圭也。或谓之珽。"《玉藻》曰："天子搢珽，方正于天下也。"杼，杀也。终葵，椎也。以齐人谓椎为终葵，故云"终葵，椎也"。为椎于杼上，明无所屈也。此对诸侯荼前屈后直[⑤]、大夫前屈后屈[⑥]，故《玉藻》注云："此珽亦笏也。谓之珽者，言珽然无所屈也。《相玉书》曰：'珽玉六寸，明自炤。'"然则六寸之珽，据上不杀者，椎头也。玉体瑜不掩瑕，瑕不掩瑜，善恶露见，是其忠实，故云"明自炤"也。（炤与照同。）故君子于玉比德焉，言其忠实也。比他圭最长，故得大圭之名。以其搢于衣带之间，同于衣服，故以服言之。

【校释】

①玉人：《周礼·考工记》所载之官名，职掌玉石加工。

②大圭：天子所执之笏，以玉制成，也叫做珽。圭，帝王、诸侯朝会、祭祀时所用的玉制礼器。

③杼上终葵首：意谓大圭上部的宽度逐渐削减，头呈椎首之形。杼，织布的梭子，两头尖。此处为使动用法，意为使其如杼之尖形，亦即削尖、削薄之意。终葵首，椎头之形。古代齐地人呼椎为“终葵”，实为“椎”字的切音。

④搢（jìn）：插。谓插笏于衣与带之间。

⑤荼前屈后直：谓诸侯之笏前端圆杀，后端方直。荼，诸侯笏名。

⑥大夫前屈后屈：谓大夫之笏，前后两端都作圆屈形。

冒圭

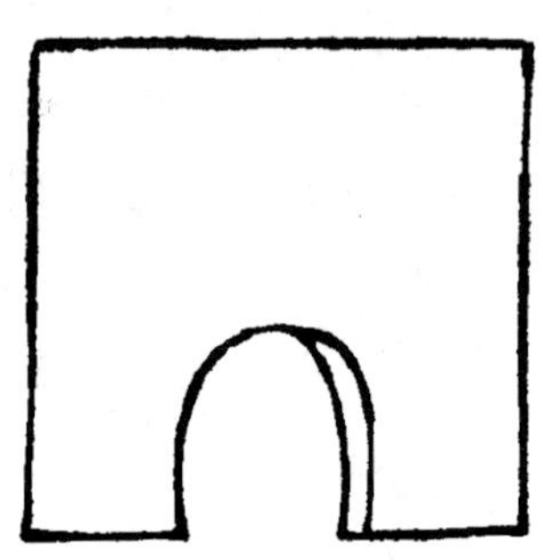

[《周礼·考工记·玉人》:]“天子执冒[①]四寸，以朝诸侯。”注云：“名玉曰冒者，言德能覆盖天下也。四寸者，方以尊接卑、以小为贵也。”案《尚书大传》云：“古者必有冒，言下之不敢专达之义。天子执冒以朝诸侯，是冒覆之[②]。”注云：“君恩覆之，臣乃敢进，是其冒覆之事。”然则诸侯所受天子之圭璧者，与诸侯为瑞也。瑞也者，属也。诸侯朝于天子，有过行者，留其圭璧。三年圭璧不复者，少黜[③]以爵；六年圭璧不复者，少黜以地；九年圭璧不复者，而尽黜其地。此所谓诸侯之于[④]天子也，义则见属，不义则不见属也。又孔注《顾命》曰：“言冒所以冒诸侯圭，邪刻之以冒诸侯之圭，以为瑞信[⑤]。子男执璧，盖亦刻而覆验之。”《大传》以古者圭有冒，亦是冒圭之法也。此冒，据朝觐诸侯时执之。《诗·殷颂》云：“受小球大球[⑥]，为下国缀旒。”注：“小球尺二寸，大球长三尺。与下国结定[⑦]其心，如旌旗之旒。”彼据天子与诸侯盟会，故云结定其心。故执镇圭[⑧]不执冒也。

【校释】

①冒：同“瑁”，玉名，天子执以朝诸侯。方四寸，下有缺，所缺部分与圭首相同。“冒”后，宋本、《丛刊》本衍“圭”字，兹据《考工记·玉人》与《四库》本校删。

②是冒覆之：《丛刊》本作“是见覆之”。按，清孙之騄辑《尚书大传》卷一作“见则覆之”。

③黜：罢免，减少。

④于：宋本、《丛刊》本原脱，兹据《四库》本校补。

⑤邪刻之以冒诸侯之圭，以为瑞信：此谓冒下之缺口为“斜（邪）刻”之形，与赐予诸侯的顶端为尖形的圭相符合，以便朝会时核验。瑞，作符信用的玉器。

⑥受小球大球：此为《诗经·商颂·长发》之诗句。小球，长一尺二寸的小圭。大球，长二尺的大圭。

⑦结定：宋本、《丛刊》本于“结定”后又衍“结定”二字，兹据《诗经·商颂·长发》郑笺与《四库》本校删。

⑧镇圭：天子所执之圭。上下刻四镇之山，中间有必。必，通“縪”，即系带。

镇圭

镇圭。《大宗伯》："以玉作六瑞，以等邦国。（等谓齐也。）王[①]执镇圭。"长尺二寸，以镇安天下。盖以四镇山[②]为瑑[③]饰，故得镇名。《典瑞》[④]曰："王执镇圭，搢大圭以朝日[⑤]。"又曰："珍圭以征守[⑥]，以恤凶荒。"（珍音镇。）镇圭以征守者，若汉时征郡守以竹使符也。诸侯亦一国之镇，故以镇圭征之凶荒。则民有远志，不安其土，故王使使执镇圭以往致王命以安之。镇圭大小之制，当与琬圭[⑦]、琰圭[⑧]相依。孔《义》云："凡圭广三寸，厚半寸，剡上[⑨]，左右各寸半。"又注云：尹拙[⑩]议："以镇圭用五采组，约中央以备失坠。"窦仪[⑪]云："详《周礼》、《仪礼》经疏之义，自天子公侯已降及聘使所执圭璋，皆有绚组[⑫]，约圭中央，备其失坠。新《图》圭、缫[⑬]，叙必以合正文，则余制皆显矣。"

【校释】

①王：宋本、《丛刊》本原脱此字，兹据《周礼·春官·大宗伯》与《四库》本校补。

②四镇山：古代指扬州之会稽、青州之沂山、幽州之医巫闾山、冀州之霍山。

③瑑：玉器上凸起的纹饰。

④典瑞：《周礼》春官大宗伯之属官，职掌管理玉器。

⑤日：宋本、《丛刊》本原脱此字，兹据《周礼·典瑞》与《四库》本校补。

⑥珍圭以征守：王执镇圭以征召地方官员。珍圭，即镇圭。

⑦琬圭：顶端削而成圆形之圭。天子赐予有德之诸侯，朝聘及结诸侯之好皆用之。

⑧琰（yǎn）圭：首呈半规（半圆）形之圭。王使臣征伐时用此为瑞节。

⑨剡上：即把上端削小。剡，削。

⑩尹拙：宋太子詹事，曾奉宋太祖之命审议聂崇义所上《三礼图》。

⑪窦仪：宋太祖时工部尚书，曾奉诏裁定聂崇义所上《三礼图》。

⑫绚组：文采华美的丝带。

⑬缫（zǎo）：玉器的垫子。

桓圭

《大宗伯》云："公执桓圭[1]。"注云："公者，二王之后[2]及王之上公也。"《玉人》云："命圭[3]九寸谓之桓圭，公守之。"其信圭[4]、躬圭[5]皆言命圭，而云守之者，以其朝觐执焉，居则守之也。后郑云："双植[6]谓之桓。"贾释云：象宫室之有桓楹[7]也。以其宫室在上，须桓楹乃安。天子在上，须诸侯乃安也。盖亦以桓楹为瑑饰也。

【校释】

①桓圭：上公所执之圭。长九寸，上端左右各削去一寸半之角，中刻两竖线，如桓楹，故称桓圭。

②二王之后：指周代所封杞、宋二国之国君。杞为夏禹之后，宋为商汤之后。

③命圭：诸侯初封及嗣位来朝时，王命以爵，并赐以圭。此圭即为命圭。

④信（shēn）圭：也叫"身圭"。侯所执之圭。长七寸，上端左右

各削去半寸之角。信圭刻人形，画文较躬圭为细。

⑤躬圭：伯所执之圭。长七寸，上端左右各削去一寸半之角。其他形制与信圭同，唯画文较信圭粗略。

⑥双植：一对木柱。植，木柱。

⑦桓楹：宫室之楹柱。

信圭

《大宗伯》云："侯执信圭。"（信音身。）注云："信圭、躬圭皆长七寸。盖皆象以人形为瑑饰，文有麤缛[①]耳。欲其慎行以保身。"

【校释】

①麤：同"粗"，粗略。缛（rù）：繁密，细致。

躬圭

《大宗伯》云:“伯执躬圭,七寸。”孔《义》引江南儒者[①]解之云:“直者为信[②],其文缛细。曲者为躬,其文麤略。”义或然也[③]。

【校释】

①江南儒者:当是指南北朝时的某位南朝经学家。

②直者为信:此为以“直”释“信”,亦即谓“信”与“伸”相通。

③义或然也:意谓江南儒者对“信”、“躬”二字的解释或许是对的。

谷璧

《大宗伯》云:“子执谷璧[①],五寸。诸侯自相见,亦执之。”《曲礼》疏云:其璧则内有孔,谓之好;外有玉,谓之肉。故《尔雅》云:“肉倍好[②]谓之璧,肉好若一[③]谓之环。”此五等诸侯各执圭璧朝于王,及自相朝所用也。又云:“谷所以养人。”盖瑑[④]谷稼之形为饰。

【校释】

①谷璧:刻有谷形饰纹的玉璧。子爵所用。

②肉倍好:璧身(肉)的宽度是璧中之孔(好)的两倍。

③肉好若一:璧身(肉)宽度与璧中之孔(好)相等。

④瑑:雕刻。

蒲璧

《大宗伯》云："男执蒲璧[1]，五寸。"《曲礼》疏引此注云："蒲为席，所以安人。"盖瑑蒲草之形为饰。

【校释】

①蒲璧：刻有蒲草饰纹的玉璧。男爵所用。

牙璋

《典瑞》云："牙璋[①]以起军旅，以治兵守。"先郑云："牙璋，瑑以为牙。牙齿兵象，故以牙璋发兵，若今铜虎符[②]发兵也。"后郑云："牙璋亦王使之瑞节。兵守，用兵所守也，若齐人戍遂[③]、诸侯戍周[④]之类。"又《玉人》云："牙璋、中璋[⑤]七寸，厚寸，以起军旅，以治兵守。"后郑云："二璋皆有鉏牙[⑥]之饰于琰[⑦]侧。"知然者，以其二璋同起军旅故也。盖大军旅则用牙璋以起之，小军旅则用中璋以起之也。首言牙璋，中璋不言牙者，但牙璋文饰多，故得牙名，而先言之也。中璋次于牙璋，明亦有牙也。以文饰差少，故惟有中璋之名，不言牙也。《典瑞》不言中璋者，以其大小等，故不见也。

【校释】

①牙璋：璋为半圭形的玉制礼器。斜出部分琢为齿形的璋叫做牙璋。长七寸，斜出部分为二寸。用于调遣军队，作用如后世之虎符。

②符：宋本、《丛刊》本原讹为"节"，兹据《周礼注疏》与《四

库》本校改。

③齐人戍遂：《左传·庄公十三年》载：齐侯会诸侯于北杏，遂人不至，于是齐侯便以此为由“灭遂而戍之”。

④诸侯戍周：《左传·昭公二十七年》载：晋、宋、卫、曹、邾、滕等国诸侯“会于扈，令戍周（戍周）”。

⑤中璋：形制与牙璋相似，唯纹饰较少。

⑥鉏牙：器物如锯齿般参差不齐的边缘。

⑦琰：琰圭，上端尖锐或呈半圆形的圭。

谷圭

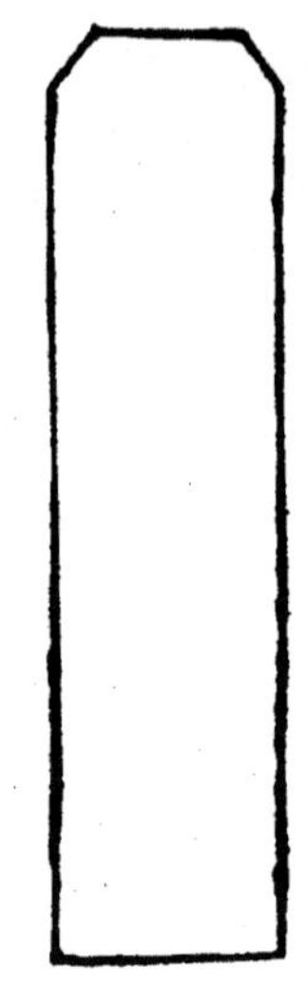

《玉人》云："谷圭[①]七寸，天子以聘女。"注云："纳征[②]加于束帛。"贾释云："自士已上皆用玄纁、束帛，但天子加以谷圭，诸侯加大璋，亦七寸。"《典瑞》云："谷圭以和难[③]，以聘女。"后郑云："谷圭亦王使之瑞节也。"谷，善也。其饰若粟文。然仇雠和之者，若春秋宣公及齐侯平莒及郯[④]，晋侯使瑕嘉平戎于王[⑤]也。其聘女则以纳征焉。

【校释】

①谷圭：天子调解诸侯间纠纷及聘女纳征时所用之圭。以琢有粟米饰文，故名。长七寸。

②纳征：婚礼六礼之第四礼。男方使使者至女家纳币以定婚。

③和难：指调解诸侯间的纷争。

④宣公及齐侯平莒及郯：《左传·宣公四年》载：莒国与郯国不和，鲁宣公及齐侯出面调停二国的纷争。

⑤晋侯使瑕嘉平戎于王：《左传·成公元年》载：晋景公使瑕嘉调解周天子与戎之间的冲突。

大璋

［《周礼·考工记·玉人》：］“大璋[①]七寸，射四寸[②]，厚寸。诸侯以聘女。”注云：“亦纳征加于束帛也。”上云“大璋九寸”[③]，此七寸，得云大璋者，以天子谷圭七寸以聘女，诸侯不可过于天子而用九寸也。谓用大璋之文以饰之，故得大璋之名。又案“三璋之勺”[④]注云：“大璋加文饰，中璋杀文饰，边璋半文饰。”则此璋虽七寸，取于大璋加文饰之义，谓遍于璋体瑑云气，如大璋也。

【校释】

①大璋：诸侯聘女所用之玉制礼器，形如半圭。以其为璋中规格最大者，故名大璋。

②射四寸：璋顶端削角之后形成的斜边。按，圭之端，两边削角。璋为圭之半，则一边削角。

③上云“大璋九寸”：此前，本篇经文另有“大璋九寸”之语，但那是在讲述“璋瓒”之“璋”，与此“大璋”不同。按，古代祭祀用以

盛鬯酒之勺谓之“瓒”。用圭为柄者谓之“圭瓒”。如用璋为柄，则谓之“璋瓒”。

④三璋之勺：璋瓒以璋为柄，以瓒为勺。其中，璋有大璋、中璋、边璋三等，故云“三璋之勺”。

驵（音组）琮[1]

《玉人》曰："驵琮五寸，宗后以为权[2]。"又曰："驵琮七寸，鼻寸有半寸。天子以为权。"后郑读"驵"为"组"，谓以组系琮，因名组琮。以玉饰豆，即名玉豆，是其类也。先郑解组琮，以为称锤以起量。既用为权，故有鼻。又贾释云：量自是斗斛之名，此权衡而为量者。对文[3]，量与权衡异；散文[4]，权衡亦得量名，以其量轻重故也。天子组琮既有鼻，明后组琮亦有鼻也。

【校释】

①驵琮：中央隆起有鼻，以组穿系之琮。琮之形制，旧说以为八角形，现代考古出土之琮为外方、内圆、圆中空之玉制器。"音组"二字，《四库》本置于"琮"字后。

②宗后：王后。宗，尊，尊崇。权：秤锤，秤砣。

③对文：训诂学术语，也叫"析言"，即相对而言，细致说来。与"散文"、"浑言"相对。

④散文：训诂学术语，也叫"浑言"。意谓浑统称说，不加细致区别。

大琮

《玉人》云："大琮[①]十有二寸，射四寸，厚寸，是谓内镇[②]，宗后守之。"后郑云："如王镇圭也。射[③]，其外鉏牙。"贾释曰：言大琮者，对上驵琮五寸者为大也。言十有二寸者，并角径之为尺二寸也。云射四寸者，据角各二寸，两厢并四寸。内镇者，对天子执镇圭为内，谓若内宰对太宰，内司服对司服，皆为内之比也。王不言外者，男子阳，居外是其常。但妇人阴，主内治，故得称内也。云其外鉏牙者，据八角锋言之，故云鉏牙也。

【校释】

①大琮：王后所执之琮。

②内镇：由于王后所执之大琮相当于王所执之镇圭，故称其为"内镇"。

③射：指琮鉏牙形的外缘。

琬圭

《玉人》云："琬圭[①]九寸，而缫[②]以象德。"后郑云："琬，犹圆也。王使之瑞节也。诸侯有德，王命赐之，使者执琬圭以致命焉。"故《典瑞》云："琬圭以治德、结好。"治德，即《玉人》注云"诸侯有德，王命赐之"也。结好，谓诸侯使大夫来聘，既而为坛会之使，大夫执以命事焉。《大行人》曰："时聘以结诸侯之好。"缫，藉[③]也。先郑云："琬圭无锋芒，故以治德、结好[④]。"

【校释】

①琬圭：天子赐有德之诸侯及结诸侯之好所用之圭。顶端削而成圆形，无锋芒。

②缫：玉器的垫子。

③藉（jiè）：垫子，衬垫。

④以治德、结好：众本原均作"治德以结好"，兹据《周礼·春官·典瑞》郑玄注校改。

琰圭

《玉人》云："琰圭[①]九寸，判规以除慝[②]，以易行。"贾释注云："判，半也。凡圭，琰上寸半。琰圭，琰半以上，至首而规，又半已下为瑑饰。诸侯有为不义，使者征之，执以为瑞节也。经云'除慝'，谓诛逆恶也。易行，谓去烦苛也。"然则烦苛非恶逆之事，直谓政教烦多而苛虐也。是知诸侯有恶行，故王使人执之以为瑞节。易，去之也。又后郑《典瑞》注云："除恶行亦于诸侯使大夫来眺[③]。既而使大夫执而命事于坛。"《大行人[④]职》曰："殷眺以除邦国之慝。"又先郑《典瑞》[⑤]注云："琰圭有锋芒，伤害征伐诛讨之象。故以使易恶行，令为善也。则以此圭责让、谕告之。"详先郑"锋芒"之言，有违"判规"之义，背经取法，唯得圭名。

【校释】

①琰圭：王之使臣征伐时所用之圭。关于琰圭之形制有两说：一为据《周礼·考工记·玉人》"判规"立说，认为琰圭上端为半圆形，

无锋芒。二为据先郑《典瑞》注“琰圭有锋芒”立说，认为琰圭上端削而成尖形，有锋芒。聂氏本书从“判规”之说。

②慝（tè）：邪恶，邪恶的人。

③眺：诸侯使卿或大夫聘问朝见天子之礼。凡六服诸侯朝天子有定期：侯服年年朝，甸服二年一朝，男服三年一朝，采服四年一朝，卫服五年一朝，要服六年一朝。故从天子十二岁一巡守后算起，第一年、第七年、第十一年仅有侯服诸侯一服来朝，于是便规定于第一、七、十一年，其他各服诸侯均使卿来聘。由于这三年来聘问朝见者较平常年份为多，故称“殷眺”。殷，众多之意。

④大行人：《周礼》秋官大司寇之属官，职掌大宾之礼及大客之仪。

⑤典瑞：《丛刊》本为双行小字。

王者圭玉缫藉（旧图）①

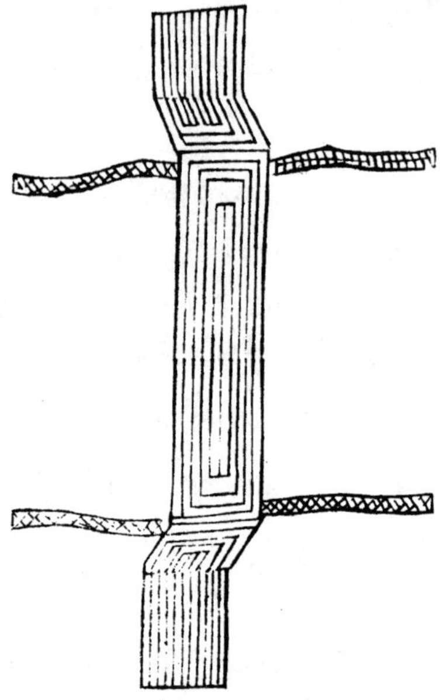

疏义缫藉②

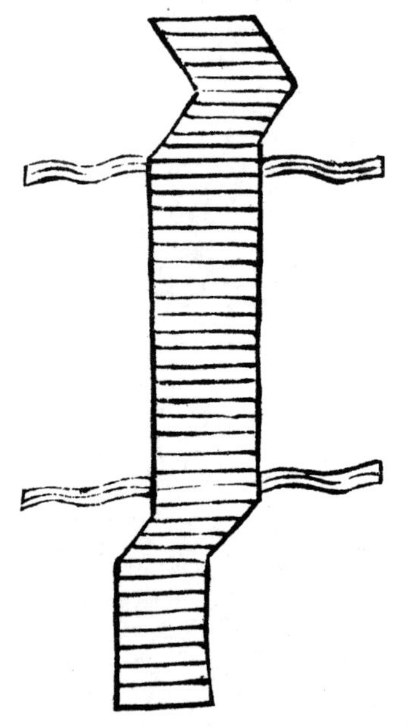

又疏义缫藉

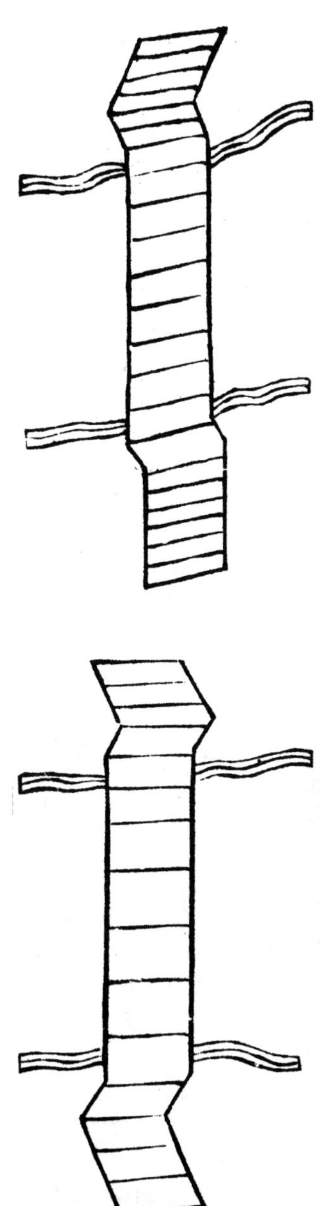

又一说缫藉

诸侯缫[3]藉

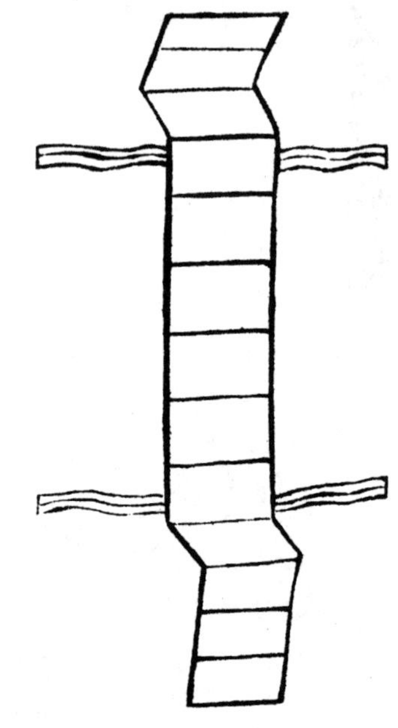

谷璧蒲璧缫藉（同制）[4]

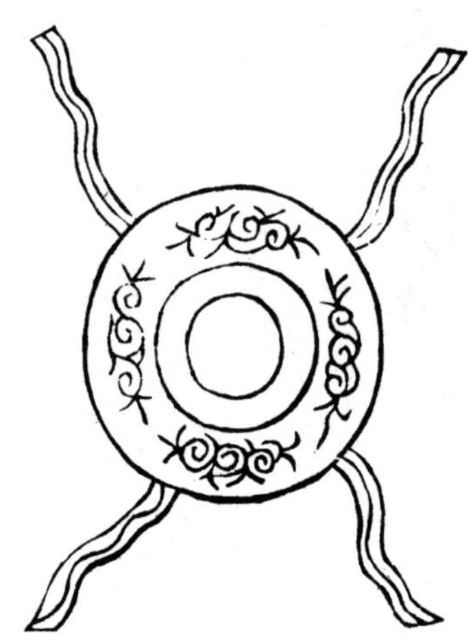

《典瑞》云："王搢大圭，执镇圭，缫藉五采五就[5]，以朝日[6]。"注云："缫有五采文，所以荐玉[7]，木为中干[8]，韦衣[9]而画之。就，成也。五就，五帀也。一帀为一[10]就。”“公执桓圭，侯执信圭，伯执躬圭，缫皆三采三就。子执谷璧，男执蒲璧，缫皆二采再就。”缫，读曰藻。贾释云：“藻，水草之文，故读从之。言‘缫有五采文，所以荐[11]玉，木为中干，用韦衣而画之。就，成也’者，镇圭尺二寸，广三寸，即此木板亦长尺二寸，广三寸，与玉同。然后用韦衣之。乃于韦上画之一采为一帀。五采则五帀。一[12]帀为一就。就，成也。是五采一成[13]者也。”又案《聘礼·记》云：“绚组尺。”注云：“五采成文曰绚。”彼不问尊卑，皆用五采组长尺为之[14]系，所以束玉，使不坠落，因以为饰。然绚组系亦名缫藉者，则《曲礼》云：“其有藉者则裼[15]。”《聘礼》曰：“上介[16]屈缫[17]，以授宾。”是亦名组系为缫藉者也。又《曲礼》疏引郑注《觐礼》[18]云：“缫藉，以韦衣木，广袤各如其玉之大小。”既然，则谷璧、蒲璧其缫藉之形亦如之。天子则以五采画之，公侯以三采，子男则以二采，其卿大夫亦二采。故《典瑞》云：“玉缫藉五采五就。公侯伯皆三采三就。子男缫皆二采再就。”又云：“瑑圭璋璧琮二采一[19]就。”是也。熊氏云：“五采五就者，采别二行为就也。三采三就者，亦采别二行为一就，故三就也。”又下云“二采一就”者，以臣下行聘不得与君同，是以二采，采别一行共为一就。凡言就者，或两行名为一就，即此上下文是也。或一帀二行为二就，就即等也。知者，《聘礼·记》云：“所以朝天子，圭与缫皆九寸。”又云：“缫三采，六等，朱白苍。”注云：“以三色为再就，谓三色，色为再就，就亦等也，三色即六等。”《杂记》亦云：“三采六等。”注云：“三采六等，以朱白苍画为再行，行为一等。”是一等为一行，行亦就也。据单行言之也。各有所据，故其文有异。既三采为六等，则知天子五采已下，采别为二等也。此是周法。其殷已上，则各用所尚色[20]之帛。故郑注《虞书》“三帛”：高阳氏[21]之后用赤缯，高辛氏[22]之后用黑缯，其余诸侯用白缯。其余，谓尧之诸侯也。既以采色画韦衣于板上，前后垂之，又有五采组绳以为系。其组上以玄为天，下以绛为地。则系玉[23]有事则垂为饰[24]。故《聘礼·记》云："玄纁系，长尺，绚组。"注云："系，无事则以系玉，因为饰。用五采组，上以玄为天，下以绛为地。"是也。

【校释】

①旧图：《四库》本无此二字。

②疏义缫藉：本图之上原只有"疏义"二字，意为根据贾公彦《周礼注疏》所画缫藉之图。兹补足"缫藉"二字，以便阅读。以下"又疏义缫藉"、"又一说缫藉"二图上的"缫藉"二字均为校释者所补。

③缫：《丛刊》本作"练"。

④缫藉（同制）：置放圭璧之垫板。中以木为之，外包皮革，画五采，大小与玉圭同。又联以组，用以系玉，亦以为饰。据画采言之，称为"缫"（藻）；据其功能（荐玉）言之，称为"藉"。连言之，称为"缫藉"。注文"同制"二字在宋本和《四库》本中为双行小字，而在《丛刊》本中作单行大字。

⑤五就：指用五采画五圈。一圈、一帀为"一就"。两圈为"再就"。

⑥朝日：天子每年于春分日于东郊行祭日之礼。

⑦荐玉：用缫藉衬垫玉圭。荐，铺，衬垫。

⑧木为中干：谓以木做缫藉的骨架。

⑨韦衣：以熟皮做衬套。衣，指外套。

⑩一：宋本、《丛刊》本原脱此字，兹据《周礼·典瑞》郑玄注与《四库》本校补。

⑪荐：宋本、《丛刊》本原讹为"藻"，兹据《四库》本校改。

⑫一：宋本、《丛刊》本原讹为“五”，兹据《周礼·典瑞》贾公彦疏与《四库》本校改。

⑬五采一成：《四库》本作“采一色”，而贾疏原作“采色成”。

⑭之：《丛刊》本作“以”。

⑮其有藉者则裼（xī）：这是讲使臣到他国或王朝行聘时执玉与所穿礼服的关系。“有藉者”指行聘礼时所献之玉璋等附有缫藉（衬垫）。按，古人礼服之制，冬衣裘，夏衣葛。裘葛之上均要加一件纹饰漂亮的罩衣，叫做“裼”。裼上又加正服，如朝服、皮弁服等，叫做“袭”。如非盛礼，就要敞开前襟，露出里面的裼衣，这就叫做“裼”。此“裼”为动词，为“袒裼”之意。如是盛礼，尚质，则要掩好正服前襟，这就叫做“袭”。故《曲礼》下文又云：“无藉者则袭。”宋本、《丛刊》本脱“有”字，兹据《礼记·曲礼》与《四库》本校补。

⑯上介：副使，副手。

⑰屈缫：将缫折起来。

⑱《觐礼》：《仪礼》篇名。宋本原脱“礼”字，兹据《仪礼》与《丛刊》本、《四库》本校补。

⑲一：宋本、《丛刊》本原讹为“二”，兹据《周礼·典瑞》贾公彦疏与《四库》本校改。

⑳各用所尚色：宋本、《丛刊》本原讹为“礼含文色”，兹据《四库》本校改。

㉑高阳氏：古代传说中的帝王，即颛顼。

㉒高辛氏：古代传说中的帝王，即帝喾。

㉓玉：《丛刊》本作“于”。

㉔有事则垂为饰：指举行礼仪活动时，将系玉之“绚组”（五色丝带）解开并使其垂下作为饰物。有事，指举行礼仪活动。

卷十一　祭玉图

自周显德三年冬十月奉堂帖[①]令，依故实模画郊庙祭器、祭玉。至四年春，以图样进呈。寻降敕命指挥。昨聂崇义检讨礼书、礼图，模画到祭器、祭玉数拾[②]件。仍令国子监、太常礼院集礼官、博士同共考详，合得前代制度，既依典礼，孰不佥同[③]？况臣崇义自叨受命，敢不竭诚祖述经文，研核法度？由是玉瑞、玉器之属，造指尺、璧羡以规之。冠冕、鼎俎之属，设黍尺、嘉量以度之。所谓绳墨诚陈不可欺以曲直，规矩诚设不可欺以方圜也。（敕下诸官考详后，便下少府监依式样制造其祭器。则六尊、六彝、六罍、铏、俎、柶、簠、簋、笾、豆、登、爵、玉爵、坫、圭瓒、璋瓒并盘、洗、篚、洗罍、洗勺、匜、盘、太罍、龙勺、概尊、蜃尊、散尊，共四十三。其玉器，则苍璧、黄琮、青圭、赤璋、白琥、玄璜、四圭有邸、两圭有邸、圭璧、璋邸射，共十[④]。至六年，并依定式样修讫，已于郊庙行用。）[⑤]

【校释】

①堂帖：唐宋时期称宰相所下判事文书为堂帖。

②拾：《四库》本作“十”。

③佥同：一致赞同。佥，都，皆。

④十：宋本与《丛刊》本原脱此字，兹据《四库》本校补。

⑤以上括号内这段注文，在《丛刊》本和《四库》本中以单行大字的形式混入正文。

黍尺[1]

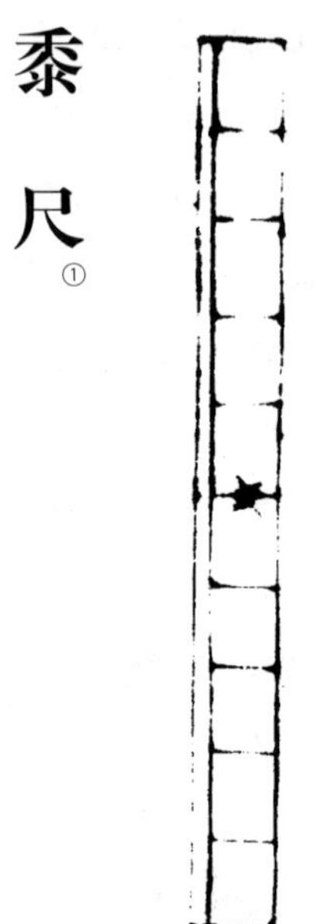

指尺[2]

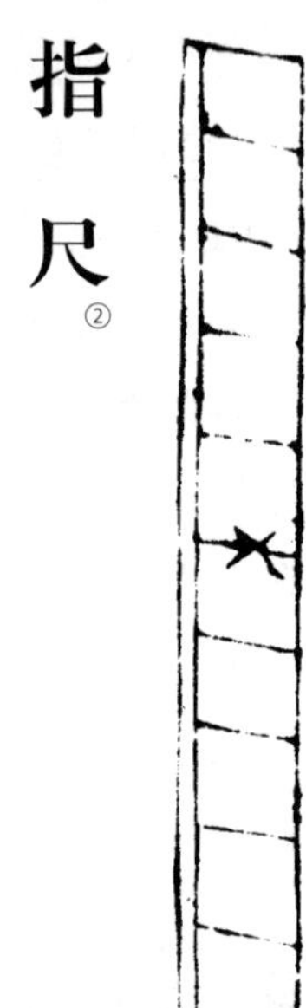

案《汉书·律历志》云："一黍之广为分，十分为寸，十寸为尺。"（一黍之广，谓以子谷秬黍中者。孟康曰："子，北方也。北方黑，谓黑黍也。"师古曰："此说非也，子谷犹言谷子耳。秬，即黑黍也。无取北方号。中者，不大不小者也。言取黑黍谷子大小中者，率为分寸也。秬音巨。"）又《杂令》云："积秬黍[3]为度者，冕制则使之。"《投壶记》[4]曰："筹，室中五扶[5]。"注云："筹，矢也。铺四指曰扶，一指案一寸。"又《公羊传》曰："肤、寸而合[6]。"何休云："侧手为肤。案指为寸。"（肤、扶音义同。）又《家语》[7]曰："布指知尺。"然则爰自周世，历秦汉以及魏晋，黍分、指寸之尺，见于《礼》、《志》。但礼神之玉宜真，比珉[8]难得，今自苍璧已下圭玉之属，请依指寸之尺，冠冕尊彝用木之类，请用黍寸之尺。（黍有横竖，故枢密使王朴亦令定黍尺取竖，黍尺以校管律。）

【校释】

①黍尺：指以黍作为量度基本单位的尺。一黍为一分，十分为一寸，十寸为一尺。

②指尺：指以指作为量度基本单位的尺。一指为一寸，十寸为一尺。

③秬（jù）黍：黑黍。

④《投壶记》：指《礼记》之《投壶》篇。

⑤筹，室中五扶：意谓在室中举行投壶礼时，用五扶长的箭（筹）。扶，长度单位，四指长，也作“肤”。

⑥肤、寸而合：此为《公羊传·僖公三十一年》之文，意为尺寸相合。

⑦《家语》：指《孔子家语》。

⑧珉（mín）：似玉的石头。

璧羡（色白）

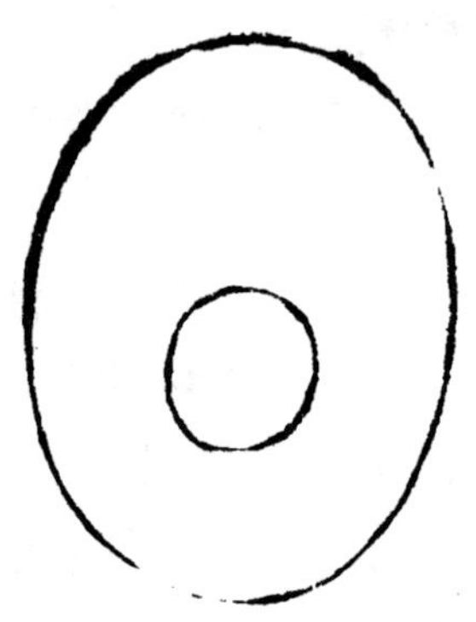

《典瑞》云："璧羡[①]以起度。"先郑云："羡，长也。此璧径长尺，以起度量。"后郑云："羡，不圜之貌[②]。盖广径八寸，袤[③]一尺。"又案《玉人职》云："璧羡度尺，好三寸，以为度。"先郑解："羡，径也。好，璧孔也。《尔雅》云：'肉倍好，谓之璧；好倍肉，谓之瑗[④]；肉好若一，谓之环。'"贾释云："引《尔雅》者，欲见此璧好三寸也。好，即孔也。两畔肉各三寸，则两畔肉共六寸。是肉倍好共为九寸也。又后郑云：羡，犹延也。其袤一尺而广狭焉。是羡为不圜之貌也。玉人造此璧之时应圜，圜径九寸，今减广一寸以益上下之袤一寸，则上下一尺[⑤]，广有八寸，故云其袤一尺而广狭焉。此璧羡，天子以为量物之度也。"

【校释】

①璧羡：椭圆形之璧。璧为正圆形，径九寸，其中之好（孔）径三寸。璧羡长一尺，宽八寸，呈椭圆形。璧羡之好（孔）仍为三寸。古代常以璧羡作为度量标准，故先郑云"以起度量"。

②不圜之貌：不圆的样子。圜，通"圆"。

③袤：纵长。

④瑗（yuàn）：边窄孔大的璧，亦即“好倍肉”之璧。

⑤上下一尺：宋本原讹为“此上尺”，兹据《丛刊》本、《四库》本校改。

苍璧（色青）

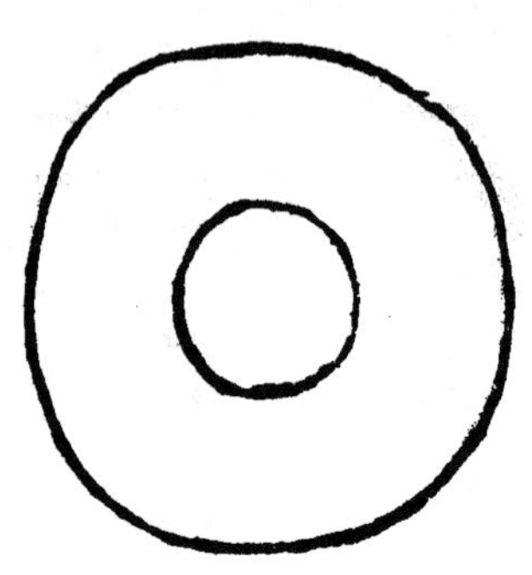

案《大宗伯》云“以苍璧礼天”，牲币亦如璧色[①]。后郑云：以冬至祭天皇大帝在北极者于地上之圜丘[②]。苍璧者，天之色。圜璧、圜丘皆象天体，以礼神者必象其类也。下皆仿此。臣崇义又案《玉人》云：“璧好三寸。”贾释云：“古[③]人造璧应圜，圜径九寸。”其注又引《尔雅》云：“肉倍好，谓之璧。”郭璞云：“肉，边也。好，孔也。”然则两边肉各三寸，与此三寸之好共九寸也。阮、郑二《图》[④]皆云：“苍璧九寸，厚寸。”是据此而言也。又《玉人》“璧好三寸”之下云：“璧九寸，诸侯以享天子[⑤]。”（《玉人》璧琮九寸，琮以享后。此唯取璧义，故略“琮”字。）以此而言，是有九寸之璧也。案崔灵恩[⑥]《三礼义宗》云：“昊天及五精之帝圭、璧，皆长尺二寸。”今检《周礼》、《尔雅》皆长尺二寸之璧，未知崔氏据何文以为说。

【校释】

①牲币亦如璧色：用于祭祀的全牛和帛均与苍璧一样，为青色。币，用于祭祀或馈赠的帛。

②圜丘：圜，通“圆”。圜丘为圆形之高丘，天子祭天之处。

③古：《丛刊》本作“玉”，于义较长。

④阮、郑二《图》：指东汉侍中阮谌与郑玄分别撰写的《三礼图》。

⑤诸侯以享天子：诸侯将璧进献给天子。享，进献。

⑥崔灵恩：南朝梁经学家，撰有《三礼义宗》，今已失传。

黄琮（色黄）

《大宗伯》云“以黄琮礼地”，牲币亦如琮色。后郑云：以夏至日祭崑岺之神于泽中之方丘[①]。黄者，中之色。琮八方以象地[②]，此比大琮每角各剡出一寸六分，长八寸，厚寸。臣崇义又案《礼记·郊特牲》疏引先师所说“祀中央黄帝亦用黄琮”，然其琮宜九寸，以别于地祇[③]，今国家已依而行之。

【校释】

①方丘：方形之高丘，天子夏至日祭天之处。

②琮八方以象地：黄琮有八个角象征地有八方。

③地祇：地神。

青圭（色青）

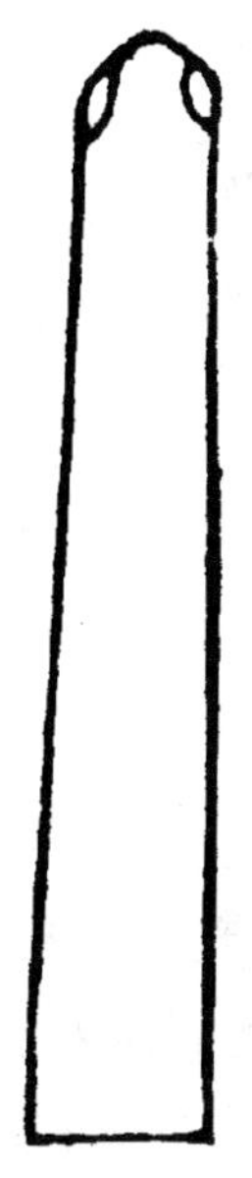

《大宗伯》云："以青圭礼东方。"注云：以立春祭苍精之帝，而太昊[①]、句芒[②]食焉。圭锐，象春物初生。其牲币皆如圭色。其圭亦九寸，厚寸，博三寸，剡上各寸半。此以[③]下坛兆[④]各随方于郊设之。

【校释】

①太昊：也作"太皞"，传说中的古帝王名，即伏羲氏，因有功于民，死后为东方之帝，于五行则为木帝，故主春。

②句芒：传说中另一上古帝王名叫少皞，他的儿子叫重，因辅佐木德之帝即太皞有功，故死后为木神，是为句芒。

③此以：宋本作"比曰"，《丛刊》本作"此已"，兹据《四库》本校改。

④坛兆：祭坛所在的区域。

赤璋（色赤）

《大宗伯》云："以赤璋礼南方。"注云：以立夏祭赤精之帝，而炎帝[①]、祝融[②]食焉。牲币皆如璋色。半圭曰璋[③]。夏物半死而象焉。熊氏云："祀中央黄帝亦用赤璋[④]。"臣崇义今案上下经文，祀五精之帝，玉币各如其色。季夏土王，而祀黄帝于五帝之内，礼用赤璋，独不如其色，于理未允。上已准孔《义》，依先师所说，用黄琮九寸为当，熊氏之义亦存，冀来哲所择。

【校释】

①炎帝：传说中的古帝王，传说他曾作耒耜，教人耕种，号神农氏，死后托祀于南方，为火德之帝，故主夏日。

②祝融：传说中颛顼的后代，任帝喾高辛氏的火正，死后成为火官之神。

③半圭曰璋：璋为半圭的形状。

④亦用赤璋：宋本原倒作"赤用亦璋"，兹据《丛刊》本、《四库》本校乙。

白琥（色白）

《大宗伯》云："以白琥礼西方，牲币皆如琥色。"注云：以立秋祭白精之帝，而少昊[①]、蓐收[②]食焉。琥猛，象秋气严。郑《图》云："以玉长九寸，广五寸，刻伏虎形，高三寸。"臣崇义又案孙氏《符瑞图》云："白琥，西方义兽，白色，黑文，一名驺虞[③]，尾倍其身。"故《开元礼》避讳[④]而云"礼西方白帝以驺虞"是也。又《晋中兴书》云："白琥，尾参倍其身。"又《尚书大传》说："散宜生[⑤]等之於陵氏[⑥]取怪兽，尾倍其身，名曰虞。"后郑云："虞，盖驺虞也。"《周书》[⑦]曰："英林酋耳[⑧]若虎豹，尾长参倍其身。"於陵、英林音相近，其是之谓乎？

【校释】

①少昊：一作"少皞"，传说中的上古帝王名，号金天氏。因其生前有功德于民，死后为西方之帝，于五行则为金帝，故主秋。

②蓐收：传说是少昊之子，名该，生前为主金之官，死后被祀为金神。

③驺虞：古代传说中的圣兽名，白虎黑文，不食生物，有至德至信

则应之。

④《开元礼》避讳：唐人所作《开元礼》因避高祖李虎之讳而称白琥为驺虞。

⑤散宜生：商周之际人名，为文王“乱臣”（即治臣）十人之一。

⑥於陵氏：殷末方国名。

⑦《周书》：《逸周书》。

⑧英林酋耳：英林，即於陵，殷末方国名。酋耳，即驺虞之异名。

玄璜（色玄[①]）

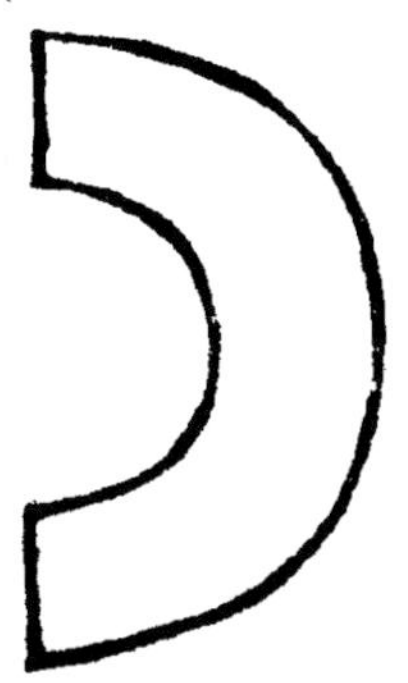

《大宗伯》云："以玄璜[②]礼北方，牲币皆如璜色。"后郑云："以立冬祭黑精之帝，而颛顼[③]、玄冥[④]食焉。半璧曰璜，象冬闭藏，地上无物，唯天半见。"贾释云："列宿为天文，草木为地文。冬草木零落，唯列宿在天，故云唯天半见。"

【校释】

①色玄：宋本、《丛刊》本原讹为"色黄"，兹据《四库》本校改。

②璜：形似半璧的玉制礼器。宋本作"黄"，兹据《周礼·大宗伯》与《丛刊》本、《四库》本校改。

③颛顼：传说中的上古帝王名，据说是黄帝之孙，昌意之子，号高阳氏，因有功德于民，死后为北方之神，于五行为水帝，于四季则主冬。宋本原倒作"项颛"，兹据《周礼·大宗伯》郑玄注与《丛刊》本、《四库》本校乙。

④玄冥：古代水官名。据说少昊之子曰循，曾为玄冥师，死后被祀为水神。

四圭有邸（色赤）

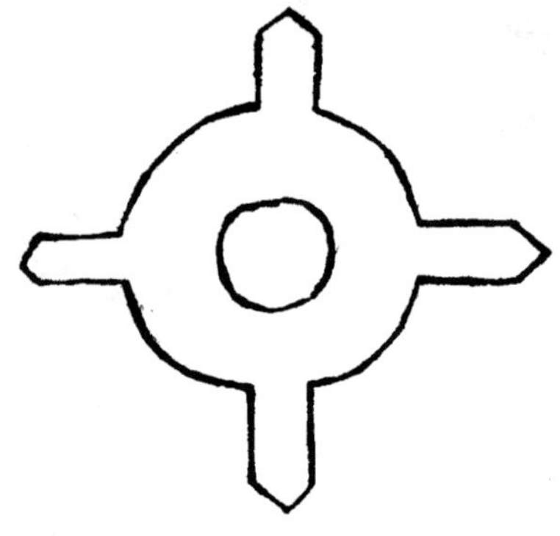

案《典瑞》云："四圭有邸[①]，以祀天，旅[②]上帝。"又《玉人》云："四圭尺有二寸，以祀天。"贾释先郑义云："邸，本也。谓用一大玉琢出中央为璧形，厚寸。天子以十二为节，于璧四面各琢出一圭，皆长尺二寸，与镇圭等。其璧为邸。盖径六寸，总三尺[③]。又与大圭长三尺同。"然以礼神之玉宜真，比珉难得。其或玉有不及尺度，仍用六寸璧为邸，四面各琢出一圭，皆长三寸，以同镇圭长尺二寸之制。虽从权改作[④]，亦合古便今，诸玉从宜。下皆类此。又后郑云："祀天，谓于夏正郊祀感生之帝也。旅上帝，谓祀五帝也。"《大宗伯》以[⑤]青圭等已见祭五方天帝，此又用四圭有邸而祭者，彼即四时迎气及总享于明堂是其常也，此因有故而祭之也。感生之帝亦五帝，别言为天者，以其祖感之而生，故殊异之也。臣崇义案《郊特牲》义云：祭感生之帝，玉与牲币宜从所尚之色。此四圭亦博三寸，厚寸。

【校释】

①四圭有邸：以圆璧为主体，四边各连一圭，以一玉制成，用以祭

祀天与上帝。邸，通“柢”，物体的根本，此谓中央之圆璧。

②旅：祭名。祭上帝、四望谓之旅。

③总三尺：四圭有邸之圭长一尺二寸，璧径六寸，总共为三尺。

④从权改作：权宜改变古制。

⑤以：宋本、《丛刊》本原皆为一字空，兹据《四库》本校改。

两圭有邸[①]（色青）

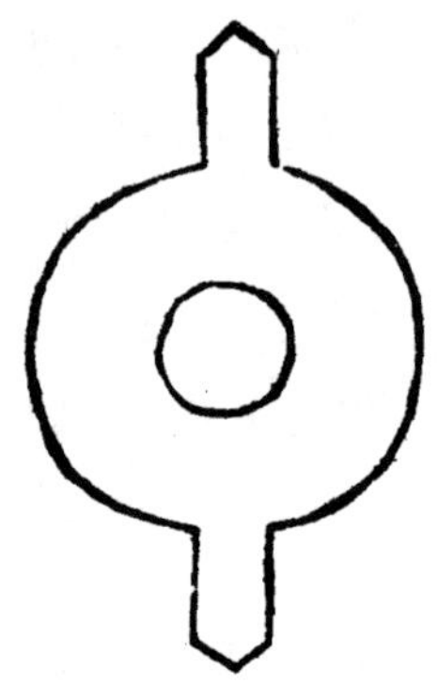

《玉人》云："两圭五寸，有邸，以祀地，旅四望。"此两圭五寸，亦宜于六寸璧两边各琢出一圭，俱长二寸半，博厚与四圭同。《典瑞》注云："两圭以象地数二也。僢（音昌绢反。）而同邸[②]。"又《王制》注云："卧则同僢。"彼僢，谓两足相向。此两圭足同邸，是足相向之义。上四圭同邸，亦是各自两足相向，故此言僢而同邸，总解之也。《尔雅》云："邸谓之柢。"郭璞云："柢为物之根柢，与邸、底音义皆同。"贾释云："祀地者，谓于三阴之月[③]祭神州之神于北郊。"上四圭郊天，此祀神州地祇，虽天地相对，但天尊地卑，圭以四二为异，故郑直云象地数[④]，不言降杀也。四望，谓五岳四镇四渎也。若夫[⑤]地祇，自有黄琮。此两圭有邸以祀地，谓祀神州之神于北郊，及国有故而旅祭四望。以对上四圭有邸以祀天、旅上帝也。又案《牧人[⑥]职》注云："神州地祇，玉与牲币同用黝色，其望祀则各随其方色。"

【校释】

①两圭有邸：《典瑞》、《考工记》均未明言以何为邸。聂崇义认

为两圭有邸亦以璧为主体，上下各连一圭，用一玉做成。而戴震《考工记图》以为：“两圭盖琮为之邸。”

②僢(chuǎn)而同邸：两圭相对而同连于中央之邸(璧)。僢，违背，相对。

③三阴之月：指夏历七月。按，《易》卦的三阴爻合而为坤卦，象盛阴之气。《礼记·月令》：“孟春之月……地气上腾。”唐孔颖达疏曰：“三阴为坤……五月一阴生，六月二阴生，阴气尚微，成物未具，七月三阴生而成坤体。”

④郑直云象地数：意谓郑玄注只说两圭有邸是取法于地数二。直，只。

⑤夫：宋本、《丛刊》本原讹为“大”，兹据《四库》本校改。

⑥牧人：《周礼》地官大司徒之属官，职掌管理祭祀之六牲。

圭璧

（色白）

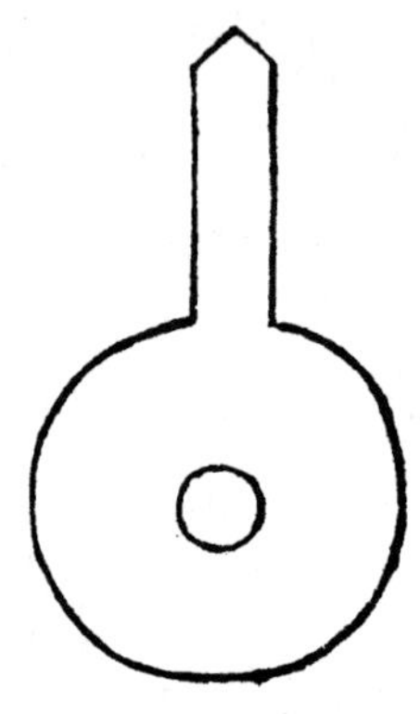

《玉人》云："圭璧五寸[①]，以祀日月星辰。"此一圭宜于六寸璧上琢出一圭，长五寸。后郑云："圭，其[②]邸为璧，取杀于上帝[③]。"贾释云："上四圭有邸，以祀天，旅上帝。"此一圭有邸言"取杀"者，谓取降杀以三为节也。祀日月者，若春分朝日[④]，秋分夕月[⑤]，并大报天[⑥]，而主日以配月也。其祀星辰，若《小宗伯》云："兆[⑦]五帝于四郊，四望[⑧]、四类[⑨]亦如之。"彼注云："四类，日月星辰运行无常，以气类为位，兆日于东郊，兆月与风师于西郊，兆司命[⑩]、司中[⑪]于南郊，兆雨师于北郊。"凡祭日月等，用此圭璧以礼其神，各随方色。贾释云：兆日于东郊者，以大明[⑫]生于东也。兆月于西郊者，以月生于西也。知兆[⑬]风师亦于西郊者，以五行土为风，风虽属土，秋气之时，万物燥落由风，故[⑭]亦于西郊。知兆司中、司命于南郊者，以南郊是盛阳之方，司中、司命是阳，故兆于南方也。雨是水，宜在水位，故兆雨师于北郊。

【校释】

①圭璧：以璧为主体，上琢出一圭（长五寸），二者为一体，实即

"一圭有邸"。

②其：宋本、《丛刊》本原讹为"有"，兹据《周礼·考工记·玉人》郑玄注与《四库》本校改。

③取杀于上帝：意谓祭祀上帝的"四圭有邸"有四圭，而这种祭祀日月星辰的圭璧只有一圭，是有取于"降杀"之意。宋本、《丛刊》本原脱"帝"字，兹据《考工记·玉人》郑玄注与《四库》本校补。

④春分朝日：天子于每年春分日祭太阳。

⑤秋分夕月：天子于每年秋分日祭月。与春分"朝日"相对。

⑥大报天：指大规模的祭天之礼。报，古代祭名，为报答神灵赐福而举行。《国语·鲁语》："凡禘、郊、祖、宗、报，此五者国之典祀也。"

⑦兆：设坛祭祀，确定祭坛的区域。

⑧四望：宋本、《丛刊》本原脱此二字，兹据《四库》本与《周礼·春官·小宗伯》校补。

⑨四类：指日月星辰之祀。

⑩司命：星名，文昌宫第四星，主灾咎。

⑪司中：星名，文昌宫第五星，主佐理。

⑫大明：指太阳。

⑬兆：《丛刊》本无此字。

⑭故：宋本、《丛刊》本原脱此字，兹据《四库》本校补。

璋邸射（色白）

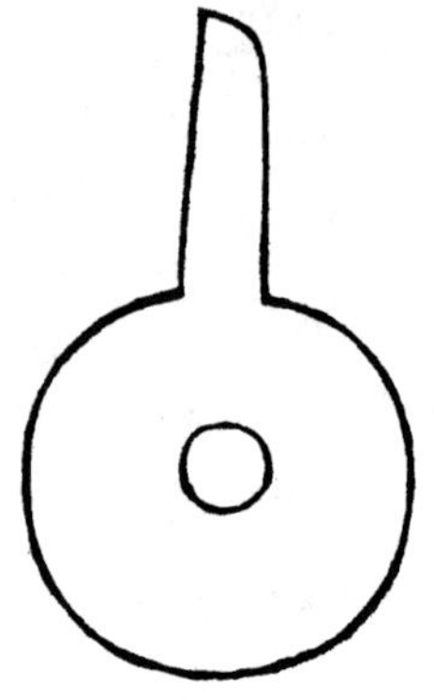

《典瑞》云："璋邸射[①]以祀山川。"注云："璋有邸而射，取杀于四望。"又《玉人》注云："邸射，剡而出也。"贾释云：向上谓之出。半圭曰璋。其璋首邪却之[②]。今从下自邸向上，总邪却之名为剡而出也。此祀山川，谓若《小宗伯》云"兆山川丘陵坟衍[③]，各因其方[④]"，亦随四时而祭，则用此璋邸以礼其神。璋邸亦随方色。

【校释】

①璋邸射：玉制礼器名，与圭璧略同，唯圭璧为璧上连有一圭，而璋邸射为璧上连有一璋（半圭）。射，指璋首所削之斜边。

②璋首邪却之：璋首削成斜边。邪，通"斜"。却，退，倒退。

③坟：高地。衍：低平之地。

④各因其方：意谓根据各方之色而定所用"璋邸射"的颜色。

方明

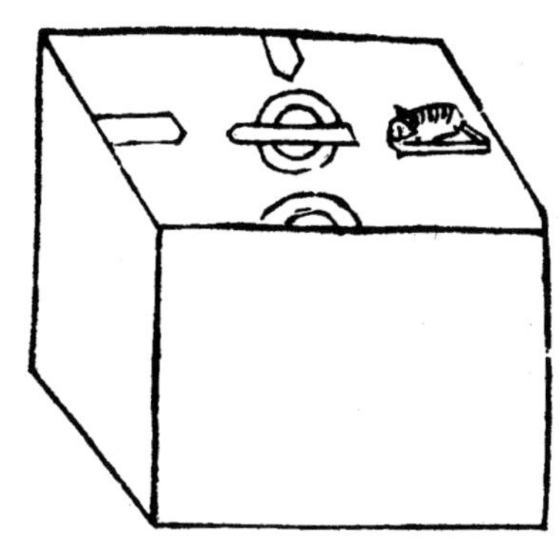

《觐礼》[①]云："方明[②]者，木也。方四尺，设六色：东方青，南方赤，西方白，北方黑，上玄，下黄。设六玉：上圭，下璧，南方璋，西方琥，北方璜，东方圭。"注："六色象其神，六玉以礼之。"贾释云：《大宗伯》："苍璧以礼天，黄琮以礼地。"后郑注以天谓冬至祭天皇大帝于北极者，地谓夏至祭神在崑岺者，皆是天地至贵之神也。然则此上宜用苍璧，下宜用黄琮，而不用者，则此上下之神是日月之神，非天地之至贵者也。《典瑞》云圭璧以祀日月，故此上圭、下璧是日月之神也。注又云："设玉者，刻其木而著之[③]也。"必知刻木著之者，以其非置于坐，以礼神于[④]上下，犹南北刻木安中央为顺，余四玉刻木著于四方亦顺，故知义然也。旧《图》云："方明者，四方神明之象，用槐为之[⑤]。"

【校释】

①《觐礼》：《仪礼》篇名，记述诸侯于秋天觐见天子的礼仪。

②方明：方四尺之木与玉器合成之礼器，用于古代诸侯朝见天子、会盟或天子祭祀。

③刻其木而著之：指方明六面所设之玉均是分别刻六面之木而镶嵌上去。

④神于：宋本、《丛刊》本原倒作“于神”，兹据《四库》本校乙。

⑤用槐为之：方明是用槐木制成的。

方明坛

案《觐礼》："诸侯觐于天子，为宫方三百步，四门，坛十有二寻，深四尺，加方明于其上。"注云："宫谓壝[①]土为埒[②]，以象墙壁[③]也。"以宫方三百步，则筑坛于国外[④]也。故《司仪[⑤]职》注云："合诸侯，谓'有事而会，不协而盟'[⑥]，为坛于国外以命事。若天子春帅诸侯[⑦]拜日于东郊，则为坛于国东；夏礼日于南郊，则为坛于国南；秋礼山川丘陵于西郊，则为坛于国西；冬礼月与四渎于北郊，则为坛于国北。既拜礼而还，加方明于坛上而祀焉，所以教尊尊[⑧]也。"言天子亲自拜日、礼月之等是尊尊之法，教诸侯已下尊敬在上者也。八尺曰寻，则方九十六尺。深谓高也，从[⑨]上曰深。又《司仪》云："为坛三成[⑩]。"成犹重也。三重者，自下差[⑪]之为三等，而上有堂焉。上方二丈四尺。上等、中等、下等，每等两厢各十二尺，共二丈四尺，三等则总七丈二尺。通堂上二丈四尺，合为九丈六尺也。一等为一尺，发地一尺，上有三成，每成一尺，三成为三尺，总四尺。则诸侯各于等奠玉，降拜，升成拜[⑫]，明臣礼也。然则公奠玉于上等，降拜于[⑬]中等，侯伯奠玉于中等，降拜于下等，子男奠玉于下等，降拜于地。及升成拜，皆于奠玉之处。升成拜者，初奠玉降拜时，王使人辞不拜，臣乃升而拜，是成前拜也，故云升成拜。臣当⑭降拜者，皆降于地，升成拜于奠玉之处也。

【校释】

①壝（wěi）：有矮墙的祭坛。

②埒（liè）：矮墙。

③壁：宋本原讹为“璧”，兹据《仪礼·觐礼》郑玄注与《丛刊》本、《四库》本校改。

④筑坛于国外：在都城之外建筑祭坛。国，国都。

⑤司仪：《周礼》秋官大司寇之属官，职掌摈相之礼。

⑥有事而会，不协而盟：此为《左传·昭公三年》之文。意谓诸侯间有事则相会，出现了不和睦、相冲突的情况则举行盟会。

⑦帅诸侯：带领诸侯。帅，率，带领。

⑧尊尊：尊崇上帝、天子等值得尊崇的对象。前一“尊”字为动词，尊崇；后一“尊”字为名词，指值得尊崇的对象。

⑨从：通“纵”。

⑩为坛三成：将坛建造成三个等级的形式。成，重，等级，亦即下文之“等”。

⑪差：宋本原讹为“羌”，兹据《丛刊》本、《四库》本校改。

⑫升成拜：登坛一级而拜。成，即“为坛三成”之成，指祭坛的一级。

⑬于：《丛刊》本无此字。

⑭臣当：宋本原讹为“成可”，《丛刊》本原讹为“或可”，兹据《四库》本校改。

卷十二　匏爵图

匏爵
瓦甒（有盖）
蜃尊
概尊
散尊
大罍（有盖）
大璋瓒
中璋瓒
边璋瓒
方壶
圆壶
酒壶
瓮
疏勺
蒲勺
爵
觚
觯
角
散
觥
丰
棜
陈馔棜
禁
覆馔巾
篚（有盖）
筥
大筐
小筐
竹簋方（有盖）

匏爵

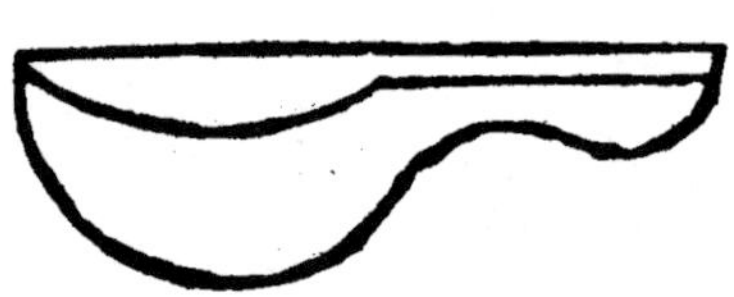

匏爵[①]，旧《图》不载。臣崇义案《梓人》[②]："为饮器，爵受壹升。"此匏爵既非人功所为，临时取可受壹升、柄长五六寸者为之。祭天地则用匏爵。故《郊特牲》云："大报天而主日，兆[③]于南郊，就阳位也。扫地而祭，于其质也。器用陶匏，以象天地之性也。"孔疏引郑注破之云：观天下之物，无可以称其德，故先燔[④]柴于坛，后设正祭于地，器用陶尊、匏爵而已。《周礼》"瓬人[⑤]为簋、豆[⑥]"，是陶器也。《士昏[⑦]礼》合卺，谓破匏为之，即匏爵也。又孔疏云：祭天无圭瓒酌郁之礼[⑧]，唯笾[⑨]荐麷、蕡、膴、鲍，豆荐血、腥、醓、醢[⑩]，瓦（大瓦甒[⑪]。）以盛五齐[⑫]，酌用匏爵而已。其匏爵，遍检三《礼》经注、孔贾疏义及《开元礼》、崔氏《义宗》[⑬]，唯言破匏用匏片为爵，不见有漆饰之文。诸家礼图又不图、说。但陶匏是太古之器，历夏殷周，随所损益，《礼》文不坠，以至于今。其间先儒不言有饰，盖陶者资火化而就[⑭]，匏乃非人功所为，皆贵全素自然，以象天地之性也。

【校释】

①匏爵：用匏所做的舀酒器。匏，葫芦的一种，剖开可做舀水或舀酒的瓢。

②梓人：《周礼·考工记》所载之职官。

③兆：界域，区域。这里用作动词，指确定祭坛的区域。

④燔（fán）：焚烧。

⑤瓬（fǎng）人：《周礼·考工记》所载之职官，职掌制造簋、豆以供祭祀。

⑥豆：古代食器，形似高脚盘。

⑦昏：宋本、《丛刊》本原讹为“冠”，兹据《四库》本校改。

⑧圭瓒酌郁之礼：以圭瓒舀郁鬯香酒的礼仪。圭瓒，以圭为柄的舀酒勺。郁，郁鬯，即以郁金香草酿成鬯酒。

⑨笾：祭祀或宴会时盛干食物的竹器。

⑩醯（xī）：醋。醢（hǎi）：肉酱。

⑪大瓦甒（wǔ）：大型的陶制酒器。按，“大瓦甒”三字原与正文并列。由于它们是对“瓦”的注解，因而改为注文形式。

⑫五齐（jī）：五种细切之冷菜。齐，通“齑”。

⑬崔氏《义宗》：指南北朝时梁桂州刺史崔灵恩所撰《三礼义宗》。

⑭资火化而就：指陶匏靠火烧制而成。资，凭借，依靠。

瓦甒（有盖）

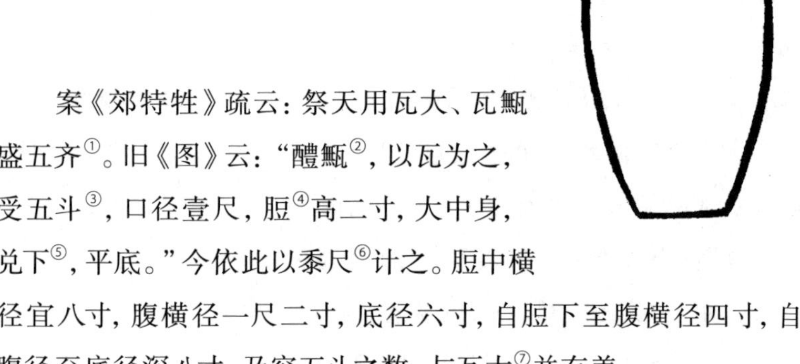

案《郊特牲》疏云：祭天用瓦大、瓦甒盛五齐①。旧《图》云："醴甒②，以瓦为之，受五斗③，口径壹尺，脰④高二寸，大中身，兑下⑤，平底。"今依此以黍尺⑥计之。脰中横径宜八寸，腹横径一尺二寸，底径六寸，自脰下至腹横径四寸，自腹径至底径深八寸，乃容五斗之数，与瓦大⑦并有盖。

【校释】

①祭天用瓦大、瓦甒盛五齐：这句文字不见于今本《礼记·郊特牲》孔疏之中，而今本《礼记·礼器》孔疏中却有类似文字。瓦大，陶制酒器，与瓦甒同属尊类酒器。"瓦大"之名始见于《仪礼·燕礼》："公尊瓦大两，有丰。"郑玄注曰："瓦大，有虞氏之尊也。"

②醴甒：盛醴酒之甒。甒为古代盛酒的有盖瓦器，口小，腹大，底小。

③受五斗：容量为五斗。

④脰：颈部。

⑤兑下：指甒的下部较中腹部细小。“兑”，《四库》本作“锐”。“锐”通“兑”。

⑥黍尺：指以“黍”作为量度基本单位的尺。一黍为一分，十分为一寸，十寸为一尺。

⑦大：宋本原讹为“太”，兹据《丛刊》本、《四库》本校改。

蜃尊

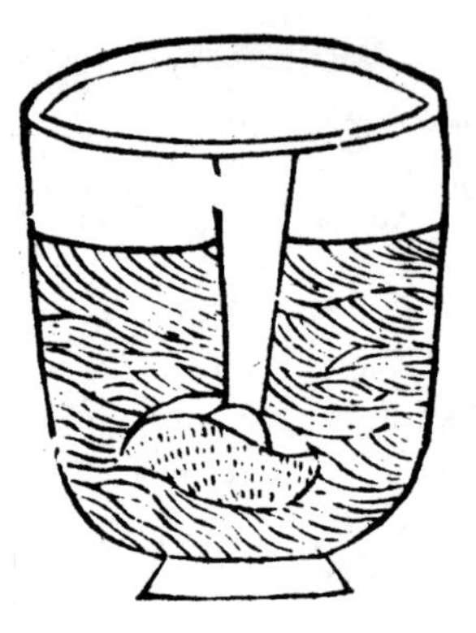

蜃尊[①]、概尊[②]、散尊[③]，阮氏并不图载[④]。此三尊名饰虽殊，以义例皆容五斗，漆赤中[⑤]者。臣崇义案《周礼·鬯人》云："庙用脩[⑥]，（音卣。）凡山川四方用蜃，凡埋事用概[⑦]，凡疈（孚逼反。）事用散[⑧]。"后郑云：卣、蜃、概、散，皆漆尊，画为蜃形。蚌曰含浆[⑨]，尊之象也。卣，中尊也[⑩]。谓献、（音素何反。）象之属[⑪]。然概中尊，皆容五斗。其蜃、概、散等，又列于中尊之下，与卣同曰漆尊，故知皆受五斗。今以黍寸之尺计之，口径一尺二寸，底径八寸，足高一[⑫]寸，下径九寸，底至口上下中径一尺五分，乃容五斗之数。（此蜃尊既旧无图载，未详蜃状。有监丞李佐尧家在湖湘，学亦该览，以职分谘访，果得形制。）

【校释】

①蜃尊：腹部画蜃形的酒尊，容量为五升。也单称蜃。蜃，本义为大蛤。"尊"，宋本、《丛刊》本原讹为"樽"，兹据《四库》本校改，下"蜃尊"同。"樽"通"尊"。

②概尊：酒尊名，容量为五升，黑漆，中腹系有朱带。"尊"，《丛

刊》本作“樽”。

③散尊：酒尊名，容量为五升，无纹饰。“尊”，《丛刊》本作“樽”。

④阮氏并不图载：意谓阮谌《三礼图》均不记载。

⑤漆赤中：以朱漆画其中间部分。

⑥庙用脩：始祔之祭用卣（yǒu）。庙，此谓始祔之祭，非吉祭九献之礼。脩，通“卣”，古代酒器，多为椭圆口，大腹，有盖和提梁。

⑦埋事用概：举行埋祭用概尊。埋，祭名，以牲、玉、帛埋于地以祭山林川泽。“埋”，也作“薶”或“貍”。

⑧疈（pì）（孚逼反）事用散：举行疈祭用散尊。疈，祭名，也叫“疈辜”，劈牲之胸，析其体以祭四方小神。注文“孚逼反”，是对“疈”字的注音，宋本、《丛刊》本原置于“事”字之后，兹据《四库》本校乙。

⑨蚌曰含浆：蚌别名含浆。因蚌壳内含肉而饶浆，故别名含浆。

⑩卣，中尊也：凡尊之属，分上、中、下三等：彝为上，卣为中，罍为下。

⑪献（音素何反）、象之属：献尊、象尊之类。献尊，六尊之一，即“牺尊”，为牺牛之形。象尊，六尊之一，为象形之尊。《丛刊》本无“音”字。

⑫一：《丛刊》本作“二”。

概尊[①]

形制、容受[②]如匴尊。臣崇义案《鬯人职》云："凡祼（音埋。）事用概[③]。"后郑云："概，漆尊以朱带者。"贾义云："概尊，朱带玄纁相对，既是黑漆为尊，以朱络腹[④]，故名概尊，取对概[⑤]之义也。"《大宗伯》云："貍（音埋[⑥]。）沉[⑦]，祭山林川泽。"后郑又云："祭山林曰貍，川泽曰沉。"然则貍沉之类，皆用概尊。

【校释】

①尊：《丛刊》本作"樽"。

②容受：指概尊的容量。

③祼（音埋）事用概：郑玄注认为这里的"祼事"当是"埋事"之误。按，祭山林曰"埋"、"薶"或"貍"，当用彝尊。故郑玄破"祼"（音灌）为"埋"。"概"，宋本原讹为"慨"，兹据《周礼·鬯人》与《丛刊》本、《四库》本校改。《丛刊》本"祼"字后无"音埋"二字注文，而于"概"字后插入双行小字注文"祼音埋"。

④以朱络腹：用朱带结于概尊之腹部。

⑤对概：疑当为"横概"之误。按，《周礼·春官·鬯人》贾公彦

疏云："既是黑漆为尊，以朱带落（络）腹，故名概。概者，横概之义。云'无饰曰散'者，以对概、扆、献、象之等有异物之饰，此无，故曰散。"聂氏当是涉贾公彦疏"散尊""以对概、扆、献、象之等"云云而误"横概"为"对概"。

⑥埋：宋本原讹为"狸"，兹据《丛刊》本、《四库》本校改。

⑦貍沉：埋牲、玉于地以祭祀山林叫做"貍"（埋），沉牲、玉于水以祭祀川泽叫做"沉"。

散尊[1]

形[2]制、容受如概尊。臣崇义案《鬯人职》云："凡疈事用散尊。"后郑云："散，漆尊无饰曰散。"贾义云："对概、蜃、献、象等四尊各有异物为饰，言此散尊唯漆而已，别无物饰，故曰散。"《大宗伯》云："疈辜[3]，祭四方百物。"后郑又云："疈，疈牲胸也。"贾疏云：此无正文，盖见当时疈磔牲体者，皆从胸臆疈析之。言此疈辜，谓披析牲体，磔禳及蜡[4]祭也。蜡祭百神与四方百物，是其一事。如此之类，乃用散尊。

【校释】

①尊：《丛刊》本作"樽"。

②《丛刊》本"形"前有"散尊"二字。

③疈辜：也称"疈事"，或单称"疈"，祭名，劈牲之胸，析其体以祭四方百物之神。

④蜡（zhà）：祭名，年终合祭农田诸神祇。

大罍（有盖）

大罍[①]有盖，祭社尊也。《鬯人》云："凡祭祀社壝，用大罍。"注："大罍，瓦罍也。"贾疏云："壝[②]，谓委土为墠[③]，墠内作坛而祭也，若三坛同墠之类。此经与《封人》及《大司徒》皆云'社壝'者，但直见外壝而言也。知大罍是瓦罍者，'瓬人'[④]为瓦簋，据外神，明此罍亦用瓦[⑤]，取质略之意。"

【校释】

①大罍：以陶土做成的酒尊，上有云雷之纹，用以祭社神。

②壝：有矮墙的祭坛。

③委土为墠（shàn）：用土堆积成平地，用于祭祀。委，堆积，聚集。墠，祭祀用的场地。除地而祭也叫做墠，即后世"封禅"的"禅"。

④瓬人：《周礼·考工记》所载之职官，职掌制造簋、豆以供祭祀。

⑤据外神，明此罍亦用瓦：古礼规定祭宗庙用木簋，祭天地外神用瓦簋，由于"社"为外神，故知祭社之大罍也为瓦罍。

大璋瓒[1]

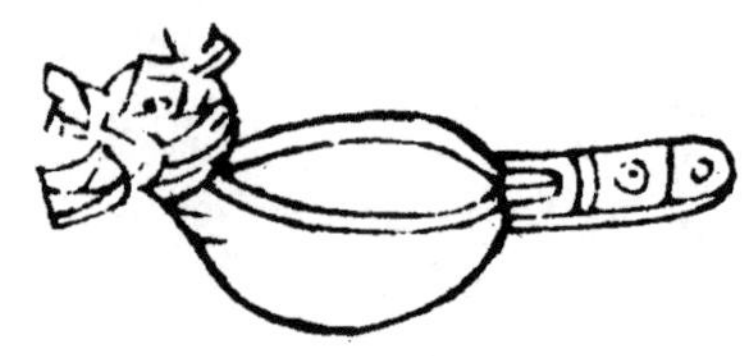

《玉人》云："大璋九寸，射四寸，厚寸。黄金勺[2]，青金外[3]，朱中[4]，鼻寸[5]，衡四寸[6]，有缫[7]。"注云：射，剡出者也。向上，谓之出。谓剡四寸半已上，其半已下加文饰焉。勺谓酒樽中勺也。鼻者，勺流也。凡流皆为龙口。衡，古文"横"，谓勺口径也。周天子十二年一巡守，所过大山川，礼敬其神，用黄驹以祈（九委反。）沉[8]，则宗祝[9]先用大璋之勺酌郁鬯以礼神[10]。臣崇义案：此经及疏并阮氏《图》并不言三璋各有文饰，惟后郑云大璋加文饰，中璋杀文饰，边璋半文饰，但解三璋得名大、中、边之义，都不言文饰之物。又案《易·文言》曰："云从龙，风从虎。"又《聘义》说玉之十德，其一曰："气如白虹，天也。"言玉之白[11]气，明天之白气也。然则璋瓒既以勺鼻为龙头，其二璋半已下皆宜瑑[12]云气以为饰。其祼圭[13]勺[14]已下亦宜瑑镂云气以饰之。若祭宗庙，王后[15]亚献[16]即执此璋瓒以祼尸[17]。后有故，则大宗伯执以亚祼[18]。

【校释】

①大璋瓒：以大璋为柄的舀酒器。

②黄金勺：以黄金（实为黄铜）为大璋瓒之勺。

③青金外：以青金（铅）涂于勺头之外。

④朱中：勺中以朱漆涂饰。

⑤鼻寸：瓒吐水之流口长一寸。鼻，指瓒吐水之流口，也叫龙头。

⑥衡四寸：瓒之横径为四寸。衡，通“横”。

⑦缫：绘有彩饰的玉器衬垫。

⑧祈沉：沉牲、玉于水祭祀川泽以祈福。沉，指沉牲、玉于水以祭祀川泽。

⑨宗祝：即大祝，职官名，为《周礼》春官大宗伯之属官，掌祭祀告神之赞辞。

⑩先用大璋之勺酌郁鬯以礼神：以大璋瓒舀郁鬯香酒以祭奠神。郁鬯，即以郁金香草酿成的鬯酒。

⑪白：宋本原讹为“曰”，兹据《丛刊》本、《四库》本校改。

⑫瑑：在玉器上雕刻纹饰。

⑬祼圭：圭瓒之柄。圭瓒为祀宗庙、飨宾客行祼礼之器。

⑭勺：《丛刊》本作“半”。

⑮王后：宋本、《丛刊》本原讹为“皇后”，兹据《四库》本校改。

⑯亚献：古代祭祀时需献酒三次，第二次献酒叫亚献。

⑰祼尸：祭祀时以圭瓒（或璋瓒）酌酒灌地以祭谓之“祼”。宗庙祭祀时对代表祖先受祭的尸行祼礼叫做“祼尸”。

⑱亚祼：行祼尸礼时，先由君执圭瓒祼尸，然后由太宰执璋瓒继续进行祼尸之礼，叫做“亚祼”。

中璋瓒

中璋九寸。其勺口径亦四寸。鼻射寸数，外内金色[①]，皆如大璋。其文饰则杀焉[②]。天子巡守所过中山川，杀牲以祈（九委反[③]。）沉，宗祝亦先用此中璋之勺酌酒以礼其神。今案阮氏、梁正《图》内三璋之勺[④]及裸圭所说节略，多不依经，故后人图画皆失形制。其圭勺之状有如书箭者，有如羹魁[⑤]两边有柄者。其三璋之勺则并无形状，惟画勺鼻为獐犬之首，其柄则画为雏尾[⑥]，皆不盈寸。二三纷缪，难以尽言。

【校释】

①色：宋本原作“也”，《丛刊》本作“色”，《四库》本作“饰”。按，宋人章若愚《群书考索》卷四四《礼器门·圭璧类》“中璋瓒”条作“色”。兹据《丛刊》本校改。

②其文饰则杀焉：意谓中璋瓒的纹饰较大璋瓒有所减杀。

③九委反：《丛刊》本无此三字注文。

④三璋之勺：指大璋瓒、中璋瓒和边璋瓒三种璋瓒的勺子。

⑤羹魁：汤匙，小勺。

⑥雏尾：小鸡尾巴。雏，小鸡。

边璋瓒[1]

边璋七寸。其勺口径亦四寸薄[2]。鼻射寸数，内外金饰，朱中，并同于大璋、中璋，唯文饰半于大璋之饰为别。天子巡守所过小山川，杀牲以祈（九委反[3]。）沉，则宗祝先以边璋之勺酌灌其神。三璋之勺形制并同圭瓒，但璋勺各短[4]小耳。又旧《图》三璋之下虽不言盘，有，可知[5]矣。其制亦同瓒，盘口径皆可六寸[6]。

【校释】

①边璋瓒：璋瓒之最小者，其璋柄仅长七寸，较大璋、中璋短二寸。

②薄：疑为衍文。

③九委反：《丛刊》本无此三字注文。

④短：《丛刊》本作"矩"。

⑤知：宋本、《丛刊》本无此字，兹据《四库》本校补。

⑥可六寸：大约为六寸。可，副词，大约。

方壶[1]

旧《图》云："方壶受一斛[2]，腹圆，足口皆方。"案《燕礼》云："司宫尊于东楹之西两方壶[3]，左玄酒[4]，南上[5]。"注云："尊方壶，为卿大夫士也。臣道直方。"故设此尊。旧《图》与下圆壶皆画云气。

【校释】

①方壶：宋本与《四库》本均列方壶于前、圆壶于后，而《丛刊》本则先列圆壶，后列方壶。

②受一斛：指能盛一斛酒，亦即有一斛的容量。

③司宫尊于东楹之西两方壶：司宫将两个方壶放置于堂上东楹的西边。司宫，职官名，掌寝庙中扫除、执烛等事。《仪礼·公食大夫礼》："司宫具几。"郑玄注："司宫，大宰之属，掌宫庙者也。"孔颖达疏："大宰之下有官人，掌宫中除污秽之事，即此司宫。"尊，动词，放置，《丛刊》本误为"樽"。

④玄酒：水。上古无酒醴，以水当酒，以其色玄，故谓之玄酒。

⑤南上：以南边为上位。按，众本均讹为"东上"，兹据《仪礼·燕礼》校改。

圆壶

旧《图》云："圆壶受一斛，腹方，口足皆圆，画云气。"又《燕礼》云："司宫尊士旅食[①]于门西两圆壶。"郑意[②]以士旅食者用圆壶，变于卿大夫用方壶也。旅，众也。士众食者未得正禄[③]，所谓庶人在官者，谓府史胥徒[④]也。士大夫已上皆得正禄。则《王制》云：下士九人禄，中士倍下士，上士倍中士，下大夫倍上士之等[⑤]，皆是正禄。此云未得正禄[⑥]，所谓《王制》文云："庶人在官者，其禄以是为差。"谓府八人禄，史七人禄，胥六人禄，徒五人禄，皆非正禄，号为士旅食者也。

【校释】

①士旅食：指虽已入官而未得正禄的庶人。旅，众。食，俸禄。众食，指一般众人的俸禄。

②意：《丛刊》本作"义"。

③正禄：指正式的士大夫以上身份的贵族阶层所得到的俸禄。

④府史胥徒：四者均为在官中或贵族家中服役之未得正禄之官吏。府为掌府库财物之官，如《周礼·天官》有内府、外府及玉府，《地

官》有泉府等。史为在王或诸侯身边掌管卜筮、记事等事务之官。胥是指王宫或官府中以才智服各种杂役的小吏。徒指在王宫官府或贵族家中服劳役者。

⑤下士九人禄，中士倍下士，上士倍中士，下大夫倍上士之等：此为约引《礼记·王制》之文意。意为下士食可供养九人之俸禄，中士食可供养十八人之俸禄，上士食可供养三十六人之俸禄，下大夫食可供养七十二人之俸禄，等等。

⑥未得正禄：宋本原脱此四字，兹据《丛刊》本、《四库》本校补。

酒壶

旧《图》云："酒壶受一斛，口径尺，足高二寸，径尺，反爵[①]，著壶漆，赤中，有画饰。"《礼》文经注无此形制。臣崇义案昭二十五年《公羊传》云："齐侯唁公于野井，国子执壶浆。"何休云：壶，礼器。腹方口圜曰壶。反之曰方壶[②]，有爵饰。盖此壶也。又疏云：谓刻画爵形，以饰壶体。今以黍尺计之，上下空径一尺四寸，方横径一尺一寸强，乃容一斛之数。

【校释】

①反爵：将爵反过来，倒扣着放置。

②反之曰方壶：与腹方口圆相反者叫方壶。

瓮

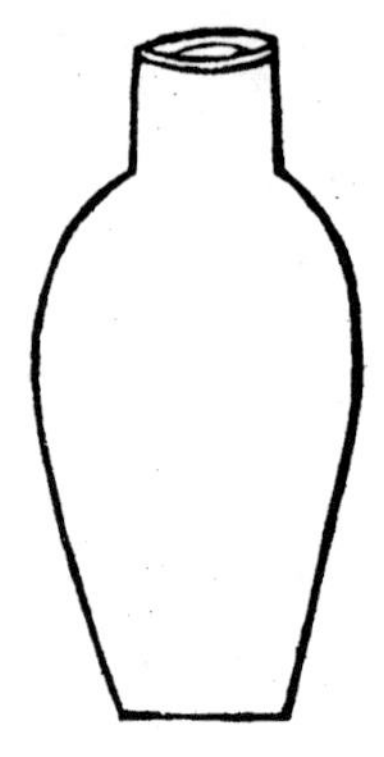

旧《图》云："瓮以盛醯醢，高一尺，受二斗。"案《醯人》[①]、《醢人》[②]云："王举则供醢六十瓮"、"供醯六十瓮"。致饔[③]饩[④]于"宾客之礼"，"供醢五十瓮"，"供醯五十瓮"。是盛醯醢也。今以黍寸之尺计之，口径六寸五分，腹径九寸五分，底径六寸五分，高一尺，腹下渐杀六寸。

【校释】

①醯人：《周礼》天官冢宰之属官，职掌醋腌食物，以供王祭祀。

②醢人：《周礼》天官冢宰之属官，职掌肉酱类食物，以供王祭祀。

③饔（yōng）：熟肉，或已宰杀的牲口。

④饩（xì）：活的牲口。

疏勺

旧《图》云："疏勺[1]长三尺四寸，受一升，漆赤中，丹柄端。"臣崇义详此疏勺，亦宜如疏枇[2]，通疏刻画云气饰其柄。

【校释】

①疏勺：酌酒浆之器具。因其刻镂雕饰，故名疏勺。疏，刻镂。

②疏枇（bǐ）：柄上刻镂纹饰的大木匙。枇，大木匙。

蒲勺

旧《图》云："蒲勺[①]头如凫头。"《明堂位》曰："周以蒲勺。"注云："疏，通刻其头。蒲，合蒲如凫头[②]。"今以黍尺计之，柄长二尺四寸，口纵径四寸半，中央横径四寸，两头横径各二寸，深一[③]寸，受一升。挹[④]酒及亚献已下罍[⑤]水，其龙勺[⑥]。则郁勺[⑦]制度皆同此，不重出。

【校释】

①蒲勺：酌酒浆之器具。勺头刻蒲草，故名。

②合蒲如凫头：孔颖达疏引皇侃曰："蒲谓合蒲，当刻勺为凫头，其口微开，如蒲草本合而末微开也。"

③一：《丛刊》本作"二"。

④挹（yì）：舀，汲取。

⑤罍（léi）：古代盛酒器，也用以盛盥洗用水。罍水，指盥洗用水。

⑥龙勺：酌酒浆之器具。因刻有龙形纹饰，故名。

⑦郁勺：用于舀郁鬯酒的器具。前述蒲勺、疏勺、龙勺均属郁勺。

爵[1]

刻木为之，漆赤中。爵，尽也，足也[2]。旧《图》亦云："画赤云气，余同玉爵之制[3]。"

【校释】

①爵：饮器。容一升。以其形如雀（"爵"通"雀"），故名。木制，也有青铜或玉制者。亦为饮酒器之通称。

②尽也，足也：此乃聂氏引《韩诗》之说以声训方式释"爵"之取义，意谓"爵"字提示饮者注意"尽"、"足"。

③余同玉爵之制：意谓木爵除了"画赤云气"之外，在形制上与玉爵相同。

觚

旧《图》云："觚[1]锐下，方足，漆赤中，画青云气通饰其卮[2]。"又觚者，寡也[3]，饮当寡少也。二升曰觚，口径四寸，中深四寸五分，底径二寸六分，今圆足。下至散[4]，皆依黍尺计之。

【校释】

①觚（gū）：古代饮酒器，长身侈口，细腰圈足，口底呈喇叭形，容二升（或曰三升）。

②卮（zhī）：古代饮酒器。这里指觚的主体部分。

③觚者，寡也：此乃聂氏引《韩诗》之说以声训方式释"觚"之取义，意谓"觚"字提示饮者注意少喝。

④散：古代饮酒器，容五升。详见下。

觯

《礼器》曰："尊者举觯[①]。"注云："三升曰觯。"口径五寸，中深四寸强，底径三寸。旧《图》云："凡诸觞[②]皆形同，升数则异。"孔疏云："觯者，适也[③]。饮当自适。"

【校释】

①觯（zhì）：古代饮酒器，容三升，木制，亦有青铜制者。

②觞（shāng）：饮酒器，酒杯之通称。

③觯者，适也：此亦为以声训方法说明"觯"的含义，意谓"觯"字取义于"自适"（"觯"与"适"古音相近）。

角[1]

旧《图》云："其制如散。"孔疏云："角，触也。不能自适，触罪过也。"《礼器》云："卑者举角[2]。"注云："四升曰角。"口径五寸，中深五寸四分，底径三寸。又《特牲馈食礼》曰："主人洗角，升酌，酳尸[3]。"注云："不用爵者，下大夫也。"

【校释】

①角：古代饮酒器，形制如散。

②卑者举角：地位低者举角。

③酳（yìn）尸：古代举行宗庙祭祀时，代表祖先受祭者称为尸。奉酒让尸食毕后以酒漱口称为酳尸。

散

旧《图》云[①]："散似觚。"孔疏云："散者，讪也[②]。饮不自节，为人谤讪也。总名曰爵，其实曰觞[③]。觞[④]者，饷也[⑤]，馈饷人也。然唯觥[⑥]不可言觞[⑦]。何者？觥罚不敬。觥，廓也[⑧]。君子有过，廓然明著，非所以饷也。"《礼器》注云："五升曰散。"口径六寸，中深五寸一分强，底径四寸。

【校释】

①云：《丛刊》本无此字。

②散者，讪也：此亦为以声训方法说明"散"的含义，意谓"散"字取义于"讪"，提醒饮者注意如果饮酒不自制，会被人谤讪。

③④⑦觞：宋本、《丛刊》本原讹为"觥"，兹据《礼记·礼器》孔颖达疏与《四库》本校改。

⑤觞者，饷也：此亦为以声训方法释"觞"之取义，认为"觞"有"饷"意。按，觞，本义为饮酒器，酒杯之泛称。又用为动词，意谓以酒饮人。饷，本义为送饮食给田间耕作者食用。

⑥觵(gōng):兽形饮酒器,也泛指酒杯。

⑧觵,廓也:此亦为以声训方法释“觵”之取义,认为“觵”之命名取于“有过,廓然明著”之意。

觥

案《周南风》[①]云："我姑酌彼兕觥[②]。"传云："兕觥，角爵也。"笺云："觥，罚爵也。"孔疏云：兕似牛，一角，青色，重千斤。以其言兕，必用兕角为之。觥者，爵名，故云角爵。毛云"兕觥，角爵[③]"，言其体也。郑言"觥，罚爵"，解其用也。言兕，表用其角[④]。言觥，以显其罚。二者相挟为义焉。旧《图》云：觥大七升，以兕角为之。先师说云：刻木为之，形似兕角。盖无兕者，用木也。疏云：觥亦五升，所以罚不敬。又许慎谨案：觥罚有过，一饮而尽，七升为过多也。由此言之，则觥是爵、觚、觯、角、散之外别有此器。故《礼器》曰："宗庙之祭，贵者献以爵，贱者献以散；尊者举觯，卑者举角。"《特牲》二觚、二爵、四觯、一角、一散，不言觥。然则觥之所用，正礼所无，不在五爵之例。

【校释】

①周南风：指《诗经》国风的"南风"部分。以下所引诗句出于《诗经·周南·卷耳》。《四库》本于"周南风"三字之前加"诗"字，《丛刊》本于"风"前加"国"字。

②兕觥：兕角做成的饮酒器。兕，兽名，似犀牛，毛青色，皮坚厚，可制甲，有一角，可制酒器。

③爵：宋本原作“雀”，兹据《诗经·周南·卷耳》毛传与《丛刊》本、《四库》本校改。

④言兕，表用其角：之所以称其为兕觥，表明它是以兕角做成的。

丰

旧《图》引《制度》云："射罚爵之丰，作人形。丰，国名，其君坐酒亡国，载杅[①]以为戒。"张镒引《乡射·记》云："司射适堂西，命弟子升，设丰。"注云："设以承其爵。丰制，盖象豆而卑[②]。"郑注《乡射》与《燕礼》义同，以明[③]其不异也。《制度》之说，何所据乎？且圣人一献之礼宾主百拜，此其所以备酒祸也。岂独于射事而以亡国之丰为戒哉？恐非也。其丰制度，一同爵坫[④]，更不别出。

【校释】

①杅（yú）：同"盂"。盛汤浆等饮食的器皿。

②丰制，盖象豆而卑：意谓"丰"的形制，大概与豆相似而低矮一点。卑，低，矮。

③明：宋本、《丛刊》本原讹为"相"，兹据《四库》本校改。

④爵坫：反爵之坫，即设于堂上两楹间用以放置酒杯（爵）的土台。

棜

案《特牲馈食礼》[①]云："棜[②]在其南，实兽于其上[③]，东首。"注云："棜之制，如今木舆，上有四周，下无足。兽，腊[④]也。"《玉藻》云："大夫侧尊[⑤]用棜。"则《特牲》又用承兽矣。旧《图》云："棜长四尺，广二尺四寸，深五寸。画青云气、蔆苕华为[⑥]饰。"

【校释】

①《特牲馈食礼》：《仪礼》篇名。宋本原讹为"特牲馔食礼"，兹据《仪礼》与《丛刊》本、《四库》本校改。《丛刊》本"特"字前有一字空。

②棜（yù）：古代承放腊（xī）、馔或尊、彝的木制礼器，形如车舆（车箱），无足。

③实兽于其上：将腊肉放置于棜上。兽，指腊肉，兽的干肉。

④腊：干肉。

⑤侧尊：谓设尊只用酒醴，不用玄酒。《仪礼·士冠礼》："侧尊一甒醴在服北。"郑注曰："侧犹特也，无偶曰侧。置酒曰尊，侧者无玄酒。"

⑥为：宋本与《丛刊》本原脱此字，兹据《四库》本校补。

陈馔梡

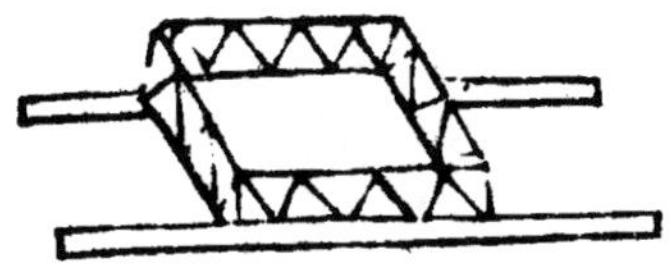

旧《图》云："陈馔梡[1]长七尺，广二尺四寸，深尺五寸，有阑笭[2]，画青云气、菱苕华为[3]饰。"

【校释】

①陈馔梡：专门放置馔食的梡。

②阑笭（líng）：用纵横交错的竹条做成的围栏。

③为：宋本与《丛刊》本原脱此字，兹据《四库》本校补。

禁

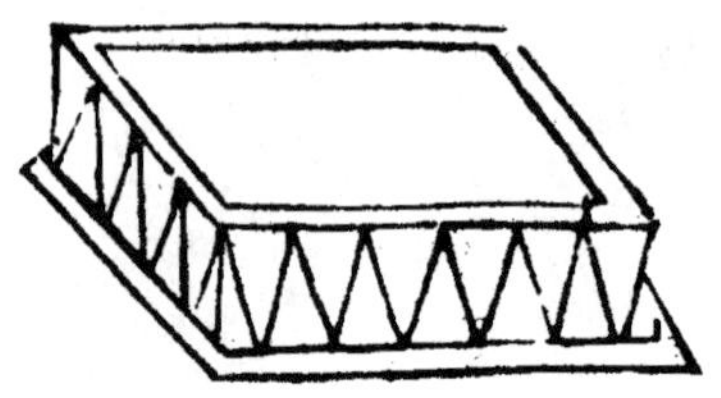

旧《图》云："禁[1]长四尺，广二尺四寸，通局足[2]高三寸，漆赤中，青云气，画蔆苕华饰刻其足，为褰帷之形。"《礼器》云："大夫士棜、禁。"孔疏云："大夫用棜，士用禁。"故《玉藻》云："大夫侧尊用棜，士侧尊用禁。"是也。又郑注《礼器》云："棜，斯禁[3]也。谓之棜者，无足，有似于棜，或因名耳。大夫用斯禁，士用棜禁，或时得与大夫通。言棜者，以其祭神尚厌饫[4]而已。"又《乡饮酒》云："房户间斯禁。"注云："斯禁，禁切地无足者。"此士大夫礼谓之斯禁也。棜是舆名，故《士丧礼》云："设棜于东堂下。"《特牲》注云：棜之制如今木舆，上有四周，无足。今大夫斯禁亦无足，似此木舆之棜。故周公制礼，或因名此斯禁为棜耳。故《少牢礼》云："司宫尊两甒于房户间，共棜。"是周公之时已名斯禁为棜也。又注云："棜无足。禁者，酒戒也。大夫去足改名，优尊者也[6]，若不为之戒然。"今士禁有局足，高三寸。但《礼》文棜、禁相参，而有足无足为异。

【校释】

①禁：置放酒尊的器具，有足。之所以取名为禁，有戒酒之意。

②局足：指禁之底盘及圈足。局，本义为棋盘，此指禁像棋盘的底盘。

③斯禁：亦名棜禁。置放酒尊之器具，无足。

④厌：通“餍”，吃饱。饫（yù）：吃饱，饱。

⑥大夫去足改名，优尊者也：大夫所用之禁去足，且改名为斯禁，蕴含着对大夫的优待尊崇之意。

覆馔巾

旧《图》云："覆馔巾[①]，士大夫以缁布赪[②]里，诸侯、天子以玄帛纁里。"

【校释】

①覆馔巾：覆盖食物的巾。馔，食物。

②赪（chēng）：浅红色。

篚

（有盖）

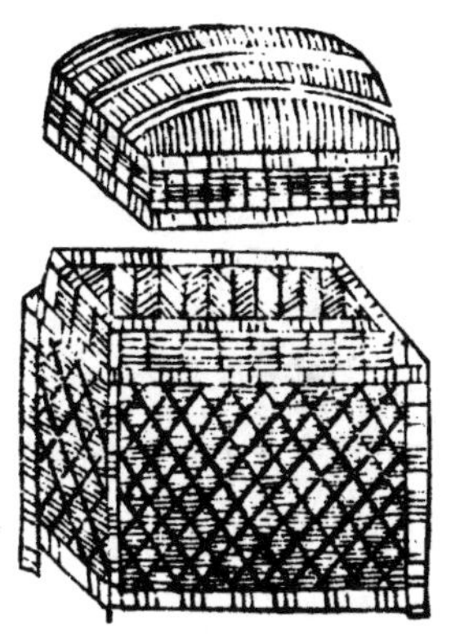

旧《图》云："篚[1]，以竹为之，长三尺，广一尺，深六寸，足高三寸，如今小车笭[2]。"臣崇义又案《士冠礼》云："篚实勺觯角柶[3]。"注云："篚，竹器，如笭者。"《少牢礼》亦云："勺爵觚觯实于篚。"又《乡饮酒·记》云：上篚有三爵。初，主人献宾及介[4]，又献众宾。献、酬讫[5]，乃以爵奠于上篚。又于上篚取他爵献工与笙，讫，乃奠爵于下篚。或有大夫来，乃于上篚取大夫爵而献大夫，讫，亦奠于上篚。又《燕礼》及《大射》说君、臣异篚。其单言篚者，臣篚也。言膳篚者，君篚也。注云："膳篚者，君象觚[6]所馔也。"此明非独君篚名膳，其觚亦用象饰也。又有玉币之篚。又《士虞礼》有盛食之篚，错于尸左[7]。尸饭[8]，播余于篚。古者饭用手，若吉时食，则播余于盖。又佐食以鱼猪肺脊，皆实于[9]篚。以此言之，篚[10]又有盖也。

【校释】

①篚：用于盛放器物的竹箱，方形，有盖。

②笭：车舆前后左右的竹制围栏。

③篚实勺觯角柶（sì）：篚中盛放勺觯角柶等物。实，盛放。柶，

古代礼器，形似匙，以角或其他材料制成，用以舀取食物。

④介：举行礼仪活动时的佐礼者，副手。

⑤献、酬讫：谓主人向客人敬酒与客人以酒回敬主人完毕。讫，完毕，完成。

⑥象觚：饮酒器，饰有象骨的觚。

⑦错于尸左：放置于尸的左边。错，通“措”，放置。

⑧尸饭，播余于篚：尸吃饭时，将剩余的放置于篚中。播，抛弃，放置。

⑨于：宋本原讹为“十”，兹据《丛刊》本、《四库》本校改。

⑩篚：宋本、《丛刊》本后衍“云”字，兹据《四库》本校删。

筥

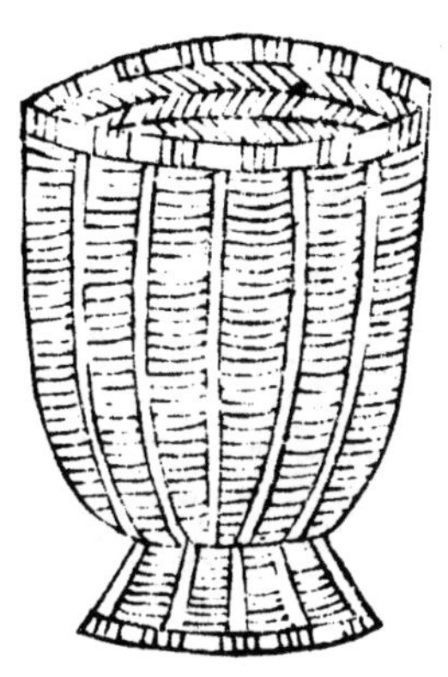

《采蘋》[①]诗传曰：圆曰筥[②]，受半斛。主君致饔饩[③]于宾与大夫、上介[④]，皆以筥盛米。故《聘礼》云："米百筥，筥半斛，设于中庭，十以为列，北上。黍粱[⑤]稻皆贰行，稷四行。"是也。

【校释】

①《采蘋》：《诗经·召南》诗篇名。

②筥（jǔ）：竹制圆形盛物器。

③饔饩（yōng xì）：指熟的与生的肉制食品。饔，指熟肉。饩，指活的牲口。

④上介：助宾客行礼者谓之介。礼盛者有上介、众介。

⑤粱：宋本原讹为"梁"，兹据《丛刊》本、《四库》本校改。

大筐

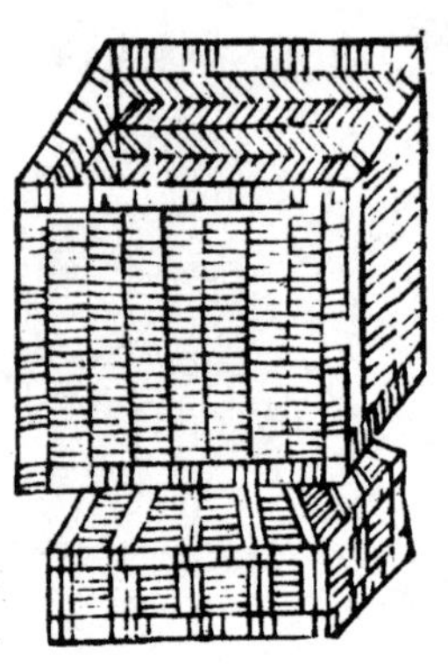

《诗·采蘋》传曰："方曰筐。"旧《图》说："筐受五斛。"案《聘礼》云："大夫饩宾大牢[①]，米八筐。"注云："陈于门外，黍粱[②]各二筐，稷四筐。"上介亦如之。众介皆少牢[③]，米六筐。注云："又无粱[④]也。"下《记》云："凡饩，大夫黍粱[⑤]稷筐五斛。"注云："谓大夫饩宾上介也。器寡而大，略也。"贾疏云：上经"米八筐"、"米六筐"不辨大小，故此《记》[⑥]辨之云"筐五斛"也。郑云"器寡而大，略也"者，以其君归饔饩于宾与大夫、介米百筥，而筥盛半斛，是器小而多也。以尊者所致以多器为荣。今大夫致礼于宾、介，惟八筐、六筐，而筐盛五斛，是器寡而大，略之于卑者也。

【校释】

①大夫饩宾大牢：大夫馈赠给主宾牛羊豕各一具。饩，赠送食物给人。大牢，即太牢，牛、羊、豕三牲各一具。

②④⑤粱：宋本原讹为"梁"，兹据《仪礼·聘礼》郑玄注与《丛刊》本、《四库》本校改。

③少牢：羊、豕二牲谓之少牢。

⑥记：宋本、《丛刊》本此字后原衍"之"字，兹据《四库》本校删。

小筐

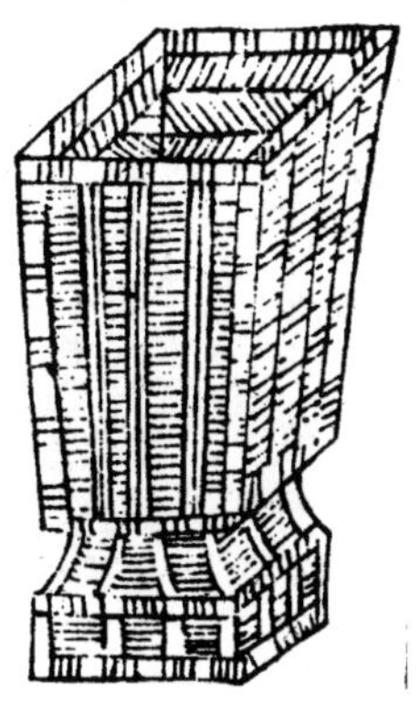

旧《图》云："以竹为之，受五斗，以盛米。或君致饔饩于聘宾[①]，杂筥以用之[②]。"

【校释】

①聘宾：代表诸侯聘问天子或其他诸侯的使者。

②杂筥以用之：与筥配合使用。

竹簋方（有盖）

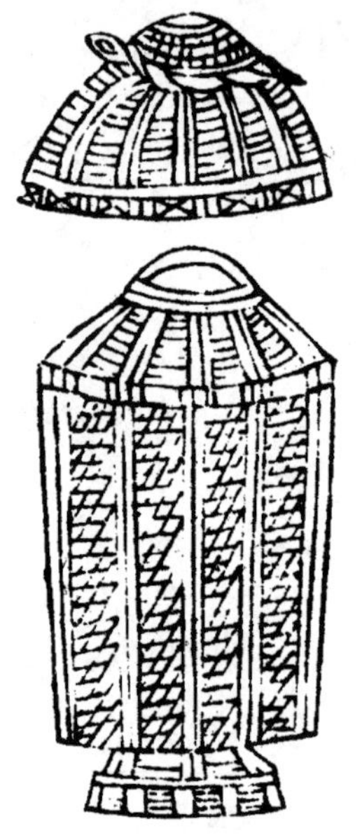

竹簋方[①]以盛枣栗。案《聘礼》云："夫人使下大夫以二竹簋方，玄被纁里，有盖。"注云："竹簋方者，器名也。以竹为之，状如簋而方，如今寒具筥[②]。"贾疏云："凡簋皆用木而圆，受斗二升。此用竹而方，故云如簋而方。受亦斗二升。如今寒具筥者，谓实以冬食，故云寒具筥。但筥圆而此方，以是为异。"案《玉人》云："案十有二寸，枣栗十有二列。"注云："王后劳朝诸侯[③]皆九列，聘大夫皆五列。则十有二列者，劳二王[④]之后也。"后劳法[⑤]有玉案，并有竹簋方以盛枣栗，加于案上，故彼引此为证。此谓诸侯夫人劳聘卿大夫，故无案，但有竹簋以盛枣栗[⑥]，执之以进。

【校释】

①竹簋（guǐ）方：盛食物的竹制器具，状如簋而方，故名。簋，古代盛食物的器具，圆腹圈足，二耳或四耳，以竹木、陶土或青铜制成。

②寒具管：汉代用以盛冬季食品的竹制圆筐。

③劳朝诸侯：酬劳朝见的诸侯。劳，慰劳，以宴会方式酬劳。

④王：宋本原讹为“玉”，兹据《考工记·玉人》郑玄注与《丛刊》本、《四库》本校改。

⑤后劳法：指王后酬劳朝聘者的规则。

⑥栗：宋本、《丛刊》本原脱此字，兹据《四库》本校补。

卷十三

鼎俎图

斛（量名）
釜
牛鼎
羊鼎
豕鼎
鼎幂
牛鼎扃
羊鼎扃
豕鼎扃
朼
疏匕
挑匕（上吐雕反，又音由）
毕
铏鼎（有盖）
铏柶
洗
洗罍
洗勺
盥盘（上音管）
匜
簋（有盖）
簠（有盖）
敦（音对，有盖）
豆（有盖）
笾
登（有盖）
笾巾
椀俎
嶡俎
椇俎[①]
房俎

【校释】

①椇俎：宋本原讹为“棋俎”，兹据《丛刊》本与《四库》本校改。

斛

斛[1]者，量名也。依法制曰嘉量[2]。案《汉书·律历志》云："本起于黄钟之龠[3]，（音籥。）以秬黍中者[4]千有二百实其龠。合龠为合[5]，十合为升，十升为斗，十斗为斛。五量嘉矣。其法用铜。"欲取同名，所以同天下、齐风俗也。深尺六寸二分[6]，内方尺，而圜其外，旁有庣[7]，（吐[8]雕反，量耳。）其上为斛，其下为斗，（其上，谓[9]仰斛也；其下，谓覆斛，谓斛底受一斗。）左耳为升，右耳为合，其状似爵，以縻爵禄[10]，（縻，散也。）圜而函方[11]，左一、右二[12]，阴阳之象也。（函音含。）其圜象规，其重二钧，（三十斤为钧[13]。）声中黄钟。始于黄[14]钟而反复焉[15]。君制器之象也。此与《周礼·栗氏》为鬴法制[16]颇同，而容受[17]各别。

【校释】

①斛：量器名，也为容量单位。古代以十斗为一斛。南宋末年改为五斗一斛。

②嘉量：指标准量器。

③龠：本为一种以竹管编成的乐器，似笛而短小，有三孔、六孔、

七孔之别，后用为容量单位。

④秬黍中者：中等大小的黑黍。秬黍，黑黍。

⑤合龠为合：众本原讹为“十龠为合”，兹据《汉书·律历志》校改。意谓两龠为一合。《广雅·释器》：“二龠为合。”

⑥分：宋本原脱此字，兹据《丛刊》本、《四库》本校补。

⑦庣(tiāo)：凹下或不满之处。

⑧吐：《四库》本作“时”。

⑨谓：《丛刊》本“谓”上有一字空。

⑩縻爵禄：分散、分发爵禄。縻，散，分散。

⑪圜而函方：外圆内方。圜，同“圆”。函，内部。

⑫右二：宋本与《丛刊》本原讹为“右一”，兹据《汉书·律历志》与《四库》本校改。

⑬钧：《丛刊》本“钧”上有“一”字。

⑭黄：宋本与《丛刊》本原讹为“其”，兹据《汉书·律历志》与《四库》本校改。

⑮反复焉：宋本与《丛刊》本脱此三字，兹据《汉书·律历志》与《四库》本校补。

⑯栗氏：宋本原讹为“粟氏”，兹据《周礼》改。鬴(fǔ)：同“釜”，古量器名，也用作量词。《周礼·陶人》：“为甗，实二鬴。”郑玄注：“六斗四升曰鬴。”

⑰容受：容量。

釜

釜，量名。容六斗四升曰釜，故以所容为名。案《周礼》："栗氏[①]为鬴。"贾疏云："谓量，金汁入模，以为六[②]斗四升之鬴。又晏子曰[③]：齐旧四量，豆、区[④]、釜、钟。四升为豆，而四豆为区，四区为釜，釜十则钟。"然则鬴即釜也。以金锡为之，与钟鼎同齐[⑤]，谓四分其金，而锡居其一。深尺，内方尺，积千寸[⑥]。于今粟米法少二升八十一分升之二十二。圜其外[⑦]，谓绕其口而圜之，又厚之以为唇耳在旁者，而可举也。旧《图》釜在毕[⑧]、洗[⑨]之间，都不言所设之由，又无尺寸之法，但云釜制度受三斛，或云五斛。既图之失处，而容受不定，未详据何制度有三、五或说。今据经传明文、贾郑义注，庶遵往式，有补将来。又案旧《图》有釜而无斛，但以二量之法互有异同[⑩]，原始要终[⑪]，相兼乃[⑫]备，故并图之于前，以为诸器之准。

【校释】

①栗氏：《周礼·考工记》所载之职官，负责制造量器。

②六：宋本原讹为"十"，兹据《周礼·考工记·栗氏》贾公彦疏与《丛刊》本、《四库》本校改。

③晏子曰：晏子为春秋时齐国大臣。其下引文出于《左传·昭公三年》。

④区（ōu）：古代齐国量器名。

⑤与钟鼎同齐（jì）：意为釜的合金成分与钟鼎一样。齐，通“剂”，指合金配方。

⑥积千寸：一千立方寸。

⑦圜其外：谓釜的外部为圆形。圜，同“圆”。

⑧毕：祭祀时用以通贯牲体的木叉。

⑨洗：古代承接盥洗弃水的器皿，形似浅盆。

⑩异同：宋本原讹为“二用”，兹据《丛刊》本、《四库》本校改。

⑪原始要终：探究事物的本末。

⑫乃：宋本、《丛刊》本原讹为“仍”，兹据《四库》本校改。

三鼎序[①]

案《聘礼》云："饪一牢[②]，鼎九，设于西阶前。"九鼎者，牛一，羊二，豕三，鱼四，腊五，肠胃同鼎六，肤[③]七，鲜鱼八，鲜腊九。设扃幂[④]。今谓牛羊豕三鼎有图，各自象其形。自鱼腊已下，并无其制，以其物之细杂，无所象故也。盖所用者常鼎而已。又旧《图》"瑚琏"[⑤]及"牟"[⑥]形制、容受与簠[⑦]簋相同。且瑚琏，夏殷之礼器。其牟在《礼记·内则》，是人之用器。图制既同，今略而不出。

【校释】

①三鼎序：宋本与《四库》本无此三字，且把以下这段文字与上面"釜"条解说文字连在一起。兹据《丛刊》本，将这段文字作为以下牛、羊、豕三鼎的序言独立为一段，且加上"三鼎序"小标题。

②饪：煮熟。一牢：牛羊豕三牲为一牢。

③肤：切细的肉。

④扃（jiōng）：鼎上贯通两耳的横杠，用以抬鼎。幂（mì）：用来覆盖食物的巾（或草帘）。此指覆盖鼎中食物的布巾。

⑤瑚琏：盛黍稷的宗庙礼器。

⑥牟：釜属器皿，通“鍪”。《礼记·内则》：“敦、牟、卮、匜。”《释文》曰：“齐人呼土鍪为牟。”

⑦簠(fǔ)：古代长方形的盛食物的竹器。

牛鼎

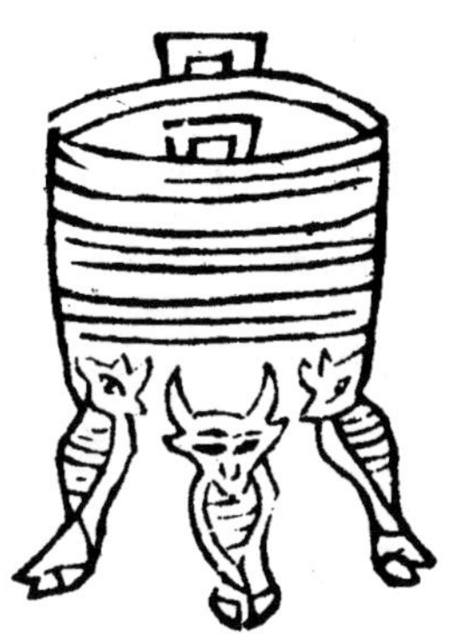

牛鼎[①]受一斛。天子饰以黄金，诸侯饰以白金。今以黍寸之尺计之，口径、底径及深俱一尺三寸。三足如牛，每足上以牛首饰之。羊、豕二鼎亦如之。此所谓周之礼，饰器各以其类之义也。

【校释】

①牛鼎：鼎为盛牲之器具，三足两耳。牲烹于镬，熟乃升于鼎，和其味。食时从鼎中取出牲体，载于俎。其初，鼎或既为烹饪之器，又兼作盛器，后乃专为盛牲之器。“牛鼎”为以牛首饰足之鼎，用来盛牛，天子诸侯用之。

羊鼎

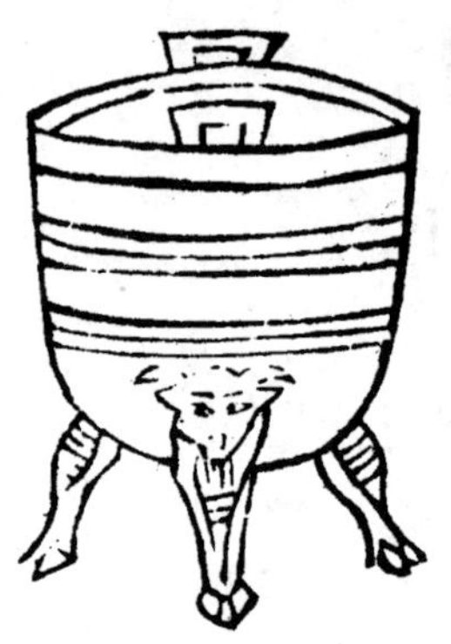

羊鼎[①]受五斗[②]。大夫亦以铜为之，无饰。今谓大夫祭用少牢，故无牛鼎[③]。今以黍寸之尺计之，口径、底径俱一尺，深一尺一寸。

【校释】

①羊鼎：以羊首饰足之鼎，用来盛羊，大夫用之。

②斗：宋本原讹为“升”，兹据《丛刊》本、《四库》本校改。

③大夫祭用少牢，故无牛鼎：由于大夫祭祀时只用少牢（羊、豕二牲），不用牛，所以不用牛鼎。

豕鼎

豕鼎[①]受三斗[②]。口径、底径皆八寸，深九寸强。士以铁为之，无饰。今谓士祭用特牲[③]，故无羊鼎。或说三牲之鼎俱受一斛。案下有牛、羊、豕鼎扃，长短不同，鼎宜各异，或说非也。

【校释】

①豕鼎：以豕首饰足之鼎，用来盛豕，士用之。

②斗：宋本、《丛刊》本原讹为“升”，兹据《四库》本校改。

③特牲：即一豕。凡牲，一牲为特，二牲为牢。

鼎幂[1]

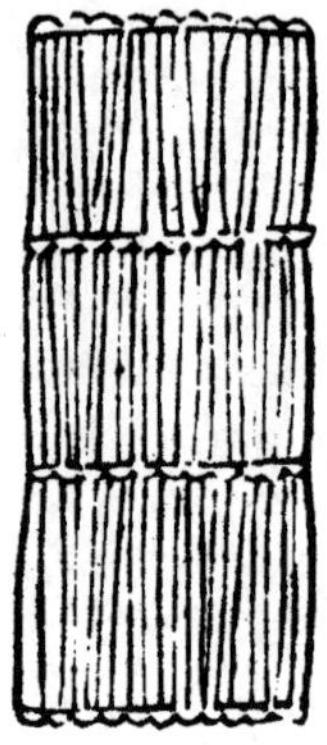

案《公食大夫礼》云：“幂者，若束若编。”注云：“凡鼎幂，盖以茅为之。长则束本[2]，短则编其中央。”此盖令其致密不泄气也。

【校释】

①鼎幂：用茅草编织成的用来覆盖鼎中食物的帘状物。后也有用布巾做成的鼎幂。

②长则束本：如果茅草较长，则编束茅草的根部。

扃[1]以举鼎。郑注《匠人》云：“牛鼎之扃长三尺，羊鼎之扃长二尺五寸，豕鼎之扃长二尺。漆丹两端各三寸[2]。天子以玉饰两端[3]，诸侯以黄金饰两端，亦各三寸。（丹饰。）

【校释】

①扃：鼎上贯通两耳的横杠，用以抬鼎。

②漆丹两端各三寸：鼎扃的两端三寸之处均漆成丹色。

③端：《丛刊》本作“头”。

朼

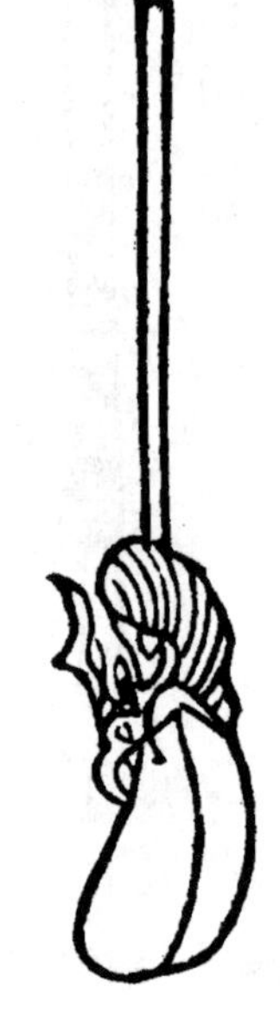

《杂记》云："朼[①]以桑，长三尺。"注云："朼，所以载牲体者也。丧祭用桑，吉则用棘。"孔疏引《特牲·记》曰："匕也。"旧《图》下别有"刻匕"[②]，是其重[③]也。既非法制，今亦略而不图。

【校释】

①朼：也作"匕"，从鼎中取牲体之具，亦为取饭食之具。平常所用者以棘木制成。丧事所用者以桑木制成。《杂记》所谓"朼以桑"，就是说丧事所用的朼是以桑木做成。

②刻匕：当即为下文所述"刻匕"。

③重：重复，又一种。

疏匕[1]

《有司》[2]云："雍人[3]合执贰俎，陈于羊俎西，并皆西缩[4]；覆贰疏匕于其上，皆缩俎[5]，西枋[6]。"（音柄。）注云："疏匕，匕柄有刻饰。"贾疏云：以其言，疏是疏通刻之，若疏屏[7]之类。郑注"疏屏"，以为刻画云气虫兽。此唯刻画云气通饰其柄。旧《图》："疏匕亦形如饭椠[8]，（音锹。）以棘为之。长二尺四寸，叶长八寸[9]，博三寸。其柄叶通疏，皆丹漆之。"案"挑匕[10]"注云：此亦浅升为之[11]，通疏其叶，似失之矣。亦丹浅升并云气为是。

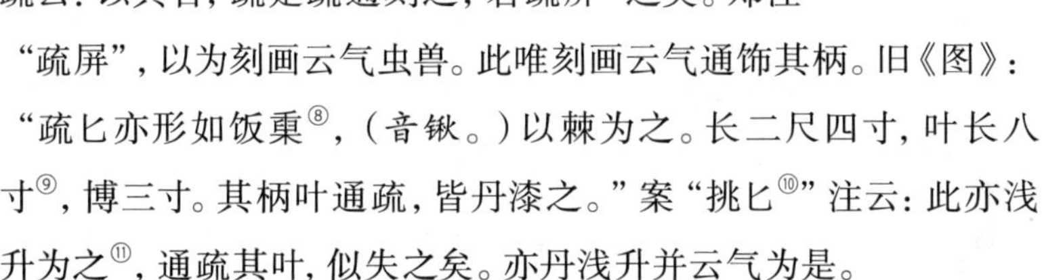

【校释】

①疏匕：用以挹取羹湆（qì，羹汁）的器具，即大羹匙。

②《有司》：《仪礼·有司彻》。

③雍人：周代宫中掌烹调之官。

④西缩：指东西向放置。缩，纵向，指顺着某一方向。

⑤缩俎：纵向放置于俎上，也即顺着俎的方向放置于其上。

⑥西枋（bǐng）：匕柄朝西。枋，通"柄"，器物的把。

⑦疏屏：屏为置于路门之内的屏风，或以木为之，刻以云气鸟兽，故谓之疏屏。疏，刻镂。

⑧饭枼（qiāo）：羹匙之类的吃饭用具。

⑨叶长八寸：疏匕头长八寸。叶，指匕、勺之类器具的大端，即勺头部分。

⑩挑匕：一种用以挹取羹湆的器具。参见下条。按，“匕”，宋本原讹为“巳”，兹据《丛刊》本、《四库》本校改。

⑪浅升为之：意谓疏匕之首为一浅形升状物。升为容量单位，也为容酒之具。

挑匕[1]（吐雕反，又音由）

《有司》云："司[2]马在羊鼎之东，二手执挑匕枋，（音柄。）以挹湆，注于疏匕[3]。"注云："挑谓之卧[4]，读如'或舂或抌'[5]之'抌'。（音由）。字或作'挑'者，秦人语也。注，写也[6]。"郑意以疏匕[7]、挑匕皆[8]有浅升，状如饭枆。（音锹。）挑，长柄，可以杼[9]物于器中者也。杼[10]，（直吕反。）取也，挹也[11]。又引《诗》"或舂或抌"，今《诗》"抌"作"揄"。（音由。）笺云："舂而杼[12]出之。"彼笺、此注以杼[13]为取挹，两义无差。旧《图》："挑匕，漆柄末及浅升中[14]，皆朱柄，叶长短广狭与疏匕同。"

【校释】

①挑匕：也作"桃匕"，一种挹取羹湆的器具，柄较疏匕为长，用以从鼎中舀取羹汁后再倒入疏匕之中。

②司：宋本原脱此字，兹据《仪礼·有司彻》与《丛刊》本、《四库》本校补。

③注于疏匕：倒入疏匕之中。注，倒入，灌入。

④臿（chā）：也作“锸”，铁锹。

⑤或舂或抗（yǎo）：此为郑注所引《诗经·大雅·生民》之诗句的古文写法，今文作“或舂或揄”。陈奂疏曰：“抗即‘舀’之或字。《毛诗》作‘揄’者，为假借字。”“抗”，宋本作“扰”，《丛刊》本作“扰”，《四库》本作“抗”，均误，兹据《周礼·地官·叙官·舂人》与郑注校改。

⑥注，写也：此为郑注以“写”释“注”。按，“写”通“泻”，排放、倾泻之意。

⑦匕：宋本原讹为“上”，兹据《丛刊》本、《四库》本校改。

⑧皆：宋本、《丛刊》本原讹为“昔”，兹据《四库》本校改。

⑨⑩⑫⑬杼：通“抒”，挹取。

⑪取也，挹也：宋本、《四库》本为小字注文，兹据《丛刊》本改作单行大字正文。

⑭漆柄末及浅升：柄末端与匕头中间部分均以漆涂饰。浅升，指浅升状之挑匕头。

毕

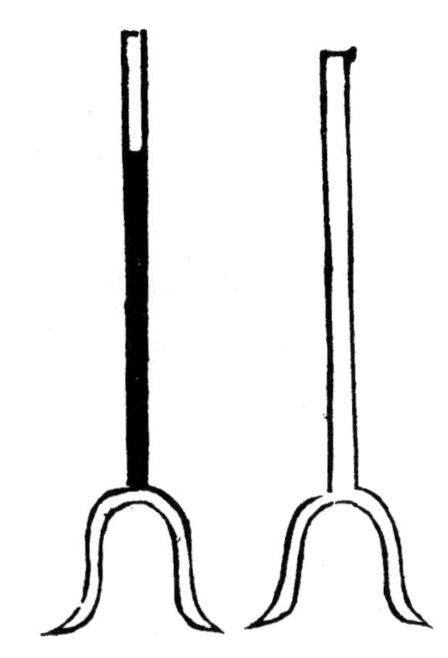

《杂记》云："毕[①]用桑，长叁尺，刊[②]其柄与末。"孔疏云："主人举肉之时，以毕助主人举肉也。用桑者，亦谓丧祭也。吉时亦用棘。末谓毕叉，末头亦刊削之也。"又《特牲礼》[③]云："宗人执毕，先入。"郑云："毕状如叉，盖为形似毕星[④]，故名焉。"旧《图》云："叶博三寸，中镂去一寸，柄长二尺四寸，漆其柄末及两叶[⑤]，皆朱。"臣崇义案毕、朼[⑥]二制，《礼》有明文，丧祭用桑，取其同名，表有哀素；吉祭用棘，取其赤心，尽其至敬。盖圣人制礼有以故，兴物者如此之深也。今若以毕、朼二物桑之与棘皆漆而丹之，则亡哀素之情，遐弃赤心之敬，既无所法，实谓不经[⑦]。今亦并图于右，冀择而用之。

【校释】

①毕：叉取牲体之具，状如叉。丧祭之毕，以桑木制成；吉祭之毕，以棘木制成。

②刊：砍，削。

③《特牲礼》：指《仪礼·特牲馈食礼》。宋本、《丛刊》本原讹为“郊特牲”，兹据《四库》本校改。按，以下引文出自《仪礼·特牲馈食礼》，并非出于《礼记·郊特牲》。

④毕星：二十八宿西方白虎七宿之第五宿。

⑤叶：此指叉头，即毕之两叉。

⑥朼：宋本原讹为“札”，兹据《丛刊》本、《四库》本校改。

⑦不经：不符合经典之意。

铏[1]（又作铏）

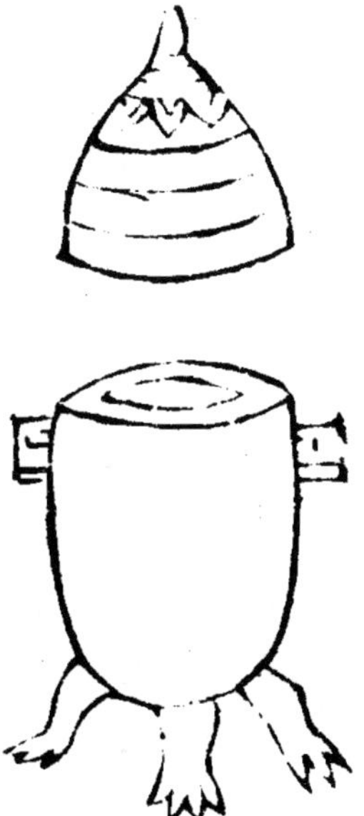

铏以盛羹，受一升，口径六寸，有三足，足高一寸，有两耳，有盖。士以铁，大夫以铜，诸侯以白金饰，天子以黄金饰。（旧[2]本无此已上文。）旧《图》云：“铏受一斗，两耳，三足，高二寸，有盖。士以铁为之，大夫已上以铜为之，诸侯饰以白金，天子饰以黄金。”臣崇义案：铏是羹器，即铏鼎也。故《周礼·亨人》：“祭祀则供铏羹。”而《掌客》注云：“不杀则无铏鼎。”又《公食大夫礼》注云：“铏者，菜羹和之器。”故疏引下《记》：“牛以藿[3]，羊以苦[4]，豕以薇[5]。”是菜和羹也。以铏盛此羹，故云之器。然则据羹在铏，则曰铏羹。据器言之，则曰铏鼎。据在正鼎之后设之，则谓之陪鼎。据入庶羞[6]言之，则谓之羞鼎。其实一也。今以黍寸之尺计之，其口径、底径并深皆六寸，乃受一斗之数。今见祭器中有以木为之者，平底无足，红油画之铏[7]字，恐相传为误，故广引经文、注义铏鼎施用所在，图之于右。凡铏有柶[8]。

【校释】

①铏：又作“鉶”，也谓之“鉶鼎”。盛羹之器具。所盛为牛羊豕并和以菜之羹。所盛仅为牛羊豕之羹而不和以菜者，其器曰镫，其羹曰大羹。

②旧：宋本原脱此字，《丛刊》本作“监”，兹据《四库》本校补。

③藿（huò）：豆叶，嫩时可食。

④苦：荼，苦菜。

⑤薇：野豌豆。嫩茎、叶可做蔬菜。

⑥庶羞：多种美味佳肴。庶，众多。羞，佳肴。

⑦鉶：《四库》本作“铜”。

⑧凡鉶有柶：鉶都应配备柶。柶，古代食器，形似匙，以角或其他材料制成，用以舀取食物。

铏柶

醴有柶，用角为之。铏有柶，用木为之。旧《图》云："柶长尺，櫼[①]博三寸，（櫼音叶。本又作二寸。其醴柶宜为二寸。）曲柄长六寸，漆赤中及柄端。"臣崇义案《聘礼》云："以柶祭醴[②]。尚櫼[③]。"《少牢礼》云："以柶祭羊铏，遂以祭豕铏。"又《士冠礼》注云："柶状如匕，以角为之，欲[④]滑也。"今祭铏之柶，既用木，亦宜如疏匕，浅升为之，方得挹铏芼[⑤]之湆，以祭之也。（醴柶叶[⑥]又浅于铏柶。）今案梁、阮二氏不辨醴、铏二柶，唯云柶图为勺形，无浅深之语，恐失之矣。又《公食大夫礼》云："设四铏于豆西。"又曰："扱上铏以柶[⑦]，辩（音遍。）擩之[⑧]，上铏之间祭。"注云："扱[⑨]以柶，扱其铏菜[⑩]也。"贾疏云："此经有四铏，而扱上铏，辩擩，则有一柶[⑪]优，宾故用一柶而已。《少牢》羞两铏，皆有柶。尸[⑫]扱以柶，祭羊铏、豕铏。彼为祭神，故宜各有柶也。"

【校释】

①櫼（liè）：柶之首。《广韵》："櫼，柶端。"《汉语大字典》据

以释櫼为“勺柄”，不确。实际上，《广韵》所谓“柶端”，当是指柶之首，亦即柶勺部分，否则旧《图》不应先言“櫼博”，又言“曲柄长”。又秦蕙田《五礼通考》卷六十六曰：“其制则先儒以为枋（柄）长尺，櫼博三寸。醴柶之櫼浅，铏柶之櫼深，理或然也。”亦可证“櫼”为柶勺，而非柶柄，否则何得说之以“深”、“浅”？

②以柶祭醴：用柶舀醴酒进行祭祀。

③尚櫼：柶首向上。尚，上。

④欲：众本均脱，兹据《仪礼·士冠礼》郑玄注校补。

⑤铏芼：铏羹所用之菜，即藿（豆叶）、苦菜、薇（野豌豆）等。

⑥叶：《丛刊》本作“櫼”。

⑦扱（chā）上铏以柶：用柶从居于上位的铏中舀取羹湆。扱，舀取，挹取。

⑧辩擩（rǔ）之：将铏中的菜用柶舀取后，放入其他三铏中逐一进行浸泡濡染。辩，通“遍”，普遍，逐一。擩，通“濡”，沾染，浸泡。

⑨扱：宋本原讹为“极”，兹据《仪礼·公食大夫礼》郑玄注与《丛刊》本、《四库》本校改。

⑩铏菜：宋本、《丛刊》本原倒为“菜铏”，兹据《仪礼·公食大夫礼》郑玄注与《四库》本校乙。

⑪柶：宋本、《丛刊》本原脱此字，兹据《仪礼·公食大夫礼》贾公彦疏与《四库》本校补。

⑫尸：宋本、《丛刊》本原讹为“口”，兹据《四库》本校改。

洗

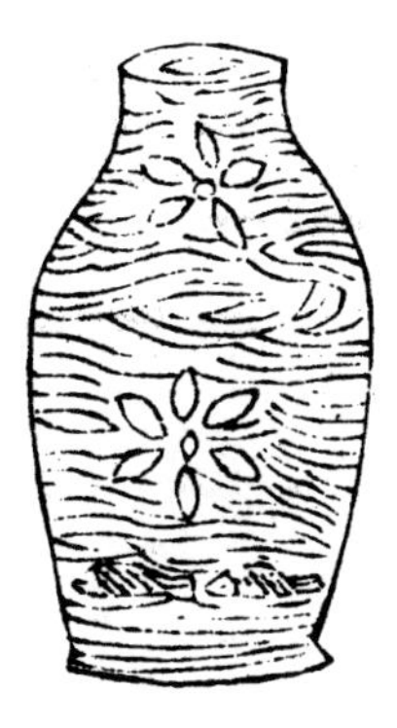

旧《图》云："洗[①]高三尺，口径一尺五寸，足径三尺，中身小，疏中[②]。士以铁为之，大夫已上铜为之，诸侯白金饰，天子黄金饰。"案《士冠礼》云："设洗，直于东荣[③]。"注："直，当也。洗，承盥洗者，弃水之器也。"贾疏云："谓盥手洗爵之时，恐水秽地，以洗承盥水而弃之也。今俗有言洗鼓者。"臣崇义案《礼》文，君臣飨、燕、冠、昏、丧、祭、乡饮、乡射、大射、宾射之礼，臣下设洗而就洗；尸与君尊，设洗而不就洗，特设盘匜[④]，皆无洗鼓之文。盖见当时之洗有身中甚细者，状如腰鼓，因相传为洗鼓，又郑注《少牢礼》云："周之礼，饰器各以其类。"今既用木为洗，以金饰口缘，朱中，其外油画水文菱花及鱼以饰之，是其类也。

【校释】

①洗：承接盥洗弃水的器具。

②疏中：中空。意谓洗的中心是空的。

③直于东荣：正当屋檐东端翘起处。荣，屋檐两端上翘部分。按，古代宫室有四角，故有四荣：前东荣、后东荣、前西荣、后西荣。

④匜（yí）：古代盛水器，青铜制，供盥洗用。

洗罍[1]

案旧《图》亦谓之洗壶，受一斛，口径一尺，脰[2]高五寸，侈旁一寸[3]，大中身，锐下，漆赤中。元士加青云气[4]。诸说壶与罍形制相似，今以壶言之，下不可小。谨以黍寸之尺计之，口空径一尺一寸，脰高五寸，脰中横径一尺，脰下横径一尺，腹中横径一尺四寸，底径一尺，足高三寸，下横径一尺二寸，自脰下至底中央直径一尺四寸半，乃容一石之数。又案郑注《仪礼》云："水器，尊卑皆用金罍，其[5]大小异。"贾疏云：此亦据《汉礼器制度》[6]云："尊卑皆用金罍，及其大小皆异。"凡罍、洗及酌水之枓[7]，(音注。)同时而设。今案《仪礼》诸篇《士冠》、《士昏礼》、《乡饮酒》与《乡射》及《特牲礼》[8]皆直言水，不言罍；《燕礼》与《大射》虽言罍水，并不言枓。《少牢》："司宫设罍水于洗东，有枓。"郑注云："凡设水用罍，沃盥[9]用枓，《礼》在此也。"欲见罍、洗、枓三器唯《少牢礼》俱有，余文不具之意也。

【校释】

①洗罍：也叫洗壶，盛盥洗水的器具。

②脰：脖颈。按，宋本、《丛刊》本原讹为“胫”（小腿），兹据《四库》本校改。

③侈旁一寸：指洗罍的口径比脰径大，向外多出一寸。侈，多，大。

④元士加青云气：上士所用之洗罍加青云气之纹饰。元士，上士。

⑤其：众本原讹为“及”，兹据《仪礼·士冠礼》郑玄注校改。

⑥《汉礼器制度》：西汉叔孙通所作的一部有关汉代礼仪法令的书籍。宋本、《丛刊》本原讹为“汉礼记器制度”，兹据《四库》本校删。

⑦酌水之枓：用于舀水的方形木勺。

⑧《特牲礼》：指《仪礼·特牲馈食礼》。宋本、《丛刊》本原讹为“郊特牲礼”，兹据《四库》本校删。

⑨沃盥：以水浇手而洗。“盥”，宋本、《丛刊》本原讹为“水”，兹据《仪礼·少牢馈食礼》郑玄注校改。

洗勺[1]

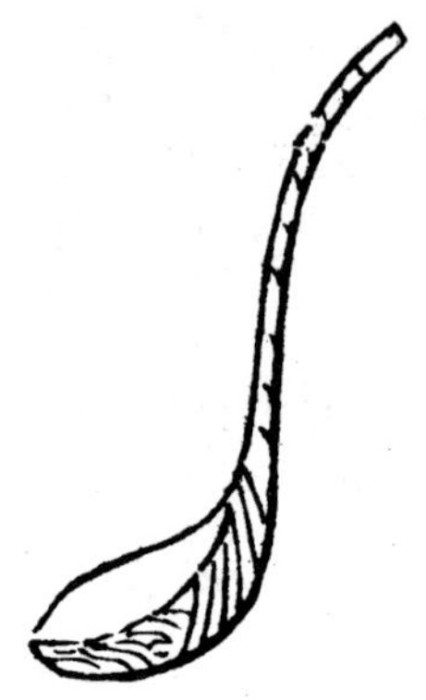

案旧《图》云："勺五升，口径六寸，曲中，博三寸，长三寸，柄长二尺四寸，漆赤中，柄末亦丹。"臣崇义案郑注《士冠礼》云："勺尊升所以𣂏[2]酒。"（音俱[3]，挹酌也。）贾疏引《少牢礼》云："罍枓。（音注。）彼枓与此勺为一物。但彼枓所以𣂏水，此勺所以𣂏酒。"又案《周礼》："梓人为勺，受一升。"酌之人情，依《梓人职》受一升为是。亦宜画勺头[4]为龙头，柄依旧《图》长二尺四寸。自余制并同郁勺[5]。

【校释】

①洗勺：用于舀盥洗水的勺，即前节所述"酌水之枓"。

②𣂏（jū）：舀，酌，舀取。

③俱：宋本原讹为"枹"，兹据《丛刊》本、《四库》本校改。

④勺头：宋本原为二字空，《丛刊》本无此二字，兹据《四库》本校补。

⑤郁勺：用于舀郁鬯酒的器具。蒲勺、疏勺、龙勺均属郁勺。

盥盘[1]（上音管）

盥，谓用匜沃盥，洗手也。盘，谓承盥洗者弃水之器也，故谓之盥盘。旧《图》云："口径二尺一寸，受二斗，漆赤中。"并不言深浅之数。今以黍寸之尺依此二尺二寸口径计之，其底径八寸，深二寸，乃容二斗之数。足高二寸，下径一尺。

【校释】

①盥盘：用以承接盥洗弃水的盘子。

匜

匜者，盥手浇水之器。故孔《义》云：“匜似羹魁[①]，柄中有道，可以沃盥洗手也。”又《公食大夫礼》云：“小臣具盘匜。”注云：“君[②]尊不就洗，故设盘匜。”贾疏云：“知此盘匜为君设者，案《特牲礼》[③]云：‘尸尊不就洗，而盥用匜。’故知此设盘匜，亦为君也。”今《开元礼》：皇帝、皇后、太子行事，皆有盘匜。亚献已下及摄事者，皆无盘匜。亦君尊设洗而不就洗之义也。案梁正、张镒修阮氏等《图》云：匜受一斗，流长六寸[④]，漆赤中。诸侯以象饰，天子以黄金饰，皆画赤云气。今以黍寸之尺计之，口径八寸，深四寸五分，底径六寸，微杀[⑤]，乃容一斗[⑥]之数，流口径可一寸。然《图》本又有作流长三寸者。案郑注《既夕礼》云：“流，匜口也。”又《士虞礼》注云：“流，匜吐水口也。”并不言流口寸数。揆之人情，流长三寸于义为近。但周监二代，损益可知。当国家沿革之初，庶为永式。

【校释】

①羹魁：汤勺。

②君：郑注原作“公”。

③《特牲礼》：指《仪礼·特牲馈食礼》。宋本、《丛刊》本原讹为“郊特牲”，兹据《仪礼·公食大夫礼》贾公彦疏与《四库》本删改。

④流长六寸：匜的出水口六寸长。流，指匜的出水口，设于柄中。

⑤微杀：指匜的底径较口径稍微缩减。

⑥一斗：宋本原讹为“耳”，兹据《丛刊》本、《四库》本校改。

簋（有盖）[①]

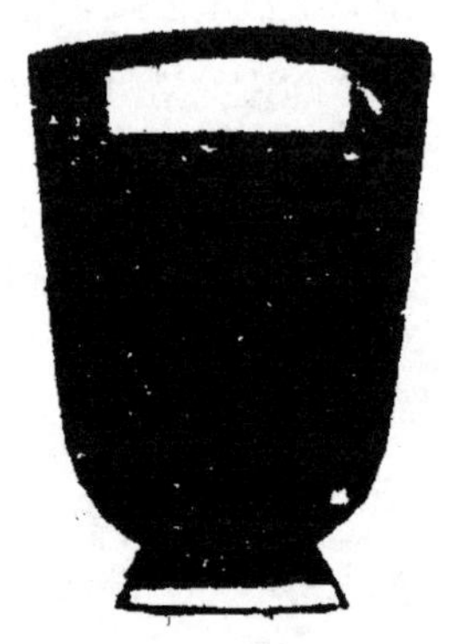

旧《图》云："内方外圆曰簋[②]，足高二寸，漆赤中。"臣崇义案郑注《地官·舍人》、《秋官·掌客》及《礼器》云：圆曰簋，盛黍稷之器。有盖，象龟形。外圆函方[③]以中规矩。天子饰以玉，诸侯饰以象。又案《考工记》：旊人[④]为簋。受一斗二升，高一尺，厚半寸，唇寸。又以黍寸之尺校之，口径五寸二分，深七寸二分，底径亦五寸二分，厚八分，足底径六寸。又案贾疏解《舍人》注云："方曰簠，圆曰簋。"皆据外而言也。

【校释】

①《四库》本无"有盖"二字。

②簋：古代盛食物的器具。圆腹圈足，有盖，以竹木、陶土或青铜制成。

簋与簠，是先秦时期两种常用的食器，主要用于放置煮熟的饭食。簋，又写作"匦"、"杋"，通常用以盛黍稷；簠，通常用以盛稻粱。簠与簋，初为陶或竹木制作而成，故簠与簋字皆从“竹”，而簋字又作“朹”。商周后，簠多以青铜制造而成。簋，传世文献中多写作“簋”，而后世出土青铜器常自铭为“𣪘”，旧释为“敦”，非是，当为“簋”。簋，通常为圆形器，或有盖；簠，为方形器。《周礼·地官·舍人》载：“凡祭祀共（供）簠簋，实之陈之。”郑玄注：“方曰簠，圆曰簋。”而《说文解字·竹部》则说：“簋，黍稷方器也。”“簠，黍稷圆器也。”按《说文》的说法，簋为方形，簠为圆形，与郑注的说法相反。后世考古发现的青铜簋为圆形，青铜簠为方形，则当以郑说为是。

③外圆函方：外边为圆形，内部为方形。函，内部，宋本原讹为“内”，兹据《丛刊》本、《四库》本校改。

④旊人：《周礼·考工记》所载之职官名，职掌制造瓦器。

簠[1]（有盖[2]）

旧《图》云："外方内圆曰簠，足高二寸，挫其四角，漆赤中。"臣崇义案《掌客》[3]注云："簠，稻粱[4]器。"又《考工记》："旊人为簋及豆，皆以瓦为之。"虽不言簠，以簋是相将之器[5]，亦应制在旊人。亦有盖。疏云：据祭天地之神尚质，器用陶匏而已。故《郊特牲》云："器用陶匏[6]，以象天地之性也。"若祭宗庙则皆用木为之。今以黍寸之尺计之，口圆径六寸，深七寸二分，底径亦五寸二分，厚八分，足底径六寸，厚半寸，唇寸[7]。所盛之数及盖之形制，并与簋同。

【校释】

①簠：古代用以盛食器和祭器的方形或长方形的器具，以竹木、陶土或青铜制成。簠的用途与簋相仿，既属食器，又用作祭祀的礼器，主要用以盛稻粱。按，"簋"与"簠"两个条目在各本中的次序有所不同：宋本与《四库》本"簋"先"簠"后，《丛刊》本先"簠"后

“簠”。

②《四库》本无“有盖”二字。

③掌客：《周礼》秋官大司寇属下之官，负责管理四方宾客的饮食与礼物。

④粱：宋本、《丛刊》本原讹为“梁”，兹据《周礼·掌客》郑玄注与《四库》本校改。

⑤相将之器：意谓簋与簠是相互配套使用的器具。相将，相共，相随。

⑥器用陶匏：意谓祭天地之器具都要用陶土与葫芦等自然之物做成。

⑦唇寸：簠的边缘为一寸。

敦

（音对，有盖[①]）

旧《图》云："敦[②]受一斗二升，漆赤中。大夫饰口以白金。"臣崇义案《九嫔[③]职》云："凡祭祀，赞玉齍。（音咨。）"注云："玉齍，玉敦也。受黍稷器。"然则天子八簋之外，兼用敦也。又《少牢礼》曰："主妇执一金敦黍，有盖。凡设四敦，皆南首[④]。"注云："敦有首者，尊器饰也。饰象龟形。周之礼，饰器各以其类。"贾疏云：郑必知饰象龟形者，以其经云："敦皆南首。"明象虫兽之形，以龟有上下甲，故知敦盖象之，亦取其类也。又《司尊彝[⑤]》叙鸡鸟虎蜼之等[⑥]，《梓人职》说外骨内骨[⑦]、注鸣旁鸣[⑧]之类，谓之小虫之属，以为雕瑑刻画祭器，以博庶物[⑨]。是周之礼，饰器各以其类者也。又《明堂位》曰："有虞氏之两敦，夏后氏之四琏，殷之六瑚，（哀十一年《传》[⑩]，杜预[⑪]以瑚为夏之礼器。杜既不信《礼记》，未知别有何据。）周之八[⑫]簋。"郑注云："皆黍稷器。制之异同未闻。"其瑚、琏与牟，案诸图形制，既同于簠、簋，故略而不取。其敦，今依《孝经纬》[⑬]说，与簠、簋容受并[⑭]同，上下内外皆圆为异。《九嫔》："主妇赞执有仪。"故特图之，次于簠、簋。

【校释】

①《四库》本无“音对有盖”四字。

②敦（duì）：敦与簠、簋属同类食器兼礼器，用以盛黍稷。从现代考古发现来看，敦的材质有陶、青铜和玉等多种。敦的形态是由鼎和簋相结合演变而成的，呈一个浑圆的球状或椭圆状。由上下两个造型完全相同或基本相同的三足深腹钵扣合而成，上体为盖，倒置后也可盛饭食。敦的使用盛行于西周与春秋晚期至战国后期。《周礼》中簋、敦不分，宋代称敦为鼎，至清代始有学者将敦单独分出。

③九嫔：《周礼》天官冢宰属下之官，实为王之妃妾，掌教妇学。

④皆南首：所列四敦，以位于南端者为上首。

⑤司尊彝：《周礼》春官大宗伯所属之官，职掌各种盛酒之器与酒醴。

⑥鸡鸟虎蜼之等：指鸡彝、鸟彝、虎彝和蜼彝等四种不同规格的彝。蜼，我国古代传说中的一种仰鼻向上的长尾猴，其形象常被画于彝上。

⑦外骨：骨头长于体外的甲壳类动物，指龟属。内骨：郑玄认为指鳖属动物。鳖虽亦有甲壳，但其外尚有肉缘，故为内骨类。

⑧注鸣：指鸟类以嘴鸣叫。注，通“咮”，鸟口。旁鸣：指蝉类振动其胁而发声鸣叫。“旁”为“膀”之假字，胁。

⑨庶物：众物，万物。庶，众，多。

⑩传：《丛刊》本作“左传”。

⑪杜预：《丛刊》本作“杜类”。

⑫八：宋本原讹为“入”，兹据《礼记·明堂位》与《丛刊》本、《四库》本校改。

⑬孝经纬：宋本、《丛刊》本原脱“经”字，兹据《四库》本校补。

⑭并：《丛刊》本作“虽”。

豆

（有盖[①]）

旧《图》云[②]："豆[③]高尺二寸，漆赤中。大夫已上画赤[④]云气，诸侯饰以象，天子加玉饰，皆谓饰口、足也。"臣崇义案《考工记》："旊人为豆，高一尺。"又郑注《周礼》及《礼记》云："豆，以木为之，受四升，口圆，径尺二寸，有盖，盛昌本[⑤]、脾析[⑥]、豚拍[⑦]之菹醢[⑧]，蠃[⑨]兔[⑩]雁之醢，韭菁芹笋之菹，麋臡鹿臡[⑪]之属。"郑注《乡射·记》云豆宜濡物[⑫]，笾宜干物，故也。

【校释】

①《四库》本无"有盖"二字。

②云：《丛刊》本无此字。

③豆：古代一种重要的盛食器和礼器。豆的基本造型形似高足盘，上部呈圆盘状，盘下有柄，柄下有圈足，或有盖。豆有陶豆、木豆、竹豆和青铜豆等四种材质。豆既是共名，又是木豆与青铜豆的专名。陶豆又叫做登，竹豆又叫做笾（参见以下"登"与"笾"条目）。陶豆

出现于新石器时代晚期，盛行于商周。青铜豆出现于商代晚期，盛行于春秋战国时期。豆是古时宴会或祭祀时必不可少的食器或礼器。

④赤：宋本原讹为“亦”，兹据《丛刊》本、《四库》本校改。

⑤昌本：菖蒲根。昌，菖蒲。本，根。

⑥脾析：牛百叶，牛胃。

⑦豚拍（bó）：猪肩胛。豚，小猪。拍，通“膊”。

⑧齑（jī）醢：用醋、酱等拌和切碎成末的菜和肉，亦泛指酱菜。

⑨蠃（luǒ）：同“螺”，具有回旋形硬壳的软体动物的统称。按，宋本原讹为“嬴”，兹据《丛刊》本、《四库》本校改。

⑩兔：宋本、《丛刊》本原讹为“免”，兹据《周礼·醢人》郑玄注与《四库》本校改。

⑪臡（ní）：带骨的肉酱。

⑫豆宜濡（rú）物：豆适宜盛装濡湿之物。濡，浸湿，沾湿。

笾

臣崇义案郑注《笾人》及《士虞礼》云："笾[①]，以竹为之，口有縢缘[②]，形制如豆，亦受四升，盛枣、栗、桃、梅、菱[③]、芡[④]、脯[⑤]、修[⑥]、膴[⑦]、鲍、糗[⑧]、饵[⑨]之属。"有巾。案《仪礼·乡射》："脯长尺二寸，横于笾上。"

【校释】

①笾：祭祀或宴会时盛干食物的竹器，形似豆，也可以说就是用竹子编制的豆。《尔雅·释器》载："木豆谓之豆，瓦豆谓之登，竹豆谓之笾。"按，登亦作"镫"，木豆之豆亦作"梪"。这是说以木制作的豆叫做豆（梪），以陶做成的豆叫做登（镫），以竹编织成的豆叫做笾。竹豆（笾）有缝隙易漏，一般用于盛放枣、桃、脯、糗和肉脯等干物。

②縢（téng）缘：以绳缠束、编织的边缘。縢，缠束，《丛刊》本作"籐"。

③菱（líng）：一年生水生草本植物。果实有硬壳，俗名菱角，可食用。

④芡（qiàn）：水草名，又称鸡头，种子名芡实，供食用，亦入药。

⑤脯（fǔ）：干肉。

⑥修：同“脩”，干肉条。

⑦膴（hū）：去骨的干肉。

⑧糗（qiǔ）：炒熟的米麦等粮食，干粮。

⑨饵：糕饼。

笾巾

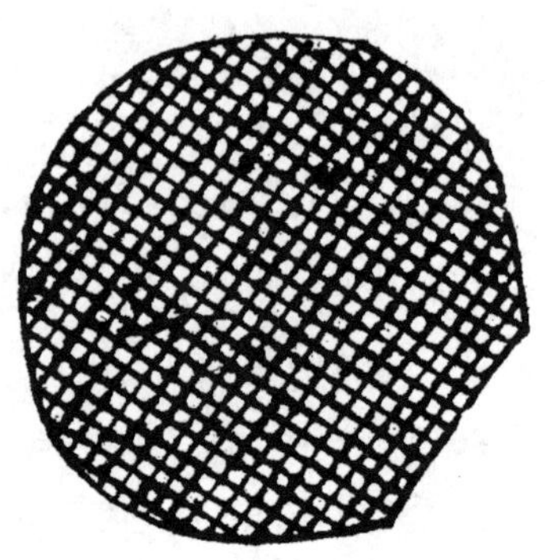

笾巾[①]用绤[②]，玄被纁里[③]，圜一幅。

【校释】

①笾巾：覆笾之巾。

②绤（xì）：粗葛布。

③玄被纁里：笾巾的外表是玄色的，里子是纁色的。被，表层。纁，浅绛色。

登（有盖）[1]

梁正、阮氏《图》云："登，盛湆，以瓦为之，受斗[2]二升，口径尺二寸，足径尺八寸，高二尺四寸，小身，有盖，似豆状。"所记制度，并非礼文。类之于豆，则形制全大；比之丰坫[3]，又高下相殊。既非正经，不可依据。臣崇义案《尔雅》云："木豆谓之豆，竹豆谓之笾，瓦豆谓之登。"《大雅·生民篇》曰："于豆于登。"毛传云："木曰豆，瓦曰登。"其在《周礼》，旊人为瓦豆，而实四升，高一尺，空径二寸，厚半寸。又《生民》传云："豆荐菹醢[5]，登盛大羹[6]。"以其盛湆，故有盖也。然则瓦、木、竹之三豆，随材造作，殊名，其制大小无异。况此图以三《礼》为目，梁、阮二氏自题又何舍此正经，别资他说？贵从典故，岂好是非！今依《周礼·旊人》制度为定。

【校释】

①登：瓦豆，陶豆，即以陶所制之豆，用作盛肉或羹湆。按，"豆"、"笾"、"笾巾"、"登"四个条目的次序，各本有所不同。宋本

次序为“豆”、“笾”、“笾巾”、“登”，《丛刊》本次序为“笾”、“笾巾”、“豆”、“登”，《四库》本次序为“豆”、“笾”、“登”、“边巾”。《四库》本无“有盖”二字。

②斗：宋本原讹为“十”，兹据《丛刊》本、《四库》本校改。

③丰坫：用以放置爵、尊的豆状器具。

④豆荐菹醢：豆用以陈列菹醢。荐，陈列，放置。

⑤大羹：不加盐菜的肉羹。

梡俎[1]

《礼记·明堂位》曰："俎，有虞氏[2]以梡。"郑注云："梡，断木为四足而已。"孔疏云："虞俎[3]名梡。梡形足四，如案。"以有虞氏尚质，未有余饰，故知但四足如案耳。臣崇义又案旧《图》云："俎长二尺四寸，广尺二寸，高一尺，漆两端赤，中央黑。"然则四代之俎[4]，其间虽有小异，高下长短尺寸漆饰并同。

【校释】

①梡俎（kuǎn zǔ）：古代祭祀、宴飨时陈放全牲的案板。俎，为古代载牲体之礼器，形如几案。梡，指未分割开的木材。《说文·木部》："梡，棞木薪也。""棞，梡木未析也。"段玉裁注曰："对析言之，梡之言完也。"梡俎，就是用独木制作的陈放全牲的俎。

②有虞氏：传说中的古帝王，即虞舜。

③虞俎：指虞舜时期所用的俎。

④四代之俎：指虞、夏、商、周四代所用之俎。

㞷组[1]

案《明堂位》曰："俎，夏后氏以嶡。"郑上注云："梡[2]，始有四足，嶡为之距[3]。"疏云：以有虞氏尚质，但始有四足。以夏时渐文[4]，嶡虽似梡，而增以横木为距于足中也。故郑又读"嶡"为"蹷"，以俎足不正，更于足中央以横木相距，象鸡有距以距外物也[5]。故《少牢礼》云："肠三、胃三，皆及俎距[6]。"是也。臣崇义案有虞氏[7]梡俎四足，如案。自嶡俎已下皆宜有舟[8]。今宗[9]庙之俎皆有舟，两端皆圆足，为一法。

【校释】

①嶡（jué）俎：夏代陈列祭品之俎，木制，四足，足间有横档。

②上注云梡：《丛刊》本作"氏注云梡"，且为双行小字。

③嶡为之距：有虞氏之梡俎仅有四腿，四腿间无横木档。而夏后氏嶡俎两端的腿之间有横木档相连。两腿间的横木档叫做"距"。

④夏时渐文：指夏代文化逐渐发达，各种生活设施逐渐讲究纹饰。时，《丛刊》本作"世"。

⑤象鸡有距以距外物也：前一"距"字为名词，指雄鸡腿后突出

像脚趾的部分；后一“距”字为动词，撑持之意。

⑥肠三、胃三，皆及俎距：将牲肠三截、胃三块置于俎上，其度及于俎端二足间的横木（俎距）。

⑦案有虞氏：宋本原为墨钉，兹据《丛刊》本、《四库》本校补。

⑧舟：此指俎上的托盘。

⑨宗：宋本、《丛刊》本原讹为“宋”，兹据《四库》本校改。

椇俎[1]

案旧《图》云："椇，殷俎也。椇，读曰矩。曲桡其足[2]。"臣崇义案《明堂位》曰："殷以椇。"郑注云："椇之言枳[3]椇也。谓曲桡之也。"孔疏云："枳椇之树，其枝多曲桡。殷俎足曲桡似之。又陆机[4]《草木疏》[5]云[6]：椇曲来巢[7]，殷俎足似之。"

【校释】

①椇（jǔ）俎：宋本、《丛刊》本原脱"俎"字，兹据《四库》本及宋本卷首目录与书末目录校补。椇俎，也单称"椇"，殷代放置祭品的俎。

②曲桡（náo）其足：意谓椇俎之四足向外曲折斜出，以便增加稳固性。桡，弯曲。

③枳（zhǐ）：树木名，落叶灌木或小乔木，有粗刺，木质坚硬。

④陆机：《四库》本作"陆玑"。

⑤《草木疏》：三国吴人陆玑所作《毛诗草木鸟兽虫鱼疏》。

⑥云：《丛刊》本无此字。

⑦椇曲来巢：语本宋玉《风赋》"枳句来巢"之文。"句"通"曲"。宋赋原意为枳木多屈曲可以为巢，故鸟多来巢之。

房俎

房俎[①]，周俎也。《明堂位》曰："周以房俎。"郑注云："房，谓足下跗[②]，上下两间，有似于房[③]。"孔疏云："如郑此言，则俎头各有两足，足下各别为跗，足间横者似堂之壁横，下二跗似堂之东西两头各有房[④]也。"臣崇义又案《诗·鲁颂》曰："笾豆大房。"笺云："大房，玉饰俎也。其制足间有横，下有跗，似乎堂后有房然。"《诗》疏云："俎，大房者，以其用玉饰之，美大其器，故称大也。知用玉饰者，以俎、豆相类之物，《明堂位》说周公之礼云'荐用玉豆'，豆以玉饰，明俎亦用玉饰也。云其制足间横，其下有跗，以《明堂位》文差次为然[⑤]。跗上有横，似于堂上有房，故谓之房。"此说稍长。窃见祭器内俎两端皆圆，其饰亦异，唯跗足与距则似此房俎。今虽具四代之俎，请择而用之。

【校释】

①房俎：周代之俎，也称"大房"。以其两端之足及横木形如前堂后有中室左右房，故名。

②跗：本义为脚背，引申指脚或物体下部像脚的东西，足架。按，

本条中的“跗”字，宋本、《丛刊》本原均讹为“柎”，兹据《礼记·明堂位》郑玄注与《四库》本校改。下不一一出校。

③房：今本《礼记·明堂位》郑玄注作“堂”。

④房：《丛刊》本“房”上有一字空。

⑤以《明堂位》文差次为然：意谓综合参照《礼记·明堂位》之文意而得出这样的结论。差次，分别等级次序。

卷十四 尊彝图

鸡彝
鸡彝舟
鸟彝
斝彝
黄彝
虎彝
蜼彝
画布巾
龙勺
圭瓒
瓒盘
璋瓒

献尊（阮氏义）
献尊（郑氏义）
象尊（阮氏义）
象尊（郑氏义）
著尊
壶尊
太尊
山尊
疏布巾
玉爵
爵坫
罍（有盖）

鸡彝

鸡彝[①]，受三斗，宗庙器，盛明水[②]。彝者，法也，言与诸尊为法也。臣崇义先览郑《图》，形制如此。案旧《图》云："于六彝[③]之间，唯鸡、鸟、虎、蜼四彝皆云刻木为之。"其图乃画鸡、凤、虎、蜼四物之形，各于背上负尊，皆立一圆器之上。其器三足，漆赤中，如火炉状。虽言容受之数，并不说所盛之物。今见祭器中有如图内形状，仍于鸡、凤腹下别作铁脚距[④]，立在方板为别。如其然，则斝彝、黄彝二器之上，又何特画禾稼、眼目以饰尊乎？形制二三皆非典实。又案《周礼·司尊彝》云："春祠[⑤]、夏禴[⑥]，祼用鸡彝、鸟彝。"后郑云："谓刻而画之，为鸡、凤皇之形，著于尊上。"考文审象，法制甚明[⑦]。今以黍寸之尺依而计之，口圆径九寸，底径七寸，其腹上下空径高一尺，足高二寸，下径八寸。其六彝所饰，各画本象。虽别其形制，容受皆同。

【校释】

①鸡彝：六彝之一，用以盛郁鬯酒行祼礼。郑玄、聂崇义等人认为鸡彝刻画有鸡形。按，1988年太原金胜村春秋墓出土有鸟形之酒

彝，背上有提手，有口，口上有盖，似即为鸡彝或鸟彝。然则鸡彝与鸟彝或并非器上刻画鸡、鸟之形，而是其器本身即为鸡鸟之形。

②明水：古代祭祀时用铜鉴所取的露水。

③六彝：祭祀及宾客行祼礼时所用之六种酒具，有鸡彝、鸟彝、斝（jiǎ）彝、黄彝、虎彝、蜼彝等六种。

④铁脚距：以铁做的脚状物。距，本义为雄鸡等腿后突出像脚趾的部分，引申指脚爪、手爪或像脚爪的东西。

⑤春祠：周代春祭先王曰祠，也叫春祠。

⑥夏禴（yuè）：周代夏天祭祀先王曰“禴”，也叫做礿。按，夏、商两代春祭曰“禴”或“礿”。

⑦甚明：《丛刊》本为双行小字注文。

鸡彝舟[1]

《周礼·司尊彝》云："春祠、夏禴，裸用鸡彝、鸟彝，皆有舟。"先郑云："尊下台，若今承盘。"臣崇义先览郑《图》，颇详制度，其舟外漆朱中。今以黍寸之尺审而计之，盘口圆径尺四寸，其周高厚各半寸，盘下刻杀二等而渐大[2]。圆局足[3]与盘通高一尺，足下空径横尺二寸。六彝下舟形制皆同。其舟足则[4]各随尊刻画其类以饰之。此舟漆赤中，唯局足内青油画鸡为饰。制度容受同鸡彝，用盛郁鬯。

【校释】

①鸡彝舟：陈放鸡彝的底座或托盘。舟，指尊彝的托盘。

②盘下刻杀二等而渐大：指鸡彝舟托盘之下的直径递次缩减两等而逐渐增大，形成鼓腹状。

③局足：棋盘式的圈足。局，棋盘。

④则：宋本、《丛刊》本原讹为"以"，兹据《四库》本校改。

鸟彝（下有舟）[1]

《司尊彝》云："春祠、夏禴，祼用鸡彝、鸟彝[2]。"谓春夏将祭，先于奏乐降神之后，王始以圭瓒酌此鸟彝郁鬯以献尸，祼神后，亦以璋瓒酌郁鬯亚祼[3]。今二祼并奠于神座。经云"鸟彝"，后郑以为画凤皇形于尊上。知鸟是凤皇者，案《尚书·君奭》云："我则鸣鸟不闻[4]。"彼鸣鸟是凤皇，故知此鸟彝亦凤皇也。其与舟俱漆，并赤中。前鸡彝与舟欲见法度，故图之异处。自鸟彝已下，尊与舟相连图之，贵省略也。

【校释】

①"下有舟"三字注文，宋本置于"鸟"字后，《四库》本无，兹据《丛刊》本校乙。

②鸟彝：六彝之一，用于盛郁鬯酒行祼礼。旧说因刻画有凤凰之形，故名。按，《丛刊》本"鸟彝"、"鸡彝舟"两个条目次序前后倒置。

③亚祼：祭祀时，王或国君以圭瓒舀酒灌地而祭谓之祼。王或国君行祼礼后，诸臣再以璋瓒舀酒灌地而祭谓之亚祼。

④闻：宋本原讹为"间"，兹据《尚书·君奭》与《丛刊》本、《四库》本校改。

斝彝（下有舟）[1]

斝彝[2]盛明[3]水。先郑读“斝”为“稼”。谓画禾稼于尊，因为尊名。然则宜画嘉禾[4]以为饰。其彝与舟并漆赤中，其局足内亦漆，画禾稼为饰。

【校释】

①“下有舟”三字注文，宋本置于“斝”字后，《四库》本无，兹据《丛刊》本校乙。

②斝（jiǎ）彝：六彝之一，用于盛明水行冬秋之祭。按，《周礼·司尊彝》郑玄注及聂崇义《三礼图集注》，“斝彝”与“斝”不同。斝与爵同类，为饮酒器，下有三足。而斝彝与尊为同类，为盛酒器，下有局足。而王国维《说斝》认为斝与斝彝为一物。未详孰是，待考。

③明：宋本原讹为“门”，兹据《丛刊》本、《四库》本校改。

④嘉禾：生长得特别茁壮的禾稻。

黄彝（下有舟）[①]

黄彝[②]盛郁鬯。《司尊彝》云："秋尝、冬蒸[③]，裸用斝彝、黄彝，皆有舟。"王以圭瓒酌献尸，礼神后，以璋瓒亚献[④]。后郑云："黄彝谓黄目，以黄金为目也。"《郊特牲》曰："黄目，郁气之上尊也[⑤]。黄者，中也。目者，气之[⑥]清明者也。言酌于中，而[⑦]清明于外也。"其彝与舟并以金漆通漆。

【校释】

①"下有舟"三字注文，宋本置于"黄"字后，《四库》本无，兹据《丛刊》本校乙。

②黄彝：六彝之一，其上以黄金刻镂为目形，故又名黄目。

③秋尝：秋天在宗庙祭祀先王。冬蒸：也作"冬烝"，冬天在宗庙祭祀先王。

④亚献：古代祭祀时需献酒三次，第二次献酒叫亚献。

⑤黄目，郁气之上尊也：意谓"黄目"是盛郁鬯酒的最上等的尊。黄目，酒器名，即黄彝。郁气，即郁鬯酒，因贵其香气，故名。

⑥气之：宋本、《丛刊》本原脱此二字，兹据《礼记·郊特牲》与《四库》本校补。

⑦而：宋本、《丛刊》本原讹为"形"，兹据《四库》本校改。

虎彝（下有舟）[①]

虎彝[②]，画虎于尊，盛明水。其尊与舟并漆赤中，其局足内亦漆及画虎为饰。旧《图》形制既非郑义，今亦不取，于鸡彝下已有解说。

【校释】

①“下有舟”三字注文，宋本置于“虎”字后，《四库》本无，兹据《丛刊》本校乙。

②虎彝：六彝之一。器上画虎形，用于盛郁鬯行禘祫之祭。

蜼彝（下有舟）①

蜼彝②盛郁鬯。《司尊彝》云："追享③、朝享④，祼用虎彝、蜼彝，皆有舟。"王亦以圭瓒酌郁鬯⑤以献尸礼神，后亦以璋瓒亚献。其形制亦与《图》不同，已在上解。其彝与舟皆漆赤中，其局足内亦漆，画蜼以为饰。案《尔雅》云："蜼，卬鼻⑥而长尾。"郭云："蜼似猕猴而大，黄黑色，尾长数尺，似獭⑦尾，末有岐⑧，鼻露向上，雨即自县于树⑨，以尾塞鼻，或以两指。江东人亦取养之，为物捷健。"

【校释】

①"下有舟"三字注文，宋本置于"蜼"字后，《四库》本无，兹据《丛刊》本校乙。

②蜼彝：六彝之一。器上画蜼形，用于盛郁鬯行禘祫之祭。蜼，中国古代传说中一种仰鼻向上的长尾猿。

③追享：即禘祭。祭所自出之先祖，故曰追享。《周礼·春官·司尊彝》郑玄注引郑司农曰："追享、朝享，谓禘祫也。"

④朝享：即祫祭。三年丧毕，合先君之主于祖庙而祭之。

⑤卷：宋本、《丛刊》本原脱此字，兹据《四库》本校补。

⑥印鼻：即仰鼻。印，通“仰”。

⑦獭（tǎ）：兽名，栖水边，善泳，喜食鱼。

⑧歧：通“歧”，分叉。

⑨雨即自县于树：意谓下雨时蜼即自己攀援悬挂于树上。县，通“悬”。

画布巾

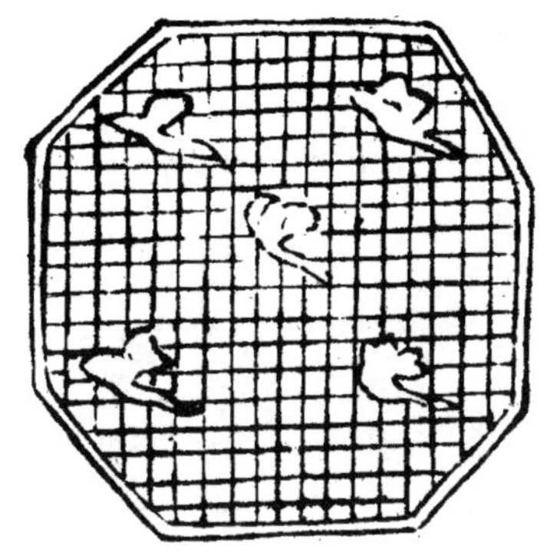

案《天官·幂人》云:“以画布巾[①]幂六彝[②]。”后郑云:“宗庙尚文,故用画布。”贾疏云:画者,画五色云气也。宗庙六彝盛郁鬯,以画布幂之。宗庙亦有八尊,亦用画布幂之。案旧《图》说笾巾云:“圆一幅。”则不言幅之广狭。《王制》孔疏云:“布幅广二尺二寸,帛幅广二尺四寸。”此画布当用二尺二寸之幅,而亦圆也。案《少牢礼》,凡尊皆有盖幂。

【校释】

①画布巾:绘有五色云气、用以覆盖六彝的圆形布。

②幂六彝:以画布巾覆盖六彝。幂,覆盖。

龙勺（酌郁[1]）

旧《图》云："柄长二尺四寸，受五升。士大夫漆赤中，诸侯以白金饰，天子以黄金饰。"臣崇义谨案《周礼·梓人》云："勺一升，爵一升。"注云："勺，酌尊升也。"又《明堂位》曰："夏后氏以龙勺[2]。"注云："为龙头。"今以黍寸之尺计之，柄长尺二寸，口纵径四寸半，中央横径四寸，两头横径各二寸。又师儒相传，皆以刻勺头为龙头状。又案阮氏《图》说蒲勺头如凫头。即知龙勺头亦如龙头明矣。但以今《图》与祭器内无此勺形，故特图于右。用挹六彝之郁鬯，以注圭瓒[3]。

【校释】

①酌郁：《四库》本无此二字注文。

②龙勺：勺头刻为龙首形的舀酒器，用以舀取郁鬯酒。

③以注圭瓒：用以倾注于圭瓒。注，倾泻，灌注。

圭

瓒

《玉人》云："祼圭[①]尺有二寸，有瓒，以祀庙。"后郑云："祼，谓以圭瓒[②]酌郁鬯以献尸也。瓒，如盘，大五升，口径八寸，深二寸。其柄用圭。"有流，前注。流谓鼻也。故下注云："鼻，勺流也。凡流，皆为龙口。"又案《大雅·旱麓》笺云："圭瓒之状，以圭为柄，黄金为勺，青金为外，朱中央。凡圭，博三寸。"又《肆师[③]职》云："大祀[④]用玉帛牲牷[⑤]，次祀[⑥]用牲币，小祀[⑦]用牲。"后郑云："大祀，天地宗庙。"臣崇义谨详疏义，自苍璧[⑧]以礼昊天，至此圭瓒以祀宗庙，于礼神玉帛牲牷之外，别有燔瘗玉帛牲体[⑨]。其日月星辰社稷，但有礼神之玉，无燔瘗之玉也。其宗庙虽在大祀，惟说祼圭以礼神，亦无所燔之玉。今案诸家《礼》图并无此说，故形制差误。然圭柄、金勺既异，其牝牡相合处[⑩]各长可三寸，厚一[⑪]寸，博二寸半。流道空径可五分，其下三璋之勺[⑫]皆类此。

【校释】

①祼圭：圭瓒之柄。因为圭瓒为祀宗庙、飨宾客行祼礼之器，因而其柄谓之祼圭。

②圭瓒：古代祭祀用以盛鬯酒之勺谓之“瓒”。用圭为柄者谓之“圭瓒”。用璋为柄则谓之“璋瓒”。

③肆师：《周礼》春官大宗伯属下之职官，佐助大宗伯负责国家的祀典。

④大祀：祭祀天地宗庙。

⑤牷（quán）：毛色纯一的全牲。

⑥次祀：祭祀日月星辰、社稷、五岳等。

⑦小祀：祭祀司中、司命、风师、雨师、山川百物等。

⑧璧：宋本原讹为“壁”，兹据《丛刊》本、《四库》本校改。

⑨燔（fán）瘗（yì）玉帛牲体：以焚烧、掩埋玉帛牲体的方式进行祭祀。燔，焚烧。瘗，埋，埋葬。

⑩牝牡相合处：指圭与瓒（亦即勺头与勺柄）相连结的部位。因其结合处有卯、榫类结构，故以牝（母）、牡（公）为喻。《丛刊》本“处”后有“各”字。

⑪一：宋本原为空白，兹据《丛刊》本、《四库》本校改。

⑫三璋之勺：璋瓒以璋为柄，以瓒为勺。其中，璋有大璋、中璋、边璋三等，故云“三璋之勺”。

瓚盘[1]

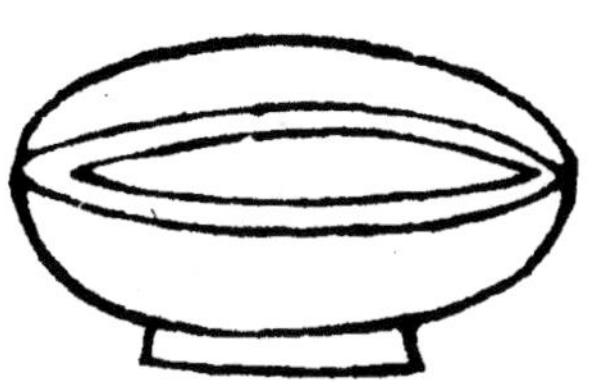

《典瑞》注云："汉礼：瓚大五升，口径八寸，下有盘，口径一尺。"臣崇义详此注，虽言盘口径尺寸，遍检《周礼》正经及《旱麓》[2]之诗笺注，并不说盘之材饰。今案《玉府[3]》云："若合诸侯，则供珠盘、玉敦。"注云："敦、盘，珠以为饰。"疏云："此盘、敦应以木为之，用珠玉为饰耳。"然则此瓚下之盘，亦宜用黄金、青金为外，朱中央。圭瓚既深二寸，此盘宜深一寸，足径八寸，高二寸。

【校释】

①瓚盘：放置圭瓚、璋瓚之木盘。

②《旱麓》：《诗经·大雅》之诗篇名。

③玉府：《周礼》天官冢宰属下之官，职掌王之金玉、玩好、兵器等。

璋瓒

璋瓒者，皇后酌郁鬯献尸礼神之器也。其制一同圭瓒，但用璋为柄[①]，器差小耳[②]。故《司尊彝》注云："祼，谓以圭瓒酌郁鬯，始献尸也。后于是以璋瓒酌亚祼。"是也。此璋瓒口径亦四寸，深二寸，柄长九寸，其下亦宜有盘，口径六寸，深一寸，足高一寸，径四寸，一如圭瓒盘形制。

【校释】

①柄：宋本原讹为"比"，兹据《四库》本、《丛刊》本校改。

②器差小耳：意谓璋瓒之器较之圭瓒稍微小一点。差，稍，略微。"器差"，宋本、《丛刊》本原讹为"瓒器"，兹据《四库》本校改。

献尊（阮氏义①）

献尊（郑氏义②）

案《明堂位》云："献③，象周尊也。"《司尊彝》云："春祠、夏禴，其朝践④用两献尊，一盛玄酒⑤，一盛醴齐⑥。王以玉爵酌醴齐以献尸也。"《礼器》曰："庙堂之上，牺尊在西。"注云："牺，《周礼》作献。"又《诗·颂》毛传说："用沙羽⑦以饰尊。"然则毛、郑"献"、"沙"二字读与婆娑之"娑"义同，皆谓刻凤皇之象于尊，其形婆娑然。又《诗》传疏说王肃注礼，以牺、象二尊并全刻牛、象之形，凿背为尊。今见祭器内有作牛、象之形，背上各刻莲华座，又与尊不相连比，与⑧王义⑨大同而小异。案阮氏《图》，其牺⑩尊饰以牛。又云："诸侯饰口以象骨，天子饰以玉。"其图中形制，亦于尊上画牛为饰，则与王肃所说全殊。揆之人情，可为一法。今与郑义⑪并图于右，请择而用之。

【校释】

①氏义：《四库》本无此二字。

②氏义：《四库》本无此二字。

③献：献尊，六尊之一。"献"为"牺"之借字。阮谌《三礼图》

认为献尊以刻画之牛形为饰，即“阮氏义”之献尊。郑玄注认为献尊以刻画之凤凰形为饰，即“郑氏义”之献尊。按，王肃《礼器》注认为牺、象二尊并全刻牛、象之形，凿背为尊。与阮、郑二氏之说均不同。现代考古发掘出土青铜器，有象形之尊及其他兽形之尊，正如王肃所说。

④朝（zhāo）践：天子诸侯祭宗庙时，始荐血腥之事，亦名朝事。

⑤玄酒：水。上古无酒醴，以水当酒，以其色玄，故谓之玄酒。

⑥醴齐（jì）：五齐之一，汁滓相和之浊酒。

⑦沙（suō）羽：指婆娑起舞的凤凰。沙，通“娑”，婆娑起舞之貌。

⑧与：宋本、《丛刊》本原讹为“其”，兹据《四库》本校改。

⑨王义：指王肃注《礼》之文意。

⑩牺：宋本、《丛刊》本原讹为“义”，兹据《四库》本校改。

⑪郑义：指郑玄注《礼》之文意。

象尊（阮氏义）①

象尊（郑氏义②）

《周礼·司尊彝》云："春祠、夏禴，其再献用两象尊，一盛玄酒，一盛盎齐③。王以玉爵酌献尸。"后郑云："象尊以象骨饰尊。"梁正、阮氏则以画象饰尊。今并图于右，亦请择而用之。

【校释】

①象尊（阮氏义）：象尊为六尊之一。阮谌等人认为象尊以刻画之象形为饰，此即"阮氏义"之象尊。郑玄认为象尊以象骨为饰，此即"郑氏义"之象尊。"阮氏义"三字注文，《丛刊》本作"阮氏"，《四库》本作"阮"。

②氏义：《四库》本无此二字。

③盎齐：五齐之一，白色之浊酒。

著尊

著尊[①]受五斗，漆赤中。旧[②]《图》有朱带者，与概尊[③]相涉，恐非其制。《周礼·司尊彝》云："秋尝、冬烝，其朝献[④]用两著尊，一盛玄酒，一盛醴齐。王以玉[⑤]爵酌献尸。"《明堂位》曰："著，殷尊也。"注云："著，著地无足。"今以黍寸之尺计之，口圆径一尺二寸，底径八寸，上下空径一尺五分，与献尊、象尊形制容受并同，但无足及饰耳。

【校释】

①著（zhuó）尊：六尊之一。郑玄认为著尊无足而以底部直接着地，故名。

②旧：《丛刊》本无此字。

③概尊：酒尊名，容量为五升，黑漆，中腹系有朱带。

④朝献：古祭祀名。尸入室食祭品毕，主人酌酒饮尸，名朝献。

⑤玉：宋本原讹为"王"，兹据《丛刊》本、《四库》本校改。

壶尊

壶尊[①]受五斗。《周礼·司尊彝》云："秋尝、冬烝，其馈献[②]用两壶尊，一盛玄酒，一盛盎齐。王以玉爵酌献尸。"注云："壶尊，以壶为尊也。"《左传》曰："尊以鲁壶[③]。"今以黍寸之尺计之，口圆径八寸，脰高二寸，中径六寸半，脰下横径八寸，腹中[④]横径一尺一寸，底径八寸，腹上下空径一尺二寸，足高二寸，下横径九寸，漆赤中。旧《图》文略，制度之法无闻。六尊用同，盛受之数难异[⑤]。

【校释】

①壶尊：六尊之一，其形与壶似，但体小。

②馈献：指祭祀时进献祭品。

③尊以鲁壶：此为《左传·昭公十五年》之文。意谓将鲁国进贡的壶作为酒尊。

④腹中：《四库》本作"腹下"。

⑤盛受之数难异：容量也不可能不同。盛受之数，指容量。

太尊

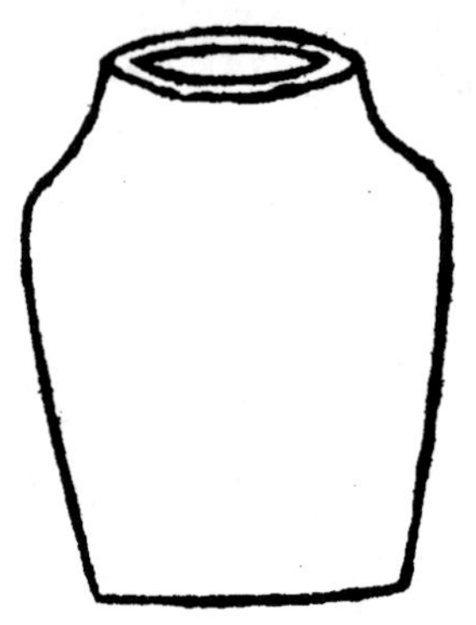

太尊[①]受五斗。《周礼·司尊彝》云："追享[②]、朝享[③]，其朝践用两太尊，一盛玄酒，一盛醴齐。王用玉爵酌醴齐献尸。"注云："太尊，太古之瓦尊也。"《明堂位》曰："泰，有虞氏之尊也[④]。"今以黍寸之尺计之，口圆径一尺，脰高三寸，中横径九寸，脰下大横径一尺二寸，底径八寸，腹上下空径一尺五分，厚半寸，唇寸，底平，厚寸，与瓦甒形制容受皆同。

【校释】

①太尊：六尊之一。太古时用陶土烧制而成的尊，又名"泰"、"瓦大"、"瓦甒"。

②追享：指追祭迁庙之主。

③朝享：即告朔礼，谓每月初一朝庙祭祖。

④泰，有虞氏之尊也：虞舜时代的尊叫做泰。泰亦即"太尊"之一种。有虞氏，即五帝之一的虞舜。

山尊

山尊[1]受五斗。《周礼·司尊彝》云:“追享、朝享,其再献用两山尊,一盛玄酒,一盛盎齐。王用玉爵酌盎齐以献尸。”注云:“山尊,山罍也。”《明堂位》曰:“山罍,夏后氏之尊。”亦刻而画之为山云之[2]形。今以黍寸之尺计之,口圆径九寸,腹高三寸,中横径八寸,脰下大横径尺二寸,底径八寸,腹上下空径一尺五分,足高二寸,下径九寸。知受五斗者,案郭璞云:“罍形似壶,大者受一斛[3]。”今山罍既在中尊之列,受五斗可知也。

【校释】

①山尊:六尊之一,以山纹云气为饰,又名山罍。

②之:宋本原脱此字,兹据《丛刊》本、《四库》本校补。

③罍形似壶,大者受一斛:此为《尔雅·释器》郭璞注之文。“大者受一斛”,意谓大的山罍能盛一斛。

疏布巾

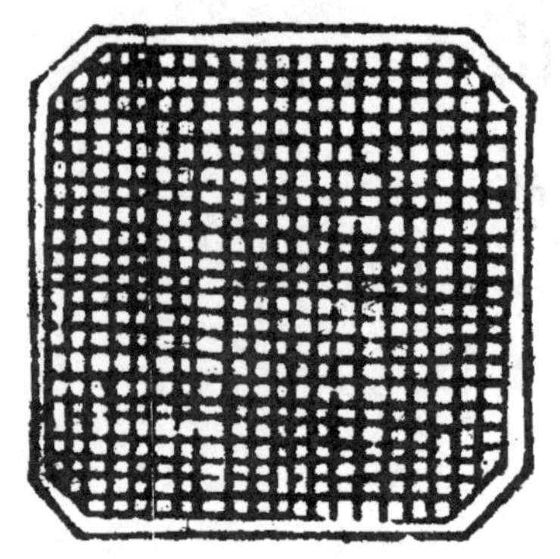

祭天地，以疏布巾[①]幂八尊。后郑注《幂人[②]》云："以巾覆物曰幂。天地之神尚质，故用疏布巾也。"贾《义》云："天地无祼[③]，唯有五齐[④]、三酒[⑤]实于八尊。"此据正尊而言。若五齐加明水，三酒加玄酒，则十六尊，皆以疏布幂之。天地虽无郁鬯之彝，亦用疏布幂之。其四望山川、社稷、林泽，亦用疏布，是尚质也。此巾亦用二尺二寸之幅而圆也。《礼》：幂巾有用絺绤[⑥]者，至于帨巾[⑦]，亦用布。今唐礼亦用布或罗绢而已。

【校释】

①疏布巾：用以覆盖酒尊的粗布巾。疏，粗疏，粗劣。

②幂人：《周礼》天官冢宰属下之官，职掌供给巾幂。

③天地无祼：祭天地不行祼礼。按，只有宗庙之祭方行祼礼。

④五齐：五种清浊程度不同的酒：一曰泛齐，浆汁甚少，或为始酿才有酒味；二曰醴齐，浆汁稍多，但浆汁含于糟内；三曰盎齐，汁滓各半，但汁色葱白；四曰缇齐，汁多于滓，汁色红赤；五曰沉齐，滓沉于下，汁在上而清。若以酒味言，则泛齐最薄，沉齐最厚。若以酿造时

间言，则泛齐最短，沉齐最长。

⑤三酒：指事酒、昔酒、清酒等三种已去滓之酒。事酒，为祭祀、宴宾等事而新酿之酒。昔酒，酿造时日较长之酒。清酒，酿造时日最久之酒。若以酒味言，则事酒最薄，清酒最厚。若以酿造时间言，则事酒最短，清酒最长。

⑥絺：细葛布。绤：粗葛布。

⑦帨（shuì）巾：古代女子的佩巾，用以擦拭不洁，在家时挂于门右，外出时系于身左。

玉爵

《太宰职》云："享先王，赞玉爵[①]。"后郑云："宗庙献[②]用玉爵，受一升。"今以黍寸之尺校之，口径四寸，底径二寸，上下径二寸二分，圆足。案梁正、阮氏《图》云："爵尾长六寸，博二寸，傅翼[③]，方足，漆赤中，画赤云气。"此非宗庙献尸之爵也。今见祭器内有刻木为雀形，腹下别以铁作脚距[④]，立在方板，一同鸡彝、鸟彝之状，亦失之矣。臣崇义案《汉书·律历志》说斛之制，口足皆圆，有两耳，而云其状似爵。又案《士虞礼》云："宾长[⑤]洗繶爵[⑥]，三献尸。"郑云："繶爵，口足之间有篆饰。"今取《律历志》"嘉量[⑦]"之说，原康成[⑧]解"繶爵"之[⑨]言，图此爵形，近得其实。而况前代垂范观象以制器服，义非一揆[⑩]，或假名全画其物，或取类半刻其形。则鸡、鸟已下六彝，袆、褕（上音挥，下音摇。）青素二质[⑪]，是全画其物，著于服器者也。玉[⑫]爵、柄尺之类，龙勺、蒲勺之伦，是半刻其形，饰于器皿，以类取名[⑬]者也。以此而言，牺、象二尊自然画饰。至于夏之九鼎，铸以象物，取其名义，亦斯类也。

【校释】

①享先王，赞玉爵：祭享先王时，太宰佐助王拿着玉爵，以便王祭奠。“享”，宋本原讹为“亨”；“玉”，宋本原讹为“王”，兹据《周礼·太宰》与《丛刊》本、《四库》本校改。

②宗庙献：在宗庙中以酒进祭，亦即祭祀祖先。

③傅翼：附有翅膀。傅，通“附”，附着，附有。

④脚距：指鸟类的脚。距，本义为雄鸡腿后突出像脚趾的部分，引申指脚爪、手爪。

⑤宾长：古代祭祀时起辅佐作用的次等宾客。

⑥繶爵：口与足之间有线条纹饰的爵。繶，指装饰性的线条纹饰。

⑦嘉量：指标准量器。

⑧康成：东汉经学家郑玄的字。

⑨之：宋本、《丛刊》本原讹为“又”，兹据《四库》本校改。

⑩义非一揆：在取义上并非同一原则。揆，原则，准则。

⑪袆、褕（上音挥，下音摇）青素二质：袆衣与褕狄两种王后礼服由青、素两种颜色的布料制成。袆，即袆衣，王后六服之首，从王祭先王服之。褕，即褕狄，也作“褕翟”，王后六服之一，祭先公服之。“摇”，宋本原讹为“遇”，《丛刊》本作“遥”，兹据《四库》本校改。

⑫玉：《丛刊》本作“瓜”。

⑬名：宋本、《丛刊》本原讹为“呼”，兹据《四库》本校改。

爵坫[1]

坫以致爵，亦以承尊。若施于燕射之礼，则曰豐[2]。（音丰）贾《义》云：今诸经承尊爵之器不用本字之“豐”，皆用丰年之“丰”，从豆为形，以豐为声也。何者？以其时和年丰，谷豆多有，粢[3]盛丰备，神歆其祀[4]，人受其福也。故后郑注云：“丰似豆而卑。”都斫一木为之，口圆微侈，径尺二寸，其周高厚俱八分，中央直者与周通高八寸，横径八寸，足高二寸，下径尺四寸，漆赤中，画赤云气，亦随爵为饰。今祭器内无此丰坫，或致爵于俎上。故图之于右，请置用之。

【校释】

①爵坫：用以放置酒爵或酒尊的器具，形似“豆”而较矮，亦即燕射之礼时所用之“丰”（豐）。

②豐（fēng）：“丰”（豐）之本字。丰，放置尊、爵的器具，形如豆而低矮。

③粢（zī）：稷，即谷子，也为谷物的总称。

④神歆其祀：神享受祭祀。歆，鬼神享受祭品的香气。

罍（有盖）[1]

案《司尊彝职》云："春祠、夏禴，祼用鸡彝、鸟彝，皆有舟。（六彝皆受三斗。）朝践用两献尊，（音素何反。六尊皆受五斗。）诸臣之所酢[2]也。"张镒引阮氏《图》云："瓦为之[3]，受五斗，赤云气，画山文，大中身，锐[4]平底，有盖。"张镒指此瓦罍为诸臣所酢之罍，误之甚矣。此瓦罍正谓祭社之太罍[5]也。又《开元礼》云："宗庙春夏每室鸡彝一，鸟彝一，牺尊二，象尊二，山罍二。"但于"罍"上加一"山"字，并不言容受之数。案《周礼》六尊之下，唯言皆有罍，并无山罍、瓦罍之名，又不知张镒等各何依据，指此山、瓦二罍，以为诸臣所酢者也。况此六罍厕在六尊之间[6]，以盛三酒，比于六尊，设之稍远。案《礼记》以少为贵，则近者小而远者大。则此罍不得容五斗也。又《尔雅·释器》云："彝、卣、罍，器也[7]。"郭璞云："皆盛酒尊。"又曰："小罍，谓之坎。"注云："罍形似壶，大者一斛。"又曰："卣，中尊也。"此欲见彝为上尊，罍为下尊也。然则六彝为上，受三斗；六尊为中，受五斗；六罍为下，受一斛，是其差也。

案《诗·周南风》:“我姑酌彼金罍。”孔疏、毛传指此诸臣所酢之罍,而受一石者也。又引《礼图》,依制度刻木为之。又郑注《司尊彝》云:“罍,刻而画之,为山云之形。”既言刻画,则用木矣。又引《韩诗》说士用梓无饰[8],言其木体,则士已上同用梓而加饰耳。又毛以金罍大一石,《礼图》亦云大一斛。毛说“诸臣之所酢”与《周礼》同。天子用黄金为饰。今据孔贾疏义、毛郑传注,此罍用木,不用瓦,受一石,非五斗,明矣。谨以黍寸之尺依而计之,口径九寸五分,脰高三寸,中径七寸五分,脰下横径九寸,底径九寸,腹中横径一尺四寸,上下中径一尺六寸,足高二寸,下径一尺,画山云之形。

【校释】

①罍(léi)(有盖):盛酒的容器,卑于尊,小口,大腹,圈足。“有盖”二字注文,宋本误作大字,《四库》本无,兹据《丛刊》本校改为注文。

②酢(zuò):客人以酒回敬主人。

③瓦为之:像瓦那样以陶土烧制而成。

④锐:宋本、《丛刊》本原讹为“兑”,兹据《四库》本校改。

⑤太罍:盛酒器,即大罍,也即瓦罍,也谓之瓦大,以陶土烧制而成,上有云雷之纹。

⑥六罍厕在六尊之间:六罍置于六尊之间。厕,置,置身。

⑦彝、卣(yǒu)、罍,器也:意谓彝、卣、罍三者均为盛酒之器。按,彝、卣、罍三者均为盛酒之尊,但有上下、大小之别:彝为上尊,容三斗;卣为中尊,容五斗;罍为下尊,容一斛。

⑧又引《韩诗》说士用梓无饰:此为《诗经·周南·卷耳》孔疏所引《韩诗》之说,谓士所用之罍以梓木制成,无纹饰。

卷十五　丧服图上

丧者，郑《目录》[①]云：“不忍言死而言丧也。以丧是弃亡之辞，若全存居彼，弃亡于此也。”案《曲礼》云：“天子曰崩，诸侯曰薨，大夫曰卒，士曰不禄，庶人曰死。”又《尔雅》云：“崩、薨、卒、不禄，皆死也。”是士已上各为义称，庶人言“死”得其总名。又郑注《曲礼》云：“死，言澌[②]也。精神澌尽也。”《左传》[③]：鲁昭公出居乾侯[④]，“齐侯唁公于野井[⑤]”。公曰：“丧人其何称[⑥]？”是丧为弃亡之辞。若亲弃于此，而有存于彼，是孝子不忍言父母精神尽也。服者，言死者既丧，生者制服，但貌以表心，服以表貌。故《礼记·间传》曰：“斩衰[⑦]何以服苴[⑧]？苴，恶貌也。所以首其内见诸外[⑨]。故斩衰貌若苴[⑩]，齐衰貌若枲[⑪]，大功貌若止[⑫]，小功、缌麻容貌可[⑬]也。”然周公设经，上陈其服，下列其人，此言父与诸侯为天子者，是下人为服上服者也。先言父者，此章恩义并设，忠臣出孝子之门，义由恩出，故先言父也。《传》曰：“齐衰、大功，冠其受[⑭]也。”然斩衰亦冠衣相受，何者？凡丧，制服所以表哀，哀有盛时、杀时，其服乃随哀隆杀。故初服粗恶，至葬后、练[⑮]后、大祥[⑯]后渐细加饰，是以冠受。斩衰裳，初三升，冠六升。既葬，以其冠为[⑰]受，衰六升，冠七升；小祥又以冠为受，受衰七升，冠八升。此是葬后、祥后皆更以轻服受之，故有受冠、受服之名。其降服[⑱]齐衰：初死，衰裳四升、冠七升；（父卒为母，亦四升、七升。）既葬，以其冠为受，受衰七升，冠八升。正服[⑲]齐衰五升，冠八升；（父在为母、为妻，俱禫[⑳]，杖及不杖者[㉑]皆五升、八升。）既葬，以[㉒]其冠为受，受衰八升，冠九升。义服[㉓]齐衰六升，冠九升；既葬，以其冠为受，受衰九升，冠十升。降服大功衰七升，冠十升；既葬，以其冠为受，受衰十升，冠十一升。正服大功衰八升，冠十升；既葬，衰十升，冠十一升。义服[㉔]大功衰九升，冠十一升；既葬，衰十一升，冠十二升。以其初丧冠升数皆与既葬衰升数同，故《传》云㉕：“齐衰、大功，冠其受。”《传》又曰“小功、缌麻，冠其衰㉖”者，谓降服小功衰、冠皆十升，正服小功衰、冠皆十一升，义服小功衰、冠皆十二升，缌麻十五升抽其半，而七升半，衰冠升数亦同。

【校释】

①郑《目录》：指东汉经学家郑玄所撰《三礼目录》。原书已亡，但其大部分内容保存于其三《礼》注中。

②澌（sī）：尽，消灭。

③《左传》：当为《春秋公羊传》之误。按，以下所记鲁昭公之史事，并非出于《左传》，而是出于《公羊传·昭公二十五年》。

④鲁昭公出居乾侯：据《春秋》记载，鲁昭公二十五年，鲁国三桓（季孙氏、叔孙氏、孟孙氏）联合起来将昭公驱逐出境。昭公投奔齐国，后寄居晋邑乾侯。

⑤齐侯唁公于野井：齐侯到野井慰问鲁昭公。唁，慰问遭遇不幸的人。野井，春秋齐邑，在今济南市西北。

⑥丧人其何称：亡国之君该如何称呼。由于此时鲁昭公已丧权失国，因而自称“丧人”，意即丧权辱国之人。

⑦斩衰（cuī）：古代丧服共分五等：斩衰、齐衰、大功、小功、缌麻。斩衰是最为隆重的一等。

⑧服苴（jū）：穿着以粗劣的麻布制成的丧服。服，动词，穿着。苴，大麻的雌株，其皮织成的布较为粗劣。这里指以苴麻制的丧服。

⑨所以首其内见诸外：所以本于内心的哀伤而用它来作为外在的表现。首，根据，本于。

⑩故斩衰貌若苴：服斩衰者因哀伤过度致使外貌呈现如同苴麻一样的黧黑色。“故”，《丛刊》本作“也”。

⑪齐衰貌若枲（xǐ）：服齐衰者外貌似枲麻的颜色（浅黑）。枲，大麻的雄株。其皮织成的麻布较苴麻布为细。

⑫大功貌若止：服大功服者外表麻木而无表情。止，郑注：“谓不动于喜乐之事。”

⑬小功、缌麻容貌可：服小功、缌麻服者可以保持平常的仪容。

⑭齐衰、大功，冠其受：意谓齐衰与大功这两种丧服之冠的用布与其“受服”的用布升数相同。所谓“受”，即“受服”，是指在服丧期间将重服改为轻服。据《礼记》与《仪礼·丧服》所载，齐衰受服为“七升”，大功受服为“小功衰”（十升）。然则齐衰之冠布为“七升”，大功之冠布为“小功衰”（十升）。

⑮练：丧祭名，又名小祥，死后一周年之祭。因为一周年祭后可以戴练冠、服练衣，故名。

⑯大祥：丧祭名。三年之丧，二周年祭为大祥。期之丧，十三月而大祥。大祥后，除丧服，服常服。

⑰为：宋本、《丛刊》本原讹为“受”，兹据《仪礼·丧服》与《四库》本校改。

⑱降服：因各种原因降低规格等级的丧服。

⑲正服：依照正常的等级规格穿着的丧服。

⑳禫（dàn）：丧祭名，大祥之后除去丧服的祭礼。郑玄认为三年之丧二十七月而禫。王肃认为三年之丧二十五月大祥，同月禫。

㉑杖及不杖者：齐衰期之丧有用丧杖与不用丧杖之别。

㉒以：宋本、《丛刊》本原脱，兹据《仪礼·丧服》与《四库》本

校补。

㉓义服：依据一定的政治关系、情义关系或间接的亲属关系而为一些没有血亲关系的服丧对象所制定的丧服。

㉔服：宋本、《丛刊》本原脱此字，兹据《四库》本校补。

㉕故《传》云：宋本、《丛刊》本“云”前无“传”字，“云”后衍“衰”字，兹据《四库》本校改。

㉖小功、缌麻，冠其衰：由于小功与缌麻服无受服，故其冠用布与其衰裳升数相同，而不言“冠其受”。

斩衰（至虞卒哭，其衰六升，后袧长三尺三寸[①]）

斩衰裳

斩衰衣

斩者，不缉也。斩衰裳者，谓斩三升苴麻之布，以为衰裳也。凡衰外削幅，裳内削幅，幅三袧[②]。（音钩。贾疏："袧[③]，如'腈屈中曰朐[④]'之'朐'。"削，犹杀也。凡者，总五服而言也。袧者，辟襵[⑤]之，屈中也。）其裳前三幅，后四幅，每幅辟襵[⑥]三，（包斩[⑦]。）象丧冠之辟积三也。袧为辟襵屈中者，谓辟两侧，空中央也。以"袧"读与"屈中曰朐"义同，则每布凡[⑧]三处屈之，辟两边相著，自然中央空阙也。注云：太古冠布，衣布。先知为上，外杀其幅，以便体也。后知为下，内杀其幅，有饰也。（《郊特牲》曰："太古冠布。"注云："唐虞已上曰太古。"是太古冠布、衣布也。此先知为上、后知为下亦谓唐虞已上[⑨]，黄帝已下。故《礼运》云："昔者，先王未有麻丝，衣其羽皮。"注云："此上古之时也。"下云："后圣有作，谓黄帝也。"是黄帝时始治丝麻，以为布帛。是时但以边幅向外缝之，于体为便。先知为上者，谓先知缝布衣向外，以便体为上也。后知为下者，谓后知边幅向内缝之，比于向外，观之为美[⑩]，稍[⑪]似有饰，故云后知为下也。）后代圣人易之，以衣幅外杀、裳幅三袧者为丧服。（唐虞已上冠衣皆白布，吉凶同，齐则缁之[12]。三代改制，更制牟追[13]、章甫[14]、委貌[15]，为行道朝服之冠。其朝祭冠服皆辟积无数，丧之冠裳但三襵耳。缁布冠三代皆为始冠之冠。白布冠质，乃为丧冠。若然，此言后世[16]圣人，指夏禹身，以其三代最先故也[17]。）负，广出于適寸[18]。適者，辟领也，与阙中[19]共一尺六寸。负用布方广尺有八寸，故得出適两傍各寸也。负布缝于领下，下垂放之，以其置在背上，故得负名。（適音的。）適博四寸，出于衰[20]者，以衰长六寸、博四寸，缀于外衿[21]之上，广长当心。（博即广也。）適在阙领[22]之外，各广四寸，与阙领共有一尺六寸。（阙，即领阙中也。）故两適向前，与衰相望，两傍各出六寸。（適，即辟领也。）故郑注云："前有衰，后有负，左右有辟领者，孝子哀戚，无所不在也。"贾释云：衰之言摧也。衰当心者，明孝子有哀摧之志也。负在后者，以其负荷悲哀在于背也。左右辟领谓之適者，以哀戚之情当有指適，缘于父母，不兼念余事，以示四处皆有悲痛，是其哀戚无所不在也。衣自领至衣腰二尺二寸，两身前后四尺四寸，（此据脊缝一傍前后而言也。）两傍共有八寸，八寸加阙中与辟领尺有六寸。然则此除袪[23]、袂[24]、衰、负四物，唯计衣身而言。凡用布一丈四寸。（阙中，谓阙去中央，安项处。当脊缝两厢，总阙去八寸。若去一厢，则止去四寸。袂者，衣身两傍出者也。故下云"袂属幅"[25]，亦明与衣不别幅也。）袂属幅而不削。（属，犹连也。袂与衣身同是一幅。连幅者，谓整幅二尺二寸也。言袂，据从身向袪而称也。言衣，据从上向腋下而云也。凡用布为衣及射侯，皆削去边幅一寸为缝杀。今云属连其幅，则是不削去[26]其边幅，取整幅为袂也。必不削幅者，欲取与衣二尺[27]二寸同也。）袂所以连衣身者，明两袂与衣身参齐[28]也。（两傍袂与中央衣身总为参事，下畔皆等。谓袂与衣身俱二尺[29]二寸，其袖[30]足以容中人之肱，《深衣》云[31]："袂中可以运肘。”是也。）袪[32]尺二寸，足以容中人之并两手也。（吉时拱尚左手，丧时拱尚右手[33]，是并两手也。袪，袖口也。然则袪、袂相接之处，袂宜渐杀五寸，令小；袪宜[34]渐侈五寸，令宽。与今时丧服袪、袂似异矣。）斩衰三升、（正服为父。）三升半，（义服为君。）谓缕如三升半而不缉。（比正服微细，其实二百四十缕。父为长子斩。又为人后者、妻为夫、妾为君、女子子在室及嫁而反在父室者，皆三年。）不言裁割而言斩者，取痛甚之意。知者，案《三年问》云："创巨者，其日久；痛甚者，其愈迟。"又《杂记》："县子曰：'三年之丧如斩，期之丧如剡。'"谓哀有深浅，是斩为痛深之义，故云斩也。斩衰既用苴麻，则首绖[35]、腰绖及杖亦用苴麻、苴竹为之。故下云"苴绖、杖、绞带"，以一苴目[36]此三事也。又注云："凡服，上曰衰，下曰裳。"贾释云：言凡者，郑总五服而解之也。案下[37]《记》云："衰广四寸，长六寸。"缀之于心，总号为衰，非止当心而已。（故诸言衰，非止当心而已[38]。）故诸言衰者，皆与裳相对，至于吊服缌、疑、锡[39]三者亦谓之为衰也。

【校释】

①至虞卒哭，其衰六升，后衲长三尺三寸：《四库》本无这几句双行小字注文。

②衰外削幅，裳内削幅，幅三袧（gōu）：丧服上衣（衰）的边幅朝外缝制，下衣（裳）的边幅向内缝制，每幅布打三个褶。袧，古代丧服裳幅两侧的褶皱，亦称辟积。"幅三袧"，宋本与《丛刊》本均作"幅三幅袧"，衍一"幅"字，兹据《仪礼·丧服》与《四库》本校删。

③袧：宋本原讹为"被"，《丛刊》本讹为"破"，兹据《四库》本校改。

④脯屈中曰朐（qú）：中间弯曲的干肉（脯）叫做“朐”。脯，干肉。“袧”之取义，与“朐”之屈曲义相同。

⑤辟𧝓（bì zhě）：辟，通“襞”，衣服上的褶子，也叫“辟积”。𧝓，衣裙或头巾的褶皱。

⑥辟𧝓：《丛刊》本后有双行小字注文“音辄”。

⑦包：宋本原讹为“胞”，兹据《四库》本校改。《丛刊》本无“包斩”二字。

⑧凡：宋本原讹为“几”，兹据《丛刊》本、《四库》本校改。

⑨已上：宋本、《丛刊》本原讹为“下”，兹据《四库》本校改。

⑩观之为美：宋本、《丛刊》本原讹为“睹之为善”，《丛刊》本“为”字上有一字空，兹据《四库》本校改。

⑪稍：宋本原讹为“相”，兹据《四库》本、《丛刊》本校改。

⑫齐（zhāi）则缁之：祭祀斋戒时要戴染成黑色的冠。齐，通“斋”，祭祀前要斋戒，以示敬谨。缁，黑色。

⑬牟追（móu duī）：冠名，即黑缯冠，也作“毋追”。夏代称玄冠为牟追。

⑭章甫：冠名，即玄冠，黑缯冠。殷称章甫，夏称毋追，周称委貌。

⑮委貌：冠名，周代称玄冠为委貌。

⑯世：宋本原讹为“旺”，兹据《丛刊》本、《四库》本校改。

⑰三代最先故也：宋本作“三代改无故也”，《丛刊》本作“三代改先故也”，兹据《四库》本校改。

⑱负，广出于适寸：后背上的“负”比辟领宽出一寸。负，也叫负版，指丧服背上的一块方布，上端缝在领上，下端垂下，因在背上，故名。適，丧服的领子，亦即辟领。

⑲阙中：指丧服领口挖空的部位。

⑳衰：丧服前胸部当心处的一块长方形布，长六寸，宽四寸。

㉑外衿（jīn）：上衣的外襟。衿，衣襟，也指古代衣服的交领。

㉒阙领：开挖领口时，将阙中处的布剪开并反折向外，叫做阙领，

㉓袪：袖口。

㉔袂：衣袖。

㉕袂属幅：衣袖与衣身用同一幅布裁成，连为一体。

㉖削去：《丛刊》本为次级双行小字。

㉗二尺：宋本、《丛刊》本原脱，兹据《四库》本校补。

㉘两袂与衣身参齐：意谓两个衣袖与衣身所用的布是整齐的。参齐，并列而整齐。参，罗列，并立。

㉙二尺：宋本原讹为“一尺”，兹据《丛刊》本、《四库》本校改。

㉚其袖：宋本、《丛刊》本原讹为“事幅”，兹据《四库》本校改。

㉛云：宋本、《丛刊》本原讹为“去”，兹据《四库》本校改。

㉜袪：宋本、《丛刊》本原讹为“袂”，兹据《四库》本校改。

㉝吉时拱尚左手，丧时拱尚右手：平常拱手作揖左手置于右手之上，而丧时拱手作揖要将右手置于左手之上。

㉞宜：宋本、《丛刊》本原讹为“令”，兹据《四库》本校改。

㉟绖（dié）：丧服所用麻带，结在头上的叫“首绖”，系于腰部的叫“腰绖”。

㊱目：宋本、《丛刊》本原讹为“自”，兹据《四库》本校改。

㊲下：《丛刊》本作“大”。

㊳“故诸言衰，非止当心而已”当为衍文。

㊴吊服缌、疑、锡：王遇臣下丧事所穿的三种吊服。《周礼·春官·司服》：“王为三公六卿锡衰，为诸侯缌衰，为大夫士疑衰，其首服皆弁绖。”

斩衰衽

衽[①]长二尺有五寸，上属于衣，所以掩裳际[②]也。其裳前三幅，后四幅，开两边，露见里衣，是以须衽属衣两傍，垂之掩裳交际处也。（一幅长二尺五寸，斜破之，上下各留一尺为正。正者，方正不破之谓也。斜破者，从上正一尺之下畔傍入，继六寸乃始斜向下，至下一尺之下畔，又傍入六寸，继之分作两条，各一尺五寸，如燕尾，共长二尺五寸。凡用布三尺五寸。此二衽上已属于衣，此别出制度以晓之。）

【校释】

①衽（rèn）：缝于衣下之布，亦即衣下襟，用以掩蔽裳两旁之缝。

②裳际：指衰（上衣）与裳（下衣）相接之处。

苴绖

（九寸[1]）

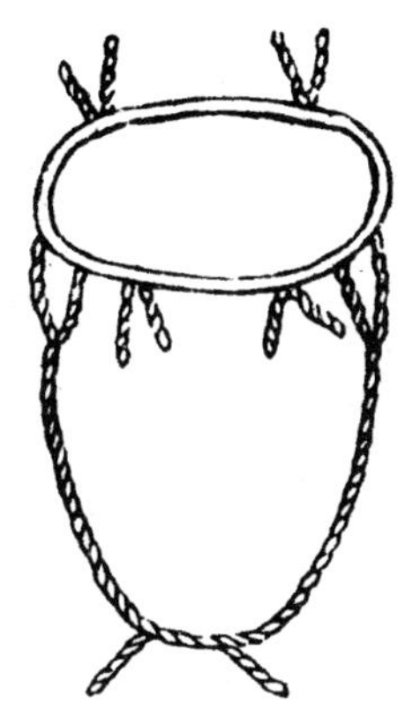

苴绖者，麻之有蕡者也[2]。《尔雅》云："蕡，枲实[3]。"孙炎曰："蕡[4]，麻子也。"以色言之谓之苴，以实言之谓之蕡。下云[5]"牡麻"者，对蕡为名；言"枲麻"者，对苴生称也。故《间传》云："斩衰，貌若苴。齐衰，貌若枲。"若然，枲是雄麻，蕡是子麻。《尔雅》云"蕡，枲实"者，举类而言也。若圆曰箪[6]，方曰笥[7]，郑注《论语》云："箪，笥也。"亦举其类也。又《传》[8]曰："苴绖大搹[9]，（音革。）左本在下[10]。"贾释云：本，谓麻根也。重服统于内，而本阳也。父是阳，左亦阳也。下是内，以言痛心内发故也。此对母右本在上，轻服统于外而本阴也。注云：麻在首、在腰皆曰绖。绖之言实也。明孝子有忠实之心，故为制此服名。则斩衰貌若苴，则苴是恶也。色貌象苴服，因心而发，故明孝子忠实之心。首绖象缁布冠之頍项[11]，（去蕊反。）腰绖象大带，又有绞带象革带。齐衰已下用布。下齐衰章去削杖，布带，是也。下注云：盈手曰搹。搹，扼也，围九寸。斩衰之绖围九寸者，首是阳，欲取阳数极于九也。自齐衰已下取降杀之义，无所法象也。（小敛时缠绖，即环绖也。士则素委貌上加环绖。大夫已上素弁而加环绖。成服后皆缪绖[12]也。）

【校释】

①九寸：《四库》本无此二字注文。宋本置此二字注文于“苴”字之后，兹据《丛刊》本校改。

②苴绖者，麻之有蕡（fén）者也：意谓苴绖是由结子的大麻雌株纤维做成的。蕡，大麻的子实。

③枲实：大麻的种子。枲，本义为大麻的雄株，不结子实，这里用来泛指麻，所以说“枲实”。

④蕡：宋本、《丛刊》本原讹为“衰”，兹据《四库》本校改。

⑤云：《丛刊》本作“言”。

⑥箪：竹、苇编制的盛衣物或饭食的圆形箱子。

⑦笥：竹、苇编制的盛衣物或饭食的箱子。

⑧《传》：《丧服传》，传说为孔子弟子子夏为解《仪礼·丧服》而作，今附于《仪礼·丧服》。

⑨苴绖大搹（è）：苴麻制成的首绖的大小（粗细）是围一搹。搹，把，握，同“扼”。一般成人的一扼为周制九寸。

⑩左本在下：本，指麻根部。首绖之制以麻根置于左耳上方，从额前绕到项后，再绕至左耳上方，以麻尾与麻根交结，使麻根在麻尾之下。

⑪頍项：也叫“缺项”，也单称“頍”，用以聚发、固冠之发饰。頍项如阔带，先绕于额上，于后项做结。頍项四角有绳，用以系冠。又有缨，结于颔下。

⑫缪（jiū）绖：郑玄注认为此乃士妻为其舅姑服丧的一种丧服形式。实际未必然。缪，通“樛”，有缠绕、交错之意。缪绖，当是往头上缠绕绖之意。

腰绖

腰绖大七寸五分寸之一而缪[①]之。谓两股[②]相交，两头结，各存麻本，散垂[③]三尺。《杂记》曰："麻者不绅[④]。"郑玄云："丧以腰绖代大带。"故《丧服》注云："腰绖象大带。"（既象大带，亦于绖交系处两傍各缀组[⑤]，象[⑥]大带之组约[⑦]。妇人亦服苴绖并腰绖、绞[⑧]带。）

【校释】

①缪：交，交结，扭结。

②股：宋本原讹为"服"，兹据《丛刊》本、《四库》本校改。

③散垂：谓腰绖两头不交结，散而垂下。

④麻者不绅：扎腰绖者不扎大带。麻，指腰绖。绅，指大带。因为丧服之腰绖相当于常服之大带，所以"麻者不绅"。

⑤组：丝带。

⑥象：宋本、《丛刊》本原脱此字，兹据《四库》本校补。

⑦约：束缚，缠结。

⑧绞：宋本原讹为"交"，兹据《丛刊》本、《四库》本校改。

绞带

绞带[①]者，绳带也。谓绞苴麻为绳以作带，故云绞带。王肃以带如腰绖，（亦七寸五分寸之一。）亦用苴麻为之。马、郑不言，当从王义。但绖带至虞后，变麻服葛[②]。绞带虞后虽不言所变，案公士大夫之[③]众臣为君服布带，又齐衰已下亦云布带，则绞带虞后变麻服布[④]，于义可也。（绞带如革带，大带之下带之。）

【校释】

①绞带：斩衰服之腰带，即以苴麻绞成之绳，系于服丧者之腰部。其功用相当于吉服的革带。斩衰服之腰带以苴麻绞成，故称绞带；齐衰服以下以布为之，故称布带。按，明刘绩《三礼图》认为斩衰的绞带和其他四服的布带与“腰绖”实为一物，与传统说法不同，姑录以备考。

②绖带至虞后，变麻服葛：指在三月葬，虞祭，卒哭之后，斩衰服的麻绖改为葛绖。“带至”二字，《丛刊》本作双行小字。

③大夫之：宋本、《丛刊》本原脱此三字，兹据《仪礼·丧服》与《四库》本校补。

④绞带虞后变麻服布：指在三月葬，虞祭，卒哭之后，斩衰服的麻绖改为布带。

斩衰冠

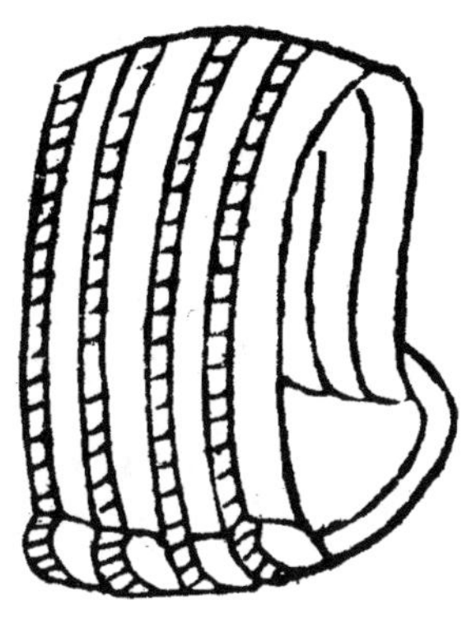

冠六升[①]，右缝[②]，外毕[③]，冠广三寸[④]，落顶前后[⑤]，以纸糊为材，上以布为三辟襵[⑥]，（音辄。）两头皆在武下，向外反屈之，缝于武。以前后两毕之末而向外襵之，故云外毕。《曲礼》云："厌冠[⑦]不入公门。"注云："厌，犹伏也。丧冠厌伏也。"谓反屈之，故得厌伏之名。（以冠为首饰，故倍衰裳而用六升布。又加水以濯之，但勿用灰[⑧]而已。冠六升者勿用灰，则七升已上皆用灰也，故大功章注云："大功布[⑨]，其锻治[⑩]之功粗治之。"是皆灰者也。）

【校释】

①冠六升：斩衰冠用六升布制成。按，斩衰的衣裳均用三升布制成，故下文云："倍衰裳而用六升布。"升，古代以相同布幅内麻、线的缕数表示织物的精粗，八十缕为一升。升数少，表示缕数少，布粗疏；升数多，表示缕数多，布精细。

②右缝：冠梁上前后纵向排列的褶皱缝向右边。

③外毕：冠梁两端一前一后与武（冠圈）缝接处称为"毕"。毕之缝接方法有"内毕"与"外毕"两种：吉冠内毕，丧冠外毕。所谓外毕，

即将冠梁的两头皆自武下向外反屈而缝于武，见其毕。所谓内毕，即将冠梁的两头自武外向内反屈而缝之，不见其毕。

④冠广三寸：此指冠梁的宽度为三寸。关于冠梁的宽度，经无明文，唐贾公彦《仪礼注疏》认为“冠广二寸”，而聂氏本书认为“冠广三寸”。

⑤落顶前后：兜住头顶的前后。落，通“络”，兜住，包住，罩住。

⑥辟積：冠布前后纵向的褶子。積，衣裙或头巾的褶皱。辟，通“襞”，衣服上的褶子。

⑦厌冠：丧冠。厌，通“偃”。凡丧冠，形皆偃伏。

⑧用灰：加工布时加上草木灰漂洗，使布变白。

⑨大功布：宋本、《丛刊》本原讹为“布功布”，兹据《仪礼·丧服》郑玄注与《四库》本校改。

⑩锻治：以椎击的方法加工布，使布柔软。

冠绳缨

冠绳缨，条属[1]。注云："属，犹著也。通屈一条绳为武，垂下为缨，著之于冠也。"（此绳缨不用苴麻。）又《杂记[2]》云："丧冠条属，以别吉凶。"言吉冠，则缨、武别材；凶冠，则缨、武同材。谓将一条绳从额上约之，至项后交过，前各至耳，于武缀之，各垂于颐[3]下结之也。三年之练冠[4]亦条属，右缝[5]。至大祥除其衰杖，则朝服缟冠[6]，当缨、武异材，从吉法[7]也。贾释曰[8]："大功已上右缝，小功已下左缝。故《大戴礼》云：'大功已上唯唯，小功已下额额。'此据孝子朝夕哭[9]，在阼阶之下，西面，吊宾[10]从外来入门，北面[11]见之，大功已上哀重，其冠三辟襵，向右为之，从阴。唯唯然，顺也。小功、缌麻哀轻，其冠亦三辟襵，向左为之，从阳。吊宾[12]从外来入门，北面望之，额额然，逆向宾也。二者绳缨皆条属，其冠辟襵或左，从吉；或右，从凶，不同也。"

【校释】

①条属：冠绳缨这种丧冠的形式是用一条绳屈绕成一圈作为丧冠的"武"，两端多余的部分垂下相当于冠缨。所谓"条属"，是指丧

冠的冠缨与武是连属为一体的，而吉冠的武与冠缨则各用不同的材料制成，即下文所谓“缨、武异材”。

②杂记：宋本、《丛刊》本原讹为“礼志”，兹据《四库》本校改。按，以下引文出于《礼记·杂记》。

③颐：面颊，脸腮。

④三年之练冠：期年小祥祭（十三月）所戴之冠叫做练冠。因为期年小祥祭为三年之丧中的丧祭名，又因为此冠以练治之布制成，故云“三年之练冠”。

⑤右缝：丧冠上的三道冠布褶皱都折向右缝。按，大功以上右缝，大功以下左缝。

⑥缟（gǎo）冠：以生绢做成的冠。缟，生绢，即未加练治的帛。

⑦吉法：宋本原讹为“左缝法”，兹据《仪礼·丧服》贾公彦疏与《四库》本校改。

⑧曰：《四库》本作“云”。

⑨朝夕哭：丧礼于大敛之后，死者亲属于每日之朝与暮哭，以示哀悼。

⑩⑫吊宾：前来吊唁的宾客。宋本、《丛刊》本原讹为“即宾”，兹据《仪礼·丧服》贾公彦疏与《四库》本校改。

⑪面：宋本、《丛刊》本原讹为“而”，兹据《仪礼·丧服》贾公彦疏与《四库》本校改。

苴杖

苴杖[1]，竹也。为父所以杖用竹者，父是子之天，竹圆亦象天；竹又外内有节，象子为父亦有外内之痛；又能贯四时而不变，子之为父哀痛亦经寒温而不改，故用竹也。

【校释】

①苴杖：斩衰三年之丧所用之丧杖。因其以苴黑色之竹为之，故名。

菅屦

菅屦[①]，谓以菅草为屦。毛《传》[②]云："白华，野菅也。已沤为菅。"笺云："白华于野，已沤，名之为菅。沤菅，柔韧[③]中用矣。"此菅亦是已沤者，用之为屦。又下《传》[④]云："菅屦者，菅菲[⑤]。外纳[⑥]也。"然则周公时谓之屦，子夏时谓之菲。（子夏作《丧服传》故也。）外纳者，外其饰也，谓向外编之也。

【校释】

①菅（jiān）屦：以菅草编制的鞋。菅，草名，茎可编鞋、编席、盖屋。

②毛《传》：指毛亨所作《毛诗诂训传》。以下所引为毛亨为《诗经·小雅·白华》所作之传。

③柔韧：宋本原讹为"柔刃"，兹据《四库》本、《丛刊》本校改。按，郑笺原作"柔忍"。

④下《传》：这里的《传》是指《丧服传》，传说是孔子弟子子夏所作。

⑤菲：指用草、麻等做成的鞋。

⑥外纳：编制菅屦的菅草末端均向外，不内藏，以显粗恶。

倚庐（三附[1]）

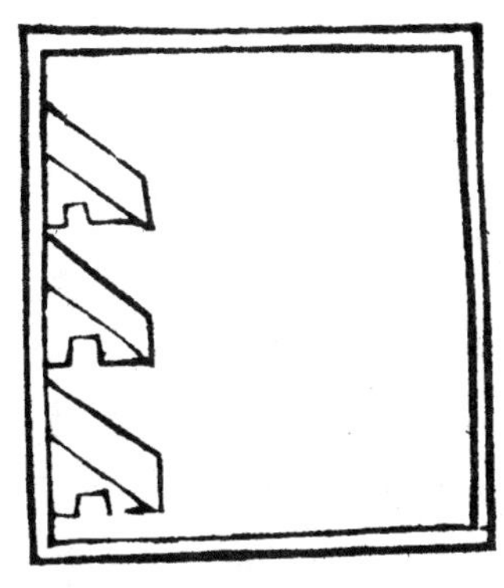

倚庐[2]，谓倚木为庐，在中门外东方，北户。《丧服传》："孝子居倚庐，寝苫，枕块，不脱绖带。"居门外之庐，哀亲之在外也。寝苫[3]枕块[4]者，哀亲之在草土也。（苫，编藁。块，墼也。）既虞[5]，翦屏[6]，柱楣[7]，寝有席。（九虞七虞五虞三虞之后，乃[8]改旧庐。西向开户，翦去户傍两厢屏之余草。柱楣者，前梁谓之楣[9]，楣[10]下两头竖柱施梁，乃夹户傍之屏。寝有席者，《间传》云："既虞，芐翦不纳[11]。"郑云："芐，今之蒲苹。"即此寝有席，谓蒲席加于苫上也。）既练，舍外寝。（此寝谓中门外于屋下垒墼为之，不涂塈之垩室也。屋下，对庐偏倚[12]东壁而言也。）初丧，居庐，垩室[13]。子为父，臣为君，各依亲疏贵贱之序。《天官·宫正》云："大丧授庐舍，辨其亲疏贵贱[14]之居。"注云："亲者、贵者居庐，疏者、贱者居垩室。"《杂记》云："朝廷卿大夫士居庐，都邑之士居垩室。"案唐大历年中有杨垂撰《丧服图》，说庐形制及垩室幕次[15]叙列次第云：设庐次于东廊下，无廊，于墙下，北上。凡起庐，先以一木横于墙下，去墙五尺，卧于地为楣，即立五椽于上，斜倚东墉上，以草苫盖之。其南北面亦以草屏之，向北开门。一孝子[16]

一庐，门帘以缞布，庐形如偏屋，其间容半席，庐间施苫、甴[17]。其庐南为垩室，以墼垒三面，上至屋。如于墙下，即亦如偏屋，以瓦覆之，西向户。室施荐木枕。室南为大功幕次，次中施蒲席。次南又为小功、缌麻次，施床，并西户。如诸侯始死[18]，庐门[19]外便有小屏，余则否。其为母与父同。为继母、慈母[20]不居庐，居垩室。如继母有子，即随子居庐。为妻准母[21]。其垩室及幕次不必每人致之，共处可也。妇人次于西廊下。（见时于中[22]庭苲障[23]，中以藁[24]薄覆为之，既违古制，故引唐礼以规之。）

【校释】

①《四库》本无“三附”二字注文。宋本“三附”二字注文位于“庐”字之前，兹据《丛刊》本校乙。

②倚庐：居父母丧时所住的临时棚房。倚木为庐，用草夹障，不用泥涂。

③寝苫（shān）：睡在草垫上。苫，用茅草或禾杆编成的草垫。

④枕块：睡觉时头枕土块。块，土坯，砖坯，亦即后世所谓的“墼”。

⑤既虞：指举行虞祭之后。虞，丧祭名。朝葬，日中行虞祭。士三月而葬，葬后于四日内于殡宫举行三次虞祭，谓之“三虞”。按，大夫八日内举行五次虞祭，谓之“五虞”；诸侯十二日内举行七次虞祭，谓之“七虞”；天子十六日内举行九次虞祭，谓之“九虞”。

⑥翦屏：修剪搭在倚庐上的草帘。屏，指搭在倚庐上用以遮蔽风寒的草帘。

⑦柱楣：将倚庐之楣（横梁）抬高，并以立柱顶住，以便采纳日光。

⑧乃：宋本原讹为“故”，兹据《丛刊》本、《四库》本校改。

⑨前梁谓之楣：宋本、《丛刊》本原讹为“楣谓之梁”，兹据《四库》本校改。

⑩楣：宋本、《丛刊》本原讹为“梁”，兹据《四库》本校改。

⑪苄（xià）翦不纳：居齐衰丧者所用之蒲席四周可以裁剪，但不收边。苄，蒲席。汉代谓之“蒲苹”。纳，指将草席四周的余草收边。宋本、《丛刊》本原脱“不”字，兹据《礼记·间传》与《四库》本校补。

⑫倚：宋本、《丛刊》本原讹为“知”，兹据《四库》本校改。

⑬垩室：守齐衰丧者所居住的用砖垒起的小草屋，屋草上不涂泥，不加任何修饰，仅以白垩土涂墙，故名。

⑭贵贱：宋本、《丛刊》本原脱此二字，兹据《周礼·天官·宫正》与《四库》本校补。

⑮次：所在之处。如“庐次”，指为服斩衰服者设置倚庐之处；“大功幕次”与“小功、缌麻次”，分别指为服大功与小功、缌麻服者设置帐幕之处。

⑯子：宋本、《丛刊》本原脱此字，兹据《四库》本校补。

⑰甴（kuài）：同“块”，土块，即“寝苫枕块”之“块”。

⑱死：宋本、《丛刊》本原讹为“起”，兹据《四库》本校改。

⑲门：宋本、《丛刊》本后又衍一“门”字，兹据《四库》本校删。

⑳慈母：指抚养自己成长的庶母。

㉑为妻准母：意谓为妻服丧应按照为母服丧的标准加以相应的调整来实施。

㉒中：《丛刊》本作“由”。

㉓辇障：覆盖辇的帐幕。障，通“幛”，帷幕。

㉔藁：《丛刊》本作“苇”。

卷十六　丧服图下

齐衰衣
齐衰裳
牡麻绖
冠布缨
削杖
布带（上亦有腰绖）
疏屦
大功布衰
大功布裳
大功牡麻绖（中殇降在小功者，绖无缨）
大功牡麻绖缨（长殇与正服同）
繐[1]衰衣（缕如小功细而疏[2]）
繐[3]衰裳
殇小功（连衣裳妇人服特图此者明斩衰至缌麻妇人衰裳皆然）
小功葛绖
腰绖[4]
小功葛带（上亦有腰绖）
缌冠澡缨

凡五服衰裳，一斩四齐[5]。自齐衰[6]以至缌麻衰，并齐。（郑《曲礼》注云：齐，谓下缉也。）然则君衰弃彼麄名，麄名自显[7]；功、缌遗其齐号，齐号亦明[8]。而四齐之衰并外削幅，（外杀缝也。）皆外展而方齐；（若今幓衣[9]，先展讫，乃行针功。）其裳并内削幅，皆内展而始缉。臣崇义又案《丧服》上下十有一章，从斩至缌升数有异。其异者，斩衰有二，正、义不同，为父以三升为正，为君以三升半为义。其冠则同六升。其三年齐，唯有正之四升、冠七升；继母、慈母（慈母谓父命为母子者。）虽是义服，继母以配父不敢殊，慈母以重命不敢降[10]，故与母同。是以略为一节，同正而已。父在为母、为妻齐衰杖期。《杂记》云："十一月而练，十三月而祥，十五月而禫[11]。"是也。然母则恩爱也，妻则义合也，虽父尊厌屈，禫、杖犹申[12]，故与三年同正服而齐[13]，衰五升，冠八升。又齐衰三月者，义服也，衰则六升，冠九升。曾祖父母计是正服，但正服合服小功，以尊其祖而服齐衰三月。既非本服，故与义服同[14]也。又殇大功[15]有义，为夫之昆弟之长殇，义也。其衰九升，冠十一升。余皆降也，其衰七升，冠十升。成人大功章有降、有正、有义。姑姊妹出适之等是降也，（衰冠如[16]殇降。）妇人为夫族为义也，（衰冠[17]同殇义。）余皆正也。其衰八升，冠十升，又缌衰唯有义服。其衰四升半，冠七升。诸侯之大夫为天子，故同义服也。殇小功有降，有义。妇人为夫之族类，义也，衰冠同十二升；余皆降也，衰冠同十升。成人小功有降，（衰冠如殇降。）有正，衰冠同十一升，有义。（衰冠同殇义。）缌麻之衰冠降、正、义也，皆同十五升抽去其半[18]而已。

【校释】

①③繐：宋本、《丛刊》本原讹为“缌”，兹据《仪礼·丧服》与《四库》本校改。

②缕如小功细而疏：宋本原讹为“缕加小功细有疏”，兹据《丛刊》本与《四库》本校改。

④腰绖：宋本、《丛刊》本原脱此二字，兹据《四库》本校补。

⑤五服衰裳，一斩四齐：五等丧服的衰与裳只有斩衰这一等级是不缉边的，而齐衰、大功、小功和缌麻四等丧服则都是缉边的。斩，指布幅裁剪后不缉边。齐，布幅裁剪后缉边。

⑥齐衰：《四库》本作“衰裳”。

⑦君衰弃彼麤（cū）名，麤名自显：君衰，指臣为君所服之斩衰服。麤，同“粗”。《仪礼·丧服》齐衰章首标明“疏衰裳”，“疏”即是粗的意思。而为君之服为斩衰之义服，当用三升半之布，显然粗于齐衰的四升之布，因而君衰虽无“粗”（疏）称，但其衰裳其实更粗。

⑧功、缌遗其齐号，齐号亦明：大功、小功与缌麻三等丧服虽不言“齐”（缉边），但它们实际上都是缉边的。

⑨幓（qiāo）衣：也即“幓头”，束发巾。

⑩慈母以重命不敢降：《丧服传》认为妾子之无母者是受父之命而接受慈母的抚养，因此不能为慈母降服，必须如同为亲生母亲一样服丧。重命，指父之命。

⑪十一月而练，十三月而祥，十五月而禫：这是父在为母而实行的丧祭之礼。练，指小祥祭。祥，指大祥祭。禫，指除服之祭。

⑫虽父尊厌屈，禫、杖犹申：虽然由于父亲的地位尊贵，为母之丧须因“厌”（压）而降，但禫、杖的规矩还要照常执行。

⑬正服而齐：宋本、《丛刊》本原讹为“正而服齐”，兹据《四

库》本校乙。

⑭服同：宋本、《丛刊》本原讹为“同服”，兹据《四库》本校乙。

⑮殇大功：指为未成年而死者所服的大功服。按，为未成年而死者服丧，要比为成年人服丧降服，因而殇大功的服丧对象与服丧者的亲缘关系要比成人大功服的服丧对象与服丧者的亲缘关系近。其他各等殇服均与此相同。

⑯如：宋本、《丛刊》本原讹为“同”，兹据《四库》本校改。

⑰冠：宋本、《丛刊》本原讹为“弱”，兹据《四库》本校改。

⑱十五升抽去其半：这是指缌麻布之织法。古代吉服通常所用的布为十五升，即在二尺二寸的幅内排列经线十五升（80缕×15=1200缕）。缌麻布的经线缕数为“十五升抽其半”，即七升半，亦即在二尺二寸的布幅内排列600缕经线。

齐衰衣

齐衰裳

疏衰裳，齐者。疏，犹粗也。齐者，缉也。此齐衰①三年章，以轻于斩，故次斩后。上斩衰章中，为君三升半②，曰粗。衰以三升，正服斩，不得粗名。三升半，成布三升，微细，则得粗称。晏子粗衰③，为在三升斩内，以斩为正，故设义服之。此疏衰四升始见其粗。若然，为父哀极，直见深痛之斩，不没④人功之粗。至于义服斩衰、齐衰之等，乃见粗称。其大功、小功，更见人功之显。缌麻极轻，又表细密之事。皆为哀⑤有深浅，故作文不同者也。则斩衰先言斩者，一则见先斩其布，乃作衰裳；二则见为父极哀，先表斩之深重。此齐衰稍轻，直见造衣之法。衰裳既就，乃始缉之。是以斩衰斩在上，疏衰齐在下。

【校释】

①齐衰：《四库》本作“衰齐”。

②为君三升半：指为君所服的斩衰服的用布升数是三升半，即80缕×3.5=280缕（经线）。

③晏子粗衰：《左传·襄公十七年》载：“齐晏桓子卒，晏婴粗衰

斩，苴绖、带、杖，菅屦，食粥，居倚庐，寝苫枕草。”粗衰，即“粗衰斩”，亦即斩衰。

④没：宋本、《丛刊》本原讹为“设”，兹据《四库》本校改。

⑤哀：宋本、《丛刊》本原讹为“衰”，兹据《四库》本校改。

牡麻绖

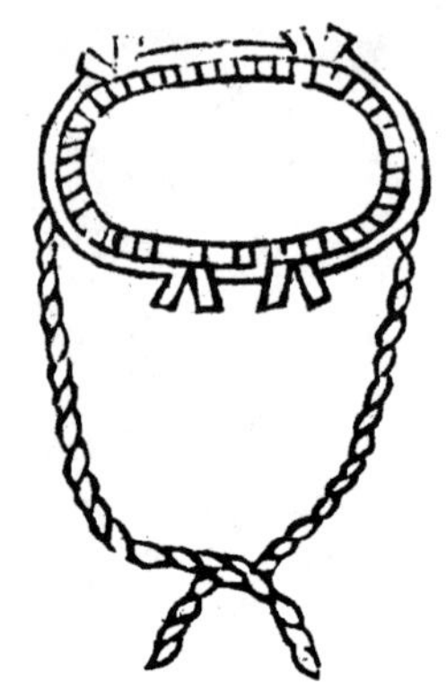

牡麻绖[①]，右本在上[②]者也。斩衰绖不言麻，此齐衰绖见麻者，彼有杖，杖亦苴，故不得言麻[③]，此绖文孤，不兼杖，故得言麻也。（牡麻，枲麻也。）

【校释】

①牡麻绖：以大麻雄株纤维所制之首服及腰带，为齐衰服所用。牡麻，即雄麻，亦即枲麻。雄麻不结子，其表皮纤维较苴麻细软。

②右本在上：这是齐衰牡麻绖与斩衰首绖的不同之外。斩衰首绖“左本之下”，即将苴麻绖交结于左耳上方，麻根搭于麻梢之上；而齐衰首绖“右本在下”，即将牡麻绖交结于右耳上方，麻根搭于麻梢之上。按，“右”，宋本、《丛刊》本原讹为“古”，兹据《仪礼·丧服》与《四库》本校改。

③彼有杖，杖亦苴，故不得言麻：斩衰之绖，是以苴麻制成，但在《仪礼·丧服》斩衰章中只言“苴绖、杖、绞带”，而不言麻，其原因在于“苴”字不仅用来限定、修饰“绖”，而且也用来限定、修饰“杖”与“绞带”，而“杖”只是如苴之黑恶，并非以苴麻制成，所以斩衰之绖不言“麻”。

冠布缨

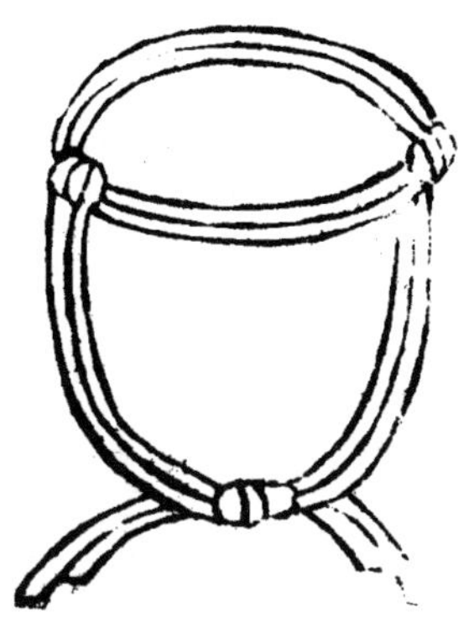

冠布缨[①]，如斩衰绳缨。亦通屈一条布为武，垂下为缨，著之于冠。（斩衰冠绳缨退[②]在绞带下[③]，使不象垂也。齐衰冠布缨无此义，故进之使与绖同处。）

【校释】

①冠布缨：齐衰服之首服形式，与斩衰服的冠绳缨相似，其区别在于冠绳缨以麻绳为之，而冠布缨以布条为之。这种丧冠的形式是用一根布条屈绕成一圈作为丧冠的“武”，两端多余的部分垂下，相当于冠缨。

②退：宋本、《丛刊》本原讹为“返”，兹据《四库》本校改。

③下：宋本原讹为“不”，兹据《丛刊》本、《四库》本校改。

削杖

削杖[①]，桐也。为母杖桐者，桐之言同也，欲取内心悲痛同之于父也。以桐[②]外无节，象家无二尊，故外屈于父，为之齐衰，经时而有变也。又案《变除》[③]云："削之使下方者，取母象于地也。"上苴杖、此削杖，虽不言杖之粗细，案《丧服小记》云："绖杀五分而去一，杖大如绖[④]。"注云："如腰绖也。"（腰绖五寸[⑤]二十五分寸之十九。）必知如腰绖者，以杖从心已下与腰同处故也。又云"杖者皆下本"者，从木性[⑥]也。（本，根也。）"各齐其心"者，杖以扶病[⑦]，病从心起，故杖之高下以心为断也。

【校释】

①削杖：齐衰服所用之杖，以桐木削去其皮为之，故名。或曰削为方形，或曰削为上圆下方之形，均于义未安，不可信据。

②桐：宋本原讹为"同"，兹据《丛刊》本、《四库》本校改。

③《变除》：指汉代戴德所撰《丧服变除》。

④绖杀五分而去一，杖大如绖：意谓各等丧服腰绖的粗细为首绖减杀五分之一，而其所用之杖与其腰绖的粗细相等。按，斩衰以下各级首绖的粗细均与其上一级丧服的腰绖相等。由斩衰首绖围九寸可推知，齐衰之首绖为7.2寸，减杀五分之一，则为5.76寸（即五寸二十五分寸之十九），此即为齐衰之腰绖与杖的粗细。

⑤寸：宋本原脱此字，兹据《丛刊》本、《四库》本校补。

⑥性：宋本原讹为“姓”，兹据《丛刊》本、《四库》本校改。

⑦杖以扶病：杖的功用是用来扶持服丧者因哀伤过度而羸弱不堪的身体。

布带（上亦有腰绖，象大带）

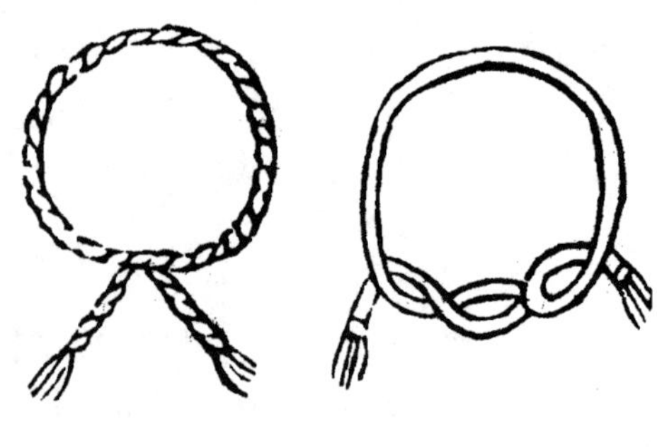

布带[①]者，亦象革带[②]，以七升布为之。此即下章云“带缘各视其冠”[③]。（带缘，冠皆七升布，如深衣[④]之缘。）此言布缨、布带者，对斩衰缨带皆用绳故也。

【校释】

①布带：齐衰服束于腰间之带，以四升麻布制成，相当于斩衰之绞带，其功用与吉服之革带相当。齐衰以下至缌麻布带均以麻布为之，其区别在于升数不同而已。

②革带：吉服的束腰之带，以革为之。凡带有二：一为革带，在内，用以系韠韨及其他佩物；一为大带，以丝为之，在革带之外。

③带缘各视其冠：齐衰以下各级丧服所用布带的边饰用布与各级丧服之冠所用之布的升数相当。带缘，布带的饰边。视，比拟，仿效。

④深衣：衣、裳相连之长袍，如现代之连衣裙。

疏屦

疏屦[1]者，粗屦也。（读如疏，不熟之疏。疏，草也。疏取用草之义。）是故斩衰重，而言菅屦，故见草体，举其恶貌也。齐衰轻，而言疏屦，故举草之总称也。自此已下，各举差降之宜。故不杖章言麻屦，齐衰三月与大功同绳屦，小功缌麻轻，又没[2]其屦号。《传》曰：疏屦者，藨[3]、蒯[4]之菲也。（藨音平表反，蒯音苦怪反，皆草名[5]。）叙父卒为母三年，父在为母、为妻、为出母期，父卒为继母嫁者亦期，（曾为母子，贵终其恩也。）皆服疏衰裳，齐，牡麻绖，冠布缨，削杖，布带，疏屦。（出妻之子为父后者为出母无服。然母出为外祖父母无服。）祖父母、世父母[6]、叔父母、兄弟之子、適孙[7]，（重適。）为人后者为父母，嫁女为父母，（降服。）昆弟之为父后者，继父同居者，姑、姊妹、女子子适人而无主者[8]，（为无祭主故也。）为君之父母，妾为女君，妇为舅姑、夫之昆弟之子，（君女皆是。）公妾大夫之妾为其子，女子子[9]为祖父母，公妾及士妾为其父母，此皆齐衰期、不杖、麻屦[10]者也。（此齐衰，不用草。）寄公为所寄之国君[11]，服齐衰三月。凡男女为大宗子及宗子母妻[12]，（女谓女子子在室及嫁归宗者也[13]。皆齐衰三月，尊祖之义也。）致仕[14]者、畿内之民、庶人在官者为君，皆三月。君之母妻，继父本同居今不同者，及曾祖父母，（与高祖同[15]，宜服小功，而服齐衰三月者，重其衰麻，尊尊也。减其日月，恩杀也），女子子嫁于大夫者，二十成人而未嫁者，为曾祖父母皆齐衰三月。（自寄公已下皆义服三月者，日月既少，故在不杖之下。而书寄公在上者，此章既论[16]义服，故以疏者为首。）

【校释】

①疏屦：服齐衰三年与齐衰杖期服者所穿之鞋，用藨（biāo）草或蒯（kuǎi）草编织而成。疏，粗。因藨草与蒯草所编之鞋均较粗恶，故名。

②没：《丛刊》本作“设”。

③藨：草名，多年生草本植物，丛生水边，茎可编席搓绳。

④蒯：草名，多年生草本植物，茎或供编织绳、席。

⑤《四库》本无此十三字注文。“藨音平表反”，《丛刊》本作“藨平表反”；“蒯音苦怪反”，《丛刊》本作“蒯苦推反”。

⑥世父母：伯父与伯母。

⑦適孙：嫡孙。適，通“嫡”。

⑧姑、姊妹、女子子适人而无主者：适人，指出嫁于人。本条是指侄为姑、兄弟为姊妹和父母为女儿之出嫁而死后无祭主者所规定的丧服。姑、姊妹及女儿既已出嫁，其侄、兄弟及父母本应为之降服大功，但因她们死后无夫或无子以为祭主，故不忍心为其降服，而为她们服齐衰不杖期之服，以示厚待。

⑨女子子：宋本、《丛刊》本脱一“子”字，兹据《仪礼·丧服》与《四库》本校补。

⑩麻屦：以牡麻编的鞋，用于齐衰不杖期之服。

⑪寄公为所寄之国君："寄公"，宋本、《丛刊》本原脱"公"字，兹据《四库》本与《仪礼·丧服》校补。本条是讲寄公（即寄居于别的诸侯国的亡国失地之君）为所寄居国之君的丧服。

⑫凡男女为大宗子及宗子母妻：本条所言是指同宗五服以外的同姓男女均需为大宗子及其母妻服齐衰三月之服。按，五服以内的亲属为大宗子之服，齐衰以上各服本服，大功以下均服齐衰三月之服。

⑬女子子在室及嫁归宗者也：宋本原讹为"女子女在定衰妇归宗者也"，《丛刊》本讹为"女子女在室衰妇妇宗者也"，兹据《四库》本校改。

⑭致仕：去官。

⑮与高祖同：宋本与《丛刊》本原讹为"即高祖也"，兹据《四库》本校改。

⑯论：宋本原讹为"伦"，兹据《丛刊》本、《四库》本校改。

大功布衰

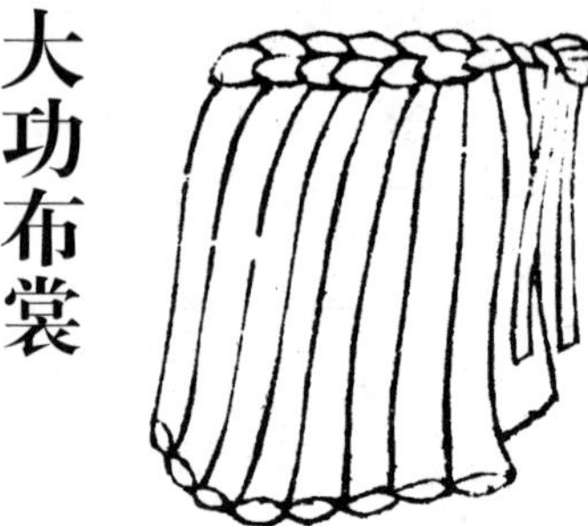

大功布裳

大功[1]布衰裳，牡麻绖，无受[2]者。此直言绖，不言缨绖[3]者，以其本服齐、斩，今为殇死，降在大功者，故次在正大功之上，义齐衰之下。（凡丧，既葬，变麻服葛。若成人，则以此轻服受之。此云无受，以殇文不缛，故不以此轻服受之也。又《传》云“不樛垂”[4]者，谓不绞带之垂者也。大功已上，于小敛前皆散带之垂者，至成服乃绞之。小功已下，初便绞之。今殇在大功者，于小敛前及[5]成服后，皆散垂不[6]绞，以示未成人，故与成人殊[7]。）《传》曰：“年十九至十六为长殇，十五至十二为中殇，十一至八岁为下殇，不满八岁以下皆为无服之殇。无服之殇以日易月[8]。以日易月之殇，殇而无服。故子生三月，则父名之，死则哭之；未名则不哭。（以日易月者[9]，谓生一月者，哭之一[10]日也。殇而无服者，哭之而已。）叙服：子、女子子之长殇、中殇，（殇者，男女未冠笄而死[11]，可[12]哀伤者也。）叔父、姑、姊妹、适孙、庶子为適昆弟、夫之昆弟之子、公之適子、大夫之適子而在长殇中殇者，其长殇皆九月，缨绖；其中殇皆七月，不缨绖。（公，君也。通五等及大夫为適子皆是正统，成人斩衰。今为殇死不得著代，故入大功。经有缨者，为其情重也。自大功已上，绖有缨，以一条绳为之。小功已下，绖无缨也。）

【校释】

①大功：丧服五服之一。其衰裳用布为经粗略锻练之七升、八升或九升布。成人大功与殇大功服期均为九月，中殇大功服期为七月。

②无受：指一服至终丧，服丧期间不变服。所谓“受”，即“受服”，是指在服丧期间，根据一定的规则将重服改为轻服。如既葬变麻服葛，即为受服之一种。据《礼记》与《仪礼·丧服》所载，齐衰受服为“七升”，大功受服为“小功衰”（十升）。

③缨绖：即首绖有缨。斩衰与齐衰之首绖皆有缨。据《仪礼·丧服》殇大功章记述，长殇大功之服缨绖，中殇大功之服不缨绖。

④不樛（jiū）垂：这是殇服服饰的主要特点之一。为成人服大功以上者，在小敛之前其腰绖之两端皆散而下垂，小敛后成服，则应将腰绖两端的散垂之麻绞束起来，叫做樛垂。但殇服腰绖在成服后并不绞束，即不樛垂，以便与成人之服相区别。樛，本义是指树枝向下弯曲，引申为缠绕下垂之义。

⑤及：宋本与《丛刊》本原讹为“反”，兹据《四库》本校改。

⑥不：宋本原讹为“下”，兹据《丛刊》本、《四库》本校改。

⑦殊：宋本与《丛刊》本原讹为“故”，兹据《四库》本校改。

⑧无服之殇以日易月：指为不满八岁而死的未成年人服丧时，以一天代表一个月，如本服九月者，哭之九日即可。

⑨者：宋本原脱此字，兹据《丛刊》本、《四库》本校补。

⑩一：宋本、《丛刊》本原脱此字，兹据《四库》本校补。

⑪未冠笄而死：古代男子二十岁行冠礼，以示成人。女子十五岁

可许嫁，行笄礼；若未许嫁，则至二十岁行笄礼。未冠笄而死，指在行冠礼或笄礼之前死去，亦即不到二十岁而死。

⑫可：宋本、《丛刊》本原讹为“耳”，兹据《四库》本校改。

大功牡麻绖缨（长殇与正服同[2]）

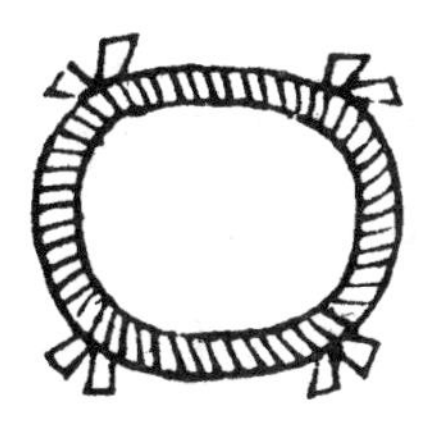

大功牡麻绖（中殇降在小功者绖无缨[1]）

绖之有缨，所以固绖，犹如冠之有缨以固冠，亦[3]结于颐下也。大功中殇七月，绖无缨[4]。五服之正，无七月之服，唯此大功中殇有之，故《礼记》云“九月、七月之丧三时”[5]者是也。长殇皆九月，绖有缨者，为其情重故也。（七月无缨者，情杀故[6]也。）郑知以一条绳为之者，见斩衰冠绳缨，通屈一条绳，属之于武，垂下为缨，故知此绖之缨亦通屈一条绳，属之于绖，垂下为缨。（大功长殇及正大功，绖皆有缨。小功已下，绖皆无缨。）故“布衰裳，牡麻绖缨，布带，三月，受以小功衰，即葛，九月者”，则成非正大功之服也[7]。（受，犹承也。正大功章轻于殇大功，故次在殇章之下。）《传》曰：“大功布九升，小功布十一[8]升。”此章有降、有正、有义。降则衰七升，冠十升；正则衰八升，冠亦十升；义则衰九升，冠十一升。又十升者，降小功也；十一升者，正小功也。《传》以受服不言降大功及正大功，直言义大功之受者，（以冠为受。以义大功冠十一升受小功之正者也。注云“此受之下也”者，谓越大功降、正二服，直取义大功。是下也，据受之下。发传者[9]明受尽于此义大功也。）以其小功[10]至葬，唯有变麻服葛[11]，因故衰无受服之法。故《传》据义大功而言也。叙服：姑、姊妹、女子子适人者，世父、叔父之子，（从父昆[12]弟也，从父姊妹在室者亦如之。）为人后者为其昆弟，（为人后者降兄弟服大功。）庶孙，（男女同。）適妇，（重適。）女子子适人者为众昆弟，（父在则同，父没而为父后者服期也。）侄丈夫、妇人，（侄男、侄女。）夫之祖父母、世父母、叔父母，夫之昆弟之女适人者，女子子嫁者、未嫁者为世父母、叔父母、姑、姊妹，妾为女君之党。（已上皆服正大功者。）

【校释】

①中殇降在小功者绖无缨：《四库》本无此十字注文。

②长殇与正服同：《四库》本无此六字注文。

③亦：宋本原讹为“赤”，兹据《丛刊》本、《四库》本校改。

④绖无缨：即“不缨绖”，亦即虽有首绖，但无垂下之缨。按，斩衰、齐衰、长殇大功与成人大功之首绖皆有缨，即皆“缨绖”。而中殇大功及小功以下各服之首绖皆无缨，即“不缨绖”。

⑤九月、七月之丧三时：意谓九月与七月的丧期跨越三个季节。时，指一个季节，三个月。

⑥故：宋本原脱此字，兹据《丛刊》本、《四库》本校补。

⑦则成非正大功之服也：疑此句当作“则成人正大功之服也”，“非”字当为“人”字之误。整句意为“布衰裳，牡麻绖缨，布带，三月，受以小功衰，即葛，九月者”所规定的是成人大功之正服。

⑧一：《丛刊》本无此字。

⑨发传者：指阐发、撰写《丧服传》者。

⑩小功：宋本与《丛刊》本原讹为“大功”，兹据《四库》本

校改。

⑪葛：宋本、《丛刊》本原讹为“旧”，兹据《仪礼·丧服》与《四库》本校改。

⑫昆：《四库》本作“兄”。

繐衰裳，牡麻绖，既葬除之者，诸侯之大夫为天子服也。《传》曰："繐衰者何[4]？以小功之繐也。"《记》曰："繐衰四升有半，其冠八升。"贾释云：诸侯之大夫，天子之陪臣，以时会见于天子而服之。以天子七月而葬，既葬而除，故降在大功九月下。其缕虽如小功，升数又少，故在小功上也。此不言带屦者，以其《传》云"小功之繐"[5]，则带屦亦同于小功也。（治其缕如小功，而成布四升半[6]。细其缕者，以其陪臣服此繐衰，恩轻故也。诸侯为天子服至尊义服斩[7]，缕如[8]三升半。今陪臣降君，改服至尊加一升，为四升半。精粗升数在齐衰之中者，不敢以兄弟服服至尊也[9]。凡布细而疏者，谓之繐[10]。汉时南阳乡[11]邓氏造布有名繐[12]者，谓之邓繐[13]。）

【校释】

①繐（suì）衰：本条中的"繐衰衣"、"繐衰裳"原作"缌衰裳"、"缌衰衣"，文中及原注中的"繐衰"，原书也均作"缌衰"，兹据《四库》本及《仪礼·丧服》统一校改为"繐衰"，下不一一标注。

按，“繐衰”与“缌衰”不同，本条所言当以“繐衰”为是。缕细而布疏的麻布谓之“繐”，常用作丧服。据《仪礼·丧服》记载，“繐衰”是“诸侯之大夫为天子”之丧服。而《周礼·春官·司服》记载：“王为三公六卿锡衰，为诸侯缌衰，为大夫士疑衰，其首服皆弁绖。”可见“缌衰”乃是天子为诸侯之丧服。

②缕如小功：宋本原讹为“缕加小功”，兹据《丛刊》本校改。《四库》本无此注文。

③细而疏：宋本原作“细如疏”。虽然“而”与“如”古书多通用，但由于本书第二十卷目录作“细而疏”，且《丛刊》本也作“细而疏”，兹据以校改。《四库》本无此注文。

④何：宋本、《丛刊》本原脱此字，兹据《仪礼·丧服》与《四库》本校补。

⑤小功之繐：宋本、《四库》本与《丛刊》本均讹为“小功繐衰”，兹据《仪礼·丧服》校改。

⑥治其缕如小功，而成布四升半：指以小功麻缕（十或十一升）一样粗细的经线织成细而疏的四升半之布。

⑦斩：宋本原讹为“辅”，兹据《丛刊》本、《四库》本校改。

⑧缕如：宋本作“经效”，《丛刊》本作“衰如”，兹据《四库》本校改。

⑨精粗升数在齐衰之中者，不敢以兄弟服服至尊也：繐衰服虽以小功之缕织成，但其升数较少，仅为四升半，与齐衰之升数相近。但齐衰之降、正、义三服分别为四升、五升、六升。由于不敢以兄弟之服（齐衰）服至尊（王），所以便将繐衰服的升数定为四升半，以与齐衰之升数相区别。按，本句中的“在齐衰之中”，宋本原讹为“布汉衰之中”，兹据《丛刊》本与《四库》本校改。

⑩繐：宋本、《丛刊》本原讹为“缌”，兹据《四库》本校改。
⑪乡：《丛刊》本作“郡”。
⑫繐：宋本作“绖”，《丛刊》本作“缌”，兹据《四库》本校改。
⑬繐：宋本、《丛刊》本原讹为“纪”，兹据《四库》本校改。

殇小功（连衣裳，妇人服。特图此者，明斩衰至缌麻，妇人衰裳皆然①）

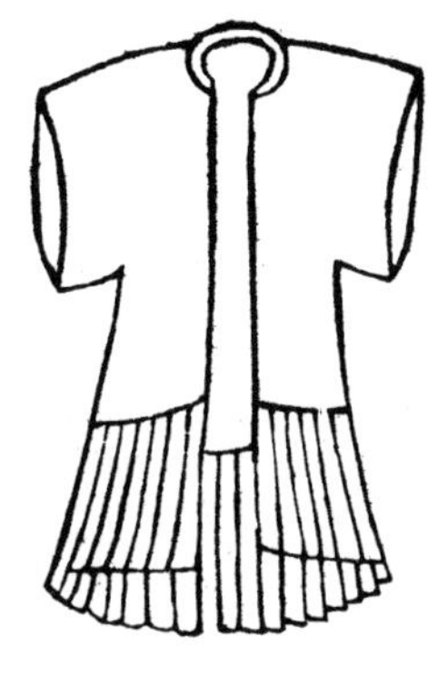

小功葛绖

腰绖

小功葛带（上亦有腰绖，象革带②）

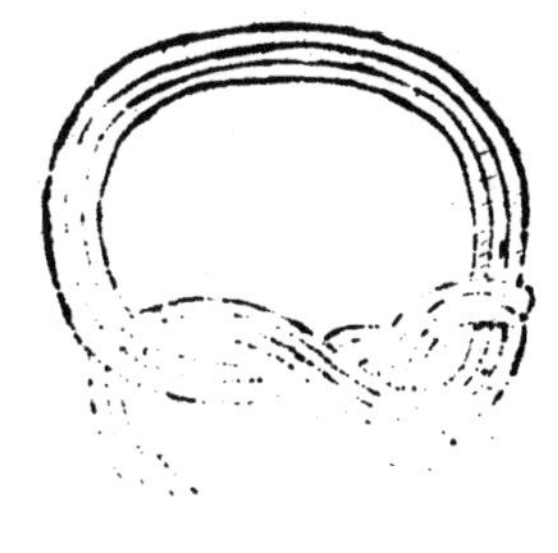

殇小功，布衰裳，澡麻带、绖[3]，五月。注云："澡者，治去莩垢[4]，不绝其本[5]也。"《小记》曰："下殇小功带，澡麻不绝本，诎而反以报之[6]。"贾释云："此殇小功章，本齐衰大功之亲为殇死，降在小功者，故在成人小功之上。言小功者，对大功是用功粗大，则小功是用功细小精密者也。"（自上已来，皆带在绖下。此章带在绖上者，以大功已上绖带有本，小功已下断本。此殇小功中有下殇小功带不绝本，与大功同，故进带于绖上，倒[7]文以见重也。又上文多直见一绖包二带，此别言带者，亦故见带不绝本，与成人小功绖不同，两见之也。）叙服：叔父，適孙，昆弟，大夫庶子为適昆弟，姑、姊妹、女子子。（已上八人本服期，今为下殇，降在小功者。）为人后者为其昆弟、从父昆弟。（此二者本服大功，今长殇，降在小功者。）《传》问者曰："中殇何以不见？"答者曰："大功之殇中从上，小功之殇中从下[8]。"（问者据从父昆弟之下殇在缌麻者也。以其缌麻章见从父昆弟之下殇，此章见从父昆弟之长殇，唯中殇不见，故致问[9]也。）为夫之叔父之长殇，（不见中殇者，中从下服缌也。）昆弟之子、女子子，（侄[10]，男、女也。本期，今在下殇。）夫之昆弟之子、女子子，（侄，男、女也。本期，今在下殇。）庶孙男女之在长殇。（皆小功无变[11]。五服上曰衰，下曰裳。男子衰、裳殊，妇人衰、裳不殊。衰亦如男子外削幅，缀衰于衣，而衣无带。其裳则如深衣，而裳无衽，谓皆缝合。自上已来唯图[12]男子衰、裳，妇人衰裳[13]不见，故特[14]图之。）

正小功[15]，布衰裳[16]，牡麻绖[17]，即葛[18]，五月者。注云：即，就也。小功轻，三月变麻。因故衰以就葛绖带而五月也。此小功成人章轻，故次在殇小功下。此章有三等：正、降、义。其衰、裳之制，澡麻带绖，唯断本与前章为异。（此成人文缛，故麻从葛，但以日月为促[19]，故不变。衰不列冠屦者，上大功章已略。至此小功轻，故亦不言。旧说云："小功已下，吉屦无絇[20]。"案《周礼·屦人职》：屦、舄皆有絇繶纯。纯者，于屦口有缘。繶者，牙底相接处，缝中有绦。絇者，屦鼻头有饰，为行戒。吉时有行戒，故有絇。丧中无行戒，故无絇。以小功轻，故从吉屦。为其太饰，故去絇。）叙服：从祖祖父母，从祖父母，报。注云："祖父之昆弟之亲。"（从祖祖父母是曾祖之子，故知是祖父之昆弟之亲也；从祖父母是从祖祖父母之子，是父之从父昆弟之亲，故郑并言"祖父之昆弟之亲"。报者，恩轻，欲见两相为服，故云报也。）从祖昆弟。注云："父之从父昆弟之子。"（此是从祖父母之子，故郑言"父之从父昆弟之子"。是己之再从昆弟。此上三者，为正[21]小功。）从父姊妹。注云："父之昆弟之女。"（从父姊妹在家大功，出适小功。不言出适反在室者，姊妹既逆降，其宗族亦逆降，报之，故不辨在家及出适也。）女孙适人者，（若[22]在室，亦服[23]大功。）为人后者为姊妹之适人者。（姑恩轻，故降也。）外祖父母；从母，丈夫妇人，报[24]；（丈夫、妇人皆成人之号。此谓从母所生之男女也。）外亲之服皆缌也。外祖父母以尊加，从母以名加，而皆小功焉。（外祖本非骨肉而情疏，故圣人制礼无过缌也。以言外祖[25]，祖是尊名，以母之所生，情重，故尊加至小功，不服缌也。从母是母之姊妹，与母一体，从于己母而有母名，故以名加至小功，亦不服缌。）夫之姑，姊妹，娣姒妇，报。（夫之姑姊妹在室及嫁皆小功者，因恩轻，略从降[26]也。）《传》曰："娣姒妇者，弟长也。何以小功也？以为相与居室中，则生小功之亲焉。"（娣姒妇者，兄弟之妻相名也。"弟长也"者，破娣女弟也[27]，姒长也。以娣、姒二字皆以女为形，弟似[28]为声，则据二妇立名，谓年小者为娣，年大者为姒。假令弟妻年大，则称之曰姒；兄妻年小，称之曰娣。案《左传》，穆姜是宣公夫人，大妇也。声伯之母是宣公弟叔肸妻，小妇也。声伯之母不聘穆姜，曰："吾不以妾为姒。"是据二妇年大小为娣姒，不据夫年为大小也。）君子子为庶母慈己者，曰君子子者，贵人之子也。注云："君子子者，大夫及公子之適[29]妻子也。"（礼之通例云：君子与贵人皆据大夫已上而言也。公子尊卑比大夫，故郑据而言也。此庶母慈己者，父之诸妾也。故《内则》云：异为孺子室于宫中，择于诸母与可者，必求其宽裕慈惠温良恭敬慎而寡言[30]者，使为子师，教示以善道。其次为慈母，知其嗜欲。其次为保母，安其居处。皆居子室。有此三母。又曰：大夫之子有食母。此所谓庶母慈己者也。以其慈于己，故于缌麻上加至小功。国君子为慈母无服，士又不得称君，子为慈母服小功者，唯公子及大夫之適子二人矣。此谓父在者则服之。知者，以大夫公子不继世[31]，身死[32]则无余尊之厌，一同凡庶[33]三母慈己之义，故知父在则服之，父没则服缌麻。又郑云：以慈己加，则君子子亦以士礼为庶母缌也。若然，是其本为庶母缌麻也。）

【校释】

①②《四库》本无此两条注文。

③澡麻带、绖：以澡治之麻织成的带与绖。所谓澡治，就是将麻浸在水里沤渍脱胶，使之柔和洁白。大功以上丧服所用之麻不澡治，故较粗硬。

④莩（fú）垢：指麻皮中的污垢。莩，植物茎秆里的薄膜或植物种子的外皮。

⑤不绝其本：不去掉麻的根部。

⑥诎而反以报之：将葛带两端交结后的多余部分屈折向上而缠合于腰间，即不樛垂。诎，通“屈”。报，合，缠结。

⑦倒：宋本、《丛刊》本原讹为“到”，兹据《四库》本校改。

⑧大功之殇中从上，小功之殇中从下：按照丧服制度的规定，凡是成人当服大功者，其中殇与长殇同为小功；而成人当服小功者，其中殇与下殇同为缌麻之服。

⑨问：宋本原讹为“间”，兹据《丛刊》本、《四库》本校改。

⑩侄：《丛刊》本前有“亦”字。

⑪皆小功无变：一直服小功而不变服，即无受服。

⑫图：宋本原讹为“而”，《丛刊》本作“见”，兹据《四库》本校改。

⑬衰裳：宋本、《丛刊》本原讹为“衣衰”，兹据《四库》本校改。

⑭特：宋本原讹为“狰”，兹据《丛刊》本、《四库》本校改。

⑮正小功：指成人小功之服。

⑯“裳”前：宋本、《丛刊》本原衍“衣”字，兹据《四库》本校删。

⑰绖：宋本、《丛刊》本原脱此字，兹据《四库》本校补。

⑱即葛：三月后以葛绖带代替麻绖带，即受服。

⑲促：宋本、《丛刊》本原讹为“足”，兹据《四库》本校改。

⑳小功已下，吉屦无絇：服小功与缌麻者穿着平常的鞋子，只是鞋头没有装饰性的絇。吉屦，平常穿的屦。絇，鞋头的装饰，以丝带做鼻形，有孔，可穿系带。

㉑正：宋本、《丛刊》本原讹为“三”，兹据《四库》本校改。

㉒若：《丛刊》本无此字。

㉓亦：宋本原讹为“赤”，据文义改。服：《丛刊》本无此字。

㉔从母，丈夫妇人，报：这是说姨与外甥和外甥女之间要互相“报”服小功。从母，母之姊妹，即姨。报，报服，指双方以互相对等报答的方式服丧的规则。

㉕外祖：《四库》本作“外亲”。

㉖降：《丛刊》本作“嫁”。

㉗破娣女弟也：将“娣”解释为女弟。破，解析，诠释，用本字训释假借字。宋本原脱“女”字，兹据《丛刊》本、《四库》本校补。

㉘似：《丛刊》本作“姒”。

㉙適：通“嫡”。

㉚“寡言”后：宋本衍一“母”字，《丛刊》本为一字空，兹据《四库》本校删。

㉛世：宋本原讹为“出”，兹据《丛刊》本、《四库》本校改。

㉜死：宋本原讹为“慈”，兹据《丛刊》本、《四库》本校改。

㉝庶：宋本原讹为“无”，兹据《丛刊》本、《四库》本校改。

缌冠澡缨

缝，不灰治，缨则灰治①）

（小功缌冠左

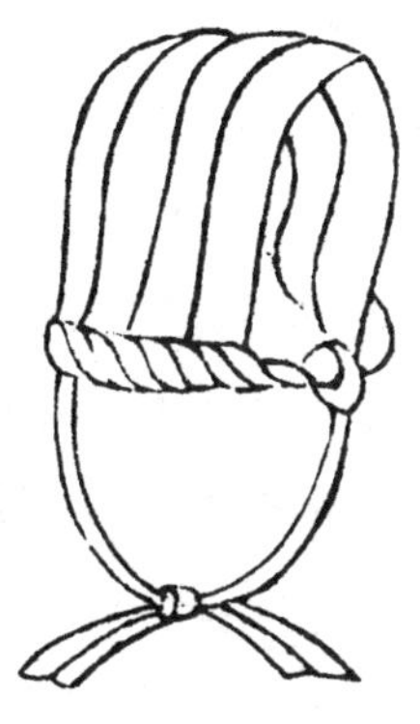

缌麻②三月者，此章，五服之内轻之极者，故以缌麻布缕细如丝者为衰裳，又以澡治莩垢之麻为绖带，故曰缌麻。（缌即丝也，谓治其缕细如丝也。但古之缌、丝二字通用③。）凡丧服变除，自斩至缌虽年月不同，皆法天道，故此服之轻者，法三月一时，天气一变，可以除之，故三月也。（其余变除皆见经记。）《传》曰："缌者，十五升抽其半，（抽犹去也。）有事其缕，无事其布④，曰缌。"案下记大夫命妇⑤相吊以锡衰⑥，亦云："十五升抽其半，无事其缕，有事其布，曰锡。"注云："锡者，不治其缕，哀在内也。缌者，不治其布，哀在外也。"然则二衰升数虽同，但锡衰重，故治其布，不治其缕，哀在内也。此缌麻衰治缕，不治布，哀在外故也。（八十缕为升。十五升，千二百缕。抽其半，六百缕。缕粗细如朝服，数则半之，可谓细而疏。服最轻故也。）缌冠，《杂记》曰："缌冠，澡，缨。"（斩衰冠绳缨，缨⑦重于冠。齐衰已下布缨，缨与冠等。上《传》曰："齐衰大功冠其受，缌麻小功冠其衰。"则此云缌麻冠者，冠与衰同用缌布。但澡缨者，以其灰澡治布为缨，与冠别。以其冠与衰皆不治，缨则澡治之，以其轻。故特图冠缨相连者，以异于上。）叙服：族曾祖父母，（己之曾祖亲兄弟也。）族祖父母，（亦高祖之孙，己之祖父从父昆弟。上至高祖四世。）族父母，（己之父从[8]祖昆弟也。）族昆弟，（己之三从兄弟，皆名为族。然自三族上至族曾祖父母，傍四出，同出高祖，谓之四缌麻。）庶孙之妇，缌；（以適子之妇大功，庶子之妇小功，適孙之妇亦小功，明庶孙之妇缌麻，是其差也。）从祖姑、姊妹适人者，报；从祖父、从祖昆弟之长殇；（从祖父长殇者，谓叔父者也。）外孙；（以女外出适而生，故曰外孙。）从父昆弟侄之下殇；（成人大功，长殇小功。今下殇，故缌。）夫之叔父之中殇、下殇，（成人大功，长殇小功。中殇从下，故在此章。）从母之长殇，报；庶子为父后者为母，缌。《传》问[9]："何以缌也？与尊者为一体，不敢服其私亲也。"（父子一体，如首[10]与足。妾非正，故云私亲。）又问："既云不敢服其私亲，即应全不服，何又服缌也？"答："有死于宫中者，则为之三月不举祭，因是以服缌也。"（云假有臣仆死于宫中者，三月不举祭。不举，谓废也。故庶子因是为母缌也。有死即废祭者，不欲闻凶人故也。）贵臣，贵妾，（贵臣，室老也。贵妾，侄娣也。以贵，故服缌。）乳母，以名服也。（慈己者。）从祖兄弟之子，曾孙[11]，（玄孙也。）父之姑，（谓己为归孙[12]。）从母昆弟，（以名服。）甥、舅，（相报。）婿及妻之父母，（相报。）姑之子，（外兄弟，报。）舅之子，（内兄弟与舅皆从服[13]。）夫之姑、姊妹之长殇，夫之诸祖父母，报；夫之从父昆弟之妻，（同堂娣妹降于亲娣姒，故缌。）昆弟之孙长殇，从父昆弟之子长殇，（齐衰之殇中从上，大功之殇中从下[14]。）改葬，缌[15]。注云：谓坟墓以他故崩坏，将亡失尸柩者也。（他故，谓水潦漂荡，故须别处改葬。服缌者，臣[16]为君，子为父，妻为夫。据此三等痛极者服之，以其君亲丧亡已久，可以无服。但亲[17]见君父之尸柩，暂时之痛，不可制服，故皆服缌。亦三月而除，法天道也。）

【校释】

①《四库》本无此十三字注文。

②缌麻：五等丧服中最轻之服。缌麻布的织法，与前述繐衰布的织法很接近。繐衰布以小功之缕（十或十一升）织成四升半之布，缌麻布则是吉服的十五升之缕织成七升半之布。

③古之缌、丝二字通用：意谓古代缌与丝二字意义和用法都是相通的。“二”，宋本、《丛刊》本原讹为“三”，兹据《四库》本校改。

④有事其缕，无事其布：指纺织缌麻布之前将麻沤入水中脱胶除垢，也即“澡治”；布织成后不加灰煮练，也即“灰治”。参见“锡衰”注。

⑤妇：《丛刊》本无此字。

⑥锡衰：王为三公六卿之吊服。其所用布与缌麻布相似，也为“十五升去其半”，即七升半。但其制造方法则是“有事其布，无事其缕”，与缌麻布的制造方法不同。所谓“有事其布，无事其缕”，就是在纺织之前不对麻缕进行“澡治”，而在纺织成布之后加灰进行煮炼脱胶，使麻布表面平滑。

⑦缨：宋本、《丛刊》本无此字，兹据《四库》本校补。

⑧从：宋本、《丛刊》本原讹为“母”，兹据《四库》本校改。

⑨问：当作“曰”。以下所引为《丧服传》之文。

⑩首：《丛刊》本作“手”。

⑪曾孙：宋本、《丛刊》本原讹为“曾祖”，兹据《四库》本校改。

⑫归孙：侄之子。后世称为侄孙。《四库》本即改作“侄孙”。

⑬从服：指随从某一亲属而为某一服丧对象服丧的原则。具体说来，就是服丧者与服丧对象多无直接的宗亲血缘关系，但由于服丧者某一亲属与服丧对象有直接的宗亲关系或政治关系，故随从此一亲属而为其服丧。

⑭齐衰之殇中从上，大功之殇中从下：本句中的两个“中”字，宋本原讹为“巾”，兹据《丛刊》本、《四库》本校改。

⑮改葬，缌：君、父、夫等人丧亡多年后，如果因为其坟墓崩坏或其他原因而需要改葬时，要为他们服缌麻之服。

⑯臣：宋本原讹为“吕”，兹据《四库》本、《丛刊》本校改。

⑰亲：宋本原作墨钉，兹据《四库》本、《丛刊》本校改。

卷十七　袭敛图

掩
幎目
鬠笄
冒
衾
紟
夷衾
小敛绞
大敛绞
明衣
明衣裳
握手
纩极
决

饭珠
含贝
浴盘
夷盘
夷床
浴床
组圭
重
铭旌
蓍（并韇[①]）
龟
燋（音雀）
楚焞（焞，即焌，俱音鐏）

【校释】

①韇：宋本、《丛刊》本与《四库》本均讹为“牍”，兹据本书正文校改。

掩

按《士丧礼》云:“掩[1],练帛[2]也。广终幅,长五尺。析其末[3]。”作此掩,为[4]裹尸首故也。析其末者[5],以后二脚于颐下结之。既瑱[6]、幎目[7]之后,乃以前二脚倒结于项中。(瑱,充耳也。用白新绵为之。)

【校释】

①掩:丧礼中裹尸首的练帛,用以代冠,亦称掩面。

②练帛:经过煮练的洁白熟绢。

③析其末:指将掩的两头切割为两条,即下文所谓的两脚。

④为:宋本原讹为“谓”,兹据《丛刊》本、《四库》本校改。

⑤者:宋本原讹为“老”,兹据《丛刊》本、《四库》本校改。

⑥瑱:也叫充耳。冠冕两侧下垂之饰物,用以塞耳。生者所用之瑱以玉或象骨为之,死者所用之瑱以纩(kuàng,丝绵絮)为之。

⑦幎(mì)目:丧礼中覆于死者面部的巾。参见下条。

幎目

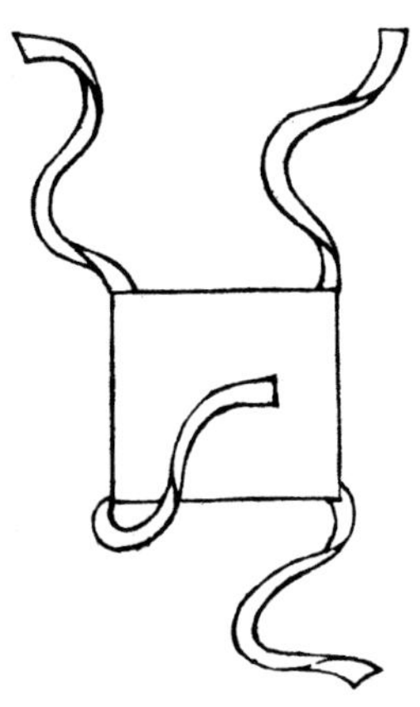

幎目用缁[①]，方尺二寸，赪[②]里，著以絮。注云：幎目，覆面者。四角各有组系，皆于后结之。幎，郑读若《诗》云"葛藟萦之[③]"。

【校释】

①幎目用缁：用于覆盖死者面部的幎目是用缁做成的。缁，黑色帛。按，现代考古发现的幎目与此不太一样。如洛阳中州路发掘的东周墓中，死者面部覆盖缀有玉片之绢帛，或即幎目。又江陵马砖一号战国墓，亦有覆盖死者面部的幎目，表里均为黄绢，上方有缝，露出眼部；下方有一三角形的孔，露出口部。

②赪：浅红色。

③葛藟（lěi）萦之：此为《诗经·周南·樛木》之诗句。意谓葛藟缠绕着爬上了弯曲下垂的树枝。藟，葛类蔓生植物。樛木，指弯曲下垂的树木。

鬠笄

鬠笄[①]用桑，长四寸。纋中[②]，繒结也，取会聚之义。谓先以组[③]束发，乃笄也。注云：桑之为言丧也。为丧所用，故以桑为笄，取声名之也。笄长四寸者，不冠故也。若冠，则笄长也。古之死者但鬠笄，而不冠。妇人但鬠，而无笄。案下篇《记》云：“其母之丧，鬠无笄。”注云：“无笄，犹丈夫之不冠也。”王肃撰《家语》云孔子丧有冠者，妄也。纋中，谓两头阔[④]，中央狭，狭则于发安，故注云以安发也。

【校释】

①鬠（kuò）笄：用为束发的笄。鬠，束，束发。同“髻”，也作“括”。

②纋（yōu）中：笄的中央部分较细，以便固定发髻。纋，狭，细。

③组：丝带。

④纋中，谓两头阔：宋本原脱“两头阔”三字，《丛刊》本脱“中谓两头阔”五字，兹据《四库》本校补。

冒

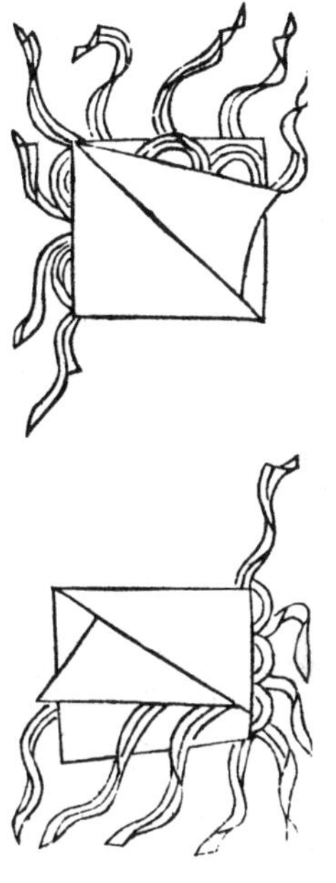

《丧大记》云："君锦冒黼杀[1]，缀旁[2]七。大夫玄冒黼杀，缀旁五。士缁冒赪杀，缀旁三。凡冒质长与手齐，杀三尺。"注云："既袭[3]，所以韬尸[4]，重形也。杀，冒之下裙，韬足上行者也。"又《士丧礼》云："冒缁，质长与手齐；赪杀，掩足。"注云："冒，韬尸者。制如直囊，上曰质，下曰杀。质，正也。其用之，先以杀韬足而上，后以质韬首而下，齐手。上玄下纁，象天地也。"孔《义》云："于不缝之边上下安七带缀以结之。缀旁五，缀旁三，尊卑之差也。"又贾释云："'质，正也'者，以其在上，故以正为名。质与杀相接之处，则以线缀之，使相连。"而不用带。二义相兼乃备。

【校释】

①锦冒黼（fǔ）杀：冒，包裹尸体的布套子，分上下两截，上截曰"质"，也可称"冒"；下截曰"杀"。国君的"冒"（实为"质"，即"冒"的上半部分）是以彩色的丝帛制成，其"杀"上绘有黑白相间的

斧形图案。黼，古代贵族衣物上黑白相间的斧形图案。

②缀旁：冒形如囊，然其一侧不缝合，缀有小带子，套尸后再将小带子打结系牢。

③袭：本指衣外加衣，也泛指穿衣。这里为丧礼名目。始死之日，为尸沐浴、饭含之后，为尸加幎目、屦，穿衣等，总谓之袭。

④韬（tāo）尸：指用“冒”套尸体。韬，本义为藏弓于袋，引申为收藏，包裹。

衾

言衾[①]者，今之被。案《丧大记》：“小敛[②]，君锦衾，大夫缟衾，士缁衾，皆一。”至大敛[③]，又制二衾[④]。君、大夫、士一[⑤]也。凡衾，皆五幅，布于绞[⑥]上。

【校释】

①衾：被子。这里指殓尸的单被。

②小敛：丧礼，死之次日，于室中为死者加衣衾，谓之小敛。

③大敛：丧礼，死之第三日，于堂之西阶上掘坎，置棺其中，为死者再加衣衾，并将尸体装入棺中，谓之大敛。

④二衾：宋本、《丛刊》本原讹为“一衾”，兹据《四库》本校改。

⑤士一：宋本、《丛刊》本原讹为“生”，兹据《四库》本校改。

⑥绞：小敛、大敛时，用以捆扎尸体所穿衣服之布带。

紟

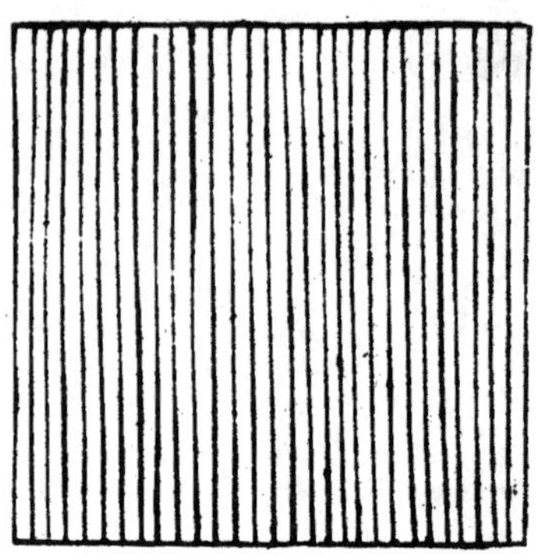

郑云："紟[①]，禪被[②]也。五幅白布为之，别无缘饰也。"《丧大记》云："紟五幅，无紞[③]。"注云："紞，被识。生时禪被有识；死则去之，异于生也。"

【校释】

①紟：没有缘饰的单被。

②禪被：单层的被子。禪，指衣物单层。

③紞（dǎn）：缝在被端的丝带，以识别被之上下端，故又叫做"识"。

夷衾

《丧大记》曰："小敛以往用夷衾[①]。夷衾，质、杀之裁，犹冒也[②]。"注云："冒，既袭所以韬尸，重形也。小敛又覆以夷衾。裁，犹制也。"孔《义》云：："小敛以往用夷衾者，往，犹后也。小敛前有冒，故不用夷衾。自小敛后，衣多，不可用冒，故用夷衾覆之。其夷衾所用缯色及长短制度，与质、杀同，但不复为囊及旁缀耳。"

【校释】

①夷衾：古代丧礼用以覆盖尸体、灵柩的被单。

②质、杀之裁，犹冒也：意谓夷衾如"冒"一样分为"质"与"杀"两截，其长度、颜色也如"冒"一样。裁，形制，指夷衾的长短与颜色。孔疏曰："裁，犹制也。"

绞（又云小敛绞[1]）

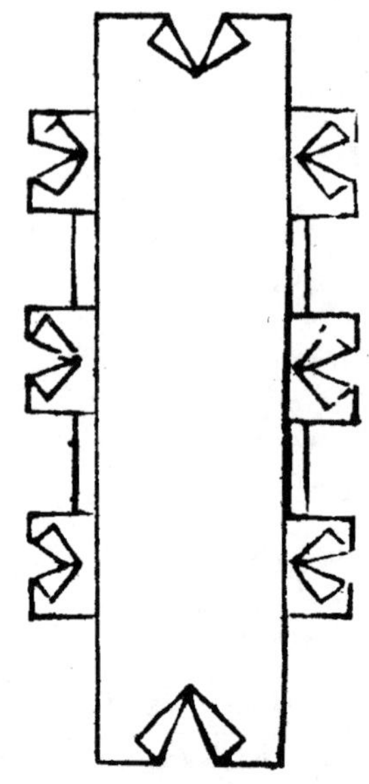

《丧大记》云："小敛布绞，缩者一[2]，横者三。"注云："绞，既敛所用，束坚之者也。缩，从也。"孔《义》云："谓从者一幅，置于尸下；横者三幅，亦在尸下。从者在横者之上。每幅之[3]末析为两片，以结束为便也。"

【校释】

①《四库》本无此五字注文。

②缩者一：敛尸所用的绞带纵向的有一条。缩，纵向。郑注："缩，从也。""从"，即"纵"。

③之：《丛刊》本作"幅"。

绞

（又云大敛绞①）

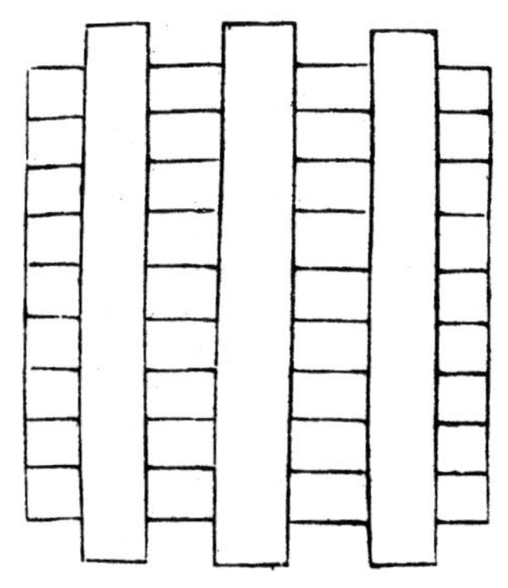

《丧大记》云："大敛布绞，缩者三，横者五。布紟，二衾。君、大夫、士一也。绞、紟如朝服。"注云："二衾者，或覆之，或荐之②。如朝服者，谓布精粗如朝服，十五升。"小敛之绞，广终幅，析其末。大敛之绞，取布一幅，直裂作三片而用之。其横者五者，亦谓取布二幅，直裂为六片，而用五片置于缩三之下③，皆欲其束之急④也。

【校释】

①《四库》本无此五字注文。

②或覆之，或荐之：指大敛时所用的两条被子，一条用来覆盖于上，一条用来铺垫于下。荐，铺，垫。

③而用五片置于缩三之下：指五条横向的绞带放置于三条纵向的绞带之下。缩，纵向。

④束之急：捆扎使之紧。急，紧。"束"，宋本、《丛刊》本原讹为"坚"，兹据《四库》本校改。

明衣

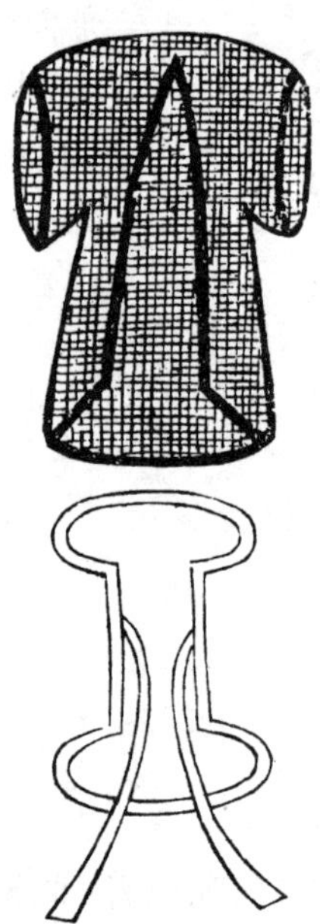

《士丧礼》云：“明衣[①]裳用布。”又下《记》[②]云：“明衣裳，用幕布，袂属幅[③]，长下膝。”注云：“幕布，帷幕之布。升[④]数未闻。属幅，不削幅也。”其布幅二尺二寸，凡用布皆削去边幅，旁各一寸，为二尺。计之，此则不削幅，但缭[⑤]之使相著为二尺二寸。云“长下膝”者，谓制此衣长至膝下。亦有裳，前三幅，后四幅，不辟积腰间[⑥]，下至足跗[⑦]，亦不被土[⑧]也。此不辟积腰间者，以其一服不动，不假上狭下宽也。今亦用生绢为衣裳。其衣大袖与衣齐，别以玄纯领袖[⑨]。其裳亦前三后四，以纁纯腰襕[⑩]。即《士丧礼》下篇[⑪]云“縓綼緆”[⑫]，是裳之饰也。“缁纯”，即此衣之饰也。彼注云：一染谓之縓，今之红也。饰裳在幅[⑬]曰綼，在下曰緆。缁衣[⑭]谓纯领与袂也。衣以缁，裳以縓，象天地也。

【校释】

①明衣：斋戒沐浴后所穿之衣。举行丧礼时，尸体沐浴后也穿明衣。

②《记》：指《仪礼·既夕礼》之“记”文。

③袂属幅：衣袖用整幅布做成，布幅边不加裁剪。袂，衣袖。

④升：宋本、《丛刊》本脱此字，兹据《四库》本校补。

⑤缭：缠绕，缠束。此指粗略地缝上。

⑥不辟积腰间：明衣腰部不打褶。辟积，服饰之“褶”，也可单称“积”或“辟”。

⑦跗：脚背，亦引申指脚。

⑧亦不被土：意谓明衣长至脚部，但不下拖至地。被，施加，触及。

⑨以玄纯（zhǔn）领袖：以玄帛作为明衣领子和袖子的边饰。纯，用作动词，镶边。

⑩以纁纯腰襴（lán）：以浅绛色的帛作为明衣腰部横襴的边饰。纁，浅绛色。襴，明衣上衣与下裳相连，衣与裳之间的缝接处叫做“襴”。

⑪《士丧礼》下篇：即《仪礼·既夕礼》。今本《士丧礼》与《既夕礼》本为一篇，由于简册繁重而被后人分为两篇，因而聂氏称《既夕礼》为《士丧礼》下篇。

⑫縓（quán）綼（bì）緆（xī）：裳幅的缘饰与裳的下饰均为浅红色。縓，浅红色。綼，裳幅的边饰。緆，裳的下缘。

⑬幅：《丛刊》本作“辐”。

⑭衣：宋本与《丛刊》本原讹为“也”，兹据《四库》本校改。

握手

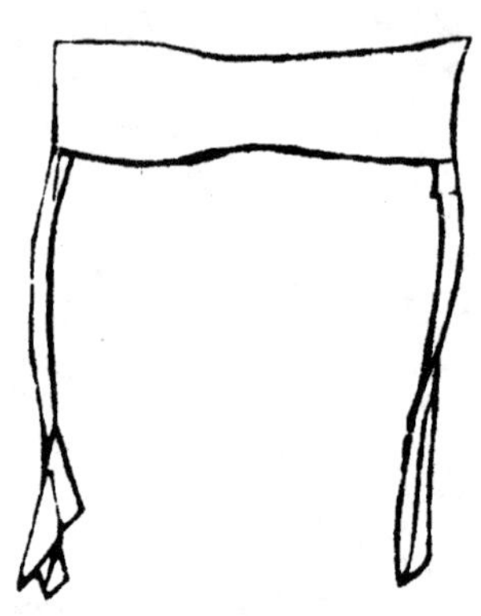

《士丧礼》云："握手用玄，纁里[1]，长尺[2]二寸，广五寸，牢中[3]旁寸[4]，著[5]，组系[6]。"贾释注云：牢，读为楼。楼，谓削约，握之中央令狭小，以安手之四指也。以经云长尺二寸，广五寸，楼去[7]中央两旁各一寸，则中央广三寸。在于三寸中央须容四指。每指一寸，则中央两边各去四寸，方安得手之四指。于四指外仍共有八寸，皆广五寸。又下《记》[8]云："握里亲肤[9]，系钩中指，结于掔[10]。"（乌乱切。）郑注云："掔，掌后节中也。"此据手内置之，故言握里亲肤。既手内置之，握长尺二寸[11]，中掩之手才相对也。两端各有组系，先以一端绕掔一匝，还从上自贯。又以一端向上钩中指，反与绕掔者结于掌后节中。然手无决[12]者以握。或云如平生以藻玉[13]，恐非。

【校释】

①握手用玄，纁里：握于死者手中的随葬品，玄色布为表，纁色布为里，中间充以绵絮，两端有带系于死者中指与手腕。旧说如囊形，用以韬尸之手，两手各一，有带，一端系于中指，一端系于腕。

②尺：《丛刊》本“尺”前有“一”字。

③牢中：将握手中间做得细一些，以便手握。郑注：“牢，读为楼。楼谓削约，握之中央，以安手也。”

④旁寸：中间用以握手的部分两旁各长出一寸多。

⑤著：在握手的表里之间充入绵絮。

⑥组系：以丝带捆扎。组，丝带。

⑦去：宋本原讹为“夫”，兹据《仪礼·士丧礼》贾公彦疏与《丛刊》本、《四库》本校改。

⑧《记》：此指《仪礼·既夕礼》之“记”文。实际上是《士丧礼》与《既夕礼》两篇之总“记”文。

⑨握里亲肤：握手的里子紧贴着手掌皮肤。握，指握手。

⑩系钩中指，结于掔（wàn）：以握手一端的系绳弯曲如钩，钩住中指，并与其另一端交结系于手腕。掔，同“腕”，手腕。

⑪尺二寸：宋本、《丛刊》本原讹为“尺之寸”，兹据《仪礼·士丧礼》经文与《四库》本校改。

⑫决：通“抉”，射箭时套于右手大拇指上起保护作用的扳指，用象骨制成。参见下条。

⑬藻玉：带彩色纹饰的玉。

纩极

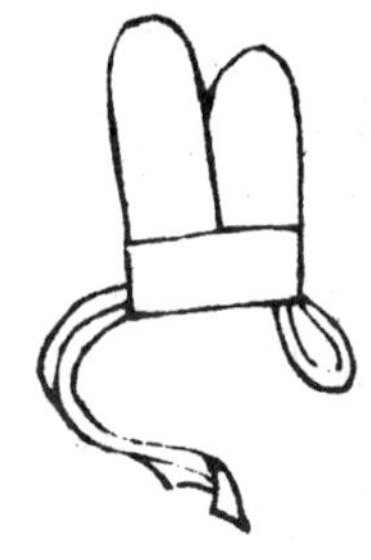

决

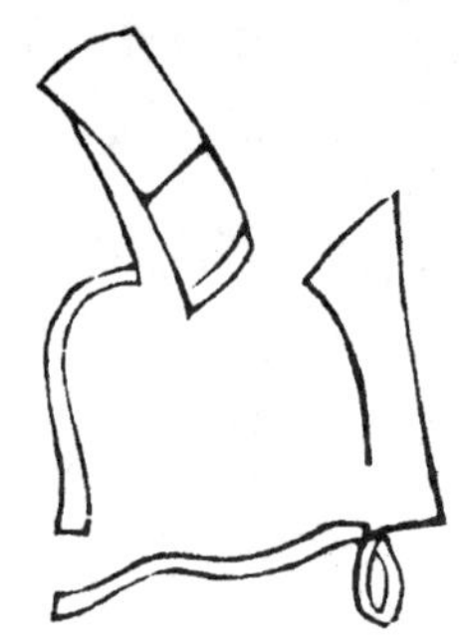

《士丧礼》云："决，用正王棘若檡（音泽。）棘[①]，组系，纩极[②]二。"注云："决，犹开也[③]。挟弓以横执弦。正，善也。王棘与檡[④]棘，善理坚韧之木，皆可以为决。极，犹放也。以沓指[⑤]放弦，令不挈指[⑥]也。生者朱韦为之，而三。死者用纩，又用二，明其不用。"云"令不挈"者，谓以此二者与决为藉[⑦]，令弦不决挈[⑧]伤指也。

【校释】

①决，用正王棘若檡（zhái）棘：射箭时用以保护大拇指的扳指（决）是以优良的王棘或檡棘木制成。正，善，优良。"王棘"、"檡棘"均为木质坚硬的树木。若，连词，和，或。"檡"，宋本、《丛刊》本原讹为"择"，兹据《四库》本校改。

②纩极：用丝绵絮做的钩弦。纩，丝绵絮。极，本是射箭时戴于右手食指、中指、无名指上以便于引放弓弦的皮制护具，也叫"钩弦"。按，生者所用钩弦为朱色熟皮（朱韦）制成，且有三指，叫做"朱极三"。而作为随葬品的"极"，以纩制成，且仅有二指，故曰"纩极

二”。

③犹开也：郑注原作“犹闿也”。“开”与“闿”意相通。射箭时用以保护大拇指的决又名“闿”或“开”。

④檡：宋本、《丛刊》本原讹为“择”，兹据《四库》本校改。

⑤沓（tà）指：以“决”复合于拇指。沓，重叠，复合，会合。

⑥挈（qì）指：割破手指。挈，通“锲”，刻，割。宋本原脱“指”字，兹据《仪礼·士丧礼》郑玄注与《四库》本、《丛刊》本校补。

⑦以此二者与决为藉：以“纩极”与“决”作为衬于弓弦与手之间的衬垫。此二者，指戴于两个指头上的“纩极”。

⑧决挈：勒破，割破。决，本义为水冲溃堤岸，引申为开裂，断裂。

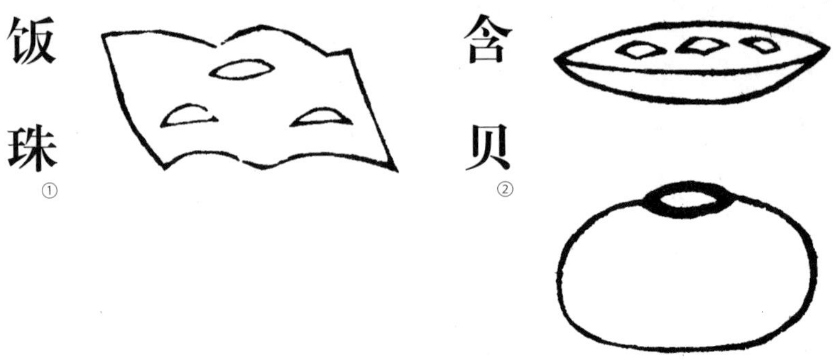

《士丧礼》云：“贝三，实于笲[3]。稻米一豆，实于筐。”注云：“贝，水物，古者以为货[4]，江水出焉。笲，竹器名。”贾《义》云：“此贝三下有稻米，则士饭含用米贝也，故《檀弓》云：‘饭用米贝。’亦据《士礼》[5]也。此皆诸侯之士。”知者，案《丧大记》：“君沐粱，大夫沐稷，士沐粱。”郑以为天子之士。又云：“天子沐黍与。”然则天子之士，含亦用粱。天子[6]饭用黍米，明矣。则诸侯饭用粱，天子诸侯大夫同用稷也。既士饭用米贝，不言兼有珠玉，大夫已上饭米，兼珠玉也。案《典瑞》云：“大丧供饭玉、含玉[7]。”是天子饭含用玉也。又《杂记》云“天子饭九贝”已下者，郑以为夏殷礼也。又《杂记》云：“含者执璧。”彼据诸侯也。贝，水物也，出于江淮。故《书传》云：“纣囚文王、散宜生[8]于江淮之间，取大贝如车渠[9]，以献于纣。”是贝出江淮[10]也。《汉书·食货志》有大贝、牡贝之等，以为货用，是古者以贝为货也。

【校释】

①饭珠：举行丧礼时，以米及珠或玉置于尸口中，也叫做“饭”或

"饭玉"。与"含贝"(或含玉)同时进行。

②含贝:举行丧礼时,以贝(或玉)置于尸口中左右齿床,也叫做"含"或"含玉"。与饭珠同时进行。《礼记·杂记下》:"天子饭九贝,诸侯七,大夫五,士三。"郑玄注:"此盖夏时礼也。周礼天子饭含用玉。"

③实于笄:盛于竹筐中。实,盛,装。笄,盛物品的竹筐。

④货:货币。

⑤礼:宋本、《丛刊》本原脱,兹据《礼记·士丧礼》贾公彦疏与《四库》本校补。

⑥天子:《丛刊》本"天子"后有一墨钉。

⑦含玉:《丛刊》本"含玉"后有一墨钉。

⑧散宜生:西周开国功臣,是"文王四友"之一,也是文王"乱臣十人"之一。佐武王灭商,据说其封地在今陕西凤翔西南大散关附近。

⑨车渠:车轮。

⑩江淮:宋本原讹为"江水",兹据《丛刊》本、《四库》本校改。

浴盘

浴盘长九尺，广四尺，深一尺，有四周，似舆[①]，漆赤中。浴于中霤[②]，以此盘承床下。

【校释】

①舆：车箱。

②中霤：亦作“中溜”，屋室正中处。远古穴居，在穴顶开洞取光，因雨水常从此洞中流下，故名。

夷盘

《周礼·凌人》："大丧共夷盘冰[①]。"注云："夷之言尸也。实冰于夷盘中，置之尸床之下，所以寒尸也。尸之盘曰夷盘，床曰夷床，衾曰夷衾，皆依尸而为言者也。《汉礼器制度》[②]：'大盘广八尺，长丈二尺，深三尺，漆赤中。'"诸侯谓之大盘，故《丧大记》云："君设大盘，造冰。"

【校释】

①共：《丛刊》本作"供"。夷盘：放置尸体的大盘。盘中放置冰块，以防止尸体腐烂。夷，尸。

②《汉礼器制度》：汉儒叔孙通撰写的一部记载汉代礼仪制度的著作。

夷床

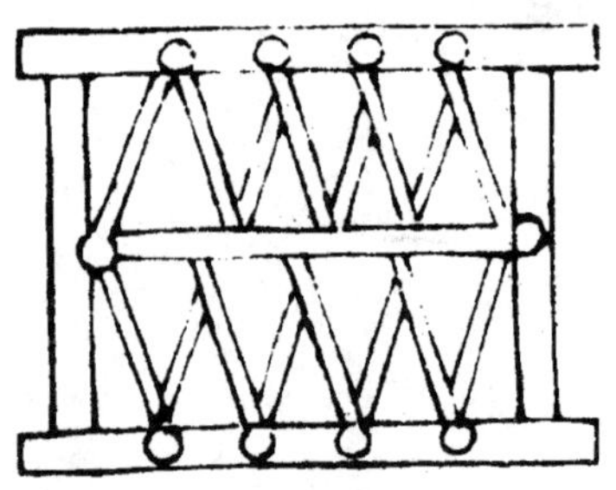

夷床[①]以迁尸，长丈二尺，广七尺。旁为四镮[②]，前后亦有镮，为钮于两旁，以绳直贯中。欲下尸，则引其直绳，诸纽悉解矣。

【校释】

①夷床：放置尸体的床。此外，供尸体沐浴的床亦名夷床，但二者功用有所不同。参见下条“浴床”。

②镮（huán）：以金、玉等做成的环状物。

浴床

浴床[①]亦曰夷床。夷之为言尸也。长丈二尺。广四尺有四。横上有木笫[②]，设栏于[③]前面及后两端，士漆之，大夫加珠[④]饰，诸侯画云气，天子加禾稼、百草华也。

【校释】

①浴床：供尸体沐浴的木床，也叫“夷床”。

②木笫（zǐ）：宋本、《丛刊》本作“木第”，《四库》本作“木策”，均于义未安，当为“木笫”之讹。笫，本义为竹篾编织的床垫，木笫，则为木片编排成的床垫。

③栏于：宋本、《丛刊》本原讹为“兰前”，兹据《四库》本校改。

④珠：宋本、《丛刊》本原讹为“朱”，兹据《四库》本校改。

驵圭

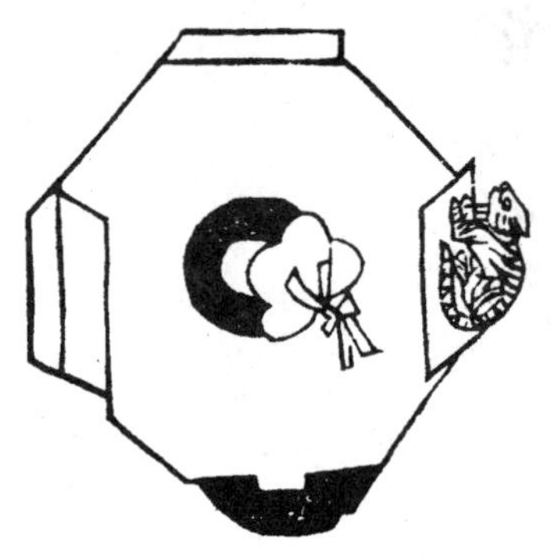

［《周礼·春官·典瑞》：］“驵圭[①]、璋、璧、琮、琥、璜之渠眉[②]，疏璧琮[③]，以敛尸。”注云：“以敛尸者，于大敛时加之也。驵，读为‘组’[④]。渠眉，玉饰之沟瑑[⑤]也。以组穿联六玉沟瑑之中，以敛尸。圭在左，璋在首，琥在右，璜在足，璧在背，琮在腹，盖取象方明[⑥]，神之也。疏璧琮者，通于天地。”疏云：“知于大敛加之者，以其六玉所与为饰[⑦]，明在衣裳之外，故知在大敛后加之也。云‘渠眉，玉饰之沟瑑’[⑧]者，此六玉两头皆有孔，又于两孔之间为沟渠，于沟渠之两畔稍高为眉瑑，故以组穿联六玉沟瑑之中以敛尸也。其‘圭在左’已下皆约《大宗伯》青圭以礼东方之等，以尸南首，而置此六玉然也。云‘疏[⑨]璧琮通于天地’者，置璧于背，以其尸仰，璧在下也；置琮于腹，是琮在上也。而不类[⑩]者，以背为阳，以腹为阴，故随尸腹背而置之。天地为阴阳之主，人之腹背象之，故疏璧琮以通天地也。”

【校释】

①驵圭：以组穿联的圭，大敛时置于尸体左边，作为随葬品。驵，

通“组”，丝带。

②渠眉：渠，指上述圭、璋、璧、琮、琥、璜等六种随葬玉器上所刻的沟渠。眉，指雕刻上述圭、璋、璧、琮、琥、璜等六种随葬玉器上隆起的花纹。

③疏璧琮：谓璧、琮上的沟纹上下贯通，象征通于天地。疏，疏通，贯通。

④组：众本均讹为“祖”，兹据《周礼·春官·典瑞》校改。

⑤瑑：玉器上凸起的纹饰。

⑥方明：方四尺之木与玉器合成之礼器，用于古代诸侯朝见天子、会盟或天子祭祀。

⑦六玉所与为饰：此句当有脱文。《周礼·春官·典瑞》贾疏作“六玉所加与玉为饰”。

⑧瑑：宋本、《丛刊》本原讹为“琢”，兹据《四库》本校改。

⑨云疏：宋本、《丛刊》本倒作“疏云”，兹据《四库》本校乙。

⑩不类：不分类，不区分。

重

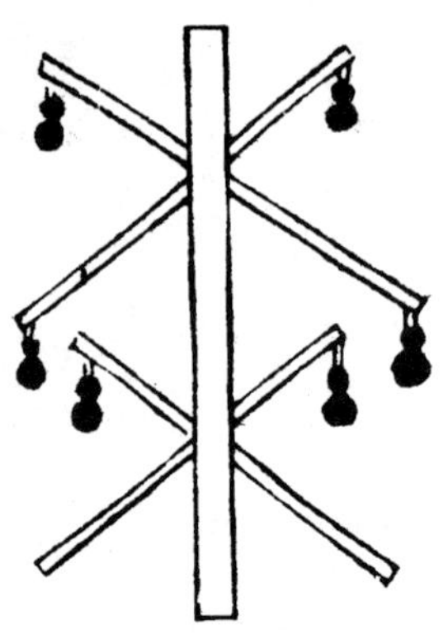

《士丧礼》云："重[①]木，刊凿[②]之，甸人[③]置重于中庭，三分庭一[④]，在南。"注云："木也，县物[⑤]焉，曰重。刊，斫治之也。凿之为县簪孔[⑥]。士长三尺。"贾释云："'木也，县物焉，曰重'者，解名木为重之意。以其木有物县于下，相重累，故得名重。云'簪孔'者，下系用靲[⑦]。（音琴[⑧]。）靲，即篾[⑨]也。（音篾[⑩]。）篾者，竹之青皮。以篾贯二鬲内此孔中[⑪]。言簪者，若冠之簪，使冠连属于紒，（音髻。）此用靲篾贯鬲，连属内于重木之孔，故云簪孔。"又曰："夏祝鬻余饭[⑫]，用二鬲，于西墙下。"注云："夏祝，祝习夏礼者也。鬻余饭，谓以饭尸余米为鬻者[⑬]也。其幂[⑭]用疏布，久塞其口[⑮]，以篾属于重。幂用苇席，谓以席覆重，辟屈而反两端交于后，左衽，西端在上[⑯]。"此据人北面，以席先于重。北面[⑰]，向南掩之。然后[⑱]以东端为下，向西，西端为上，向东。是为辟屈而反两端交于后，为左衽，然后以篾加束之，结于后也。贾释云：士重三尺，则大夫以上各有差。当如铭旌之杠，士三尺，大夫五尺，诸侯七尺，天子九尺。据竖者言之。其横者宜半之。《杂记》曰："重，既虞而埋之。"注云："就所倚处埋之也。"《檀弓》曰："重，主道也。"孔

《义》云："谓始死作重，犹若吉祭木主之道也。吉祭木主所以依神；在丧作重，亦以依神，故云'主道也'。"重，起于殷代。以含饭余粥，以鬲盛之，名曰重。今之粮罂[19]，即古[20]重之遗象也。所以须设重者，鬼神或依饮食，孝子冀亲之精有所凭依也。又郑注《士丧礼》云："士二鬲，大夫四，诸侯六，天子八。与簋同差者，以其与簋同是饭食之道故也。"王者八簋，故八重，置于西阶下，三分庭一，在南。竖[21]一木，长九尺，午达[22]，横凿，穿为四孔，贯四横木。每一横县二鬲。四横八鬲。诸侯七尺，三横六鬲。大夫五尺，二横四鬲。士三尺，一横二鬲。并覆以疏布，裹[23]以苇席。而后代重与苇席为二物。重随柩入圹[24]，横木等与苇席为凶。

【校释】

①重（chóng）：举行丧礼时用以悬鬲（lì）之木架。鬲中盛粥，谓之重鬲。铭也加于重。置于中庭。未葬时，以重作为神主；葬后，另立主，即将重埋于祖庙门外。

②刊凿：刊与凿为二事，刊即砍斩之以成器，凿即钻孔以悬物。

③甸人：周代官名。《仪礼·燕礼》："甸人执大烛于庭。"郑玄注："甸人，掌共薪蒸者。"

④三分庭一：重的位置在中庭南侧的三分之一处。

⑤县物：悬挂物品。县，同"悬"。

⑥簪孔：重上悬挂东西的孔。以其以䇹篾贯鬲，象簪之连冠于髻，故名簪孔。

⑦䇹（qín）：竹篾，竹皮条。宋本、《丛刊》本原均讹为"軨"，兹据《仪礼·士丧礼》贾公彦疏与《四库》本校改。

⑧琴：《四库》本作"䇹"。

⑨篾（miè）：同“篾”，成条的竹皮。

⑩篾：《四库》本作“蔑”。

⑪贯二鬲内此孔中：以竹篾系结两个盛饭尸余米的鬲，贯穿并固定于重的簪孔之中。鬲，丧礼用的瓦瓶。内，同“纳”。

⑫夏祝鬻余饭：夏祝将饭尸后剩下的余米熬成粥。夏祝，周代教习夏礼之官。鬻，同“粥”，稀饭；亦用作动词，读yù，煮，熬。

⑬者：宋本原脱此字，兹据《丛刊》本与《四库》本校补。

⑭幂：盖物巾。宋本、《丛刊》本原讹为“鬲”，兹据《四库》本校改。

⑮灸塞其口：堵塞鬲口。《仪礼·既夕礼》：“甒二，醴酒，幂用功布，皆木桁久之。”郑注：“久，当为灸。灸，谓以盖案塞其口。”

⑯左衽，西端在上：此谓以席覆重之法。以席之左端（即西端）加于右端之上，如衣服之左衽，即左襟在上。

⑰北面：宋本、《丛刊》本原讹为“北而”，兹据《四库》本校改。

⑱然后：宋本、《丛刊》本原讹为“于后”，兹据《四库》本校改。

⑲粮罂（yīng）：盛粮食的瓶。罂，大腹小口的瓶。

⑳古：宋本、《丛刊》本原讹为“吉”，兹据《四库》本校改。

㉑竖：宋本原讹为“坚”，据文义改。

㉒午达：一纵一横相交叉。《四库》本改作“互达”，亦通。

㉓裹：众本均讹为“里”，据文义改。

㉔圹（kuàng）：墓穴。

铭旌

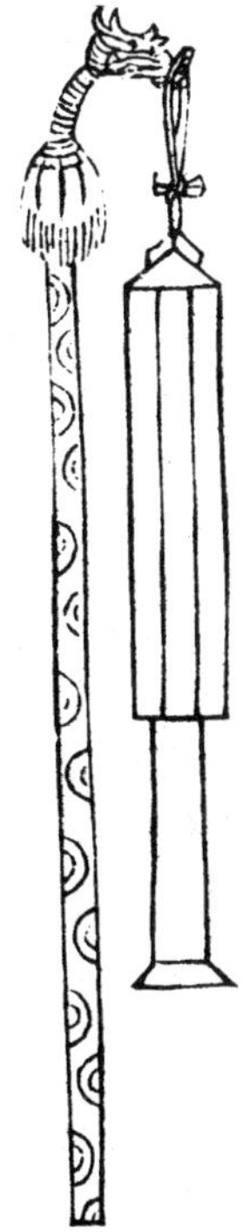

《檀弓》曰："铭[1]，明旌也。以死者为不可别也，故以其旗识之。"注云："明旌，神明之旌也。"《士丧礼》云："为铭各以其物[2]。"《周礼·司常》："大丧则供铭旌。"注云："王则太常[3]。"又案《司常职》云："王建太常，诸侯建旂，孤卿建旜，大夫士建物。"则铭旌亦然，但尺数异耳。《礼纬》[4]云："天子之旌高九仞，诸侯七仞，大夫五仞，士三仞。"其《士丧礼》："竹杠长三尺。"则死者以尺易仞也。天子九尺，诸侯七尺，大夫五尺，士三尺。其旌旗身亦以尺易仞也，又从遣车之差[5]，盖以丧事略故也。若不命之士[6]，则《士丧礼》云："以缁布半幅，（长一尺也[7]。）赪[8]其末，长终幅，（长二尺也。缁、赪共长三尺，广三寸[9]。）书铭于末[10]曰：'某氏某之柩。'竹杠长三尺，置于宇西阶上。"注云："杠，铭幢[11]也。宇[12]，梠[13]也。"（音吕。梠者，两端连绵木也[14]。）

【校释】

①铭：举行丧礼时书写死者名字的旗状物。起初置于屋宇下西阶

之上，将敛之时置于中庭之“重”。

②为铭各以其物：各种身份的人根据其生前所用旗帜建立不同等级的铭旌。物，旗帜。

③王则太常：王的铭旌为太常之旗。太常，天子之旗，为九旗之首，画日月及交龙，以绛帛为之。

④《礼纬》：阐释《礼》经的谶纬之书。

⑤遣车之差：随葬之车的等级差别。遣车，大夫以上所用的随葬之车，如“五路”之制，不同身份的死者使用不同等级的遣车。《礼记·檀弓下》：“国君七个，遣车七乘；大夫五个，遣车五乘。”郑注：“遣车之差，大夫五，诸侯七，则天子九。诸侯不以命数，丧数略也。”

⑥不命之士：周代的官爵分为九个等级，称九命。命为封赐、任命之意。未得到正式封赐任命的士，称为不命之士。

⑦长一尺也：众本均误入正文，其实此四字并非《仪礼·士丧礼》之经文，兹改作注文。

⑧赪：浅红色。

⑨此条注文，众本均误入正文，其实并非《仪礼·士丧礼》之经文，兹作注文处理。

⑩末：宋本原讹为“未”，兹据《仪礼·士丧礼》与《丛刊》本、《四库》本校改。

⑪幢（chuáng）：古代用作仪仗的旗。

⑫宇：屋檐。

⑬梠（lǚ）：屋檐。

⑭两端连绵木也：《丛刊》本无“两”字。连绵，屋檐的异称。《方言》第十三：“屋梠谓之棂。”郭璞注曰：“雀梠即屋檐也，亦呼为连绵。”

蓍

［《仪礼·士丧礼》：］将葬，"筮宅[1]。家人[2]营之。"注云："宅，葬居也。营，犹度也。"［《仪礼·士丧礼》：］"掘四隅，外其壤。掘中，南其壤[3]。"［注云：］"为葬将北首故也。"［《仪礼·士丧礼》：］"既朝哭，主人皆往兆南[4]，北面，免绖[5]。（兆所营域[6]也。免绖者，求吉不敢纯凶。）命筮者[7]在主人之右。（命尊者宜右出[8]。）筮[9]者东面，抽上韇[10]，兼筴执之[11]，南面受命。命[12]曰：'哀子[13]某，为其父某甫[14]筮宅。度兹幽宅兆基，无有后艰。'（度，谋。兹，此。基，始也。言为父筮葬居，今谋此以为幽冥[15]居。兆域之始得，无后将有艰难乎！艰难，谓有非常，若[16]崩坏。）筮人许诺，不述命，右还，北面，指中封[17]而筮之。画地识卦者[18]在左。"［注曰：］"既受命而申言之曰述。不者，士礼略也。中封者，中央壤也。"［《仪礼·士丧礼》：］"卒筮[19]，执卦以示命筮者及主人。命筮者受视，反之东面，旅占[20]。卒，又进告于命筮者与主人：'占之曰从。'（从，犹吉也[21]。）若不从，更择地筮，如初仪。"案上大夫已上，至天子，卜而不筮。故《杂记》云："大夫卜宅与葬日，下大

夫与士则筮宅卜日。”此经是也。又贾释云：“不述命[22]，士礼略者，但士礼命筮辞有一，命龟辞有二；大夫已上命筮辞有二，命龟辞有三。士命筮辞直有一者，即上经直有命筮，无述命。”“假尔大筮有常”[23]，即是述命之事也。

【校释】

①筮宅：通过占筮来选择墓地。宅，指阴宅，葬地，墓地。

②冢人：职掌墓地兆域的公臣或家臣。

③掘四隅，外其壤。掘中，南其壤：挖掘四角，将挖出的土置于四角之外；挖掘中间的土，置于墓穴南边。

④兆南：墓地的南面。兆，坟墓、祭坛等所在的区域。

⑤免绖：除去首绖和腰绖。

⑥域：宋本原讹为“或”，兹据《四库》本、《丛刊》本校改。

⑦命筮者：主持筮宅者。

⑧命尊者宜右出：宋本、《丛刊》本原讹为“命辞宜右”，兹据《四库》本与《仪礼·士丧礼》郑注校改。

⑨宋本、《丛刊》本“筮”前衍“纯”字，兹据《四库》本校删。

⑩韇：古代占卜用的蓍草筒，分上下两部分，即分底筒与盖两部分。盖叫做上韇，底筒叫做下韇。

⑪兼筴（cè）执之：把蓍草筒与筴一并拿着。筴，同“策”，此指占卜用的蓍草。

⑫命：《丛刊》本无此字。

⑬哀子：丧主，一般为死者的嫡长子。

⑭某甫：死者的字。甫，通“父”，古代对男子的美称，多附于表字之后。

⑮冥：宋本原讹为“宜”，兹据《丛刊》本、《四库》本校改。

⑯若：宋本原讹为“苦”，兹据《丛刊》本、《四库》本校改。

⑰中封：指墓地中央所掘之处。

⑱画地识卦者：指在地上画符号记卦之人。“识”，通“志”，以符号标记，记录。按，本句中的“画地识”三字并非《仪礼·士丧礼》之经文，而是聂氏以意增补。《丛刊》本“地”字为双行小字，且其前有一字空。

⑲卒筮：占筮完毕。

⑳旅占：三人共同占卜。旅，众。

㉑从，犹吉也：宋本、《丛刊》本原倒作“犹从吉也”，兹据《四库》本校乙。

㉒“命”后，宋本衍“士名”二字，《丛刊》本衍“士各”二字，兹据《仪礼·士丧礼》贾公彦疏与《四库》本校删。

㉓假尔大筮有常：此为《仪礼·少牢馈食礼》所记述命之辞。《礼记·曲礼上》作“假尔泰筮有常”。意谓借助你大蓍草的灵验。假，假借，借助。尔，你。筮，指用来占筮的蓍草。有常，褒美之词，指占筮有规律可循，灵验无误。

[《仪礼·士丧礼》：]将葬“卜日③，既朝哭，皆复外位④。卜人先奠龟于西塾上⑤，南首，有席。楚焞⑥置于燋⑦，在龟东”。注云：“楚，荆也。荆焞，所以钻灼龟者。燋，炬也，所以燃火者也。”[《仪礼·士丧礼》：]“族长莅卜⑧，及宗人吉服立于门西，东面南上。占者三人在其南，北上。卜人及执燋席者在塾西。”郑云：“族长，有司掌族人亲疏者也。莅，临也。吉服，玄端。占者三人，掌玉、瓦、原三兆⑨者也。在塾西者，南面东上。”[《仪礼·士丧礼》：]“席卜者于闑西阈外⑩。宗人告事具，主人北面，免绖，左拥之。莅卜即位于门东，西面。”（莅卜，族长也。更西面者当代主人命卜。）卜人从塾上抱龟燋向阈外，先奠龟于席上，西首。复奠燋在龟北。既奠燋，又执龟以待之，谓授宗人也。故“宗人受卜人龟，示高⑪。（以龟腹甲高起所当灼处，以示莅卜也。）莅卜受视，反之。宗人还，少退，受莅卜者命。命曰：‘哀子某，来日⑫卜葬其父某甫。考降⑬，无有近悔’”。注云：“考，登也。（郑注《周礼》，训“登”为“上”。）降，下也。言卜此日葬魂⑭神之上下，得无近于咎悔乎？言魂⑮神之上下，总指一切神，无所偏指也。咎悔，亦谓坟冢⑯有所崩

坏也。”[《仪礼·士丧礼》:]“宗人许诺,不述命,授卜人龟,负东扉。立俟龟之兆。卜人坐,作龟[17],兴。(作,犹灼也。兴,起也。)宗人受龟,示莅卜。莅卜受视,反之。宗人(宗人却命[18]龟。)退,东面。旅占,卒,不释龟,告于莅卜与主人:‘占曰某日从[19]。’”(不释龟,复执之。)

【校释】

①音雀:《四库》本无此二字注文。

②音鏄:《四库》本无此二字注文。

③卜日:占卜安葬之日。

④既朝哭,皆复外位:行朝哭礼后,众人皆回到殡门外位。

⑤奠龟于西塾上:把占卜用的龟放置在西塾。奠,放置。

⑥楚焞:荆木条之火,占卜时用以烧灼龟甲。

⑦燋:用以点燃楚焞的火炬。

⑧莅卜:莅临视察卜日仪式。

⑨玉、瓦、原三兆:古代占卜吉凶,除了龟卜以外,还有以玉兆、瓦兆和原兆进行占卜的“三兆”之法,即根据玉石、瓦片和高原之田的裂纹来预测吉凶的方法。

⑩闑(niè)西阈(yù)外:大门正中、门槛外边的位置。闑,竖在门中间的短木。阈,门槛。

⑪示高:向前来视察的族长展示将要钻灼的龟甲的高起处。

⑫“来日”后,宋本、《丛刊》本衍“某”字,兹据《仪礼·士丧礼》与《四库》本校删。

⑬考降:考为登,降为下,考降谓魂神之上下。

⑭魂:《丛刊》本无此字。

⑮魂：宋本、《丛刊》本原讹为“鬼”，兹据《仪礼·士丧礼》与《四库》本校改。

⑯冢：宋本原讹为“家”，兹据《仪礼·士丧礼》与《丛刊》本、《四库》本校改。

⑰作龟：以楚焞钻灼龟甲。作，通“灼”。

⑱命：宋本、《丛刊》本原讹为“受”，兹据《四库》本校改。

⑲某日从：所占的日期是吉利的。从，吉。

卷十八　丧器图上

輁轴
龙輴
熬筐
耒耜
蓑
笠
折
抗席
抗木
茵
苞
遣车
筲
瓮
甒
桁
赗方
遣策
椑
功布
纛

輁轴

《既夕礼》云："迁于祖，用轴。"注云："迁，徙也。徙于祖，谓朝祖庙[①]也。"《檀弓》曰：'殷朝而殡于祖，周朝而遂葬焉。'盖象平生将出，必辞尊者。轴，輁轴[②]也。轴状如转辚[③]，刻两头为轵[④]轴；輁状如长床，穿桯[⑤]前后，著金而关轴[⑥]焉。大夫诸侯已上有四周，谓之輴[⑦]。天子画之以龙。"疏云："轴，輁轴者，下《记》云'夷床，輁轴'是也。云'轴状如转辚'者，此以汉法况之。汉时名转轴为辚。辚，即轮也。故《士丧礼》云：'升棺用轴。'注云：'轴，輁轴。輁状如床。轴其轮也。挽而行。'是轮为辚也。云'刻两头为轵[⑧]'者，以轴头为轵，刻轴，使两头细，穿入輁之两髀[⑨]，前后二者皆然。云'輁[⑩]状如长床，穿桯前后，著金而关轴焉'者，此輁既云长如床，则有先后两畔之木，状如床髀，厚大为之。两畔为孔，著金钏于中，前后两畔皆然。然后关轴于其中。言桯者，以其厚大可以容轴，故名此木为桯。云'大夫诸侯已上有四周，谓之輴'者，大夫殡葬虽不用輴，士朝庙皆用輁轴，则大夫朝庙当用輴。诸侯天子殡葬朝庙皆用輴，但天子画辕为龙，谓之龙輴；大夫诸侯虽不画辕，以其皆有四周，故同名为輴。"案阮氏《图》云："輁轴与輴长一丈二尺，广四尺。士漆，大夫以朱饰。与浴床同[11]。则天子画辕为龙，加赤云气。”

【校释】

①朝祖庙：指葬前把棺柩从殡宫迁到祖庙，行朝庙之礼。其用意在于像活着时一样，将出远门，必告庙，向父祖之神灵辞行。

②輁（gǒng）轴：运载灵柩的车子。輁，状如床，用以载尸体。轴，輁轴之轮，实为以轴代轮。

③转辚：转轴。轮轴合一，亦轴亦轮，无辐。辚，轮。

④轵：车毂在轮外的端头。

⑤桯（yíng）：木柱，此指门轴。

⑥著金而关轴：镶嵌金属板以固定转轴。关，固定。

⑦輴（chūn）：大夫诸侯以上所用之柩车，形制如輁轴，四周附加防护性的挡板。

⑧轵：宋本原讹为“輁”，兹据《仪礼·士丧礼》郑玄注与《丛刊》本、《四库》本校改。

⑨輁之两髀（bì）：指輁两边的大厚木，用以穿转轴，因形如人之两髀，故名。髀，股部，大腿。

⑩輁：宋本、《丛刊》本原讹为“轵”，兹据《仪礼·既夕礼》郑玄注与《四库》本校改。

⑪同：宋本、《丛刊》本原脱此字，兹据《四库》本校补。

龙輴

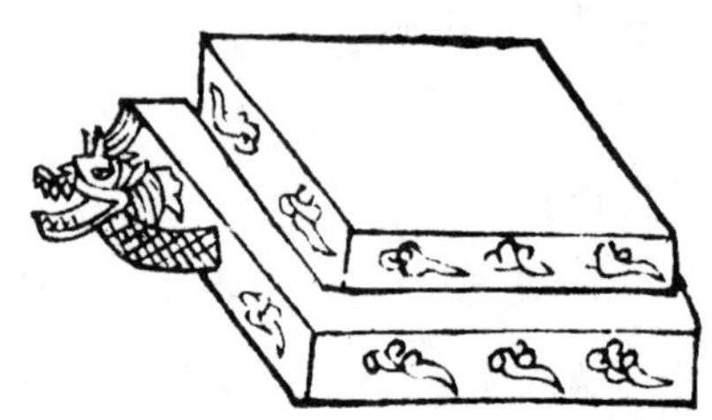

龙輴，其制似輁轴，亦长丈二尺，广四尺。取称于柩前一辕，画龙于辕，加赤云气。君殡以輴车，备火之虞[①]，上有四周。

【校释】

①备火之虞：防备火灾。虞，忧虑，戒备。

熬筐

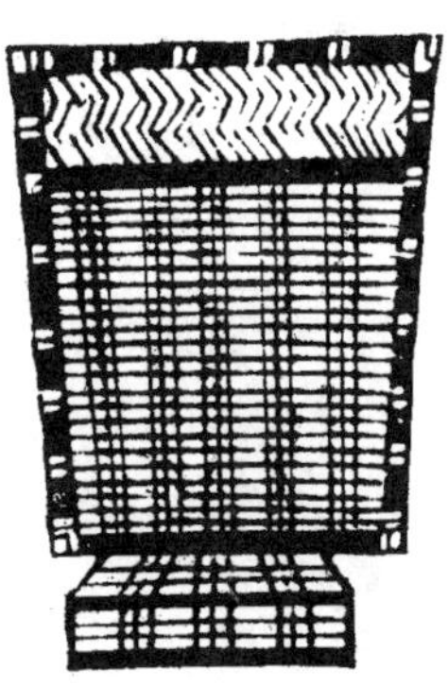

熬[①]者，以火熬谷，使香，以筐盛之。将涂[②]，设于棺傍，所以惑蚍蜉[③]，使不至棺也。《丧大记》曰："熬，君四种八筐，大夫三种六筐，士二种四筐。加鱼腊[④]焉。"郑引《士丧[⑤]礼》曰："熬，黍稷各二筐。"又曰："设熬，傍各一筐。大夫三种，加以粱[⑥]。君四种，加以稻。四筐，则手足各一，余设于左右。"加鱼腊者，案《特牲》：士腊用兔；《少牢》：大夫腊用麋；天子诸侯无文[⑦]，当用六兽[⑧]之属。

【校释】

①熬：丧礼器具，用以盛焙炒的谷物。其作用是置于殡宫之旁，利用其香气引开蚂蚁，使其不侵食棺尸。

②涂：丧礼名目，殡后于棺上置木板，并加涂饰。

③蚍蜉：大蚂蚁。

④腊（xī）：干肉。

⑤丧：宋本、《丛刊》本原脱此字，兹据《四库》本校补。

⑥粱：宋本、《丛刊》本原讹为"梁"，兹据《礼记·丧大记》郑

玄注与《四库》本校改。

⑦天子诸侯无文：意谓经书中没有关于天子与诸侯“加鱼腊”的记载。

⑧六兽：指麋、鹿、熊、麇（獐）、野豕、兔等六种野兽。

耒耜

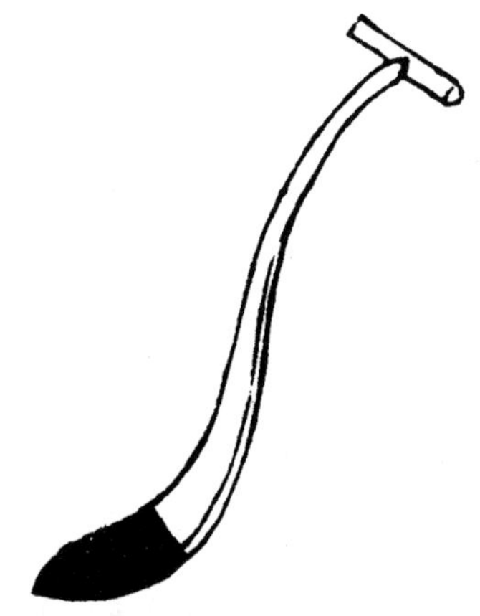

耒耜[①]，象生时田器。《既夕礼》：耒耜在用器之中。案《周礼·车人职》云："车人为耒，庛[②]长尺有一寸，中直者三尺有三寸，上句者[③]二尺有二寸。自其庛缘其外以至于首，以弦其内，六尺有六寸[④]，与步相中[⑤]也。坚地欲直庛，柔地欲句庛。直庛[⑥]则利推，句庛则利发。"郑玄读"庛"为"刺"。（音七[⑦]赐切。）刺，谓耒下前曲接耜者，即耒面也。故贾公彦云："耒面谓之庛。"又云："耒，状若今曲柄杴[⑧]。"又案郑下注云："耜异材。"据郑意，耜即金也。又《易·下系》[⑨]云"斫木为耜"者，谓斫木为受耜之处也。然则除耜金也外[⑩]，总谓之耒。经云"自庛缘其外，以至于首"者，谓据庛下至手执句者之端，逐曲量之，有六尺六寸。又云'以弦其内'者，谓据庛面至句下望直量之，而有六尺，与步相中。中，应也。故下注云：耕者，以田器为度。宜所谓在野度以步。以人步或大或小，恐其不平，故以六尺之耒代步以量地也。若兼耜金则稍长，故每量地用[⑪]脱去耜而用之。又《匠人》云："耜广五寸。"其庛亦广五寸。古者耜一金，二耜为耦，人各执一耜为耦。人各执一耜，若长沮、桀溺耦而耕[⑫]。至汉，耜歧头两金，象古之耦耕用牛引也。又

《山虞[13]职》说：耒耜之木须坚韧，依时取季材少木[14]以为之。

【校释】

①耒耜（sì）：原始的翻土农具。耒为其柄，耜为其头，用以起土。起初耒与耜均为木制，后世耜改用铁制。

②庛（cì）：耒下之歧木，用以贯耜。庛，通"刺"。庛者，刺也，刺入地中以翻土也。"庛"，宋本与《丛刊》本原讹为"庇"，兹据《周礼·考工记·车人》与《四库》本校改。

③上句者：上部弯曲的部分。句，同"勾"。

④自其庛缘其外以至于首，以弦其内，六尺有六寸：从耒庛外缘到耒柄末端的直线距离有六尺六寸。弦，像弓弦一样的直线距离。关于"自其庛缘其外以至于首"的长度，贾公彦与聂崇义认为其直线距离是六尺，所谓"六尺有六寸"是"逐曲量之"的结果，亦即其曲线距离。

⑤与步相中：与一步长六尺相应。按，从耒庛外缘到耒柄末端的直线距离为六尺六寸，若去掉其外缘长度，则约为六尺，与一步的长度相应。

⑥庛：宋本、《丛刊》本原脱此字，兹据《四库》本校补。

⑦七：宋本原讹为"士"，兹据《四库》本、《丛刊》本校改。

⑧杴（xiān）：同"锨"，农具名，用以铲土。

⑨《易·下系》：指《周易·系辞传下》。

⑩耜金也外：众本皆如此，于意未安。疑其中的"也"字为"已（以）"字之讹。

⑪用：《丛刊》本作"周"。

⑫长沮、桀溺耦而耕：《论语·微子》记载，孔子与弟子们周游列

国时，见到长沮与桀溺两位隐士在乡间“耦而耕”，即两人并耕。

⑬山虞：《周礼·地官》之属官，职掌山林之政令。

⑭季材少木：较幼小的树木。季，年少，兄弟姐妹中排行最小的。《周礼·地官·山虞》曰：“凡服耜，斩季材，以时入之。”

蓑

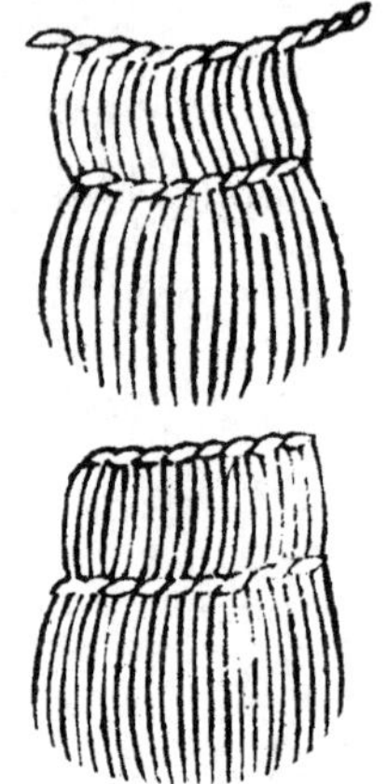

笠

《既夕礼·记》云："稾车[①]载蓑[②]、笠[③]。"注云："稾，犹散也。"《周礼·司常》："斿车以田、以鄙。"与此散车同是木辂[④]也。蓑、笠，备雨服。笠，亦以御暑。

【校释】

①稾车：或作"槀车"，即王五路中之木路。又名散车、斿（liú）车，用于田猎及巡行县鄙，故《周礼·司常》云："斿车以田、以鄙。"

②蓑：蓑衣，用草或棕制成的防雨衣。

③笠：用竹篾编成的帽子，用于防雨。

④木辂：即木路，王五路之一，田猎与巡行县鄙时所用之车，也叫稾车。辂，也作"路"，指帝王、诸侯用的大车。

折[1]

［《仪礼·既夕礼》：］“折，横覆之。”注云：“折，犹庪也。方凿连木为之。盖如床，而缩者三，横者五[2]，无箦[3]。窆[4]事毕，加之圹上，以承抗席[5]。”贾释云：“横覆之者，加于圹时，南北长，东西短，是知状如床也。陈时，长者东西。言覆者，见其善面[6]在上也。加在圹上时则反，善面向下。云‘折，犹庪’，藏物然。知[7]无箦者，以其缩三横五，以当箦处也。”

【校释】

①折：安葬时加于棺之上的长方形木格板，上承抗席。其形制为一长方形木板，中凿八个方格。

②缩者三，横者五：折由纵向三根木条和横向五根木条构成。缩，纵向。

③箦（zé）：竹席。

④窆（biǎn）：将棺木下葬于墓中，亦泛指埋葬。

⑤抗席：安葬时棺上加折，折上加抗席，用以御尘土。抗席以苇编成。或作“杭席”。按，“杭”、“抗”古为一字，并音kàng。《说

文·手部》:“抗,扞也。或从木。”宋本中“抗席”、“抗木”或作“杭席”、“杭木”。今一律改为“抗席”、“抗木”。下不一一注明。

⑥善面:抗席的正面。因正面光滑、整齐,故名善面。

⑦知:宋本、《丛刊》本原讹为“加”,兹据《仪礼·既夕礼》贾公彦疏与《四库》本校改。

抗席

《既夕礼》云："加抗席三。"注云："席，所以御尘。"贾释云："既陈抗木于折北，又加抗席三领于抗木之上。"故云"加抗席三"。知御尘，以抗木在上，御土；其抗席在下，隔抗木，虑有尘向下。"故云御尘。然则在陈列之时，抗席加于抗木之上，茵[①]又加于抗席之上。及葬，加折于圹口，次加抗席于折上，次加抗木于席上。

【校释】

①茵：安葬时垫于棺下的垫子，以疏布两层制成，中间充以茅花、香草等。参见"茵"条。

抗木

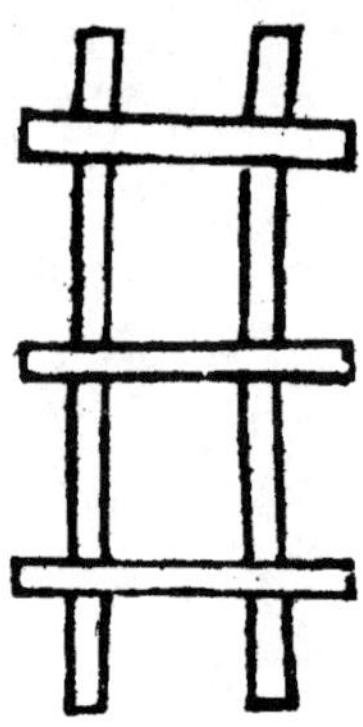

《既夕礼》云："抗木[①]横三缩[②]二。"注云："抗，御也，所以御土。横与缩各足以掩圹。"

【校释】

①抗木：加于墓圹口的大木条，横向三条，纵向两条。安葬时，棺上加折，折上加抗席，抗席之上再加抗木，抗木上覆土为冢。不过，抗木并非直接加于抗席之上，而是加于圹口四边，与抗席留有一定距离。

②缩：纵向。

茵

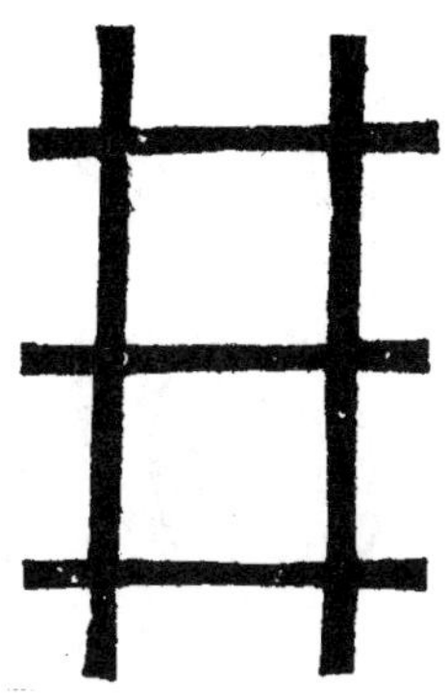

［《仪礼·既夕礼》：］“茵[①]用疏布[②]，缁翦[③]，有幅[④]，亦缩二横三。”注云：“茵，所以藉棺[⑤]者也。翦，浅也。幅，缘之也。亦者，亦抗木也。及其用之，木三在上，茵二在下，象天三合地二，人藏其中。”贾释云：“缘之者，每用一幅粗疏之布，不去边，乃合缝之为袋，实以茅莠[⑥]，又别用物缘此两边幅缝合之处，使之牢固，因为饰也。”

【校释】

①茵：古代车子上的垫子，泛指铺垫的东西。

②疏布：大功粗疏之布。

③缁翦：浅黑色。缁，黑。翦，通“浅”。

④有幅：指幅边加饰。

⑤藉棺：铺垫棺材。藉，垫，衬，铺垫。

⑥实以茅莠：充装茅草之花。按，“茅莠”当为“茅秀”之误。“秀”为草木之花，而“莠”为田间杂草。

苞

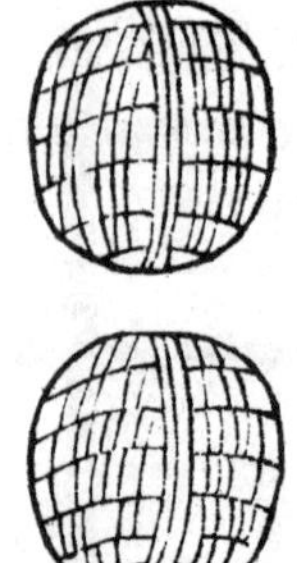

苞

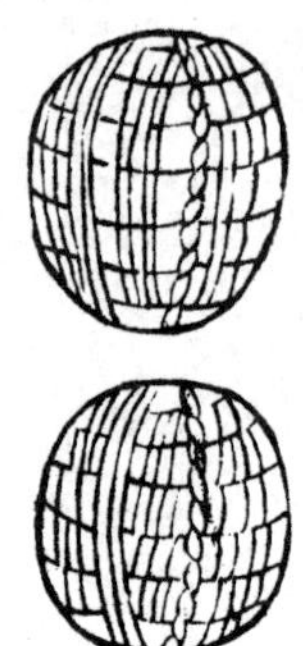

《既夕礼》云:“苞①二,所以裹奠羊豕之肉也。”下《记》云:“苇苞长三尺一编。”以此羊豕之肉,即遣奠②所苞牲之下体也。又注云:“用便易者。”谓以苇长难用,截取三尺一道编之,用苞牲体,为便易也。

【校释】

①苞:用苇草编成之包,举行葬礼时用以包裹猪羊鱼肉。亦用为动词,以苞包裹。

②遣奠:自始死至安葬所举行的丧祭均谓之“奠”。《礼记·檀弓下》:“奠以素器。”孔颖达疏曰:“奠谓始死至葬之时祭名。”安葬前在祖庙举行的丧祭叫做“遣奠”。

遣车

《巾车[①]职》云："大丧，饰遣车[②]，遂廞[③]之，行之。"郑[④]注云："廞，兴也，谓陈驾也。行之，使人以次举之以如墓[⑤]。一曰鸾车[⑥]。"[《礼记·杂记上》：]"用疏布为輤[⑦]，（郑读曰蒨。）四面有障，置于四隅。"后郑云："輤，其盖也。四面皆有障蔽，以隐翳牢肉，置于椁中之四隅。"孔、贾《义》[⑧]云：遣车，谓将葬柩，朝庙毕，将行，设遣奠竟[⑨]，取遣奠之牲臂臑[⑩]，折之为段，用此车载之，遣送亡者之入圹也。饰者，还以金玉象革饰[⑪]之，如生存之车，但粗小为之耳。知小者，以其人各举一，置于椁中之四隅故也。后郑训"廞"为"兴"，即言陈驾者，解"廞"为"陈驾"也，谓下《车仆》[⑫]云："大丧廞革车。"彼"廞"谓作之也。此文[⑬]既言"饰遣车"，已是作之义，更言"遂廞之"，故以"陈驾"解"廞"也。又云"行之，使人以次举之以如墓[⑭]"者，《杂记》云："遣车视牢具。"言车多少各如所苞牲体之数也。天子太牢，苞九个，遣车九乘；诸侯太牢，苞七个，遣车七乘；大夫太牢，苞五个，遣车五乘。此谓当朝庙之时，于始祖庙陈器之明旦，大遣奠之后，则以次抗举之，人各执一以如墓也。一名鸾车者，以遣车亦有鸾铃故也。案《既夕礼》："苞牲取下体。”注云：“下体，胫骨，象行。又俎实[15]之终始也。士三个，前胫折取臂臑，后胫折取骼[16]。”（音格。）是一牲取三体。士少牢二牲，则六体也。分为三个[17]，则一个有二体。然大夫已上皆用太牢，牲有三体，凡九体。大夫九体分为十五段，三段为一苞，凡为五苞。诸侯分为二十一段，凡七苞。天子分为二十七段，凡九苞。盖尊者所取三体，其肉多。卑者[18]虽取三体，其肉少。郑又云：天子遣奠用马[19]牲。其个数未详。此遣奠所苞，皆用左胖[20]。又《车仆》疏说：“王遣车九乘，除革车、广、阙、苹、轻五乘之外，加以金、玉、象、木四者，则九乘矣。”今遣车特[21]以金饰，以见余制。（后郑云：“广车，横阵[22]之车也。阙车，所用补阙之车也。苹，犹屏也，所用对敌自蔽隐之车也。轻车，所用驰敌致师之车也。）《校人》[23]：“大丧则饰遣车之马，及葬而埋之。”则是涂车[24]之刍灵[25]与？

【校释】

①巾车：《周礼》春官大宗伯属下之官，职掌车政。

②遣车：明器，送葬时载牲体之车，以木为之，如五路之制，较常车为小。又指以泥土所做的用于殉葬的车，即涂车。

③廞（xīn）：陈设。

④郑：宋本、《丛刊》本原讹为“一”，兹据《四库》本校改。

⑤如墓：到墓地去。如，往，到。

⑥鸾车：本指古代一种设鸾铃、建鸾旗的车子。此指遣车，即明器之车，以其亦有鸾铃、鸾旗，故名。

⑦輤：柩车上用以装饰的覆盖物，也指柩车、灵柩。

⑧孔、贾《义》：以下这段引文是综合约取《礼记·檀弓下》孔颖达《正义》与《周礼·春官·巾车》贾公彦疏之文意，并非原文。

⑨设遣奠竟：遣奠礼毕。竟，本义为乐曲终了，引申指完毕。

⑩臑（nào）：手肩肘之间的部位，动物的前肢。

⑪饰：宋本、《丛刊》本原脱，兹据《周礼·春官·巾车》贾公彦疏与《四库》本校补。

⑫车仆：《周礼》春官大宗伯之属官，职掌王室军车之副。

⑬文：宋本、《丛刊》本原讹为“之”，兹据《四库》本校改。

⑭使人以次举之以如墓：宋本、《丛刊》本原讹为“使人人以次举如墓”，兹据《周礼·春官·巾车》郑玄注与《四库》本校改。

⑮俎实：俎上所陈列的用于祭献的食品。

⑯骼：通“胳”，牲畜的后胫骨。

⑰三个：宋本、《丛刊》本原讹为“二个”，兹据《四库》本校改。

⑱宋本、《丛刊》本原脱“所取三体其肉多卑者”九字，兹据《礼记·檀弓下》孔颖达疏与《四库》本校补。

⑲马：宋本、《丛刊》本原讹为“焉”，兹据《四库》本校改。

⑳左胖（pàn）：用于祭祀的牲体的左半部分。胖，祭祀用的牲体分为左右两半，半体谓之“胖”。

㉑特：宋本原讹为“持”，兹据《四库》本、《丛刊》本校改。

㉒阵：《丛刊》本作“陈”。

㉓校人：《周礼》夏官大司马之属官，职掌王马之政。

㉔涂车：明器，以泥土所做的送葬之车，也叫遣车。

㉕刍灵：用茅草扎成的人马，用于殉葬。

筲

《既夕礼》云："筲[①]三，黍、稷、麦。"注云："筲，畚[②]种类也。其容盖与簋同一瀫也[③]。"贾释云："畚，器，所以盛种。此筲与畚盛种同类，故举为况也。"又下《记》[④]云："菅筲[⑤]三，其实皆瀹[⑥]。"（音药。）注云："米麦皆湛之以汤[⑦]，未知神之所享，不用食道[⑧]，所以为敬。"

【校释】

①筲（shāo）：盛饭食的圆筐，多以草或竹制成。

②畚（běn）：用草或竹篾编成的盛物品的器具。

③其容盖与簋同一瀫（hú）也：筲的容量与簋一样，都是一斛。容，容量。瀫，通"斛"，古代量器，容量为一斗二升。

④《记》：这里所说的《记》，并非指《礼记》，而是指《仪礼·既夕礼》。以下所引经文与郑注均出于《仪礼·既夕礼》。

⑤菅筲：以菅草编成的筲。菅，草名，茎可编席与其他器具。

⑥其实皆瀹（yuè）：筲中所盛的黍、稷、麦三种粮食均加汤浸

泡。瀹，浸渍，浸泡。“瀹”，宋本原讹为“沦”，兹据《仪礼·既夕礼》与《丛刊》本、《四库》本校改。

⑦湛之以汤：浸于汤中。湛，通“渐”，浸渍。

⑧不用食道：意谓不按照生人的饮食规则进献食物。

瓮

《既夕礼》云："瓮三，醯、醢、屑[①]。幂[②]用疏布。"注云："瓮，瓦器，其容亦盖一觳。屑，姜桂之屑也。《内则》曰：屑，桂与姜。幂、覆，同也。"贾释云："知'瓮，瓦器'者，以瓮、甒二字皆从瓦，故知是瓦器也。"云"其容亦盖一觳"者，亦上"筲三"注云"其盖与簋同一觳"者也。然豆实三而成觳，以豆实四升，既三豆成觳，则觳受斗二升，则筲与瓮俱容斗二升矣。

【校释】

①瓮三，醯、醢、屑：三只瓮，分别盛醋、肉酱和姜末、桂皮等香料。醯，醋。醢，肉酱。屑，指姜末、桂皮等屑状香料。

②幂：盖物巾。

甒

《既夕礼》云："甒[①]二，醴、酒。幂用功布[②]。"注云：甒，亦瓦器也。容受宜与瓮同。中宽，下直，不锐[③]，平底。其瓮下锐，与甒为异。

【校释】

①甒：用陶土烧制的盛酒器。

②功布：经过锻漂灰治之布，即丧服大功、小功之布。

③不锐：意谓甒的下部较粗，不尖锐。

桁

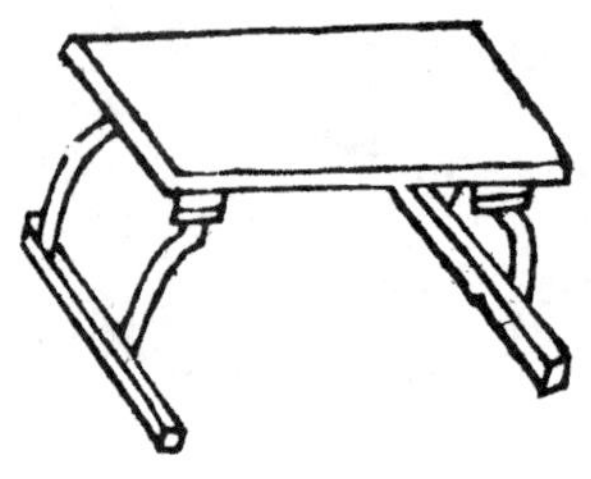

《既夕礼》云："皆木桁[①]，久[②]之。"注云："桁，所以庋[③]苞、筲、瓮、甒也。久，当为灸。灸谓盖塞其口。每器异桁。"贾释云："皆木桁，久之"者，谓自苞、筲以下皆灸塞之，置于木桁也。然苞、筲等燥物，直苞塞之，无幂。瓮、甒湿物，非直灸塞其口，又加幂覆之。又孔《义》云："桁以木为之，置于地，所以庋瓮、甒也。"又阮氏、梁正等《图》云："桁制若今之几，狭而长，以承藏具，实未[④]见闻。"

【校释】

①桁（háng）：本指悬挂、晾晒衣物的架子或横竿，此指丧祭时放置苞、筲、瓮、甒等物的木架，形如长几。

②久：通"灸"，灸塞，堵塞。

③庋：放置，保存。

④未：宋本原讹为"干"，《丛刊》本讹为"于"，兹据《四库》本校改。

赗方[1]

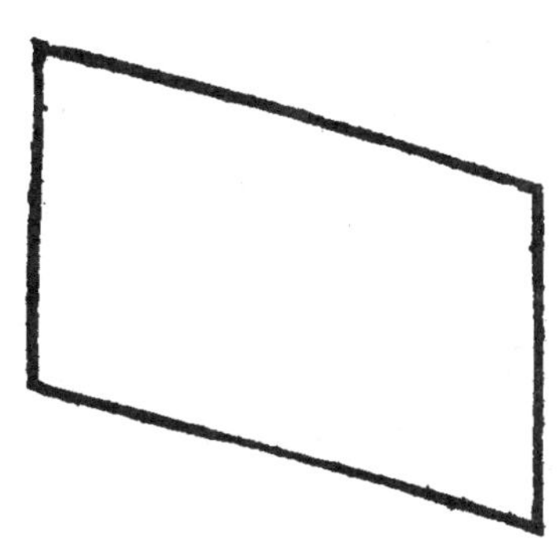

《士丧礼》下篇[2]曰："书赗于方，若九，若七，若五[3]。"注云："方，板也。书赗、奠、赙、赠之人名与其物于板。每板若九行，若七行，若五行。"贾释云："以宾客所致，有赗，有赙，有赠，有奠，直言书赗于方者，举首而言也。但所送有多少，故行数不同。"《公羊》、《穀梁》皆云："车马曰赗。"《礼记》[4]曰："赗马入庙门。"《既夕礼》云："君赗：玄纁束，马两[5]。"注云："赗，所以助主人送葬也。"则赗者，施于生及送死者。其下注亦云："赗者，生、死两施。"是也。两马，士制也。谓士在家常乘两马，若出使及征伐则乘四马。又："赙之言补也，助也。"谓补助主人之不足也。《公羊》云："货财曰赙。"又下经云："知生者赙[6]。"然则赙者，施于生者也。赠者，送也。《士丧礼》下《记》云："凡赠币无常。"注云："宾之赠也。玩好曰赠，在[7]所有也。"玩好者，谓生时玩弄之具。与死者相知，皆可以赠死者。故经云："若就器，则坐奠于陈[8]。"就，犹善也。善器，则玩好之器也。以所赠无常，唯玩好所有，奠于明器之陈也。奠者，谓宾致之物，或可堪为奠祭者也。然则四者或随亲疏，或各主于所知也。是故小功兄弟有服之亲，且赗，且奠，许其厚也。（赗[9]、奠于死、生两施也。）所知，则赗而不奠，降于兄弟也。（所知，通问相知者也。奠，施于死者。为多，故不奠也。）知死者赠，知生者赙，以其各主于所知也。

【校释】

①赗（fèng）方：记载宾客助葬品详细名录的方形木板叫做赗方。赗，是指以车马布帛助葬。不过，赗方所记内容不仅是"赗"，而且还包括奠、赙（fù）、赠等三种助葬方式的内容。所谓"奠"是指祭奠，"赙"是指以钱财助葬，"赠"是指向死者赠送玩好之器以殉葬。

②《士丧礼》下篇：即今本《既夕礼》。详前注。

③若九，若七，若五：意谓在赗方上记录助物品及助葬人名时，根据情况，文字行数有所不同，或者九行，或者七行，或者五行。若，连词，或，或者。

④礼记：宋本、《丛刊》本原讹为"礼志"，兹据《四库》本校改。按，下引文字"赗马入庙门"为《礼记·少仪》之文。

⑤君赗：玄纁束，马两：国君送给士的助葬之物有玄、纁二色的帛一束及两匹马。玄纁束，即玄纁束帛，亦玄、纁二色的帛各五匹。

⑥知生者赙：如果与死者活着的亲属相知，则要赙以钱财。

⑦在：《四库》本作"任"，于义为胜。按，郑注原文作"在"。

⑧若就器，则坐奠于陈：如果是玩好之器，则坐下将其放置于陈列明器的处所。就，善。就器，指玩好之器物。奠，放置。陈，陈列，此指陈列明器的处所。

⑨赗：宋本、《丛刊》本原讹为"赠"，兹据《四库》本校改。

遣策[1]

《士丧礼》下篇云："书遣于策。"注云："策，简也。遣，犹送也。"贾释云："策，简也"者，编连为策，不编为简。上云书赗于方，此云书遣于策者，《聘礼·记》云："百名以上书之于策，不及百名书之于方[2]。"上以宾客赗赠物名字少，故书于方则尽也。今主人自遣送亡者[3]，于苞、筲以下明器、用器之等，并死者玩好之物名字数多，故书于策。《释器》[4]云："简，谓之毕。"郭璞云："今简札[5]也。"《说文》云："简，牒也。牍，书板也。"蔡邕《独断》曰："策，简也。其制长二尺，短者半之。"然则单执一札谓之简，（《礼记》[6]云："执简记，奉讳恶[7]。"）连编诸简乃名为策。故于文策或作册，象其编简之形。《句命决》[8]云："《春秋》，二尺四寸书之；《孝经》，一尺二寸书之。"故六经之策皆称长二尺四寸。蔡邕言"二尺"者，谓汉世天子策书所用，故与六经异也。一行可尽者，书之于简。数行乃尽者，书之于方[9]。方之数不容者，乃书之于策。孔《义》云："牍，方板。"然则牍与方似同一物而异其名也。

【校释】

①遣策：送葬时，记载随葬品详细目录的简策。遣策与上述赗方的主要区别在于：赗方是记载宾客助葬者的名单和助葬钱物的目录，而遣策则是死者自己家中提供的随葬品的目录。

②百名以上书之于策，不及百名书之于方：百字以上记录于编连起来的简策上，不到一百字则记录于方木板上。名，字，文字。

③主人自遣送亡者：意谓遣策所记是丧主自己家中为死者提供的随葬品。

④《释器》：《尔雅》篇名。

⑤札：宋本原讹为“孔”，兹据《丛刊》本、《四库》本校改。

⑥礼记：宋本与《丛刊》本均作“礼志”，《四库》本作“礼记”。以下引文“执简记，奉讳恶”乃是《礼记·王制》之文，故据《四库》本校改。

⑦执简记，奉讳恶：此为《礼记·王制》之文，意谓拿简策记录，并向王进奏应当避讳的先王的名字和忌日。讳，指先王名讳。恶，指先王的死日及子卯。

⑧《句命决》：指谶纬书名《孝经钩命决》。“句”通“钩”。此书已佚，今有辑本行世。

⑨方：宋本原讹为“万”，兹据《丛刊》本、《四库》本校改。

椑

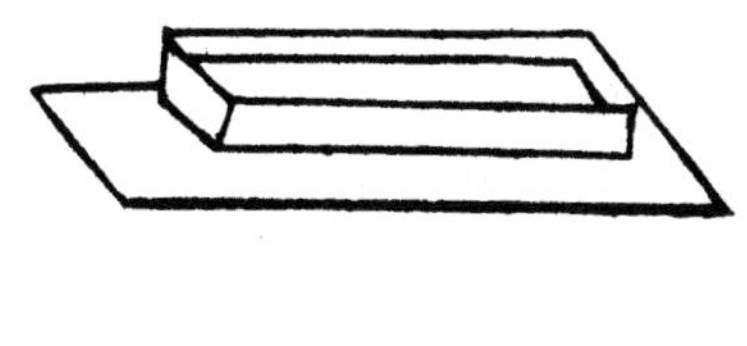

［《礼记·檀弓上》：］“君即位而为椑[①]，岁一[②]漆之。”［郑注：］“若未成然。”郑又云：“椑，谓杝棺[③]，亲尸者[④]。椑，坚著之言也。言天子椑内又有水兕革棺。”《丧大记》曰：“君大棺八寸，属六寸，椑四寸。上大夫大棺八寸，属六寸。下大夫大棺六寸，属四寸。士棺六寸。”注云：“大棺，棺之在表者也。”《檀弓》曰：“天子之棺四重[⑤]，水、兕革棺[⑥]，被之[⑦]，各厚三寸。（合六寸，此为一重。）杝棺一，（杝，椵木，所谓椑棺也。）梓棺[⑧]二，（属与大棺也。）四者皆周。”此从内说而出也。然则大棺及属皆用梓，椑用杝，以是差之。上公革棺不被，三重也。诸侯无革棺，再重也。大夫无椑，一重也。士无属，不重也。庶人之棺四寸，棺束[⑨]缩二横三[⑩]。衽每束一[⑪]。（衽，今小要。）

【校释】

①椑：内棺。君之棺有三层，最里面的一层叫做椑，中间一层叫做属（zhǔ），最外一层叫做大棺。

②一：宋本原作“壹”，兹据《礼记·檀弓上》与《丛刊》本、《四

库》本校改。

③杝(yí)棺：用杝木做的棺，即所谓“椑”。杝，木名，即椴木，落叶乔木，材轻而耐湿。“杝”，宋本原讹为“拖”，《丛刊》本作“箷”，兹据《礼记·檀弓上》郑玄注与《四库》本校改。

④亲尸者：指杝棺(也就是“椑”)紧靠着尸体。

⑤天子之棺四重：水牛、犀牛合成之被为一重，杝棺(即椑)为第二重，属为第三重，大棺为第四重。凡四重共五物。上公则去水牛革为三重；侯伯子男则再去兕革为二重；大夫则去水、兕之革与杝棺，唯余属与大棺，为一重；至于士则只用大棺，为不重。

⑥水、兕革棺：此指椑内用水牛皮与犀牛皮包木外做成之棺。水，指水牛。兕，犀牛。

⑦被之：即合之。指将水牛与犀牛二革复合在一起组成革棺，如同覆物之被，覆于死者之身。

⑧梓棺：指“属”与“大棺”，以其均用梓木做成，故名。

⑨棺束：用以捆扎棺材的皮条束。按，古代棺材无钉，只以皮条束缚之。

⑩缩二横三：纵向二条，横向三条。缩，纵向。

⑪衽每束一：每道束棺的皮条处均设一木楔。衽，指用以连合棺的木楔。

功布

《丧大记》云[①]："士葬用国车[②]，（音輇，示专反。或作团，又误作国。）二綍[③]，无碑[④]，比出宫[⑤]，御棺[⑥]用功布[⑦]。"注云："比出宫，用功布，则出宫而止，至圹无矣。"旧《图》云："功布，谓以大功之布长三尺以御柩，居前，为行者之节度。"又《隐义》[⑧]云："羽葆[⑨]、功布等，其象皆如麾[⑩]。"则旌旗无旒者，周谓之大麾。《既夕礼》云："商祝[⑪]执功布，以御柩、执披。"贾释云：谓以葬时乘车[⑫]，故有柩车。前引柩者[⑬]，及在柩车傍执披[⑭]者，皆御治[⑮]之。又注云："居柩车之前，若道有低仰倾亏，则以布为抑扬左右之节，使引者、执披者知之也。"道有低，谓下坂[⑯]时也。道有仰，谓上坂时也。倾亏，谓道之两边在柩车左右辙有高下也。若道有低，则抑下其布，使执引者知其下坂也。若道有仰，则扬举其布，使执引者知其上坂也。若柩车左边、右边或高下倾亏，亦左右其[⑰]布，使知道有倾亏也。假令车之东辙下，则抑下其布，向东，使西边执披者持之。若车之西辙下，则抑下其布，向西，使东边执披者持之。所以然者，使车不倾亏也。大夫御柩以茅，诸侯以羽葆，天子以纛，指引前后左右，皆如功布之施为也。又《既夕礼》：将葬启殡[18]（音异。）时[19]，“商祝免袒，执功布入，升自西阶”。注云：“功布，灰治之布也。执之以接神。为有所拂扐[20]。”（芳勿反，下芳罔[21]。）贾释云：“拂扐，犹言拂拭也。故下经云：‘商祝拂柩用功布。’是拂拭去尘也。此始告神而用功布拂拭，谓拂扐去凶邪之气也。”（谓功布有此三用[22]，故广述而辨[23]之。）

【校释】

①云：《四库》本作“曰”。

②国车：郑玄以为当为“辁车”之误。辁车，一种低而没有条辐的木轮载柩车。

③綍（fú）：拉柩车的大绳，又叫做“引”。

④碑：古代引棺入墓穴而竖立的木柱，后改用石。

⑤比出宫：等到出宫的时候。

⑥御棺：指挥柩车前进，也叫“御柩”。

⑦功布：经过锻漂灰治之布，即丧服大功、小功之布。

⑧《隐义》：三国吴射慈（又作谢慈）所作《礼记音义隐》之简称。

⑨羽葆：古代仪仗，以鸟羽饰于竿头。

⑩麾：指挥的旗帜。

⑪商祝：习商代礼仪的男巫。

⑫车：宋本、《丛刊》本原讹为“人”，兹据《仪礼·既夕礼》贾公彦疏与《四库》本校改。

⑬前引柩者：宋本、《丛刊》本原讹为“前执引者”，兹据《仪礼·既夕礼》贾公彦疏与《四库》本校改。

⑭披：以布为绳，系于柩车两侧，备牵挽之用，以防倾覆。

⑮治：宋本原讹为“冶”，兹据《仪礼·既夕礼》贾公彦疏与《四库》本、《丛刊》本校改。

⑯坂（bǎn）：斜坡，山坡。

⑰其：宋本、《丛刊》本原脱此字，兹据《仪礼·既夕礼》贾公彦疏与《四库》本校补。

⑱将葬启肂（sì）：安葬之前从殡坎中将棺抬出。肂，殡时临时放置棺的坑，在堂之西阶上。

⑲时：宋本、《丛刊》本原讹为“也”，且宋本置于注文“音异”之前，兹据《四库》本校改。

⑳拂扐：拂拭，擦拭灰尘。

㉑芳勿反，下芳罔：《四库》本、《丛刊》本作“芳勿反，芳罔反”，且将“芳勿反”与“芳罔反”分别置于“拂”与“扐”二字之后。

㉒功布有此三用：功布具有御棺、为披、拂棺等三种用途。

㉓辨：宋本原讹为“拂”，兹据《丛刊》本、《四库》本校改。

纛

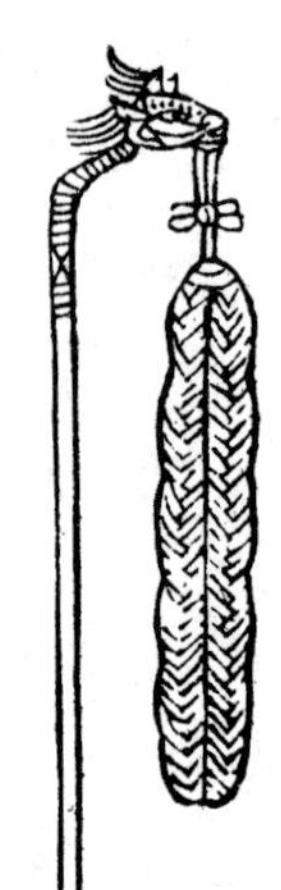

《丧大记》云："君葬用輴，四綍，二碑，御棺用羽葆。"《周礼·乡师》："及葬执纛[①]，以与匠师[②]御柩。"注云："翿，羽葆幢[③]也。纛与翿义同。"郑又引《杂记》云："诸侯执綍五百人，四綍，皆衔枚[④]。司马[⑤]执铎[⑥]，左八人，右八人。匠师执羽葆御柩。"孔《义》云："羽葆者，以鸟羽注于柄头，如盖[⑦]，谓之羽葆。葆即盖也。"《杂记》云执羽葆是诸侯礼，故匠师执之。《周礼》执纛是天子礼，故乡师[⑧]执之。（下有执者，相兼义备。）

【校释】

①纛（dào）：饰以鸟羽、雉尾或旄牛尾的旗帜，亦叫做"翿"。古代舞者执之以舞，送葬时引柩者执之以指麾。

②匠师：周代职官名。《周礼·考工记》有匠人，匠师或即匠人之长。

③羽葆幢：汉代称以羽毛做的纛（翿）为"羽葆幢"，也叫做"羽葆"。或以为"羽葆"为诸侯所用者，"纛"为天子所用者。

④衔枚：将筷子状的竹棍或木棍衔于口中，以禁止讲话喧哗。枚，筷子状的竹棍或木棍，两端有绳，以便系于颈后。

⑤司马：职官名。《周礼·夏官》有大司马、小司马之职。诸侯之卿或大夫、士之吏临时主持礼仪活动者也称“司马”。

⑥铎：古代乐器名，一种大铃。

⑦盖：指车盖，车上用于遮阳蔽雨的伞状物。

⑧乡师：《周礼》地官大司徒之属官，为乡之行政长官，掌所治区域之教育、役力等事务。

卷十九　丧器图下

黼翣
黻翣
画翣
龙翣
柳车
乡师
方相氏
兆域

黻翣　龙翣[1]
黼翣　画翣

《丧大记》云："君饰棺，黼翣[2]二，黻翣二，画翣二，皆戴圭[3]。大夫士[4]皆戴绥[5]。"《礼器》曰："天子八翣，诸侯六翣，大夫四翣。"又郑注《丧大记》引《汉礼》"翣以木为筐[6]，广三尺，高二尺四寸，方，两头[7]高，衣以白布。"画者，画云气。其余各如其象[8]。柄长五尺，车行，使人持之而从，以障车[9]。既窆，树于圹中障柩。天子八翣，加龙翣二。其戴皆加[10]璧垂羽。

【校释】

①相关图片，见下篇"柳车"。

②翣（shà）：本义为以羽毛编成的大扇，附于车旁，以蔽风尘，此指安葬时的扇形棺饰。以木为框，蒙以白布，有柄。

③戴圭：翣的上部两角装饰着圭玉。

④士：宋本原讹为"上"，兹据《礼记·丧大记》与《丛刊》本、《四库》本校改。

⑤绥：旌旗上的下垂饰物，以五彩羽毛缀合而成。

⑥以木为筐：用木条做成方形框架。筐，通"框"，方形框架。

⑦头：《丛刊》本作“角”。

⑧画者，画云气。其余各如其象：意谓“画翣”上画云气，而其余的“黼翣”、“黻翣”则分别绘有“黼”与“黻”的图形。按，“黼”为黑白相间的斧形图；“黻”为青黑相间的图案，形似两“已”相背。

⑨障车：遮蔽，屏障。

⑩加：宋本、《丛刊》本原讹为“如”，兹据《四库》本校改。

柳车

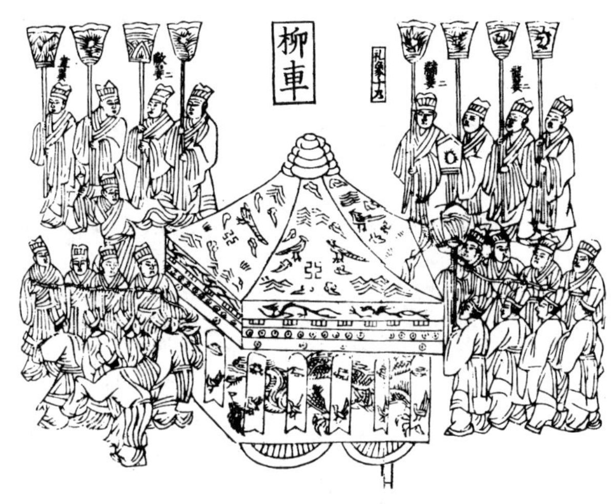

柳车[①]名有四：殡谓之輤车[②]，葬谓之柳车，以其迫地而行则曰蜃车[③]，以其无輤则曰轸车[④]。案《周礼·缝人》：掌缝棺饰，衣翣、柳之材[⑤]。后郑以必"先缠衣其材[⑥]，乃以张饰也。柳之言聚也，谓诸饰所聚也"。又上注云："孝子既启见棺[⑦]，犹见亲之身。既戴饰而行，遂以葬。若存时[⑧]居于帷幕而加文绣。"其帷、荒、画、火、龙等是加文绣也。其生时帷幕则无此画饰，故云加也。今柩入圹，还以帷荒等加于柩上，同葬之，故云遂葬。《丧大记》曰："饰棺，君龙帷[⑨]、三池[⑩]、振容[⑪]、黼荒[⑫]，火[⑬]三列，黻三列[⑭]，素锦褚[⑮]，加帷荒，纁纽六[⑯]，齐五采、五贝[⑰]，鱼跃拂池[⑱]。君纁戴六[⑲]，纁披[⑳]六。"比诸侯礼也[㉑]。《汉礼器制度》："饰棺，天子龙火黼黻皆五列。"又《丧大记》注云："荒，蒙也[㉒]。在旁曰帷，在上曰荒。"然则荒，柳车上覆，谓鳖甲也[㉓]。天子之[㉔]荒缘、荒边画龙，又画云气，次画白黑之黼文，又画火形如半环，又[㉕]画两己相背之黻文于其间。素锦，白锦也。褚，即屋也。于荒下又用白锦为屋，以葬车在道，象宫室也。褚外乃加帷荒。帷者[㉖]边墙，荒是上盖。褚覆竟，而加帷荒于褚外也。池者，织竹为之，状如小车笭[27]，衣以青布，挂著于柳上。荒之爪端象平生宫室承霤然。天子四注屋[28]，四面各有承霤。今池亦四面[29]象之也。诸侯屋虽四注，而柳[30]降一池，阙于后，故三池。振[31]容者，振动也。容，容饰也。谓以绞缯为之，长丈余，如幡。其上画青质五采之褕[32]翟，又县铜鱼于池下，车动为容饰，鱼跃拂池也。纁纽六者，以上盖与边墙相离故。又以纁帛为纽连之相著，傍各三，凡共用六纽也。齐者，谓在荒之上，当柳之中央，形圜，如车盖上蕤[33]矣。（盖之中央，故举以为说。汉时小车盖上有三采[34]。）以其当中，如人之齐[35]，故谓之齐。高三尺，径二尺余。又案《既夕礼》注云："以三采缯为之，上朱，中白，下苍，著以絮。"则人君以五采缯为之，亦著以絮。苍下有黄、玄二色，则五等相次，故云齐五采也。五贝者，又连贝为五行，交结齐上。纁戴六、纁披六者，戴、披皆用纁帛为之。戴，值也[36]。于车舆两厢各竖三只軨子[37]，各当棺束，用此纁戴贯棺束之皮纽，出两头，皆绊结其軨子，各使相值坚固，方用纁披于棺上横络过，各贯穿戴之连结棺束者，乃于戴余投出之于外，使人持制[38]之。又棺横束有三，每束有二纽，各屈皮为之。三束两旁共有六纽，故有六戴、六披也。持披者若车登高，则前引以防轩[39]；车适下，则后引以防翻；车欹[40]左，则引右；欹右，则引左，使车不倾覆也。案阮氏《图》云[41]："柳车四轮，一辕。车长丈二尺，广四尺，高五尺。"《周礼》谓之蜃车，故《遂师》云："大丧，使帅其属以幄帟先[42]，及蜃车之役。"注云："幄帟先者，为于葬窆之间，先张神座。蜃车，柩辂[43]也。柩辂载柳，四轮迫地而行，有似于蜃，因取名焉。"又郑注《既夕礼·记》云："其车之舆，状如床，中央有辕，前出[44]，设前后辂。上[45]有四周，下则前后有轴，以辁[46]为轮。"许慎《说文》[47]：“有辐曰轮，无辐曰辁。”孔、窦《义》[48]云：“观此注，其舆与輴车同，亦一辕为之。设前后辂者，上[49]经唯云前辂，言前以对后，明有后辂[50]也。”此辂谓以木缚于柩车辕上，属引而挽之，故名此辕缚为辂也。舆上有四周者，此亦与輴车同。云“下则前后有轴，以辁为轮”，此与輴车异也。以其輴无轮，直有转辚，此则有辁轮，而无辐[51]。

【校释】

①柳车：丧车，特指安葬所用的丧车。

②輤车：殡时所用的丧车。輤，輤车上用以装饰的覆盖物，以布或苇席为之。

③蜃车：柳车之别名。以其较为低矮，如蜃（大蛤）贴地而行，故名。

④轸：无輤之柳车。以其无輤，其轸一览无余，故叫做轸车。轸，车箱底部后面的横木。

⑤衣翣、柳之材：以采缯缠裹翣、柳的框架和柄。柳，也叫“柳衣”，棺柩之饰物。柳之名称，有通有别。别而言之，棺之顶饰曰荒，其木框曰柳；棺之四周曰帷，其木框曰墙。

⑥材：宋本、《丛刊》本原讹为“木”，兹据《周礼·缝人》郑玄注与《四库》本校改。

⑦既启见棺：启殡后看到棺柩。

⑧若存时：如同死者活着的时候。

⑨龙帷：国君出葬时柳车四周之帷，以其绘龙，故名。

⑩三池：池是设在柳衣上沿的饰物，用竹子编织而成，以象死者生前所居宫室檐下的承霤。天子四面之帷皆设池，即为“四池”。诸侯

下天子一等，故只在前帷和左右帷设池，缺后池，故为“三池”。

⑪振容：国君的棺饰下设有青黄色的缯，上面画雉（野鸡），长丈余，如幡，车行则幡动，以为容饰，故名振容。

⑫黼荒：荒，指柳衣的顶。黼，是黑白相间的斧形花纹。下边饰有黼形的荒叫做“黼荒”。

⑬火：宋本原脱此字，兹据《礼记·丧大记》及《丛刊》本、《四库》本校补。

⑭黻三列：宋本误作“黼三列”，《四库》本误作“黻二列”，兹据《礼记·丧大记》及《丛刊》本校改。黻，古代服饰上青黑相间、形似两“己”相背的图案。

⑮素锦褚（zhǔ）：白锦做的棺饰，处于荒之下、棺之上。

⑯纁纽六：连结柳衣上盖（荒）与边墙（帷）的纽是以纁帛做成，共有六个。

⑰齐五采、五贝：齐是荒的尖顶上的装饰物，其形圆如华盖，以五采缯做成，且饰以五个贝壳。

⑱鱼跃拂池：鱼，是指悬于“池”之下的铜制鱼形饰物。柩车行时，铜鱼会受振动而跃起，并上拂于“池”。

⑲纁戴六：纁戴，是指用纁帛做的带子，用以将柳拴系在棺束上。按，系固棺盖的皮带叫做“束”，每条棺束两端均有纽，君棺三束则六纽。柳系于柩车上，就是用纁带拴系于这六个纽上，故曰“纁戴六”。

⑳纁披：以纁帛做成的牵挽丧车的披绳。披，以布为绳，系于柩车两侧，备牵挽之用，以防倾覆。

㉑比诸侯礼也：比，《四库》本作“此”。此五字之后，《丛刊》本有注音文字“披披义反”，《四库》本有“披皮义反”四字注文。

㉒荒，蒙也：“荒”有蒙盖、覆盖之意，故用以指称柳衣之顶部。

㉓荒，柳车上覆，谓鳖甲也：意谓“荒”覆于柳车之上，状如鳖甲。

㉔之：宋本、《丛刊》本原讹为“其”，兹据《四库》本校改。

㉕又：宋本、《丛刊》本原讹为“以”，兹据《四库》本校改。

㉖者：《四库》本作“是”。

㉗小车笭：小型车舆上的竹编围栏。

㉘四注屋：四边有檐、四边流水、四边设承霤的房屋。按，古代大夫士以下的房屋都是南北两边有檐，即“两注屋”。只有天子诸侯的房屋才能建成“四注屋”的形式。

㉙面：宋本、《丛刊》本原讹为“而”，兹据《四库》本校改。

㉚柳：宋本、《丛刊》本原讹为“降”，兹据《四库》本校改。

㉛振：宋本原讹为“塬”，兹据《丛刊》本、《四库》本校改。

㉜褕：《四库》本作“揄”。

㉝蕤：通“緌”，指冠、旌旗等的下垂饰物。

㉞三采：宋本作“三在”，《丛刊》本作“蕤在”，兹据《四库》本校改。

㉟齐：肚脐。“齐”，通“脐”。

㊱戴，值也：意谓“纁戴”之“戴”有左右相值、左右相当之意。

㊲軨子：车箱上的栏木。

㊳持制：手执，手持。制，执，拿。

㊴轩：车子前倾后高仰。

㊵攲（qī）：倾斜，倾侧，偏斜。

㊶云：宋本原讹为“一”，兹据《丛刊》本、《四库》本校改。

㊷大丧，使帅其属以幄帟先：治王、后、世子之丧时，遂师要率领其属官在灵柩之前到墓地张设幕帟。帟，承尘的小帐，亦泛指帐幕。

㊸辂（lù）：缚在车辕上供牵挽的横木。

㊹前出：《四库》本作“前后出”。

㊺上：《四库》本前有“舆”字。

㊻辁：无幅之轮，滚轴。

㊼说文：宋本、《丛刊》本脱“文”字，兹据《四库》本校补。

㊽孔、窦《义》：当是指孔颖达所撰《礼记正义》与贾公彦所撰《仪礼注疏》。按，以下引文出于《仪礼·既夕礼》贾公彦疏，并非出于孔颖达《礼记正义》，因而“孔窦《义》”中的“孔”字当是衍文，“窦”字当为“贾”字之讹。

㊾上：《四库》本作“正”。

㊿后辂：宋本、《丛刊》本原讹为“辂车”，兹据《四库》本校改。

51无辐：宋本原讹为“舞辐”，兹据《丛刊》本、《四库》本校改。

乡师

《地官·乡师》[①]："及葬执纛，以与匠师御匶[②]（古柩字。）而治役。"注云："匠师，事官之属，其于司空，若乡师之于司徒也。乡师主役，匠师主众匠，共主葬引。"纛，翳[③]也，即羽葆也。执以指麾挽柩之役，正其行列进退也。

【校释】

①乡师：《周礼》地官大司徒之属官，为乡之行政长官。王室有大丧，与匠师一起负责引柩之事。

②匶（jiù）："柩"之古字，装有尸体的棺材。

③翳（yì）：羽毛做的华盖。

方相氏

《夏官·方相氏》[①]："掌蒙熊皮，黄金四目[②]，玄衣朱裳，执戈扬盾。大丧，先匶。"谓葬使之前导，以却凶恶也。及墓入圹，以戈击四隅，驱罔两[③]也。

【校释】

①方相氏：《周礼》夏官大司马之属官，职掌戴假面，驱除凶恶疫鬼。以狂夫担任，无爵位。

②黄金四目：以黄金铸为四目，缚于面部，如今之假面具。

③罔两：也作"方良"、"蜩蛃"或"魍魉"，古代谓木石之怪，亦谓水川之精物。

兆域

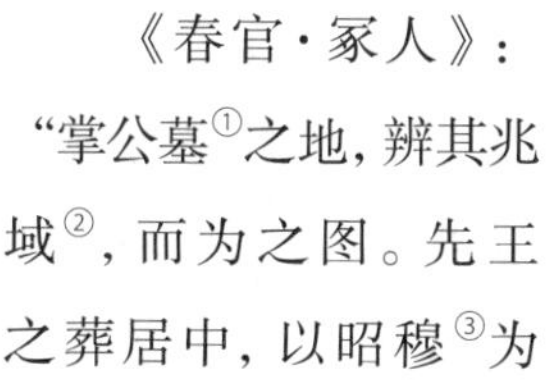

《春官·冢人》："掌公墓[1]之地，辨其兆域[2]，而为之图。先王之葬居中，以昭穆[3]为左右。"贾释注云：公，君也。训公为君者，言公则诸侯之通称，言君则上通天子。此既王[4]之墓域，故训为君也。图，谓未有死者之时，先画其地之形势，预图出其丘垄[5]之处。既为之图明，藏掌之，后须葬者，依图置之也。云先王造茔者，但王之都有迁徙之法，若文王居丰[6]，武王居镐[7]，平王居于洛邑[8]，所都而葬则是[9]造茔者也。若文王在丰葬于毕[10]，子孙皆就而葬之。即以文王居中，文王次第当穆，（文王虽次第居穆，以所迁居丰，葬于毕地，子孙既昭穆夹处，文王合居中央。）则以武王为昭，居左，成王为穆，居右；康王为昭，居左，昭王为穆，居右；穆王为昭，居左，恭王为穆，居右。已下子孙皆然，据昭穆夹处东西。若然，兄死弟及[11]俱为君，则以兄弟为昭穆。以其弟已为臣，臣子一列则如父子，故别昭穆也。必知义或[12]者，案文二年秋八月，"大事于太庙，跻僖公[13]"，谓以惠公当昭，隐公为穆；桓公为昭，庄公为穆；闵公为昭，僖公为穆。今升僖于闵上为昭，以闵为穆，故云“逆祀”。知不以兄弟同居昭位，升僖于闵上[14]为逆祀者，案定八年经云：“从祀先公。”传曰：始顺祀先公而祈祷焉。若本同伦，以僖公升于闵公之上，则以后诸公昭穆不乱，何得至定八年始云顺祀乎？明本以僖、闵昭穆别，故于后皆乱也。若然，兄弟相事，兄为君，则昭穆易。可知但置营以昭穆夹处，与置庙同也。又下文云：“以爵等为丘封之度[15]。”则天子亦是爵号也。尊者丘高而树多，卑者封下而树少，以别尊卑也。郑知王公曰丘、诸臣曰封者，比[16]无正文。案《尔雅》云：土之高者曰丘，高丘曰阜[17]。以丘是自然之物，故属之王公也。“聚土曰封”，人力所造，故属之诸臣。若然，公中可兼五等。郑又引《汉律》“列侯封高四丈”者，以《周礼》丘封高下、树木之数无文，故以汉法况之。案《春秋纬》云：“天子坟高三仞，树以松。诸侯半之，树以柏。大夫八尺，树以药草。士四尺，树以槐。庶人无坟，树以杨柳。”郑不引者，《春秋纬》或说异代，多与《周礼》相乖，或者郑所不见，故不引也。又《王制》云：“庶人不封、不树。”而《春秋纬》云“庶人树以杨柳”者，以庶人礼所不制，故树[18]杨柳也。

【校释】

①公墓：国君（包括诸侯与天子）的墓地。

②兆域：墓地，坟墓所在的区域。

③昭穆：古代宗庙或宗庙中神主的排列次序，始祖居中，以下父子（祖、父）递为昭穆，左为昭，右为穆。与此相应，墓地中安葬位次亦始祖居中，以下各代以昭穆分列左右。

④王：宋本原讹为“言”，兹据《周礼·春官·冢人》贾公彦疏与

《丛刊》本、《四库》本校改。

⑤丘垄：坟墓。

⑥丰：都邑名，文王所居，在今陕西西安市长安区西北沣河西岸。后与河东岸的镐合称丰镐，又称宗周。

⑦镐：即镐京，武王所居，在今西安市长安区西北沣河的东岸。沣河西岸的丰是周王宗庙所在地，而沣河东岸的镐则是周王居住和理政的中心。

⑧洛邑：又作“雒邑”，在今河南洛阳东北白马寺东。本为商邑，西周成王时由周公主持加以扩建，因名“成周”。后来平王东迁，始定都于此。

⑨所都而葬则是：贾公彦疏作“所都而葬即是”，《四库》本作“即所都而葬则”。

⑩毕：地名，又称“毕原”，又名“毕陌”，在今陕西省西安市、咸阳市附近渭水南北岸。周初王季建都于毕，武王封毕公高，都在渭水北岸。相传周文王、武王、周公坟墓，都在镐东南杜曲（今西安市长安区杜曲镇），则在渭水南岸。

⑪兄死弟及：居于王位或君位的兄去世后由其弟继位的继承制度。

⑫或：《丛刊》本作“或然”，《四库》本作“当然”。

⑬大事于太庙，跻（jī）僖公：此为《春秋》经文，谓鲁文公在太庙举行吉禘之礼，将其父鲁僖公的享祀之位升于闵公之上。大事，指举行禘礼。跻，上升，登上，提升位次。按，鲁僖公与闵公为兄弟。闵公去世后，僖公继位为鲁君。《史记·鲁世家》谓闵公为兄，僖公为弟，而《汉书·五行志》则谓僖公是闵公之庶兄。但无论谁为兄，谁为弟，依当时礼制，闵公享祀之位固当在僖公之上，故《左传》讥“跻僖

公”之举为“逆祀”。

⑭升僖于闵上：《丛刊》本与《四库》本均作“升僖公于闵公上”。

⑮以爵等为丘封之度：依照爵位等级确定坟墓的大小规格。丘封，泛指坟墓。王公之坟曰丘，诸臣之坟曰封。

⑯比：《四库》本作“此”。

⑰高丘曰阜：《四库》本作“高阜曰丘”。

⑱树：众本均讹为“容”，兹据《周礼·春官·冢人》贾公彦疏校改。

卷二十　原书目录

旧《图》十卷，形制阙漏，文字省略，名数法式，上下差违，既无所从，难以取象，盖久传俗不知所自也。臣崇义先于显德三年冬奉命差定郊庙器玉，因敢删改。其或名数虽殊，制度不别，则存其名而略其制者，瑚、簋、车、辂之类是也。其名义多，而旧《图》略振其纲而目不举者，则就而增之，射侯、丧服之类是也。有其名而无其制者，亦略而不图。仍别叙目录，共为二十卷。凡所集注，皆周公正经，仲尼所定，康成所注，傍依疏义。事有未达[①]，则引汉法以况之。或图有未周，则于目录内详证以补其阙。又案详近礼，周知沿革。至大宋建隆二年四月辛丑，第叙既讫[②]，冠冕衣服见吉凶之象焉，宫室车旗见古今之制焉，弓矢射侯见尊卑之别焉，钟鼓管磬见法度之均焉，祭器祭玉见大小之数焉，圭璧缫藉见君臣之序焉，丧葬饰具见上下之纪焉。举而行之，易于详览。

【校释】

①达：宋本原讹为“运”，兹据《丛刊》本、《四库》本校改。

②既讫：宋本原倒作“讫既”，兹据《丛刊》本、《四库》本校乙。

冕服第一

大裘冕。无旒，冕广八寸，长一尺六寸，上玄下纁，以綖[1]**覆饰之，其板侧则不用金饰，有纽，玉簪导**[2]**，以组为缨，色如绶。《衣服令》**[3]**云：大裘，以黑羔皮为之，玄领、褾**[4]**、缘。**（褾，音必小反。袖端也。《玉藻》云："羔裘豹饰，缁衣以裼之。"《诗·唐风》云："羔裘豹袪。"此则云领褾[5]及缘皆以玄。）**朱裳，白纱中单**[6]**，皂领，青褾、襈**[7]**、裾**[8]**。**（襈[9]，士眷切，垂裾[10]也。）**革带，玉钩艓**[11]**。**（日列切[12]，鞅[13]也。）**大带。**（天子素带，朱里。又上以朱，下以绿，终纯之。上，外也。朱，正色，故在外畔；绿，间色[14]，故在下畔。诸侯大带以素合之，不朱里，亦朱绿终纯，与天子同。大夫亦合素为带，纯其垂。外以玄，内以华，即黄也。远人为外，近人为内。玄，天色，故在外。黄，地色，故在内。士已下，亦素练为带，皆单而不合，惟[15]縪[16]下外内皆用缁纰[17]之。故《士冠礼》[18]谓之缁带，据所纯而言也。纽约并用组。纽，谓带之交结之处，以属其纽。约者，谓以物穿纽，约结其带。天子已下，纽约之物并用组为之也。大带阔四寸。纽约之组阔三寸，长齐于带，言约组余长三尺，与带垂齐者。）**黻。**（黻，蔽[19]膝也。凡黻，皆随裳色。他服谓之韠，祭服谓之黻。案

《易》困卦九二："朱韨[20]方来，利用享祀。"是祭服谓韍也。案《毛诗传》云：天子纯[21]朱，诸侯黄朱，色浅。大夫亦赤韍，色又浅矣。士缊韍。缊，赤黄之间色。《士冠礼》："爵弁，韎韐。"即缊韍也。）**鹿卢玉具剑**[22]**，火珠镖首**[23]。（镖，音漂，剑饰。）**白玉双佩，玄组，双大绶，六彩，玄黄赤白缥绿，纯玄质。**（《汉志》：乘舆黄赤绶，四采，黄赤绀缥[24]，淳黄圭[25]。今[26]《图》依用。）**长二丈四尺，五百首**[27]**，广一尺。**（《汉志》[28]："大绶，四采，圭长二丈九尺九寸五分，五百首。"与《令》[29]文稍异。《令》又云："凡佩绶，又有小双绶，长二尺六寸，色同大绶，而首半之，间施三玉环。诸臣一品者，施二玉环。"今详小绶，《汉志》所谓綖[30]也。自青绶以上，綫皆长三尺二寸，与绶同采而半之。綖绶，古佩綫[31]也。与佩绶相迎受，故曰綖也。紫绶已上，綖绶之间得施玉环璚[32]。黑绶已下，綖绶皆长三尺。綖，音逆。）**朱袜、赤舄，祀天神地祇则服之。**（唐显庆[33]元年，修礼官长孙无忌、许敬宗等言："准武德初撰《衣服令》，乘舆祀天服大裘冕，无旒。虽凭周礼，理极未备。谨案《郊特牲》云：'周之始郊日以至祭之日，被衮以象天，戴冕藻十有二旒。'则天数也。此二《礼》俱说周郊，衮与大裘异[34]。又[35]案《月令》：'冬，天子始裘。'明以御寒，理非当暑。若立夏迎气，龙见而雩，炎炽方隆，如何可服？故历代唯服衮章[36]。周迁《舆服志》[37]云：'汉明帝永平二年，诏采《周官》、《礼记》，始制祀天地之服。唯天子备十二章。魏晋宋齐周隋礼、令，祭服悉同[38]。'是时造二冕呈进，上以大裘朴略，冕又无旒，既不可通用于寒暑，乃废不用。"[39]臣崇义谨案，周之衣服无日月星辰。鲁以周公故，裘冕亦有日月之章。故郑玄《郊特牲》注云："郊天之月而日至，鲁礼也。三王之郊，一用夏正。以周衰礼废，儒者见周礼尽[40]在鲁，因推鲁礼以言周事。"相承之误，职此之由[41]。孔疏中[42]引庾蔚之、熊安生说[43]，并云六冕皆用羔裘。故《司服》说王祭昊天服大裘，而冕已下五冕皆不言裘，是皆用羔裘也。又《司裘》："掌为大裘，以供王祀昊天之服。仲秋献良[44]裘。"后郑云："良裘，《玉藻》所谓黼裘与？"黼裳[45]以黑羔与狐白杂为黼文，视狝田以服之。《司裘》又云："季秋献功裘。"后郑云："功裘，人功微粗也，所谓狐青裘之属。"《玉藻》云："狐青裘、豹褎[46]、玄绡衣以裼之。"注云：绡，绮属，染之以玄。狐青裘，盖玄衣之裘也。此狐青裘，《周礼·司裘》谓之功裘者，以其上承大裘，在冕服之内，人功微粗，不如大裘、良裘之美也。郑司农[47]云："大裘，黑羔裘。"《玉藻》云："羔裘、缁衣以[48]裼之。"孔子[49]曰："缁衣、羔裘。"案《郑志》说："大裘之上又有玄衣，与裘同色，但无文彩耳。"明衮冕已下之衣皆有文彩也。然则自缁衣已下，皆明裘上有衣裘，亦黑羔皮为之也。此大裘冕，以裘为名。已下五冕，皆以衣为名。衣裘互[50]举，明皆有也。然不总以衣为冕名者，大[51]裘上有玄衣，质无文彩，若又以衣为冕名，当云玄冕，则与祭群小祀之冕何以别乎？又冕服玄衣纁裳，其来远矣。《易·系辞》云："黄帝尧舜垂衣裳而天下治。盖取诸乾坤。"玄衣法天，黄裳法地。郑注云："土托位南方，色黄而兼赤，故[52]为纁也。"今《衣服令》唯云"大[53]裘玄领褾缘"，下云"朱裳"，不言裘上有衣，故修礼者议之中废。及开元十四年，集贤院学士张说奏以太宗朝所改旧仪著为五礼，总百三十篇，历高宗世已两度增修，颇有不同，请与学士等更讨论古今，删改行用。制从之。遂令徐坚等检[54]撰，历年不就。说卒后，萧嵩代为集贤院学士，始奏起居舍人王仲丘共修之。二十九年，新礼始成，目为《开元礼》。其大裘冕，祀昊天上帝再见服用。）

衮冕。（垂白珠十有二旒[55]，以组为缨，色如绶，黈纩[56]充耳，玉簪导，板侧[57]金饰。周制，冕有纽。《礼纬》曰："旒，垂曰[58]纩。"纩，即充耳也。《诗》云："充耳琇莹。"毛《传》云："琇莹，美石也。天子用纯玉为瑱[59]，诸侯用美石次玉者也。"）

玄衣纁裳，十二章。（八章在衣：日、月、星辰、山、龙、华虫、火、宗彝；四章在裳：藻、粉米、黼、黻。其衣领褾为升龙，皆织成为之。臣崇义案[60]《尚书·皋陶谟[61]》云："予欲观古人之象日、月、星辰、山、龙、华虫，作绘。"此六章皆画于衣，故言作绘。其数六者，法天之阳气六律也。宗彝、藻、火、粉米、黼、黻，絺绣。此六章皆刺绣于裳，故言絺绣。絺，郑读为黹。丝刺以为绣文。裳法地，故绣此六章于裳，以法地制阴气六吕也。至周以日、月、星辰画于旌旂，而冕服九章，五章在衣，四章在裳。衣法天，故章数奇；裳法地，故章数偶。鷩冕七章，华虫为首。毳冕五章，宗彝为首。鷩衣、毳衣皆三章，絺衣一章。已下其数渐少，裳上之章渐腾于衣，事势须然，非有义意。又六冕衣裳，大夫已上，皆织染丝为之，故《玉藻》云："士不衣织。"注云："织，染丝织之也。"以其前染后织，功多色重，故士已下皆染缯为之。亦谓冕服玄上纁下，皆染缯也。山龙以下，每章一行，重以为等，每行十二。）**白纱中单，黻领，青褾、襈[62]、裾，黻。**（衮冕，黻加山[63]、龙、火三章。毳冕以上，山、火二章。絺[64]冕同，舄加金二章。絺[65]冕，山一章。玄冕，黻，无章。革带、剑、玉佩、绶、袜与大裘冕同。舄加金饰。享庙、谒庙及遣上将征还饮至、践位[66]、加元服[67]、纳后、元日受朝及临轩册拜王公，则服之。历代沿革制度或殊，故备载礼令，庶有区别，他皆类此。又案仪凤二年，太常博士苏知机上言曰："于龙朔中，司礼少常伯孙[68]茂道奏准，令诸臣九章服。君臣冕服章数虽殊，饰龙名衮，尊卑相乱。望诸臣九章衣以云及麒代龙，仍改冕名。当时纷议不定，竟未施行。今请依而制冕服[69]十二章，乘舆服之。”诏下有司详议。崇文馆学士杨炯奏议曰：“谨案《虞书》曰：‘予欲观古人之象日、月、星辰、山、龙、华虫，作绘。宗彝、藻、火、粉米、黼、黻，絺绣。’逮及有周，乃以日月星辰为旌旗之饰。又登龙于山，登火于宗彝，于是制衮冕以祀先王也。九章者，法阳也，以龙为首章者，衮，卷也，龙德神异，应变潜见，表圣王深沉远智，卷舒神化也。又制鷩冕者，鷩，雉也，雉有耿介，表公有贤才，能守[70]耿介之节也。夫以周公之多才也，故治定制礼，功成作乐。夫以孔宣尼之将圣也，故行夏之时，服周之冕。先王之法服，乃其所自出[71]也。天下之能事，又于是乎毕矣。若夫礼唯从俗，则命为制，令为诏，乃秦皇之故事，犹可适于今矣。若夫义取随时，则出称警，入称跸，乃汉朝之旧仪，犹可以行于世矣。亦何敢变[72]于周公之轨物，改宣尼之法度者哉。”由是竟寝知机所请。）

鷩冕。（有事于远主则服之。周则飨先公。）

毳冕。（祭海岳则服之。周则四望山川。毳衣画虎蜼，即宗彝也。虎蜼，山林之物，是以取象。）

絺冕。（絺冕三章，粉米一章，在衣亦绣焉。衮衣、鷩衣、毳衣皆画，絺衣独绣者，粉米之物[73]，以其养人，服之以祭社稷。社稷，土谷[74]之神。粉米由成取象，其功亦阴之类也。）

玄冕。（蜡祭百神、朝日、夕月则服之。百神异形，难可遍祭，但取黻之两己相背异之也。其六冕所祭，依冕之先后祭神之尊卑。大裘冕质，故服以祭天。衮冕服已下皆华，故服[75]以祭先王、先公、四望。絺冕阴类，故祭社稷。玄冕亦质，故祭群小祀。日月虽为天神之主，从质，故亦玄冕。）

韦弁。（《衣服令》：“武臣当服韦弁[76]。”《司服》郑[77]注：“弁与衣裳皆靺韦为之。”或说为素裳者。）

冠弁。(即委貌也。)

玄端。(冠弁,素屦,青絇繶纯。玄端,即玄冠也。黑舄、絇、繶、纯。衣裳皆玄。卒食、燕居则朱裳。)

三公毳冕。(八旒。《汉志》云:"紫绶,三采,紫黄白,淳紫圭,长一丈七尺,一百八十首。"《令》云:"首广八寸。")

上公衮冕。(九旒,紫佩绶,同三公。《令》云:"皇太子垂白玉珠,九旒,青纩充耳,犀簪导,玄衣纁裳,九章。每章一行,重以为等,每行九,亦依旒数。山、龙、华虫、火、宗彝,此五章在衣。藻、粉米、黼、黻,此四章在裳。织成为之。白纱中单,黼领,青褾、襈、裾,革带,金钩鰈,大带,素衣[78]朱里,亦纯,以朱绿纽,约用组。诸臣二品已上同。五品已下素带,纰其垂,外以玄,内以黄。纽约皆用青组。)**黻**。(随裳色加火、山二章。毳冕同絺[79]冕之黻,山一章。玄冕无章。)**玉具剑**。(金宝饰玉鏢首,瑜玉双佩。朱组双大绶,四采,赤、白、缥、绀,纯朱质,一丈八尺,三百二十首,广九寸。白[80]袜,赤舄,舄加金饰。侍从皇帝祭祀及谒庙、加元服、纳妃服之。诸臣则垂青珠,青衣纁裳,角簪导。亦可通用犀剑,以金饰。三品已上仍通用玉,不得加珠宝。凡佩绶,皆双绶。亲王纁朱绶,四采,赤[81]、黄、缥、绀,纯朱质,纁文织,长一丈八尺,二百四十首,广九寸。与《汉志》诸侯王同。一品绿绶,四采,绿、紫、黄、赤,纯绿质,丈尺,首广与亲王同。二品、三品皆紫绶,三采,紫、黄、赤,纯紫质,长一丈六尺,一百八十首,广八寸。《汉志》云:侯、将军赤[82]紫绶,三采,有白而无赤。四品青绶,三采,青、白、红,纯青质,长一丈四尺,一百四十首,广七寸。与《汉志》九卿、中二千石、二千石青绶三采同。五品黑绶,二采,青、绀,纯绀质,长一丈二尺,一百首,广六寸。《汉志》千石、六百石亦黑绶而三采[83],青、赤、绀，淳青。又《汉志》诸绶首皆广一尺六寸，比今[84]丈尺又长。诸有绶者则有纷[85]，皆长六尺四寸，广二寸四分，各随绶色，以结环璏。）

伯侯鷩冕。（五旒。《令》云："八旒。二品服之。"《汉志》："侯紫绶。"不及伯。伯宜青绶。今《令》二品、三品皆紫绶。）

子男毳冕。（五旒。《令》[86]云："七旒。三品者服之。"《汉志》："九卿、郡守、国相、河南尹皆青绶。"）

孤卿絺冕。（四旒。《令》云："六旒。四品服之，皆青绶。"）[87]

爵弁。（青缨。《令》云："玄缨，青衣，纁裳，白纱中单，青领、褾、襈、裾，革带，钩[88]鰈，大带练，纰其垂，内外以緇。约纽用青组，爵赤袜履。九品已上服之。凡冕制，以罗为之。其服以紬。爵弁用紬为之，其服以缯为之。此亦与《图》异也。）

皮弁。（《令》云："以鹿皮为之。簪导或犀，或牙。绛绡衣，素裳，革带，鞶[89]囊小绶，双佩，白袜，乌[90]皮履。朔月及视事则兼服之。一品九琪[91]，二品八琪，三品七琪，四品六琪，五品五琪，六品已下去琪。"）

诸侯朝服。（《玉藻》注云："玄端，素裳也。"孔《义》引《王制》"玄衣而养老"下注云："衣，素裳也。准礼，天子诸侯以朱为裳者，则曰玄端，不得云朝服。诸侯玄端为祭服。天子玄端朱裳或素裳以燕居。"）

士玄端。（疏云："玄端贱于皮弁，故次之。上士玄端玄裳，中士黄裳，下士杂裳。"）

【校释】

①綖（yán）：覆在冠冕上的玄布。

②簪导：古代冠饰名，用以束发。

③《衣服令》：唐代武德年间所颁布的有关服饰规格等级的法令。

④褾（biǎo）：袖端。

⑤此则云领褾："则云"，宋本原讹为"此去"；《丛刊》本"则"为墨钉，"褾"讹为"标"，兹据《四库》本校改。

⑥中单：即"中襌"，指朝服和祭服的里衣。

⑦襈（zhuàn）：衣之缘饰，边饰。

⑧裾（jū）：衣服的前后襟。

⑨襈：宋本原无此字，兹据《丛刊》本、《四库》本校补。

⑩垂裾：宋本原讹为"重裾"，《丛刊》本作"重裙"，兹据《四库》本校改。

⑪觼（chè）：革带的钩眼。

⑫日列切：疑当为"丑列切"，"日"与"丑"形近而讹。

⑬觖（jué）：通"缺"。

⑭色：宋本原讹为"巳"，兹据《丛刊》本、《四库》本校改。

⑮惟：宋本、《丛刊》本原讹为"堆"，兹据《四库》本校改。

⑯繂：绳索。

⑰纰（pí）：镶边。

⑱士冠礼：《丛刊》本下有二字墨钉。

⑲蔽：宋本原讹为"黻"，据上下文文义改。

⑳韨：《周易》困卦原作"绂"，《丛刊》本与《四库》本作"黻"。

㉑纯：宋本、《丛刊》本原讹为"组"，兹据《诗·小雅·斯干》郑玄笺与《四库》本校改。

㉒鹿卢玉具剑：剑首以玉作鹿卢（辘轳）形的长剑。"具剑"，

《丛刊》本作双行小字。

㉓镖首：宋本、《丛刊》本原讹为“缥首”，兹据《通典》与《四库》本校改。《丛刊》本“首”下有一字墨钉。

㉔绀缥：绀，深青带红的颜色。缥，青白色。

㉕“圭”字原脱，兹据《后汉书·舆服志下》校补。

㉖今：宋本、《丛刊》本原讹为“令”，兹据《四库》本校改。

㉗首：古代绶、组的计数单位。《后汉书·舆服志下》：“凡先合单纺为一系，四系为一扶，五扶为一首。”

㉘《汉志》：《后汉书·舆服志》。

㉙《令》：指唐代《衣服令》。

㉚綖（nì）：佩玉之丝带。《丛刊》本作“繸”。

㉛佩繸（suì）：《四库》本作“佩璲”。“璲”通“繸”，连缀佩玉的丝绦。

㉜璚（qióng）：同“琼”，赤玉。

㉝显庆：宋本、《丛刊》本原讹为“明庆”，兹据《四库》本校改。

㉞异：《丛刊》本“异”上有“事”字。

㉟又：《丛刊》本无此字。

㊱故历代唯服衮章：宋本、《丛刊》本原脱此七字，兹据《四库》本与《通典》卷六一《君臣服章制度》、《旧唐书·舆服志》校补。

㊲周迁《舆服志》：指梁人周迁所作《古今舆服杂事》。据《隋书·经籍志》记载：“《古今舆服杂事》二十卷，梁周迁撰。”

㊳同：宋本、《丛刊》本原讹为“周”，兹据《四库》本与《通典》卷六一《君臣服章制度》、《旧唐书·舆服志》校改。

㊴以上这一长段长孙无忌、许敬宗的奏议，是聂氏节略引自

《通典》卷六一《君臣服章制度》和《旧唐书·舆服志》，与原文有所差异。

㊵尽：宋本原讹为“在”，兹据《丛刊》本、《四库》本校改。

㊶“由”后，宋本、《丛刊》本衍“中一”二字，兹据《四库》本校删。

㊷中：宋本、《丛刊》本原脱此字，兹据《四库》本校补。

㊸说：宋本、《丛刊》本原脱此字，兹据《四库》本校补。

㊹良：宋本、《丛刊》本原讹为“功”，兹据《周礼·天官·司裘》与《四库》本校改。

㊺裳：《四库》本作“裘”。

㊻豹褎：宋本讹为“豜袞”，《丛刊》本、《四库》本讹为“豹褒”，兹据《礼记·玉藻》校改。“褎”，同“袖”。

㊼郑司农：指东汉著名经学家郑众。按，郑众曾任东汉大司农，故称。

㊽以：宋本原脱此字，兹据《礼记·玉藻》及《四库》本、《丛刊》本校补。

㊾孔子：《四库》本作“论语”。

㊿互：宋本原讹为“玄”，兹据《丛刊》本、《四库》本校改。

51大：宋本原讹为“夫”，兹据《丛刊》本、《四库》本校改。

52故：宋本、《丛刊》本原讹为“而”，兹据《四库》本校改。

53大：宋本、《丛刊》本原讹为“六”，兹据《四库》本校改。

54检：《丛刊》本作“捡”。

55旒：宋本原讹为“旋”，兹据《丛刊》本、《四库》本校改。

56纩：宋本原讹为“席”，兹据《丛刊》本、《四库》本校改。

57侧：宋本原讹为“恻”，兹据《丛刊》本、《四库》本校改。

(58)曰：宋本原讹为“白”，兹据《丛刊》本、《四库》本校改。

(59)瑱：宋本、《丛刊》本原讹为“琪”，兹据《四库》本校改。

(60)案：宋本原讹为“宗”，兹据《丛刊》本、《四库》本校改。

(61)谟：宋本原脱此字，兹据《丛刊》本、《四库》本校补。

(62)襈：宋本、《丛刊》本原脱此字，兹据《四库》本校补。

(63)山：宋本原讹为“小”，兹据《丛刊》本、《四库》本校改。

(64)(65)絺：《丛刊》本作“绣”。

(66)位：《丛刊》本作“治”。

(67)加元服：指举行冠礼。元，首，头。元服，即冠。

(68)孙：《丛刊》本为一字空。

(69)冕服：宋本、《丛刊》本原讹为“大明冕”，兹据《四库》本校改。

(70)守：《四库》本作“中”。

(71)其所自出：宋本、《丛刊》本原讹为“自之所出”，兹据《四库》本校改。

(72)变：宋本原讹为“下”，兹据《丛刊》本、《四库》本校改。

(73)之物：宋本、《丛刊》本原讹为“物也”，兹据《四库》本校改。

(74)土谷：宋本原讹为“五土”，兹据《丛刊》本、《四库》本校改。

(75)服：宋本原脱此字，兹据《四库》本、《丛刊》本校补。

(76)武臣当服韦弁：宋本原讹为“武弁当比韦弁处”，《丛刊》本作“武弁当次韦弁处”，兹据《四库》本校改。

(77)郑：宋本、《丛刊》本原讹为“诗”，兹据《四库》本校改。

(78)衣：宋本原讹为“不”，兹据《丛刊》本、《四库》本校改。

(79)絺：宋本、《丛刊》本原讹为“绣”，兹据《四库》本校改。

(80)白：宋本、《丛刊》本原讹为“朱”，兹据《四库》本校改。

(81)(82)赤：宋本、《丛刊》本原讹为“亦”，兹据《四库》本校改。

㉝三采：宋本、《丛刊》本原讹为“二采”，兹据《后汉书·舆服志》与《四库》本校改。

㉞今：宋本、《丛刊》本原讹为“令”，兹据《四库》本校改。

㉟纷：有文采而较窄的绶带。《隋书·礼仪志六》：“官有绶者，则有纷，皆长八尺，广三寸，各随绶色。若服朝服则服绶，服公服则佩纷。”

㊱令：宋本原讹为“今”，兹据《丛刊》本、《四库》本校改。

㊲本条内容原重复，据上下文删其一。

㊳钩：宋本原讹为“絇”，兹据《丛刊》本、《四库》本校改。

㊴鞶：宋本、《丛刊》本原讹为“系”，兹据《四库》本校改。

㊵乌：宋本、《丛刊》本原讹为“舄”，兹据《四库》本校改。

㊶琪：美玉。此指加于朝服上、标志官品等级的玉制饰品。

后服第二

首饰副。（《诗》云："副笄六珈。"笄长一尺二寸，玉为笄[①]首，衔衡璜，垂珠六道。汉叔孙通制礼，多依周法，唯见冕板制度，不见妇人首饰。而后郑云："副笄若今步摇。"是至后汉始有其法也。以此而言，周之副笄，汉之步摇。所谓蔮紒[②]上加凤冠，衔垂珠及有笄瑱，步则摇，故曰步摇。自汉已降，又有山题[③]、金钿[④]、八爵、九华钿钗，六翟之外首饰也。今《令》皇后首饰花十二树，小花如大花之数，并两博鬓。）

袆衣。（《令》云："深青织成，为之文，为翚翟之形。素质，五色十二等。素纱中单，黼领，罗縠[⑤]褾、襈，皆[⑥]用朱色蔽膝。随裳色，以緅[⑦]为领，用翚雉为章，三等。大带随衣色，朱里，纰[⑧]其外，上以朱绵，下以绿绵。纽约用青组，以青衣、革带、青袜舄。舄加金饰。白玉双佩，玄组双大绶，章彩。尺寸与乘舆同。受策、助祭、朝会诸大事则服之也。"）

褕[⑨]翟。（青织成，为之文，为摇翟。青质，五色九等，蔽膝，摇雉为章，二等。大带不朱里。已上皆同袆衣。又瑜玉双佩，纯朱，双大绶，章彩，尺寸与皇太子妃同。首饰大花、小花皆九树，并博鬓。皇太子妃受策、助祭、朝会诸大事则服之。皇后不制此服。）

阙翟。（唐礼不制。）

鞠衣。（黄罗为之。其蔽膝、大带及衣革带、袜、舄随衣色，余与袆衣同，唯无雉。皇后亲蚕则服之。此上皆出唐礼令，存今以见古。）

展衣。（又作襢。）

缘衣⑩。（又作褖。）

纯衣⑪。（纁袡。）

宵衣。（音绡。）

墨车二。（墨车，大夫之车也。下有厌翟，是王姬下嫁于诸侯所乘之车也。诸侯之子合乘革路，嫁于王者之后，则乘金路。此为墨车者，以士之子亲迎，摄盛而乘大夫之车。欲明大夫已上亲迎皆得摄盛也。古今车轭不同，驾马法异，故图二车以晓之。）

厌翟车。（案《巾车》，王后之五路，一曰重翟，次曰厌翟。以王姬下嫁于诸侯，车服不系其夫，降王后一等，故乘厌翟车。以金饰诸末。）

笲。（音烦，竹器。）

桥。（抗笲之具。）

【校释】

①笲：宋本、《丛刊》本原讹为“鸡”，兹据《四库》本校改。

②蓏紒：以头巾扎起来的发髻。蓏，通“帼”，女子盖头发的巾。紒，束发为髻。“蓏”，宋本、《丛刊》本原讹为“菌”，兹据《四库》本校改。

③题：宋本、《丛刊》本原讹为“颜”，兹据《四库》本校改。

④钿（tián）：古代妇女首饰，以金制成，贴在鬓际。

⑤縠：绉纱。

⑥皆：《丛刊》本“皆”前衍“褾襈”二字。

⑦緅：青赤色。

⑧纰：《丛刊》本作“绀”。

⑨褕：《四库》本作“揄”。

⑩缘衣：宋本、《丛刊》本原讹为“禄衣”，兹据本书正文与《四库》本校改。

⑪纯衣：宋本、《丛刊》本作“褕翟”，《四库》本作“揄翟”，兹据本书正文内容校改。

冠冕第三

童子服。（将冠者。）

缁布冠。（《玉藻》[①]：诸侯始加，皆青组缨，缋緌。大夫士青组缨，无緌。缨，结于颔[②]下以固冠者。结之余者，散而下垂谓之緌。）

太古冠。（新增。亦缁布冠。《礼记》[③]云："太古冠布，齐则缁之。"但直缝少裲，与周为异耳。）

缁布冠。（新增。周制尚文，辟裲多而横缝。）

頍项。（古[④]作缺。音丘蕊反。）

青组缨。（欲见诸侯，故亦缋緌。）

纚。（韬发为紒。卢植云："所以裹[⑤]髻承冠，全幅叠而用之。"）

皮弁。（次[⑥]加皮弁。黄帝已前则以羽皮为冠弁，黄帝之后乃用布帛，故三王共皮弁者，重古也。）

爵弁。（三加爵弁。）

笄。（皮弁、爵弁[⑦]皆有笄，故设之。）

纮。（二弁皆有纮[⑧]。）

箧。（盛缁布冠已下及笄、纮等物。）

箪。（盛栉。）

匴。（苏管反，冠箱。）

委貌。（形制有四。）

毋追。（音堆。）

章甫。（前广四寸，高五寸。后广四寸，高三寸。落顶，长短高下取称，广二寸，方帔三寸。其下渐狭，属于纯[9]。）

周弁。（与殷冔、夏收[10]制相类。）

通天冠。（《衣服令》云：加金博山，附蝉十二首，施珠翠，黑[11]介帻，组[12]缨翠緌，簪导若玉犀，绛纱袍，白纱中单，朱领、褾[13]、襈、裾。白裾襦，亦裾衫也。绛纱蔽膝，白假带，方心曲领，其革带、剑、佩、绶与大裘服同。白袜黑舄。若未加元服，则双童髻，空顶黑介帻发，双玉簪加宝饰。祭还及冬至受朝、元会、冬会则服之。）

远游冠。（《令》[14]云："具服，远游三梁冠，加金附蝉九首，施珠翠，黑介帻，发缨翠緌，犀簪导，绛纱中单，皂领、褾、襈、裾。"白裾襦，白假带，方心曲领，绛纱蔽膝。革带金钩䚢，大带素不朱里，亦组[15]以朱绿，纽约用组。玉具剑，金饰玉镖首，瑜玉双佩，朱组双大绶，四采，赤、白、缥、绿，纯朱质，长一丈八尺，三百二十首，广九寸，小绶亦双，长二尺六寸，色同大绶而首半之，间施二玉镮。白袜黑舄。未冠则双童髻，空项黑介帻，双玉导加宝饰。谒庙、还宫、元日冬至朔日入朝、释奠则服之。朔望日入朝，通服袴褶。五日常服当准此。若公服，远游冠簪导已上并同前，绛纱单衣，白裾襦，革带金钩䚢，假带，瑜玉双佩，方心纷，鞶囊，白袜，乌皮履。五日常朝、元日冬至受官臣朝则服之。诸鞶囊，二品已上金缕，三品金银缕，四品银缕，五品彩缕。诸佩，一品佩山玄玉，二品已下五品已上佩水苍玉。又文官七品已上服朝服者簪白笔[16]，武官及有爵者不簪。）

高山冠。（亦曰侧注。）

长冠。（汉祖受命创业，始制长冠，以入宗庙。）

法冠。（一曰獬豸冠。冠[17]制作一角，与今或异。）

建华冠。

武弁。

大冠。

术氏冠。

方山冠。

巧士冠。

却非冠。

樊哙冠。

却敌冠。

章甫冠。（制别重出。）

四冕。（叔孙通法周制。）

进贤冠。（有三制。）

【校释】

①玉藻：宋本、《丛刊》本原讹为“三制”，兹据《四库》本校改。

②颔：宋本原讹为“领”，《丛刊》本作“颐”，兹据《四库》本校改。

③记：宋本、《丛刊》本原讹为“志”，兹据《四库》本校改。

④古：宋本、《丛刊》本原讹为“名”，兹据《四库》本校改。

⑤裹：《丛刊》本原讹为“里”，兹据《礼记·内则》孔疏引述卢植之语校改。

⑥次：宋本原讹为“穴”，兹据《丛刊》本、《四库》本校改。

⑦弁：宋本原讹为“笄”，兹据《丛刊》本、《四库》本校改。

⑧纮：冠带。

⑨纯：宋本、《丛刊》本原讹为“緺”，兹据《四库》本校改。

⑩殷冔夏收：宋本原讹为“殷冒夏改”，兹据《丛刊》本、《四库》本校改。

⑪黑：宋本、《丛刊》本原讹为“异”，兹据《四库》本校改。

⑫组：宋本、《丛刊》本原讹为“发”，兹据《四库》本校改。

⑬褾：宋本、《丛刊》本原脱此字，兹据《四库》本校补。

⑭令：宋本原讹为“今”，兹据《四库》本、《丛刊》本校改。

⑮组：宋本原讹为“纰”，《丛刊》本作“文”，兹据《四库》本校改。

⑯簪白笔：在冠旁插上用以记事的白笔。白笔，古代侍从官员用以记事或奏事的笔，常插于冠侧。

⑰冠：宋本、《丛刊》本原讹为“二”，兹据《四库》本校改。

宫室第四

明堂。（明政教之堂。汉东平王苍议曰："明堂、宗庙圆明以法天，方堂以法地。"）

宫寝制。（王六寝。路寝在前，是谓正寝。五在后，依五行位处之，王随时而居焉。旧有王[①]太子之宫。《诗》、《礼》有东宫之名，别无制度，故略之。）

王城。（方九里。《天官》序云："惟王建国。"注云："周公居摄而作六典之职，谓之周礼。营邑于土中[②]。"郑司农[③]云："营国方九里，九经，九纬。"又郑注《尚书大传》云："《周礼》'匠人营国方九里'，谓天子城也。"或云[④]天子实十二里城，与《周礼》经注有异，故两存焉。）

九服。（与王畿共方万里。）

律吕。（相生法。）

圆丘乐。（夹钟宫，黄钟角，太蔟徵，姑[⑤]洗羽。）

方丘乐。（林钟宫，太蔟角，姑洗徵，南吕羽。）

禘祫乐。（黄钟宫，大吕角，太蔟徵，应钟羽。）

大宗子。

小宗子。

四等附庸。（《大司徒职》文。）

井田。（《小司徒职》文。）

沟洫。（《遂人职》文。）

明堂。（秦法重出。）

【校释】

①王：宋本原讹为“皇”，兹据《丛刊》本、《四库》本校改。

②土中：宋本、《丛刊》本原讹为“上中下”，兹据郑玄《周礼注》与《四库》本校改。

③郑司农：《四库》本于此三字之后有“注”字。

④或云：宋本原讹为“或者”，兹据《丛刊》本、《四库》本校改。

⑤姑：宋本原讹为“沽”，兹据《丛刊》本、《四库》本校改。

投壶第五

壶矢。（有三等。）

三马。（即胜筭。）

特县钟。（黄钟倍半而为者也。）

特县磬。（前长二尺七寸，后长一尺八寸。）

编钟。（取今令注十二律分寸以为准[①]。簨簴，朱漆画龙饰，刻虎为跗[②]，最上大板树翣五，中三如圭首，两角二如半圭。首皆画翡翠羽以饰之。龙衔璧[③]璜，缀以五采羽，相承垂下为饰。近代宫县饰金博山，五轩县饰金博山三，亦饰以崇牙、流[④]苏、树羽。其乐器漆者，天地之神皆朱漆。宗庙及殿庭皆以五采画饰金博山，即树翣如圭首者也。）

编磬。（簨簴刻凤鸟为拊[⑤]，其余并如编钟饰。）

瑟。

琴。

古竽。

古笙。（竽、笙、匏古今异，故并图之。）

埙。（古今二埙。后二孔不见，故别图二孔者以晓之。）

篪，篴。（音笛。）

籥。（三孔。）

箫。

柷。（漆饰，在县内，敔[6]之东。）

敔。（髹漆趺[7]、扃。）

牍。（漆画赤云气。）

应。（朱漆。）

雅。（有两纽。疏画赤云气。）

相。（旧《图》云："以韦为之，四缝。当击处圆，四围渐稍而下以漆拊，扃承而击之。"）

【校释】

①准：宋本原讹为"唯"，兹据《丛刊》本、《四库》本校改。

②跗：宋本、《丛刊》本原讹为"拊"，兹据《四库》本校改。

③璧：宋本原讹为"壁"，兹据《丛刊》本、《四库》本校改。

④流：宋本、《丛刊》本原讹为"旒"，兹据《四库》本校改。

⑤拊：当作"跗"。下同。

⑥敔：宋本原讹为"致"，兹据《四库》本、《丛刊》本校改。

⑦趺：当为"趺"之讹。趺，同"跗"，本义为脚背，脚，引申指器物的底座。

射侯上第六

虎侯。(大射,虎、熊、豹三侯,所谓皮侯也。旧《图》画一侯,今增为八。宾射,五正五采,三正三采,二正二采之侯。旧画一,今增为三[①]侯。燕射,画熊、虎、豹、麋、鹿、豕之首,所谓兽侯。旧画一,今增为四。共为十五侯。凡图,皆引经证,各有典故。至于画饰,或因旧《图》有象可取,触类而增;或显其制,微其文,则略于此而详于彼,错综相备,上下该通,源而流之,观览无惑。)

熊侯。(新增。)

豹侯。(新增。)

熊侯。(畿内诸侯射者。新增。)

麋侯。(畿内有采地大夫射。新增。)

大侯。(畿内诸侯射者。新增。)

糁侯。(桑感反。新增。)

豻侯。(音岸。新增。)

五正之侯。(五正、三正、二正,皆宾射之侯。)

三正之侯。(新增。)

二正之侯。(新增。张侯两植皆漆画赤云气,火珠,丹漆,上下纲及旁维皆朱绳。)

【校释】

①三：宋本原讹为“二”，兹据《丛刊》本、《四库》本校改。

射侯下第七

兽侯。（熊首。）

兽侯。（麋首。新增。）

兽侯。（虎豹首。新增。）

兽侯。（鹿豕首。新增。已上皆燕射之侯。）

鼓足。（夏后氏之鼓。）

建鼓。（建鼓及柷、敔，并少昊金天氏之作也。殷人加左鞞右应[1]，以为众乐之节也。刻虎为跗，鼓上重斗，皆以青缘[2]之，蒙以朱。纲下斗四角各出龙竿，皆衔流苏，如簨之上大板。两头重壁璜，五采羽饰，上有翔鹭，下刻虎为跗。）

鼗鼓。（有两耳，摇动自击。）

雷鼓。（旧《图》大板之上无圭首、树羽之饰，唯于两头刻龙首衔壁璜，缀五采羽旌垂饰。案《大司乐》云："冬日至，于地上之圜丘，降天神以奏之。"后郑云："雷鼓八面，每面皆一人，左执鞞而右击之。"）

灵鼓。（《大司乐》："夏日至，于泽中之方丘，出地祇以奏之。"后郑云："灵鼓六面。"）

路鼓。(《大司乐》云:“宗庙之中奏之。”后郑云:“路鼓四面。”)

鼖鼓。(与下二鼓皆两面。先郑云:“雷鼓六面,灵鼓四面,路鼓两面。”是与鼖鼓等同。而康成不从,破为八面、六面、四面者,康成以鼖、皋、晋鼓非祭祀之鼓,故皆两面;路鼓既奏于宗庙,尊于鼖[3]鼓,故加两面为四面;其灵鼓以祭地,又尊于宗庙,更加两面为六面;祭天用雷鼓,又尊于祭地,复加两面,故为八面,是其差也。)

鼛鼓。(音皋。面四尺,磬折中曲,其围五尺三寸三分之一,与鼖[4]鼓同也。)

晋鼓。(鼖、鼛、晋三鼓,簨簴垂饰皆如上。)

金錞。[即錞于也。《唐·音乐志》:“錞于圆如碓头,大上小下,县以龙床,芒莛搏之[5]以和鼓。沈约《宋书》曰:‘今人间时有之。’则宋时[6]非庭庙所用也。”广汉什邡县人段祖[7]以錞于献,始兴王[8]鉴其器,高三尺六寸六分,围二尺四寸,圆如筩,(音动。)[9]铜色黑[10]如漆,甚薄,上有铜马,后周平蜀得之。斛斯征[11]观曰:“此錞于也。”依干宝《周礼注》试之,如其言也。旧《图》有架,唯[12]无璧璜、五采羽饰,与上为异[13]。]

金[14]**镯**。(音浊,如小钟。)

金铙。(如铃。)

金铎。

赤楯。(朱干也。新增。)

玉戚。(新增。)

帗舞。(新增。)

羽舞。(析白羽为之。新增。)

皇舞。(杂五采羽为之。新增。)

【校释】

①加左鞞右应:宋本、《丛刊》本原讹为"如左鞞在应",兹据《四库》本校改。

②缘:宋本、《丛刊》本原讹为"绿",兹据《四库》本校改。

③蕢:宋本、《丛刊》本原讹为"一",兹据《四库》本校改。

④蕢:宋本、《丛刊》本原讹为"磬",兹据《四库》本校改。

⑤芒莛搏之:宋本、《丛刊》本原讹为"芒筵将之",《四库》本作"芒筒将之",均误,兹据《旧唐书·音乐志》校改。

⑥宋时:众本皆作"宋书",兹据《旧唐书·音乐志》校改。

⑦祖:《四库》本作"祚"。

⑧始兴王:南朝宋文帝次子刘浚,字休明,封始兴王。

⑨篃(音动):《四库》本此处无"音动"二字注文。

⑩黑:宋本原讹为"异",兹据《丛刊》本、《四库》本校改。

⑪斛斯征:北周人,字士亮,博涉群书,尤精三《礼》。

⑫唯:宋本原讹为"准",兹据《丛刊》本、《四库》本校改。

⑬异:宋本原作墨钉,兹据《丛刊》本、《四库》本校改。

⑭金:宋本原脱此字,兹据《丛刊》本、《四库》本校补。

弓矢第八

乏。（一名容，似今屏风。）

并夹。

彤弓。

卢弓。（或作玈[1]。）

彤矢。

卢矢。

楅。（两端龙首，有足，中央蛇身相交。）

韦当。（置楅[2]背上。）

鹿中。（髹漆柎[3]扃。）

兕中。（《山海经》注云："兕似水牛，一角，青色。"）

皮树中。

闾中。（《山海经》云："县壅之山，兽多闾。"郭璞云："闾，似驴。其蹄角如羚羊。一名山驴，亦名驴羊。"）

虎中。

筭。

扑。（刑器。射者有过则挞之。）

射物。

朱极三。

遂。（射鞲。）

次。（帷[4]幄，帐也。）

扆。（画无柄斧形，数取其称。）

几筵。（蒲筵。）

龟。

焳。（音雀，存火之具[5]。）

楚焞。（即焌也。俱[6]音鐏。）

蓍。

画爻木。

卦版。

佩玉。

韨。（《易》曰："朱韨。"《诗》传[7]云："天子纯朱；诸侯黄朱，色浅；大夫[8]朱色，又浅。"）

大带[9]。

笏。（长二尺六寸，博六寸。）

舄。

【校释】

①旐：宋本原讹为"旅"，兹据《丛刊》本、《四库》本校改。

②楅：宋本原讹为"福"，兹据《丛刊》本、《四库》本校改。

③柎：《丛刊》本、《四库》本作"拊"。

④帷：宋本原讹为"帐"，兹据《丛刊》本、《四库》本校改。

⑤具：宋本、《丛刊》本原讹为"炬"，兹据《四库》本校改。

⑥俱：宋本原讹为“焞”，兹据《丛刊》本、《四库》本校改。

⑦传：宋本原脱此字，兹据《丛刊》本、《四库》本校补。

⑧夫：宋本原讹为“天”，兹据《丛刊》本、《四库》本校改。

⑨带：宋本原讹为“箒”，兹据《丛刊》本、《四库》本校改。

旌旗第九

太常。（以竹为弧[①]，用张縿幅。）

旂。

旜。（如幅，无两翅，通帛为之，所谓大赤也。）

物。（杂帛以素饰其侧，形制如旜。）

翿旌。（杂白羽、朱羽为之，获者所执。）

玉路[②]。（车轨制已见上[③]。）

节服氏。（六人，维王之太常。又二人执戈，送迎尸。故下别图一以晓之。）

车盖。（红油覆达[④]常及杠，皆朱。）

戈。（朱柲[⑤]，音兵媚反。）

戟。（其柲[⑥]亦朱。）

【校释】

①弧：宋本原讹为“孤”，兹据《丛刊》本、《四库》本校改。

②路：《丛刊》本、《四库》本作“辂”。

③见上：宋本原倒，兹据《丛刊》本、《四库》本校乙。

④达：宋本原讹为“逢”，兹据《丛刊》本、《四库》本校改。

⑤⑥柲：宋本、《丛刊》本原讹为“秘”，兹据《四库》本校改。

玉瑞第十

大圭。（珽[①]也。）

冒。（天子执冒，四寸，以小为贵也。）

镇圭。（以四镇山为琢[②]饰。）

桓圭。（双植谓之桓。盖以桓楹为琢[③]饰。）

信圭。（音伸。）

躬圭。

谷璧。

蒲璧。

牙璋。（琢刻鉏牙为饰。）

谷圭。（粟文。）

大璋。（七[④]寸，诸侯以聘女。）

驵[⑤]琮。（是谓内镇，宗后守之。）

琬圭。（琬，犹圜也。诸侯有德，王命赐之。）

琰圭。（半已下琢云气。）

圭缫。（音藻。）

璧缫。

【校释】

①“斑”后，宋本原衍“了”字，《丛刊》本衍“玉”字，兹据《四库》本校删。

②③瑑：宋本原讹为“琢”，兹据《丛刊》本、《四库》本校改。

④七：宋本原脱此字，兹据《丛刊》本、《四库》本校补。

⑤驵：宋本原讹为“䮲”，兹据《丛刊》本、《四库》本校改。

祭玉第十一

黍尺。（十黍为寸。）

指尺。（案指为寸。《说文》云："尺，十寸也。人之手即十分动𧖴为寸口，十寸为尺。尺，所以[①]指尺规矩事也。从尸从乙。乙，所识也。周制，寸、咫[②]、寻、常、仞诸度量皆以[③]人之体为法。"凡尺之属，皆从尺。𧖴音脉。）

璧羡。（羡，长也。好三寸而圆。）

苍璧。（九寸。）

黄琮。（八寸。）

青圭。（九寸。）

赤璋。（九寸。）

白琥。（长九寸，广五寸，高三寸。）

玄璜。（九寸。显德四年春，为祭玉、祭器，敕下国子监并太常寺，集礼官、学官议[④]定制造。其时议者引崔灵恩《义宗》[⑤]云："昊天及五精帝圭璧皆长尺二寸，黄琮十寸。"又引隋朝潘徽[⑥]所撰《江都集》，依汉世诸儒所论《白虎通》说，琮外方内圆，有好。璧好又方者。臣崇义案郑玄、阮谌、梁正等《图》，礼天圭璧皆长九寸。盖遵《周礼·玉人职》有九寸之璧，好三寸而圜，取以为法也。今依而用之。知璧好圜而不方者，《尔雅》云："肉倍好谓之璧[⑦]。"今以九寸之璧[⑧]、三寸之好言之[⑨]，若[⑩]好方，则四角侵璧肉而不成其倍也，失《尔雅》之义，违周公之制也。又知黄琮八寸而无好者，《周礼·玉人职》云："駔琮五寸，宗后以为权。"又曰："駔琮七寸，鼻寸有半，天子以为权。"注云："駔读曰组。以组[⑪]系琮鼻，因名组琮。五寸者，亦以组系鼻，而得组名。"又："瑑琮八寸。"注云："瑑，文饰也。其黄琮取寸法于此。"又曰："大琮十有二寸，射四寸，厚寸。"是谓内镇，宗后守之。注云："如镇圭尺有二寸，对此为外镇。其琮因用组系鼻者，皆名组琮。"又因琮上瑑文饰者而名瑑琮。"大琮射四寸。"注云："射者，琰也。谓琰其外四寸作鉏牙，谓八角锋。"明诸琮皆有八角锋也。"厚寸"者，明诸琮亦厚寸也。其言组者、鼻者、瑑者，显其无组、无鼻、无瑑者也。言大琮尺有二寸者，对五寸、七寸、八寸者是小者[⑫]也。大小并厚一寸，各有鉏牙，而鉏牙长短者异也。其《玉人职》说诸琮形状皆著于经，唯不[⑬]言琮有好，故贾疏特图大琮无好者，欲明诸琮皆无好也。假如璧本有好，故经直云璧好三寸。今详《周礼·玉人职》上下经文，于诸琮之下并不言琮好，故知诸琮本无好也。况郑玄注三《礼》之经意有未尽，故别作《音图》增成注义。其或经文具举，注义并驱，不假其图制度自显者，大璋、中璋之类是也。其有经文单出，注不兼明，须假其图法式方显者，苍璧、黄琮之类是也。今此琮、璧等，皆宗经解义，顾注为图，则地八方而天体圜，阳数九而阴数八，合天地生成之道，法阴阳奇偶之方，遵皇祖之大经，契文王《易》象，郑之为义，大率而然。其崔[⑭]灵恩著《三礼义宗》及取义不宗三《礼》，既非前范，颇误后人。又《江都集》[⑮]、《白虎通》说璧、琮之状，并违周制，皆无依据，难以适从。今定此器玉，并依《礼图》、《尔雅》、三《礼》经注、孔贾疏义、毛传郑笺，不敢杂取他文，曲从外义。苟违正典，斯谬良多。且尧舜圣君，尚闻稽古；禹汤哲后，亦曰相沿；文武重光，周公追述，制礼作乐，焕古垂今，三百三千宪章斯在。故成康遵守而垂拱，子孙绍续以延洪，幽厉废而取亡，仲尼因而不改。器玉之备，无出斯文。暨暴秦焚书，周仪几泯。爰从汉魏，下及隋唐，其间哲后、良臣未有舍《周礼》者也。况《三礼义宗》，崔氏一时之学；《江都集》，隋季亡国之文；《周礼》是周公摄政致太平之书，将二文而混圣典，非末学之所敢详也。又太常卿田敏议曰：聂崇义所据《周礼》及图将本对证，并皆验矣。今国家事惟师古，道在还淳，只取理长，无非通论。假如《三礼义宗》云："苍璧[16]十二寸，黄琮十寸，有好。"今检三《礼》，并未见尺二寸苍璧[17]，十寸有好黄琮，不识[18]崔灵恩指何书为三《礼》，取何义而守之也？且周公制礼，垂法后王，以苍璧、黄琮为礼天祀地。一岁之内，六玉遍陈，宁有造之不备，待二千年后崔灵恩制之乎？若以《义[19]宗》为是，则《周礼》为非，岂子贡贤于仲尼，太山不如林放[20]？载详所引，于义未安。若苍璧内方，肉则倍好，不足以黄琮有好。图与注疏并无何？若上以遵周公之文，下以明将来之法，则礼官无背经之咎，学人守为本之书，而西周之美可寻，东鲁之风承扇矣。）

四圭有邸。（周祀感帝，从所尚之色而赤。案开元十三年八月，以封禅之故，诏中书令张说等刊[21]撰《仪注》，奏上，又建议曰："臣等今谨案，显庆[22]元年礼部尚书许敬宗[23]因修礼，改燔柴在祭前，状[24]称周人祭天则燔柴以降神。臣等案《周礼》迎神之义，乐六变，则[25]天神降八变，则[26]地祇出九变，而人鬼可得而礼矣。则降神以乐，

《周[27]礼》正文，非谓燔柴以降神也。又案显庆中无忌等奏，晋氏之前，犹遵古礼；周隋以降，妄为损益者。今案郭璞进《南郊赋》及注《尔雅》：祭后方燔。又案《宋志》，检南齐、北齐及梁郊祀，亦饮福酒，设燔。后周及隋郊祀，亦先祭后燔。无忌之奏事乃相乖。又案《周礼·大宗伯》云：'以玉作六器[28]，以礼天地四方。'注：'礼，谓始告神时荐于神座也。'又下经云：'以苍璧礼天，以黄琮礼地，皆有牲币，各放其器之色。'又《礼器》云：'有以少为贵者，祭天特牲[29]。'是知苍璧、苍牲俱合奠之神座，理则不惑。又云：'四圭有邸以祀天，旅上帝。'以明祀昊天上帝[30]之时，无[31]五方天帝明矣。其青圭、赤璋、白琥、玄璜自是立春、立夏、立秋、立冬之日，各于其方迎气所用，自分别矣。今案显庆所改新礼，以苍璧、苍牲、苍币俱先燔。苍璧既已燔矣，所以遂加四圭有邸，奠之神座。苍牲既已焚矣，所以更加骍牲，充其俎实。混昊天于五帝，同用四圭，失特牲之明文。加为二犊，深乖礼意，事乃[32]无凭。"上令依后燔及先奠牲璧之议。是后太常卿宁王宪奏请，诸郊坛时祭并依张说等议。制从之。今案《郊祀录》[33]云："上辛[34]及明堂祀以四圭有邸。"其注虽引《周礼·大宗伯》及《典瑞》经注，莫认指归，终失依据。盖王泾不见张说等所议，故又有此谬误。）

两圭有邸。（祀神州地祇于北郊，牲玉皆黑色。）

圭璧。（祀日于东郊，而赤色。夕月于西郊，则白色。）

璋邸射。（祀山川各因其方，用璋邸以礼其神，亦各随其方色。）

方明。（用槐木方四尺为之。）

方明坛。

【校释】

①以：宋本原讹为“吕”，兹据《四库》本校改。

②咫：宋本原讹为“起”，兹据《丛刊》本、《四库》本校改。

③以：宋本、《丛刊》本原讹为“臣”，兹据《四库》本校改。

④议：宋本原讹为“仪”，兹据《丛刊》本、《四库》本校改。

⑤义宗：宋本原讹为“议宗”，兹据《四库》本校改。

⑥徽：《丛刊》本后有二字墨钉。

⑦⑧璧：宋本原讹为“壁”，兹据《丛刊》本、《四库》本校改。

⑨之：宋本原讹为“人”，兹据《丛刊》本、《四库》本校改。

⑩若：宋本原讹为“石”，兹据《丛刊》本、《四库》本校改。

⑪以组：宋本原脱此二字，兹据《周礼·玉人》郑玄注与《丛刊》本、《四库》本校补。

⑫者：宋本原脱此字，兹据《丛刊》本、《四库》本校补。

⑬不：宋本原讹为“下”，兹据《丛刊》本、《四库》本校改。

⑭崔：宋本原讹为“翟”，兹据《丛刊》本、《四库》本校改。

⑮《江都集》：即《江都集礼》，隋炀帝令人编撰的礼书。

⑯⑰璧：宋本原讹为“壁”，兹据《丛刊》本、《四库》本校改。

⑱识：宋本、《丛刊》本原讹为“委”，兹据《四库》本校改。

⑲义：宋本原讹为“为”，兹据《丛刊》本、《四库》本校改。

⑳太山不如林放：语本《论语·八佾》。意谓泰山之神不如林放知礼。林放，春秋鲁人，曾向孔子问“礼之本”，受到孔子的赞扬。“太”，《丛刊》本、《四库》本作“泰”。

㉑刊：宋本原讹为“刑”，兹据《丛刊》本、《四库》本校改。

㉒显庆：唐高宗李治年号。众本原作“明庆”，兹据《旧唐书》卷二三《礼仪志三》校改。本条注释下二处“显庆”同。

㉓敬宗：宋本原脱“敬”字，《丛刊》本“敬宗”为双行小字，兹据《四库》本校补。

㉔状：宋本原讹为“床”，兹据《丛刊》本、《四库》本校改。

㉕㉖则：宋本原讹为“而”，兹据《丛刊》本、《四库》本校改。

㉗周：宋本、《丛刊》本原讹为“同”，兹据《四库》本校改。

㉘器：宋本原讹为“品”，兹据《周礼·大宗伯》与《丛刊》本、《四库》本校改。

㉙牲：宋本原讹为“性”，兹据《礼记·礼器》与《丛刊》本、《四库》本校改。

㉚上帝：宋本、《丛刊》本原脱“上”字，兹据《四库》本校补。

㉛无：宋本、《丛刊》本原讹为“以”，兹据《四库》本校改。

㉜乃：宋本原讹为“及”，兹据《丛刊》本、《四库》本校改。

㉝《郊祀录》：书名，唐德宗时太常礼院修撰王泾等所编定。

㉞上辛：夏历每月上旬的辛日。

匏爵第十二

匏爵。（祭天无圭瓒酌郁之礼。瓦甒盛五齐，酌用匏爵也。《开元礼》："蜡[①]百神于南郊，大明[②]，夜明[③]，亦用匏爵。"）

瓦甒。（有盖。）

蜃尊。（《鬯人》云："山[④]川四方用蜃尊。"《开元礼》："蜡百神于南郊，山川泽，蜃尊各二。"然散尊、概尊[⑤]、蜃尊，《开元礼》行用虽异，与[⑥]《周礼》义同，徒有名数而无制度。）

概尊。（埋沉用概尊。《开元礼》："冬至祭天于圆丘，设星之外官，每道间各[⑦]概尊二。）

散尊。（《开元礼》："蜡百神于南郊，麟、羽、蠃、毛、介，丘、陵、坟、衍、原、隰，井、泉、水，墉[⑧]、坊[⑨]、邮[⑩]、表畷[⑪]，猫、虎，各散尊二。）

大罍。（社稷及配座各大罍一）

大璋瓒。（天子巡狩，过大山川，使宗祝用大璋之勺酌郁以礼之。）

中璋瓒。（酌酒礼中山川。）

边璋瓒。（礼小山川。）

方壶。

圆壶。

酒壶。

瓮。（盛醯醢。）

疏勺。（一升。）

蒲勺。（一升。）

爵。（一升。）

觚。（二升。）

觯。（三升。）

角。（四升。）

散。（五升。）

觥。（旧《图》云七[12]升。疏云："宗庙之祭，贵者献以爵，贱者献以散。尊者举觯，卑者举角。"又《特牲》二觚、二爵、四觯、一角、一散，不言觥。然则觥之所用，正礼所无，不在五爵之列与[13]？）

丰。（此丰，旧《图》皆画人形戴杅，亦可垂戒。）

棜。（《特牲》实兽于上。）

陈馔棜。（制度与上稍异，故重出。）

禁。（与棜相类。）

覆馔巾。（玄帛纁里。）

篚。（有盖。）

筥。（圆，受五升，盛饔饩之米，致于宾馆。）

大筐。（受五斛。）

小筐。（受五斗。二筐皆盛米，大者数少，小者数多。）

竹簋方。（有盖。盛枣栗，后劳宾客用此。凡器容受之数，皆依《礼》注[14]。）

【校释】

①蜡（zhà）：周代年终之祭。

②大明：日，太阳，也可指代月亮或泛指日月。此指祭日之礼。

③夜明：月亮，太阴。此指祭月之礼。《礼记·祭法》："夜明，祭月也。"

④"山"字原无，据《周礼·鬯人》校补。

⑤概尊：宋本原脱此二字，兹据《丛刊》本、《四库》本校补。

⑥与：宋本、《丛刊》本原脱此字，兹据《四库》本校补。

⑦各：宋本原讹为"冬"，兹据《丛刊》本、《四库》本校改。

⑧墉（yōng）：城墙，城。

⑨坊：城镇居民区域，里巷。

⑩邮：古时沿官道设置的驿站，供出巡官员和送文书的小吏歇宿之用。

⑪表畷（zhuì，又读zhuó）：古代井田间的交界处。因植有树木且有小径为标志，故名。表，表木，表记。畷，田间小路。

⑫七：宋本原讹为"士"，兹据《四库》本校改。

⑬列与：宋本、《丛刊》本原讹为"例门"，兹据《四库》本校改。

⑭后劳宾客用此。凡器容受之数，皆依《礼》注：宋本与《丛刊》本均作"后劳于此凡器容受之数监承凭英筭"，错讹严重，兹据《四库》本校改。

鼎俎第十三

斛。（量名。）

釜。（亦量名，受六斗四升。此二量与诸器为准。）

牛鼎。（牛、羊、豕鼎，皆以其类为饰。）

羊鼎。

豕鼎。

鼎幂。（以茅为之。）

牛鼎扃。（长三尺。）

羊鼎扃。（长二尺五寸。）

豕鼎扃。（长二尺三寸，皆漆其两端，各朱三寸。）

朼。（用棘心刻龙头。）

疏匕。（柄、叶皆漆。叶丹，为浅升；柄画赤云气。案朼、匕二字，经典通用。采、彩，揄①、摇之属，并类此。）

挑匕。（吐雕反，又音由。柄、叶皆漆，亦丹，为浅升。柄木亦丹。）

毕。（旧《图》云："叶博三寸，中镂去一寸为叉，柄长二尺四寸，漆其柄末及两叶，皆朱。"又《杂记》云："毕长三尺。"则两叶似长六寸矣。)

鉶。(有盖。)

鉶柶。(用木。醴柶角四[2]。)

洗。(画水文菱花鱼。周之礼,饰器各以其类。)

洗罍。(漆赤中,画赤云气。)

洗勺。(头刻龙首,金漆,画青云气。)

盥盘。(上音管。)

匜。(旧作流长六寸。又云长三寸。今依[3]而用之。)

簋。(有盖。)

笾。(大祠,豆笾各十二。中祠,各九。小祠,各八。)

笾巾。

登。(《开元礼》:"天地日月五方上帝各祭时,簠簋登俎各一。无铏。宗庙每室簠簋各二,登铏俎各三。社稷、先蚕[4]、先圣[5]、先师、齐太公[6],簠簋各二,登铏俎各三。)

梡俎。(音苦管反。有虞氏之俎,四足。)

嶡俎。(音蹶,居卫反。夏俎,足间有距。)

椇[7]俎。(音俱。枳椇之树,枝多曲挠。般俎足亦曲,似之,故云椇俎。)

房俎。(周制,今用之。)

【校释】

①揄:宋本、《丛刊》本原讹为"偷",兹据《四库》本校改。

②四:《四库》本无此字。

③依:宋本原讹为"夜",兹据《丛刊》本、《四库》本校改。

④先蚕:古代传说始教民育蚕之神。周礼由王后享先蚕,此后历

代均有王后主祭先蚕之礼。

⑤先圣：宋本原脱此二字，兹据《丛刊》本、《四库》本校补。

⑥齐太公：指齐国开国之君吕尚（姜子牙），传说他神通广大，能驱神役鬼。

⑦棋：宋本原讹为“相”，兹据《丛刊》本、《四库》本校改。

尊彝第十四

鸡彝。(盛明水。下有舟，画草华为饰。欲显制度，故不相连。)

鸟彝。(盛郁鬯。下至蜼彝，皆连舟。)

斝彝。(盛明水。音稼。)

黄彝。(盛郁鬯。)

虎彝。(盛明水。)

蜼彝。(盛郁鬯。)

画布巾。

龙勺。(酌郁酒，漆赤中，柄画赤云气。)

圭瓒。

瓒盘。

璋瓒。

献尊。(画牛形，阮谌义。画凤鸟，其羽婆娑然，郑玄义。)

象尊二。(画象形于尊，阮谌义。用象骨饰尊，郑玄义。)

著尊。(著地无足。)

壶尊。

太尊。(祭天地社稷皆用之。)

山尊。（祭岳、镇海渎皆用之。）

疏布巾。

玉爵。

爵坫。（案《礼》文，其坫有二。反爵者小，抗圭[①]者大，故《明堂位》曰："反坫出尊，崇坫康圭，天子之庙饰也。"注云："反坫[②]，反爵之坫。出尊，当在尊南。唯两君为好，既献之爵，覆[③]于坫上。崇，高也。又为高坫，奠圭于上。"其爵坫通高一尺。或曰《开元义鉴》[④]云："坫广三尺。"又《五礼精义》[⑤]云："坫似俎，广二尺，高三尺。"此言通高一尺，无乃太下耶。然抗圭、反[⑥]爵固有明文，《义鉴》[⑦]、《精义》依何经说？若使二文制度自不差违，正比于崇坫，未可难于反坫也。）

罍。（有盖。）

【校释】

①抗圭：即"康圭"，亦即安放圭玉。

②反坫：宋本原脱此二字，兹据《礼记·明堂位》郑玄注与《丛刊》本、《四库》本校补。

③覆：宋本、《丛刊》本原脱此二字，兹据《四库》本校改。

④《开元义鉴》：书名，即《开元礼义鉴》。《崇文总目》曰："唐萧嵩撰，既定《开元礼》，又以礼家名物繁夥，更取历代沿革，随文释义，与《礼》并行。""鉴"，宋本原讹为"镇"、《丛刊》本作"镜"，兹据《四库》本校改。

⑤《五礼精义》：书名，唐太常博士韦彤撰。

⑥反：宋本、《丛刊》本原讹为"尺"，兹据《四库》本校改。

⑦鉴：宋本、《丛刊》本原讹为"镜"，兹据《四库》本校改。

丧服上第十五

斩衰衣。（五服，男子衰裳不连。衣裳通名。以袪、袂、衰、负四物计衣身而言，是衣也。但衰是当心，广四寸，长六寸者，取衰摧在于遍体，故衣亦得名衰。）

斩衰裳。（衰、裳皆用苴麻。）

斩衰衽。（亦用苴麻。衽各长二尺五寸，上属于衣，以掩裳际，不令露见衰衣也。两衽共用布一幅，长三尺五寸，斜破之，上下各留一[①]尺为正。正[②]者，方正不破之谓也。斜破者，从上正一尺之下畔，傍入六寸断之[③]，乃始斜向下；至下正一尺之下畔，又傍入六寸断之，分作两条。各尺五寸，如燕尾，与正共长二尺五寸。凡用布三尺五寸。）

苴绖。（首绖，九寸。）

腰绖。（亦用苴麻，七寸一[④]分。）

绞带。（苴麻。腰绖象大带，此象[⑤]革带。）

斩衰冠。（草[⑥]布六升。以冠为首饰，故倍衰裳而用六升。又加水以濯之，但不用灰而已。则齐衰、大功等冠皆用灰也。）

冠绳缨。（此缨不用[⑦]苴麻，通屈一条绳，自额至项后交过，向前各至耳，缀之为武，垂下者为缨。）

苴杖。（粗细如腰绖。）

菅屦[⑧]。（《尔雅》："白华，野菅[⑨]。"《诗》笺云："白华于野，已沤之名菅，为屦柔韧。"）

倚庐。（附。）

【校释】

①一：宋本原为墨钉，兹据《丛刊》本、《四库》本校改。

②正：宋本、《丛刊》本原讹为"王"，兹据《四库》本校改。

③傍入六寸断之：宋本原讹为"傍入断六寸"，兹据《丛刊》本、《四库》本校改。

④一：宋本原为墨钉，兹据《丛刊》本、《四库》本校改。

⑤此象：宋本脱"象"字，《丛刊》本作"比"，脱"象"字，兹据《四库》本校补。

⑥草：《丛刊》本作"苴"。

⑦用：宋本原讹为"目"，兹据《丛刊》本、《四库》本校改。

⑧屦：众本均脱此字，兹据本书正文校补。

⑨菅：宋本原讹为"管"，兹据《丛刊》本、《四库》本校改。

丧服下第十六

齐衰。(齐,谓裳下缉也。四齐皆用枲麻。三年齐衰正四升,冠七升。继母、慈母同正。父[①]在为母、为妻期,其衰五升[②],冠八升,虽期,犹申禫杖。)

齐衰裳。(升数同衰。)

牡[③]麻绖。(七寸一分。)

冠布缨。(赤[④]通屈一条布为武,垂下为缨。)

削杖。(与苴杖皆本在下。)

腰绖。(五寸七分八厘,亦用牡麻。)

布带。(象革带。)

疏屦。(粗屦也。即藨蒯之菲也。)

大功布衰。(本服齐、斩,今为殇死,降在大功者,故次在正大功之上。)

大功布裳。

大功牡麻绖。(首绖五寸七分八厘,要绖四寸七分一厘弱。此正大功中殇降在小功者,绖无缨。)

大功牡麻绖缨。(长殇与正大功同有缨。)

繐[⑤]衰衣。（缕加小功，细而疏。）

繐[⑥]衰裳。殇小功。（连衣裳[⑦]，妇人服。特图此者，明斩衰至缌麻，妇人衰、裳皆然。）

小功葛绖。（初丧首绖四寸七分一厘弱。）

腰绖。（初丧三寸六[⑧]分五厘强。此葛腰绖与缌麻初丧腰绖同。）

小功葛带。（亦象革带。）

缌冠澡缨。（古缌、丝二字通用。言缌麻者，谓缌麻布缕如丝也。小功缌冠皆左缝，大功已上右缝。斩衰冠绳缨，缨重于冠也。齐衰已下布缨，缨与冠等也。缌冠澡缨为以灰澡治其缨，不治冠衰也，故不著衰裳。特图冠之与缨，分异之也。）

【校释】

①父：宋本原讹为“又”，兹据《丛刊》本、《四库》本校改。

②升：宋本原讹为“并”，兹据《丛刊》本、《四库》本校改。

③牡：宋本、《丛刊》本原讹为“壮”，兹据《四库》本校改。

④赤：疑当作“亦”。

⑤⑥繐：各本原讹为“缌”，兹据《仪礼·丧服》校改。

⑦裳：《丛刊》本“裳”上有一字空。

⑧六：《丛刊》本作“八”。

袭敛第十七

掩。（用练帛析[①]其末为四脚，裹尸首。案《士丧礼》陈袭事，先叙明衣裳，次鬠、笄、掩帛、幎目、握手、决[②]、极、冒、含贝、重、鬲、夷盘。《士[③]丧礼》下记云又先叙浴床，次鬠笄，次明衣裳，与图次第并异，故申明之。）

幎（音萦。）**目**。

鬠（音脍。）**笄**。

冒。（君锦冒。既袭，以韬尸[④]，重形也。）

衾。（小敛前有冒，不用衾。至小敛时用衾。君锦衾，大夫缟衾，士缁衾[⑤]。小敛讫，别制夷衾以覆之。其实皆大敛之衾也，以其皆入大敛衣内故也。《士丧礼》又有覆柩之夷衾。）

夷衾。（上质[⑥]朱锦，下杀[⑦]朱地黼文。）

小敛布绞。（缩者一，横者三。既敛，所用束坚之也。小敛衣少，但用全幅布析其末[⑧]而用之。）

大敛布绞。（缩者三，横者五。缩三者，谓取布一幅，裂为三片。横者五，谓取布[⑨]二幅，裂为六片，而用五也。大敛衣多，每幅三析[⑩]，用之，以为束[⑪]之急也。凡物细，则束[⑫]缚坚急也。）

明[13]**衣**。（并裳。）

握手。（旧组系四，今组系二。）

纩极。

决。

饭珠。

含贝。（盛于笲。）

浴盘。

夷盘。

夷床。（《士丧礼》下篇云："正柩于两楹之间，用夷床。"注云："时柩北首。"北首者[14]，谓朝祖正柩于夷床之上。既言朝祖，不可以足向之，故知北首也。又贾疏释上注云："夷之言尸也。"其迁尸于堂[15]之床。夷衾皆谓依尸而言，故云夷之言尸也。然则迁尸于堂又一床之属，皆得[16]夷床之名，并是平善之床。纵或改制，其床相类。今旧《图》作舆机，复是下殇之礼，施之于此，一何陋也。）

浴床。

组圭。（为以组穿连圭、璋、璧、琮、琥、璜六玉，大敛时加于尸之腹背首[17]足左右，取象方明神之位也。）

重[18]。

铭旌。

蓍。（并韇[19]。）

龟燋。（音雀。）

楚焞。（焞，即焌也。同音鐏。上明取龟、衅龟之时，灼龟之时[20]，灼龟、击筮之法及焞焌契燋之名。此明卜葬及上大夫已上至天子卜而不筮之义[21]，故重出。）

【校释】

①析：宋本、《丛刊》本原讹为“折”，兹据《四库》本校改。

②“决”后，宋本又衍一“决”字，兹据《丛刊》本、《四库》本校删。

③士：宋本原讹为“七”，兹据《丛刊》本、《四库》本校改。

④尸：宋本、《丛刊》本原讹为“虎”，兹据《四库》本校改。

⑤小敛时用衾。君锦衾，大夫缟衾，士缁衾：宋本原脱此十五字，兹据《丛刊》本、《四库》本校补。

⑥上质：指夷衾的上截。

⑦下杀：指夷衾的下截。

⑧析其末：宋本原讹为“折其朱”，《丛刊》本讹为“折其末”，兹据《四库》本校改。

⑨布：宋本原脱此字，兹据《丛刊》本、《四库》本校补。

⑩析：宋本原讹为“圻”，《丛刊》本讹为“折”，兹据《四库》本校改。

⑪柬：宋本、《丛刊》本原讹为“坚”，兹据《四库》本校改。

⑫“柬”下原有“柬”字，据文义校删。

⑬明：宋本原脱此字，兹据《丛刊》本、《四库》本校补。

⑭北首者：宋本原讹为“北首北”，《丛刊》本脱“首者”二字，兹据《四库》本校改。

⑮“堂”后，《丛刊》本有三字空。

⑯得：宋本原脱此字，兹据本书正文与《丛刊》本、《四库》本校补。

⑰首：疑作“手”。

⑱“重”后，众本原有“鬲”字，兹据正文校删。

⑲韇：众本均讹为“牍”，兹据正文校改。

⑳灼龟之时：疑此四字为衍文。

㉑“义”后，《丛刊》本有二字墨钉。

丧器上第十八

輁轴。

龙輴。

熬筐。

耒耜。

蓑笠。

折。（如床无足，承抗席。）

抗木。

茵。（《士丧礼》下篇记云："茵著用茶[①]，实绥、泽焉[②]。"郑注云："茶，茅秀也。绥，廉姜也[③]。泽，泽兰也。皆取其香且[④]御湿。"）

苞。（以苇[⑤]为之。大夫已上皆用太牢。天子苞九个，诸侯苞七个，大夫苞五个。士少牢。天子之士苞三个，诸侯之士苞二个。《既夕礼》云："苞二，诸侯之士也。"又："遣车视牢具。"贾公彦《车仆》[⑥]疏说：王遣车九乘，除革、广、阙、苹、轻五乘外[⑦]，加金、玉、象、木[⑧]四者，则九乘矣。下文既画金、玉、象、木四车，其苞亦须画四。余状皆可知矣。）

遣车。（视牢具。今于九乘之中，以金、玉、象、木四车平生乘驾之显者，故图此四乘以明余制。）

筲。（用菅[9]为之。）

瓮。

甒。

桁。

赗方。

遣策。（长尺二寸。）

椑。（杝[10]棺，亲尸者。）

功布。

纛。

【校释】

①茵著用荼：以荼充于茵的表里夹层之中。著，充。荼，茅草秀出之穗。

②实绥、泽焉：将廉姜和泽兰等香草装进茵中。实，充实，装。绥，廉姜。泽，泽兰。

③廉姜也：宋本原讹为"廉昼之"，兹据《丛刊》本、《四库》本校改。

④且：宋本原讹为"具"，兹据《仪礼·既夕礼》郑玄注与《丛刊》本、《四库》本校改。

⑤苇：宋本原讹为"韦"，兹据《丛刊》本、《四库》本校改。

⑥车仆：宋本、《丛刊》本原讹为"仆车"，兹据《周礼·春官·车仆》与《四库》本校乙。

⑦除革、广、阙、苹、轻五乘外：宋本原讹为"除菓广阙革经玉乘

外”，《丛刊》本作“除草广阙革经五乘外”，兹据《四库》本校改。

⑧木：宋本、《丛刊》本原讹为“於”，兹据《四库》本校改。

⑨菅：宋本原讹为“管”，兹据《丛刊》本、《四库》本校改。

⑩杝：宋本原讹为“椸”，兹据正文校改。

丧器下第十九

黼翣。（二。）

黻翣。（二。）

画翣。（二。）

龙翣。（二。）

柳车。（葬谓之柳车，殡谓之輤车。以其迫地而行，则曰蜃车；以其无辐，则曰辁车。《开元礼》谓之鳖甲车。案《周礼·遂师》[①]注云："蜃车，柩路也。柩路[②]载柳，四轮迫地而行，有似于蜃。"又《杂记》云："大夫载以輲[③]车。"注云："輲读为辁。"许氏《说文解字》曰："有辐曰轮，无辐曰辁。"《周礼》："蜃车，天子以载柩。"蜃、辁声相近，其制宜同乎？辁崇盖半乘车之轮。郑意以天子蜃车，大夫之辁车，蜃、辁声相近，其制宜同也。以蜃车迫地而行，其轮宜卑，故疑[④]辁崇盖半乘车[⑤]之轮。《考工记》："乘车轮高六尺六寸。"今半之，得三尺三寸矣。）

乡师。（执纛。）

方相氏。（以狂夫为之，以其状若狂故也。）

兆域。（周葬于毕，列昭穆如是。）

【校释】

①遂师：宋本原讹为“逐师”，兹据《丛刊》本、《四库》本校改。

②柩路：宋本原脱“路”字，兹据《周礼·地官·遂师》郑玄注与《丛刊》本、《四库》本校补。

③輲（chuán）：宋本、《丛刊》本原讹为“轮”，兹据《礼记·杂记》与《四库》本校改。

④疑：宋本原讹为“古”，《丛刊》本作“云”，兹据《四库》本校改。

⑤半乘车：宋本、《丛刊》本原脱“车”字，兹据《四库》本校补。

新定三礼图跋

〔宋〕陈伯广

《三礼图》，始熊君子复得蜀本，欲以刻于学，而予至，因属予刻之。予观其图，度未必尽如古昔，苟得而考之，不犹愈于求诸野乎？

淳熙乙未闰月三日，永嘉陈伯广书。

新定三礼图跋

〔清〕钱谦益

宋显德中，聂崇义《新定三礼图》二十卷，援据经典，考译文象，繇唐虞讫建隆，粲然可征。然如尊彝图中牺象二尊，并图阮氏、郑氏二义，而不主王肃之说。是时齐子尾送女之器已出地中，而聂氏考犹未核。南宋人谓“观其图，度未必尽如古昔”，有繇然也。此等书经宋人考定，其图象皆躬命缋素，不失毫发。近代雕本传写讹缪，都不足观。余旧藏本，出史明古家。遵王此本有俞贞木图记，先辈名儒，汲古嗜学，其流风可想也。

辛丑夏四月四日，蒙叟谦益书于城北之胎仙阁。

附录一 宋史聂崇义传

聂崇义，河南洛阳人。少举三《礼》，善《礼》学，通经旨。

汉乾祐中，累官至国子《礼记》博士，校定《公羊春秋》，刊板于国学。

周显德中，累迁国子司业兼太常博士。先是，世宗以郊庙祭器止由有司相承制造，年代浸久，无所规式，乃命崇义检讨摹画以闻。四年，崇义上之，乃命有司别造焉。

五年，将禘于太庙，言事者以宗庙无祧室，不当行禘祫之礼。崇义援引故事上言，其略曰："魏明帝以景初三年正月上仙，至五年二月祫祭，明年又禘，自兹后以五年为禘。且魏以武帝为太祖，至明帝始三帝，未有毁主而行禘祫。其证一也。宋文帝元嘉六年，祠部定十月三日大祠，其太学博士议云：案禘祫之礼，三年一，五年再。宋高祖至文帝裁亦三帝，未有毁主而行禘祫。其证二也。梁武帝用谢广议，三年一禘，五年一祫，谓之大祭，禘祭以夏，祫祭以冬。且梁武乃受命之君，裁追尊四朝而行禘祫，则知祭者是追养之道，以时移节变，孝子感而思亲，故荐以首时，祭以仲月，间以禘祫，序以昭穆，乃礼之经也，非关宗庙备与未备。其证三也。"终从崇义之议。

未几，世宗诏崇义参定郊庙祭玉，又诏翰林学士窦俨统领之。崇义因取《三礼图》再加考正，建隆三年四月表上之，俨为序。太祖览而嘉之，诏曰："礼器礼图，相承传用，浸历年祀，宁免差违。聂崇义典事国庠，服膺儒业，讨寻故实，刊正疑讹，奉职效官，有足嘉者。崇义宜量与酬奖。所进《三礼图》，宜令太子詹事尹拙集儒学三五人更同参议，所冀精详。苟有异同，善为商確。”五月，赐崇义紫袍、犀带、银器、缯帛以奖之。拙多所驳正，崇义复引经以释之，悉以下工部尚书窦仪，俾之裁定。仪上奏曰：“伏以圣人制礼，垂之无穷，儒者据经，所传或异，年祀寖远，图绘缺然，踳驳弥深，丹青靡据。聂崇义研求师说，耽味《礼》经，较于旧图，良有新意。尹拙爰承制旨，能罄所闻。尹拙驳议及聂崇义答义各四卷，臣再加详阅，随而裁置，率用增损，列于注释，共分为十五卷以闻。”诏颁行之。

拙、崇义复陈祭玉鼎釜异同之说，诏下中书省集议。吏部尚书张昭等奏议曰：

按聂崇义称：祭天苍璧九寸圆好，祭地黄琮八寸无好，圭、璋、琥并长九寸。自言周显德三年与田敏等按《周官》玉人之职及阮谌、郑玄旧《图》，载其制度。

臣等按《周礼》玉人之职，只有“璧琮九寸”、“瑑琮八寸”及“璧羡度尺、好三寸以为度”之文，即无苍璧、黄琮之制。兼引注有《尔雅》“肉倍好”之说，此即是注“璧羡度”之文，又非苍璧之制。又详郑玄自注《周礼》，不载尺寸，岂复别作画图，违经立异？

《四部书目》内有《三礼图》十二卷，是隋开皇中敕礼官修撰。其图第一、第二题云“梁氏”，第十后题云“郑氏”，又称不知梁氏、郑氏名位所出。今书府有《三礼图》，亦题“梁氏”、“郑氏”，不言名位。厥后有梁正者，集前代图记更加详议，题《三礼图》曰："陈留阮士信受《礼》学于颍川綦册君[1]，取其说，为图三卷，多不按《礼》文，而引汉事，与郑君之文违错。"正删为二卷。其阮士信即谌也。如梁正之言，可知谌之纰谬。兼三卷《礼图》删为二卷，应在今《礼图》之内，亦无改祭玉之说。

臣等参详自周公制礼之后，叔孙通重定以来，礼有纬书，汉代诸儒颇多著述，讨寻祭玉，并无尺寸之说。魏晋之后，郑玄、王肃之学各有生徒，三《礼》、六经无不论说。检其书，亦不言祭玉尺寸。臣等参验画图本书，周公所说正经不言尺寸，设使后人谬为之说，安得便入周图？知崇义等以诸侯入朝献天子夫人之琮璧以为祭玉，又配合"羡度"、"肉好"之言，强为尺寸，古今大礼，顺非改非，于理未通。

又据尹拙所述礼神之六玉，称取梁桂州刺史崔灵恩所撰《三礼义宗》内"昊天及五精帝圭、璧、琮、璜皆长尺二寸，以法十二时；祭地之琮长十寸，以效地之数"。又引《白虎通》云："方中圆外曰璧，圆中方外曰琮。"崇义非之，以为灵恩非周公之才，无周公之位，一朝撰述，便补六玉阙文，尤不合礼。

臣等窃以刘向之论《洪范》，王通之作《元经》，非必挺圣人之姿，而居上公之位，有益于教，不为斐然。臣等以灵恩所撰之书，聿稽古训，祭玉以十二为数者，盖天有十二次，地有十二辰，日有十二时，封山之玉牒十二寸，圜丘之笾豆十二列，天子以镇圭外守，宗后以大琮内守，皆长尺有二寸。又裸圭尺二寸，王者以祀宗庙。若人君亲行之郊祭，登坛酌献，服大

① 綦册君，当作"綦毋君"。中华书局点校本《宋史》校勘记曰："綦册君，《玉海》卷三九《建隆三礼图》条引《会要》作'綦毋君'。《四库全书总目提要》卷二二《三礼图集注》条作'綦母君'。按'綦毋'、'綦母'同。郑樵《通志·氏族略》复姓有'綦毋'，疑此有误。"

衮，搢大圭，行稽奠，而手秉尺二之圭，神献九寸之璧，不及礼宗庙祼圭之数。父天母地，情亦奚安？则灵恩议论，理未为失，所以自《义宗》之出，历梁、陈、隋、唐垂四百年，言礼者引为师法。今《五礼精义》、《开元礼》、《郊祀录》皆引《义宗》为标准。近代晋、汉两朝，仍依旧制。周显德中，田敏等妄作穿凿，辄有更改。自唐贞观之后，凡三次大修五礼，并因隋朝典故，或节奏繁简之间稍有厘革，亦无改祭玉之说。伏望依《白虎通》、《义宗》、唐礼之制，以为定式。

又尹拙依旧《图》画釜，聂崇义去釜画镬。臣等参详旧《图》，皆有釜无镬。按《易·说卦》云"坤为釜"，《诗》云"惟锜及釜"，又云"溉之釜鬵"，《春秋传》云"锜釜之器"，《礼记》云"燔黍捭豚"，解云"古未有甑釜，所以燔捭而祭"。即釜之为用，其来尚矣，故入于《礼图》。今崇义以《周官》祭祀有省鼎镬，供鼎镬，又以《仪礼》有羊镬、豕镬之文，乃云画釜不如画镬。今诸经皆载釜之用，诚不可去。又《周》、《仪礼》皆有镬之文，请两图之。又若观诸家祭祀之画，今代见行之礼，于大祀前一日，光禄卿省视鼎镬。伏请图镬于鼎下。

诏从之。未几，崇义卒，《三礼图》遂行于世，并画于国子监讲堂之壁。

崇义为学官，兼掌礼，仅二十年，世推其该博。郭忠恕尝以其姓嘲之曰："近贵全为聩，攀龙即作聋。虽然三个耳，其奈不成聪。"崇义对曰："仆不能为诗，聊以一联奉答。"即云："勿笑有三耳，全胜畜二心。"盖因其名以嘲之。忠恕大惭，人许其机捷而不失正，真儒者之戏云。

附录二　文渊阁四库全书总目提要

臣等谨案：《三礼图集注》二十卷，宋聂崇义撰。崇义，洛阳人。周显德中，累官国子监司业。世宗诏崇义参定郊庙祭玉，因取《三礼图》，凡得六本，重加考订。宋初上于朝，太祖览而嘉之，诏颁行。

考《礼》图始于后汉侍中阮谌，其后有梁正者，题谌图云："陈留阮士信，受学于颍川綦母君[①]，取其说，为《图》三卷，多不按《礼》文，而引汉事，与郑君之文违错。"正称《隋书·经籍志》列郑玄及阮谌等《三礼图》九卷。《唐书·艺文志》有夏侯伏朗《三礼图》十二卷、张镒《三礼图》九卷。《崇文总目》有梁正《三礼图》九卷。《宋史》载吏部尚书张昭等奏云："《四部书目》内有《三礼图》十二卷，是开皇中敕礼部修撰。其图第一、第二题云梁氏，第十后题云郑氏。今书府有《三礼图》亦题梁氏、郑氏。"则所谓六本者，郑玄一、阮谌二、夏侯伏朗三、张镒四、梁正五、开皇所撰六也。然勘验《郑志》，玄实未尝为《图》，殆习郑氏学者，作《图》归之郑氏欤？

今考书中宫室车服等图，与郑注多相违异。即如《少牢馈食》"敦皆南首"，郑注云："敦有首者，尊者器饰也。饰盖象龟。周之制，饰器必以其类。龟有上下甲。"此言敦之上下，象龟上下甲。

① 綦母君：或作"綦毋君"。参前注。

盖者，意拟之辞。而是书敦与簠簋皆作小龟以为盖顶。是一器之微，亦失郑意。沈括《梦溪笔谈》讥其牺象尊、黄目尊之误；欧阳修《集古录》讥其簋图与刘原父所得真古簋不同；赵彦卫《云麓漫抄》讥其爵为雀背承一器，牺象尊作一器绘牛象；林光朝亦讥之曰："聂氏《三礼图》全无来历，谷璧则画谷，蒲璧则画蒲，皆以意为之。不知谷璧止如今腰带上胯上粟文耳。"是宋代诸儒亦不以所图为然。然其书抄撮诸家，亦颇承旧式，不尽出于杜撰。淳熙中，陈伯广尝为重刻。题其后云："其图度未必尽如古昔，苟得而考之，不犹愈于求诸野乎。"斯言允矣。今姑仍其旧帙录之，以备一家之学。

此书世所行者为通志堂刊本，或一页一图，或一页数图，而以说附载图四隙，行款参差，寻览未便。惟内府所藏钱曾也是园影宋抄本，每页自为一图，而说附于后，较为清整易观。今依仿缮录焉。

乾隆四十六年九月恭校上。

后 记

宋聂崇义《新定三礼图》是中国古代礼图学史上一部具有划时代意义的著作。2003年春，山东大学王承略教授和清华大学出版社马庆洲编审邀约不佞对该书进行校点、注解，并计划由清华大学出版社出版发行。当时虽然担心自己学养有限，恐有短绠汲深之虞，但有鉴于本书在中国礼图学史上占有不可替代的重要地位，因而还是勉为其难地接受了这项很有难度的任务。经过一年多焚膏继晷的努力，终于2004年夏初完成本书的整理稿。付梓之前，山东大学刘晓东先生不仅从百忙中拨冗审阅书稿，多所是正，而且为本书撰写序言。非常荣幸！非常感谢！

本书稿于2006年冬由清华大学出版社出版，并于2008年6月荣获山东省第二十二届社会科学优秀成果二等奖。但不佞并未因此而沾沾自喜，而是常怀灾梨祸枣之虑，因为不仅我自己陆续发现由于时间仓促、学力有限，致使本书在标点、注解和校勘方面都存在一些疏误，而且又承多位学术同道朋友对本书给予多方面的纠谬指瑕，献可替否。有鉴于此，我就有意将来找机会对本书加以修订再版。2019年夏，修订再版本书的计划得到中华书局石玉编辑的同意和支持，幸莫大焉！于是，我便约请孙蕴博士与我合作对本书的注解和校勘记进行全面的校勘、修订和增补。

我们本次修订整理主要做了如下两方面的工作：（一）清华本以宋本为底本，以《四库》本为通校本，而只将《丛刊》本作为参校本，这次修订，对原书底本、通校本和参校本都进行了全面的通校。清华本中，底本不误而校本误者，一般出校说明，此次修订，此类情况一般不再出校。重要异文，无法判断是非者，则予以出校说明，以供读者参考。一般的异体字不再出校。（二）对清华本的注解进行了修订和改写。粗略统计：增加各类校记数百处，修订改写注解百余条。校勘记的增补和修订工作主要由孙蕴承担。注解的修订与全书的统稿工作由丁鼎负责。

本书即将再版之际，谨向王承略教授致以衷心的感谢！本书由清华大学出版社初版和修订后由中华书局再版，都是由王承略教授热心推荐促成的，高情厚谊，当永志不忘！

此次再版，虽然修正了清华本的许多疏误，但难免还会留有诸多遗憾，期待读者诸君不吝赐正，企予望之！

丁　鼎

2021年5月18日谨识于曲阜六艺苑寓所